U0748218

2021

# 中国金融发展报告

CHINA FINANCIAL DEVELOPMENT REPORT 2021

中南财经政法大学一流学科专业建设资助项目

教育部、科技部「数字技术与现代金融学科创新引智基地」资助项目

「产业升级与区域金融湖北省协同创新中心」重点资助项目

■ 主编 朱新蓉 陈红 吕勇斌

中国金融出版社

责任编辑：王　君
责任校对：李俊英
责任印制：张也男

**图书在版编目（CIP）数据**

2021中国金融发展报告/朱新蓉，陈红，吕勇斌主编.—北京：中国金融出版
社，2022.11
　　ISBN 978 – 7 – 5220 – 1790 – 7

　Ⅰ.①2… Ⅱ.①朱…②陈…③吕… Ⅲ.①金融业—经济发展—研究报告—中国—2021
Ⅳ.①F832

中国版本图书馆CIP数据核字（2022）第194916号

2021中国金融发展报告
2021 ZHONGGUO JINRONG FAZHAN BAOGAO

出版
发行　**中国金融出版社**

社址　北京市丰台区益泽路2号
市场开发部　（010）66024766，63805472，63439533（传真）
网上书店　www.cfph.cn
　　　　　　（010）66024766，63372837（传真）
读者服务部　（010）66070833，62568380
邮编　100071
经销　新华书店
印刷　北京七彩京通数码快印有限公司
尺寸　185毫米×260毫米
印张　22.75
字数　465千
版次　2022年11月第1版
印次　2022年11月第1次印刷
定价　85.00元
ISBN 978 – 7 – 5220 – 1790 – 7
如出现印装错误本社负责调换　联系电话（010）63263947
编辑部邮箱：jiaocaiyibu@126.com

# 前　言

2020 年是极不寻常的一年。国际政治经济形势复杂严峻，特别是新冠肺炎疫情造成的严重冲击，使全球遭受了极其严重的经济衰退。面对复杂局面和重大挑战，中国坚持新发展理念、高质量发展方向，统筹疫情防控和经济社会发展，国民经济运行稳定恢复。2020 年，中国国内生产总值（GDP）同比增长 2.3%，经济总量突破 100 万亿元，成为 2020 年全球唯一实现经济正增长的主要经济体，充分展现了中国经济的强大韧性。我国经济发展和疫情防控保持全球领先地位，宏观货币金融政策发挥了重要的经济稳定器功能。

《2021 中国金融发展报告》主报告从金融宏观调控、金融机构转型、金融市场运行、金融国际化和金融监管五大部分展开，系统探讨 2020 年度我国金融领域的重要实践问题和现实热点问题。

**金融宏观调控保驾护航，经济稳定恢复。**金融管理部门科学决策，保持流动性合理充裕，带动市场利率中枢下行；创造性应对，分批次推出再贷款再贴现政策，创新普惠小微企业贷款延期支持工具、普惠小微企业信用贷款支持工具；顺应国际潮流，围绕"双碳"目标，做好绿色金融顶层设计和规划，逐步完善绿色金融体系；以改革开放为动力，积极推广运用贷款市场报价利率（LPR），完善人民币汇率形成机制；主动作为，重视预期管理，积极参与国际货币政策协调；坚守底线，有序处置各类高风险机构，全面清理整顿金融秩序，牢牢守住不发生系统性风险的底线。总体看，我国稳健的宏观金融政策为率先控制疫情、率先复工复产、率先实现经济正增长提供了有力支撑，营造了适宜的货币政策环境，体现了前瞻性、主动性、精准性和有效性。

当前，全球疫情仍在持续演变，外部环境更趋复杂严峻，国内经济发展面临需求收缩、供给冲击、预期转弱三重压力，我国经济金融发展面临着不少挑战。比如，疫情冲击下中小银行盈利水平和资产质量有所下滑，补充资本的紧迫性进一步上升；部分股东或实际控制人违规入股或控制金融机构，导致金融机构的风险不断积累和暴露；高评级大型国企债券违约案件和规模明显增加，"国企信誉"持续受到冲击。针对这些问题和挑战，本报告提出的对策建议是：继续保持金融宏观调控政策的连续性、稳定性、可持续性；构建中小银行资本补充的长效机制；严格规范对金融机构的控制；持续关注弱资质企业债券违约的风险暴露和监管化解。

**金融机构转型升级，新业态焕发生机。**银行业金融机构坚决贯彻落实党中央"六稳""六保"决策部署，精准支持疫情防控和企业复工复产，建立疫情防控应急保障机制，加大专项信贷支持，为支持疫情后的复工复产、稳定经济起到了重要作用；银行业金融机构发挥金融扶贫主力军作用，从战略定位、组织架构、体制机制、资源配置、模式创新等方面全力推进。同时，疫情也进一步催化了经济数字化发展，新金融业态真正实现"辞旧迎新"。银行业金融机构迅速调整策略，利用数字化搭建"非接触"服务渠道，基于移动互联网开展支付缴费、授信审批、跨境金融、投资理财等业务，打造全方位线上金融服务体系，加快了线上对线下服务的替代。多重压力叠加倒逼保险机构转型提速。保险机构数量和规模保持稳定增长，不同业务类型、多种组织形式的市场主体日趋丰富，专业化分工与合作的现代保险市场体系初步奠定。证券公司整体发展势头良好，业绩与资产规模稳步提升，评级进一步提升与优化，加快财富管理业务转型，积极发挥投资银行功能。基金中公募与私募趋势向好，规模和业绩双丰收，公募不动产投资信托基金（REITs）开启基建投融资新时代，私募基金规模大幅扩张，行业发展呈现"年轻化"与"集中化"趋势。信托业资产规模整体下降与行业结构分化明显，行业集中度出现加速提高的态势。期货业高速发展中创下多个历史新高，期货市场成交量和成交额均创历史新高，期货公司资本实力和业务收入大幅提升，期货公司分类评级有所改善，行业内头部效应更加明显。整体看，我国金融机构保持了较强的发展韧性。

但是，金融机构创新能力受限与不足制约金融服务效率提升，主要表现在：银行业整体风险防控形势依然严峻，中小银行数字化转型任重道远；保险公司难以摆脱固有路径依赖，产品开发及创新意识不强，行业基础设施和外部政策环境有待完善；证券资管业务面临诸多挑战，基金"马太效应"和经理离职潮愈演愈烈；信托业经营风险上升且风险事件频发，资管新规下信托业转型面临诸多问题；新金融变革与重构带来了风险与挑战，数字货币的不确定性对金融机构带来潜在风险。

为此，本报告提出的对策建议是：金融机构应多措并举，提升金融服务质效。具体而言，银行业应聚焦"防风险促转型"，多渠道补充资本，加速数字化建设；全面提升保险公司产品供给与创新意识及能力，转变保险公司管理模式，提升风险识别和产品定价能力，加大外部政策支持力度；高度重视资管业务未来的发展与转型，完善基金经理考核体系和激励机制；信托行业积极进行转型升级，打破"刚性兑付"，回归行业本源，打造专业财富管理团队；通过监管沙盒等创新监管措施，发挥金融监管科技作用，加大新金融业态的风险管控。

**金融市场承压运行，体系建设显成效。**货币市场利率平稳，同业拆借市场交易量小幅下降，回购市场交易量持续增长。股票市场指数上升，新三板市场股票交易量回升。债券市场整体活跃，基金市场持续快速增长。人民币汇率先贬后升，外汇市场总成交量实现增长。疫情及车险综改双重冲击下，保险市场保持稳健运行。黄金价格巨幅震荡，黄金交易规模持续增长。期货市场交易量和成交额均有所上升，期权市场规模持续增长，利率衍生品成交量稳步上升。

不过，我国金融市场仍存在一些问题：疫情下宏观杠杆率大幅上升，高评级国企信用债违约频发，信托资产风险率创历史新高，注册制下询价机构"串谋打新"，中行"原油宝"穿仓暴露极端风险，保险市场产品供给水平难以匹配差异化需求。针对这些问题，本报告提出相应的对策建议是：深化改革，保持宏观杠杆率基本稳定；市场化出清解决违约国企债务问题；加大对信托风险资产的处置力度；持续优化注册制新股发行承销制度；建立金融衍生品一体化监管机制；全方位、多领域提高保险市场产品供给水平。

**金融国际化稳审推进，逆势前行。**受突如其来的新冠肺炎疫情的冲击，全球经济遭遇了二战以来最严重的衰退，国际金融市场波动剧烈。中国经济一枝独秀，对外贸易快速恢复，高水平双向开放稳步推进，"双循环"新发展格局引领金融业高质量发展，中国金融国际化继续稳步推进。具体表现在：我国国际收支延续基本平衡，体现了较强的稳健性和适应能力；经常账户顺差规模创近5年来历史新高；资本与金融账户以及储备资产均呈现逆差；人民币国际化指数创历史新高；人民币金融资产受国际投资者青睐，储备货币功能逐步提升；人民币对美元汇率双向波动，外汇市场基本稳定；中国与主要国家地区的贸易争端与合作并行。

尽管取得了一些成绩，但中国金融国际化仍面临诸多挑战和冲击：新冠肺炎疫情是我国需要应对的最大冲击，可能加剧后期贸易保护主义出现；"双循环"格局下中国内外均衡目标选择仍是难题；中美贸易摩擦的后遗症短期不会消失；主要经济体逆全球化倾向还将持续；全球价值链重构使中国经济结构转型升级面临双重竞争夹击；人民币国际化水平进一步提升面临瓶颈。针对这些问题，本报告提出的对策建议有：借力数字人民币，以贸易创新引领高水平开放，高质量建设"一带一路"，构建高效的离岸在岸市场联动机制，进一步提升人民币国际化水平；在"双循环"新发展格局下，适时调整中国内外均衡的目标；坚持深化改革和扩大开放，应对部分国家的逆全球化态势；理性应对中美战略竞争，提升中国在国际秩序中的规则制定能力，提升中国国际秩序理念的国际认同度，把握竞争中合作是未来中美经贸关系的主旋律；对内防范系统性金融风险，对外实施宏观审慎的跨境资本流动管理，维护国家经济金融安全。

**金融监管张弛有度，守正出新。**在国务院金融稳定发展委员会统筹指挥下，金融监管部门在全力做好抗疫维稳的基础上，继续提升服务实体经济力度，坚决打好防范化解重大金融风险攻坚战。具体表现为：第一，银行监管辨证施治维持弹性活力：发挥银行主体作用，防范疫情衍生风险；严防死守提防风险，加强监管维持稳定；优化银行管理制度，迈出坚实改革步伐。第二，证券监管宽严互补保障稳健发展：贯彻落实新《中华人民共和国证券法》精神，促进资本市场立法体制机制建设；监管制度与时俱进，为资本市场改革创新保驾护航；证券监管精准从严，促进资本市场健康发展；积极履行监管职能，加强资本市场法治建设。第三，保险监管主动作为筑牢制度保障：积极服务疫情防控，助力推动复工复产；加强普惠金融支持力度，提升服务实体经济质效；聚焦重点领域风险管控，牢牢守住风险底线；深化保险供给侧结构性改革，提升保险业双向开放质量；完善监管行为规则，提高监管能力和水平。第四，涉外金融监管松紧结合，开放与维稳并举：统筹支持疫情防控，经济社会发展取得积极成效；深化外汇领域改革开放，服务全面开放新格局；防范外部冲击风险，维护国家经济金融安全；完善中国特色外汇储备经营管理，提升运营管理现代化水平；深入推进《国家外汇管理局行政处罚办法》等新规，依法行政、依法履行职责。

中国金融系统虽然取得了阶段性成果，但在新旧动能转换阶段，长期积累的风险隐患暴露增多，具体表现为：银行审慎框架尚未健全，精准治理难以收放自如；证券监管新规落地配套措施尚待匹配跟进；保险监管滞后于保险业数字化转型；涉外金融监管长效管理机制弹性不足；金融增长动力不足，监管资源匮乏，难以灵活应变。针对这些挑战，本报告建议：监管部门应该坚持稳健审慎的基调，坚持防范化解重大金融风险底线不放松，推进监管制度的优化；金融监管要坚持从严监管，对各类风险要有前瞻性的举措，积极主动防范和化解各类金融风险，有效引导市场向良好方向发展，从根源上规避风险的产生发展与扩散传播。本报告给出的具体建议有：第一，银行监管体系要松紧结合、有的放矢：落实"双循环"发展理念，构建长效监管机制；完善中小股份银行治理框架，兼顾长远经济发展格局；未雨绸缪防范风险，双管齐下发展经济；推陈出新管理规范，严守风险监管底线；完善立法加强监管，保障数字人民币健康发展。第二，证券监管量体裁衣发挥治理弹性效能：加强证券法律法规体系建设，持续提升治理效能；以注册制改革为契机，优化股票发行信息披露制度，提高上市公司信息披露质量；从实施数字化与智能化证券监管、完善证券数据治理体系、加强对算法的监管等方面，综合运用证券科技监管手段，加强市场主体的创新活力与竞争力；从实行规范原则、优化市场监管机制、提升治理效能等方面，对证券异常交易行为实时监管优化，保护投资者合法权利。第三，建立保险数字化业务监管长效机制：从完善相关法律法规、建立健全数字化纠纷处理机制、建设数字化保险个人信息统一管理平台等方面，完善数字保险消费者权益保护体系；从确立适度监管、柔性监管及差异化监管的包容性监管理念和监管机制，建立包括数字化转型指标在内的多维监管评估体系等方面，构建包容审慎的多维监管体系；将监管的重点从准入和事后向事前、事中、事后的全链条覆盖和延伸，由被动式、响应式的监管转变为穿透性与智能化的监管；数字保险的监管应坚持风险导向和技术导向并重，采用"多元共治"的监管方式，既要关注大机构，还要关注中小机构，既要关注系统性风险，还要关注小而分散的长尾风险。第四，涉外金融监管要完善风控机制以保障金融安全：加强支付机构外汇监管工作；完善粤港澳大湾区跨境金融监管机制；完善本外币跨境资金流动管理监督。此外，金融监管应有的放矢，精准防控各类风险：纾解地方政府债券困境，加强信用评级行业监管；央行统筹协调，强化对大型金融科技集团竞争合规性的监管；从严整治虚拟币监管，限制虚拟币交易；推动供应链金融服务实体经济的监管，规范和细化供应链监管层次。

当前及以后一段时期，百年变局和世纪疫情交织叠加，全球经济金融形势依然复杂严峻，我国金融发展和金融调控仍然面临着不少风险和挑战。国际方面，世界经济低迷，全球产业链、供应链遭受冲击，经济全球化遭遇逆流，国际政治经济格局进入动荡变革期。国内方面，经济下行压力仍然较大，经济恢复不均衡、基础不牢固。同时，我国金融风险点多面广，部分企业债务违约风险加大，个别中小银行风险较为突出，一些地方政府的债务风险隐患依然存在。展望未来，我国经济长期向好、市场空间广阔、发展韧性强大的基本特征没有改变。下一步，遵照中央经济工作会议要求，把牢稳中求进总基调，在继续统筹推进常态化疫情防控和经济社会发展的同时，继续保持金融宏观调控政策的连续性、稳定性、精准性、灵活性，科学处理好金融发展、金融稳定和金融安全的关系，在风险整体可控的前提下继续深化金融改革、继续扩大金融开放水平，为实现经济高质量发展营造更加适宜、更加有利的货币金融环境。纷繁世事多元应，击鼓催征稳驭舟。在党中央的坚强领导下，在金融管理部门的科学决策下，我国宏观货币金融政策必将继续发挥经济稳定器功能，强力保障我国经济航船在世界经济大潮中行稳致远，实现更高质量、更有效率、更加公平、更可持续、更为安全的发展。

编者
2021 年 12 月

# 目 录

## 第一部分 主题报告

# 第二部分　专题报告

# 第一部分

## 主题报告

# 第一章　金融宏观调控保驾护航，经济稳定恢复

对全球经济来说，2020年是极不寻常的一年。这一年3月，新冠肺炎疫情开始在全球大流行，金融市场剧烈动荡，经济活动突发停顿，在力度空前的货币政策、财政政策以及宏观审慎政策的支持下，金融市场虽然很快恢复平静，融资条件也转为宽松，但除中国之外的主要经济体均遭遇了大幅收缩，全球经济增长 -3.4%，创造了二战以来衰退的最高纪录。面对复杂严峻的国内外环境，特别是新冠肺炎疫情的严重冲击，中国统筹疫情防控和经济社会发展工作取得重大战略成果。我国经济运行稳定恢复，成为2020年全球唯一实现经济正增长的主要经济体，也是少数实施正常货币政策的主要经济体之一。

2020年，我国宏观金融调控多措并举，同时体现了前瞻性、主动性、精准性和有效性。央行继续深化利率市场化改革，利率传导渠道更加畅通；推进人民币汇率市场化形成机制，增强汇率弹性；推动外汇管理体制改革，提升支付便利化；稳妥推进金融风险处置，守住不发生系统性金融风险的底线；持续完善宏观审慎政策框架，保持金融体系稳定；发挥结构性货币政策工具的作用，加大对重点领域和薄弱环节的支持力度；实施信贷政策的结构引导，着力稳企业保就业；加大货币信贷支持力度，保持流动性合理充裕；降低金融机构存款准备金率，共释放长期资金1.75万亿元；科学开展借贷便利操作，满足金融机构不同期限的流动性需求；积极开展公开市场操作，保持银行体系流动性充裕，引导货币市场利率围绕央行政策利率波动。

我国稳健的宏观金融政策为率先控制疫情、率先复工复产、率先实现经济正增长提供了有力支撑。2020年末，我国货币市场利率下行；贷款利率创有统计记录以来新低；债券收益率和发行利率双下降；股票市场指数触底反弹，比年初明显上升；人民币汇率双向浮动，弹性增强，年末中国外汇交易中心（CFETS）人民币汇率指数较2019年末升值3.78%；年末本外币贷款余额同比增长12.5%，广义货币（M2）同比增长10.1%，社会融资规模存量同比增长13.3%。信贷结构持续优化，2020年末，普惠小微贷款和制造业中长期贷款余额同比分别增长30.3%和35.2%。

2020年，宏观金融调控很好地实现了目标，经济稳定恢复，金融稳定运行。全年GDP同比增长2.3%，经济总量突破100万亿元，CPI同比上涨2.5%，就业形势总体稳

定，进出口贸易逆势增长，金融风险整体收敛、总体可控，金融业平稳健康发展。

未来，我国金融调控面临着不少挑战，比如，国内经济面临较大不确定性，中小银行补充资本的压力较大，违规控制金融机构的风险不断暴露，债券违约规模迅速增加等。下一步，需要继续保持金融宏观调控政策的连续性、稳定性、可持续性，构建中小银行资本补充的长效机制，严格规范对金融机构的控制，重视债券违约的监控和化解。

## 一、2020 年全球经济及货币政策环境

2020 年，抗击新冠肺炎疫情大流行的斗争深深地影响了全球经济和金融运行。大多数国家遭遇了二战以来最严重的经济衰退，同时也引发了金融市场的剧烈动荡。各国及时、果断地采取了广泛且强有力的政策进行应对，与大流行初期人们的悲观预期相比，经济从第一波疫情中恢复得更加强劲，金融动荡也很快平复。但随着病毒继续传播，各国和各部门的复苏明显不平衡。与此同时，疫情冲击引发财政可持续风险和金融风险隐患上升，对全球经济结构、国际贸易和投资也产生了深远影响，可能存在长期效应。

（一）经济突发停顿后快速反弹

2020 年，全球经济在新冠肺炎疫情冲击之下遭受了严重衰退，但反弹比预测的更强劲。第二季度，全球经济活动出现了第二次世界大战以来最大单季收缩，就全年而言，GDP 下降 3.4%（见表 1-1），这在任何正常年份都是非常恐怖的结果，但比危机最严重时的预测要好得多。

表 1-1　　　　　　　　2020 年全球及部分经济体 GDP 增长率　　　　　　单位:%

| 区域 | 2020 年 | 2019 年 | 2018 年 | 2017 年 |
|---|---|---|---|---|
| 全球 | -3.4 | 2.9 | 3.6 | 3.8 |
| 发达经济体 | -4.7 | 1.7 | 2.2 | 2.4 |
| 美国 | -3.5 | 2.3 | 2.9 | 2.2 |
| 欧元区 | -6.6 | 1.2 | 1.9 | 2.4 |
| 日本 | -4.8 | 1 | 0.3 | 1.9 |
| 英国 | -9.9 | 1.3 | 1.3 | 1.8 |
| 新兴市场和发展中经济体 | -2.2 | 3.7 | 4.5 | 4.7 |
| 俄罗斯 | -3.1 | 1.1 | 2.3 | 1.5 |
| 中国 | 2.3 | 6.1 | 6.6 | 6.9 |
| 印度 | -8 | 4.8 | 6.8 | 6.7 |
| 巴西 | -4.1 | 1.2 | 1.3 | 1.1 |
| 墨西哥 | -8.2 | 0 | 2.1 | 2.1 |

数据来源：IMF《世界经济展望》。

新冠肺炎疫情开始全球大流行后，各国政府采取了松紧程度不同的管控措施，全球经济活动在 3 月和 4 月急剧收缩。经济活动指标大幅下降，采购经理人指数（PMI）创

下新低，直接受社交距离影响的服务领域的指数跌幅更大。与2008年国际金融危机相比，此次经济衰退涉及的国家范围更广，实施管控措施更严格的经济体的经济衰退更严重。新兴市场经济体由于医疗资源不足、非正式经济占比较大，受到的冲击尤其严重。

由于消费机会的减少和经济前景变得黯淡，消费大幅下滑。在未来收入高度不确定性的预期下，许多家庭增加了储蓄。服务行业的劳动密集型特点使其受到更严重的打击，裁员和减薪成为流行现象。在美国，3—6月有4 000多万名工人申领失业救济金。在欧洲，如果不是政府为就业工人提供补贴的特殊计划，失业率可能会更高。在许多新兴市场经济体中，庞大的非正规经济掩盖了真实失业率的上升程度。自2019年底以来，许多新兴市场经济国家的官方失业率温和上升，但非正规部门并未包括在内。非正规部门在许多经济体的就业结构中占很大比例，尤其在拉丁美洲和南亚地区。这些非正式工人很容易失业，因为他们往往集中在小公司或一些受打击最严重的服务业。

需求低迷和高不确定性也抑制了投资。许多公司削减资本支出和股息支付以保持现金持有量。即便如此，当时使用公司层面数据的模拟表明，在没有外部支持的情况下，许多公司也没有足够的缓冲来应对收入下降的情况。

各种供应和需求中断严重冲击了国际贸易的开展。全球贸易量在2020年初急剧下降。汽车业受到的冲击尤其严重，因为其在跨越多个国家的生产网络中有大量供应商。早在2月，中国生产的零部件短缺就迫使日本和韩国的汽车制造商暂时关闭了工厂。3月初，中国汽车零部件恢复生产之际，欧洲和美国的管控措施迫使许多制造商停止生产，并取消了向新兴市场经济体下达的订单。墨西哥零部件制造商承受了美国工厂关闭的全部影响（2019年，墨西哥生产的85%以上的零部件出口到美国）。

规模空前的货币政策和财政政策，以及首次以稳定宏观经济为目标的审慎政策强有力地对冲了疫情的冲击，金融市场经过疫情大流行初期一段时间的剧烈震荡后，逐渐稳定了下来，融资条件持续改善，经济开始强劲反弹。

危机对家庭的影响并没有最初担心的那么久。当许多国家在2020年第三季度解除封锁后，消费支出逐渐弥补了大部分损失。一些消费形式（尤其是娱乐服务）仍持续疲软，主要受疫情管控措施的影响，而不是消费者偏好的持续变化。实际上，在那些只经历过一次大规模感染的国家，餐饮支出很快恢复到了接近大流行前的水平。与此同时，疫情大流行加速了以往消费模式的变动趋势，各国无论是否经历了多轮感染，向线上购物的转变步伐都在加快。消费者行为的变化有助于经济活动免受管控措施的影响。因此，2020年底的经济活动降幅远远小于疫情早期。

很多人担忧疫情将对全球经济一体化造成持久打击，但事实表明这种担忧过于悲观了。2020年上半年较早时候，由于供应中断对生产网络造成严重破坏，商品贸易收缩了近20%，随后强劲反弹。虽然供应压力在之后再次出现，但这反映的是对电子设备和汽车等商品的强劲需求，而不是全球供应链的中断。不过，服务贸易并没有复苏，跨境旅游受到严重打击，2020年国际航空旅行需求下降了74%。

尽管经济衰退没有最初担心的那么严重，但复苏并不完全。GDP 仍远低于大流行前的预期（考虑到上一次经济扩张的时间长度，疫情前的预期异常强劲）。自疫情暴发以来，劳动力市场状况显著恶化，不仅表现为更高的失业率，还表现为一些国家的劳动力参与率大幅下降。在欧洲，无薪休假和兼职工作计划避免了失业率的大幅上升，但工作时间的缩短则反映了这种恶化。

各国复苏的速度和程度明显不同。中国是第一个进入衰退的经济体，随后迅速反弹，在强劲的固定资产投资和出口需求的带动下，2020年实现了2.3%的经济增长。中国经济复苏通过全球价值链促进了一些东亚新兴市场经济体的增长。与此同时，美国在住房建设热潮和信息技术投资强劲增长的支持下，2020年下半年经济快速反弹，最终将衰退限制在3.5%。

然而，在其他国家，最初的复苏逐渐失去了动力。特别是在欧元区，2020年经济收缩了6.6%。其他经历多轮感染的发达经济体的增长也放缓了。拉丁美洲、非洲和亚洲部分地区的新兴经济体面临的条件尤其具有挑战性。其中许多国家的经济活动结构不太适合远程工作和保持社交距离，从而限制了它们管控疫情的能力。危机早期，一些国家的扩张性政策和国际汇款缓冲了经济活动的最初下降，然而2020年下半年，几乎就再没有额外的财政刺激，这反映了政策空间的缩小。

新冠肺炎疫情大流行的反通货膨胀效应一直持续到2020年底。较低的总需求、疲软的劳动力市场和企业削减成本的举措，抵消了供给限制的影响。在疫情早期，运输和娱乐等服务行业的价格上涨放缓，但封锁期间耐用品行业的需求有所上升，耐用品价格出现了强劲上涨。中国的低通货膨胀率在世界贸易中也起到了很大的作用。随着经济的不断复苏，若干经济体的PPI稳步上升，同时大宗商品价格稳步回升。汇率贬值导致一些大型新兴市场通货膨胀率上升，大多数发达经济体的通胀率也有所上升，在某些时期甚至超过了央行的目标。除大宗商品价格上涨外，疫情早期曾大幅下跌的机票和酒店等价格的反弹也加剧了这些国家的通货膨胀。

（二）融资条件短期紧缩后转向宽松

新冠肺炎疫情大流行初期，经济紧缩，前景黯淡，不确定性增加，全球融资条件急剧收紧。中国早期的封锁几乎对全球市场没有产生影响，但当2020年2月底意大利出现感染病例后，金融市场开始有所反应。随着新冠病毒在世界各地迅速传播，3月全球金融市场处于剧烈震荡之中。股票价格跳水，债券利差飙升，已经升高的隐含波动率进一步上涨，甚至达到了历史最高水平。

金融市场上的压力很快演变成对现金的争夺。美国优质货币市场基金的投资者在资本损失的预期下加速赎回。截至2020年3月底，这些投资于短期银行票据和公司票据的基金遭遇了一波赎回潮，规模达到1 600亿美元，约占其管理资产的15%。与此同时，对冲基金等杠杆投资者被迫平仓，以满足追加保证金的要求。对现金的争夺加剧了包括美国国债在内的所有类别资产的抛售压力。美国长期国债和德国国债收益率在 3 月中旬飙升，而就在一周前，收益率还曾跌至历史低点。

企业融资市场在 2020 年 3 月前半个月处于冻结状态。从 2 月下旬到 3 月，高收益债券市场实际上枯竭了，杠杆贷款和私人信贷市场的状况也显著恶化。杠杆贷款的每周发行量远低于 2019 年的平均水平，贷款支持债券（CLO）的发行也陷于停顿。融资活动的冻结甚至波及了投资级公司债券和商业票据市场。

全球投资者的收缩对新兴市场企业的打击尤为沉重。随着全球化、大宗商品出口和全球价值链——这些都是新兴市场经济体过去 30 年实现巨大飞跃的基础——受到疫情的威胁越来越明显，国际投资者纷纷退出。仅在 2020 年 3 月，国际投资者就从新兴市场经济体撤出了 800 多亿美元，这是有记录以来最大的单月资本外流。一些国家，如巴西和波兰，还出现了外国直接投资（FDI）的净流出。国际资本外流与新兴市场国家货币大幅贬值同时发生，2020 年第一季度，主要新兴市场货币，如巴西雷亚尔、南非兰特、俄罗斯卢布和墨西哥比索对美元贬值超过 20%。贬值幅度最大国家的国内政府债券收益率也大幅上升，因为外国投资者要求较高的溢价，以补偿其投资的美元价值下降。

在发达经济体和新兴市场经济体的央行均宣布了一系列前所未有的措施后，市场状况才开始企稳，这些措施远远超过了国际金融危机期间采取的措施。除了稳定市场，这些措施还旨在维持信贷流向企业、家庭甚至公共部门。

到 2020 年 6 月初，市场状况整体上已得到相当程度的改善，虽然许多市场的流动性和稳定性仍不如年初。大多数经济体的股价已收复了此前跌幅的一半左右，信用利差也有所收窄。4—5 月新兴市场经济体的资本流出有所缓解，一些经济体重新出现资本流入。新兴市场经济体本币债券收益率开始下降（通常是央行购买资产的结果），汇率也稳定了下来，尽管比疫情暴发前贬值了不少。

2020 年下半年，融资条件逐渐变得异常宽松。对维持宽松货币政策的预期，加上空前的财政扩张（改善了经济前景，支持了企业的偿付能力），有助于降低企业融资成本，压缩风险溢价。公共干预维持了资产估值，但考虑到利率水平，风险资产价格显得被高估了。

宽松的政策使企业能够以非常优惠的条件获得融资。由于各国央行的资产购买和流动性安排，公司债券发行在 2020 年下半年大幅增加，一直到年底仍然异常活跃，甚至在美国高收益领域达到了创纪录的高点。投资于高风险小公司贷款的基金价格也在 2020 年底飙升，超过了疫情前的水平。

强烈的风险偏好维持了股票和房地产市场的估值。即使考虑了低利率的情况，美国股票价格仍然显得被高估了，尽管其他市场的情况不那么严重。通过首次公开募股

（IPO）和特殊目的收购公司筹集的资金大幅增加，这明显体现了市场人气的恢复，与20世纪90年代末科技股繁荣时期争相进入市场的情况类似。尽管商业地产价格在疫情早期显著下跌，但风险溢价仍然很低。写字楼估值有所下降，但仍远高于国际金融危机后的低点。与此同时，许多国家的住房价格大幅上涨，这在经济衰退中很不寻常。

随着时间的推移，主权债券收益率开始上升。乐观的疫苗消息、财政扩张和持续宽松的货币政策，使人们对经济前景更加乐观，也刺激了通货膨胀的抬头。起初，美国债券收益率的稳步上升反映了更高的基于市场的通胀预期。随后，对美国经济强劲增长的预测，加上美国特殊的财政刺激措施以及向较长期主权债券的倾斜，推高了长期收益率。

（三）货币政策宽松度史无前例

面对突如其来的新冠肺炎疫情，各国央行迅速而有力地做出反应，以稳定金融体系，支持信贷持续流向企业和家庭。最初，各国央行立即降低政策利率（见图1－1），以先发制人的方式缓解融资条件，缓冲疫情对经济的影响。随着形势急剧恶化，金融市场开始大幅动荡，各国央行又采取了大量紧急措施，以稳定金融市场和恢复市场信心。它们加大了宽松措施的力度，在将政策利率降至有效下限的基础上，继而推出了开放式资产购买计划，以疏通做市商的资产负债表，重启债券发行。随着国内和美元融资市场愈发混乱，各国央行又通过公开市场操作和借贷便利注入流动性，并延长美元互换期限。

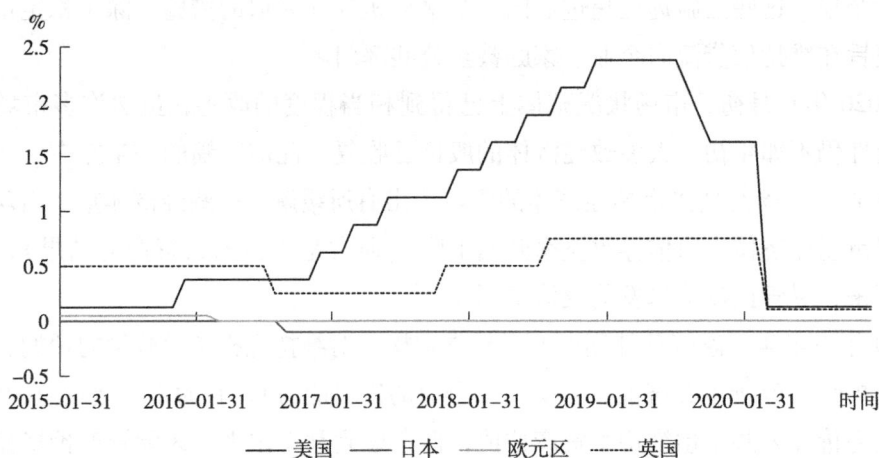

图1－1　主要发达经济体政策利率走势

（资料来源：国际清算银行）

尽管这些措施中的大多数目前已成为危机管理的标准做法，但当时的挑战迫使央行扩大政策操作的规模。特别是考虑到这次冲击的程度和性质前所未有，它们通过直接购买债务（如债券和商业票据）或向银行提供支持（如以贷款换资金计划的形式），为陷入困境的企业提供了宝贵的流动性。除了大规模购买政府债券，许多央行还购买了私人部门证券或放宽抵押品标准，从而比以往任何时候都进一步降低了所购资产信用评级要求，有时甚至低于投资级。还有一些央行扩大了对地方政府的支持，甚至开始购买股票。更重要的是，资金支持一直延伸到中小企业。在此过程中，一些央行越过了以往的红线，采取了一些曾经被视为禁区的措施。毫无疑问，危机期间央行的操作进一步扩大了其资产负债表。

很明显的是，不同国家货币政策操作存在明显差异。特别是新兴市场经济体的回旋余地更小，因为它们在金融领域存在更多脆弱性，而且受到国内外多重冲击。尽管如此，许多国家仍可以降低利率和存款准备金率，并首次采取措施支持企业，缓解本币债券市场的压力（见图1-2）。

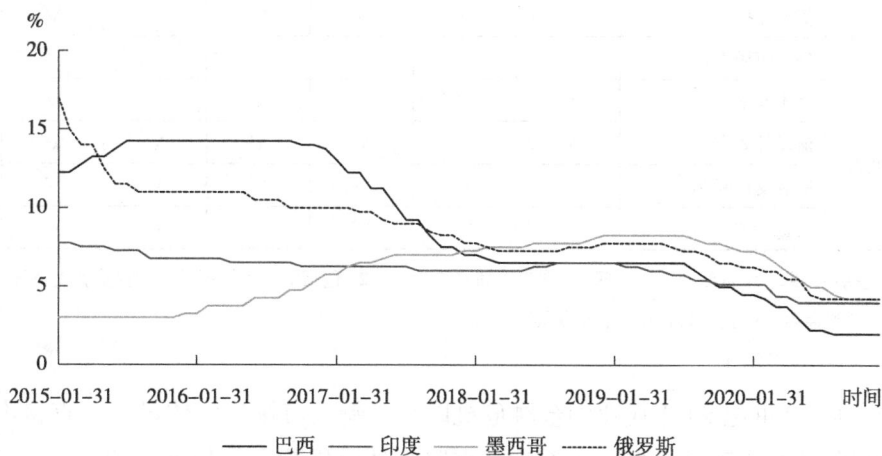

**图1-2 主要新兴市场经济体政策利率走势**

（资料来源：国际清算银行）

自2008年国际金融危机以来，通过金融市场融资的规模迅速增长，在这一背景下，很多央行将自身的角色从最后贷款人转变为最后做市商或最后交易商。因此，央行直接购买证券或承诺购买证券（有时甚至是开放式地购买）的概率更高了。实际上，这种操作间接地减轻了银行的压力，因为银行不论作为交易商还是作为备用信贷安排的供应商，均与市场有着共生关系。例如，美联储购买美国国债客观上帮助交易商清理了积压的债券库存，其商业票据备用工具帮助缓解了银行信贷额度的压力。此外，新兴市场经济体中也有更多的央行采取行动，以缓解货币市场共同基金的挤兑危险。

美元在全球金融市场中的主导地位再次要求美联储扮演国际最后贷款人的角色。事实上，美联储向来自发达经济体和新兴市场经济体的多达14家央行提供了外汇互换额度，续签了许多自国际金融危机以来已到期的互换协议。此外，它还设立了回购机制，向所有央行开放，以便它们利用国债在场外获得美元融资。与国际货币基金组织等国际组织相比，美联储的大规模行动表明，国际货币体系存在尚未解决的弱点。2020年发达经济体货币政策操作见表 1-2。

表 1-2                           2020 年发达经济体货币政策操作

| 工具类型 | 措施 | 美国 | 欧元区 | 日本 | 英国 | 加拿大 | 澳大利亚 | 瑞士 |
|---|---|---|---|---|---|---|---|---|
| 利率 | 降息 | √ | | | √ | √ | √ | |
| 借贷/流动性 | 一般流动性提供[1] | √ | √ | √ | √ | √ | √ | |
| | 专门借贷 | √ | √ | | √ | √ | √ | |
| 资产购买 | 政府债券 | √ | √ | √ | √ | √ | √ | |
| | 商业票据 | √ | √ | √ | | | | |
| | 公司债券 | √ | √ | √ | √ | | | |
| | 其他私人证券[2] | | √ | √ | | | | |
| 外汇互换/干预 | 美元互换 | | √ | √ | √ | √ | √ | √ |
| | 外汇市场干预 | | | | | | | √ |
| 宏观审慎政策 | 资本要求 | √ | √ | √ | √ | √ | √ | √ |
| | 流动性要求 | √ | √ | √ | √ | √ | √ | |
| | 股利支付限制 | | √ | | √ | √ | √ | |
| | 市场功能[3] | √ | √ | | √ | √ | | √ |

注:1. 包括逆回购、常备便利、再贴现、降低存款准备金率等。2. 包括资产支持证券、按揭贷款支持证券、资产担保债券、交易型基金等。3. 比如禁止卖空、熔断等。

资料来源:国际清算银行。

此外,自 20 世纪 90 年代亚洲金融危机以来,新兴市场经济体虽然一直将本币债券市场的发展作为优先事项,但并没有完全克服与外币借款有关的外部约束。不过,它们已经在很大程度上将货币错配从借款人转移到贷款人(通常是外国投资者)。投资者对东道国货币头寸和汇率风险敞口损失的过度反应,促使央行做出强有力的响应。随着外国投资者套利交易规模不断增加,一些新兴市场经济体的央行不仅干预外汇市场,而且在本币债券市场上充当最后买家,这与发达经济体的同行非常相似。此外,由于通胀预期能够保持稳定,新兴市场经济体的政策框架大大改善,许多国家得以削减而不是提高政策利率以应对产出下降。2020 年新兴市场经济体货币政策操作见表 1-3。

表 1-3                           2020 年新兴市场经济体货币政策操作

| 工具类型 | 措施 | 巴西 | 印尼 | 印度 | 韩国 | 墨西哥 | 泰国 | 南非 |
|---|---|---|---|---|---|---|---|---|
| 利率 | 降息 | √ | √ | √ | √ | √ | √ | √ |
| 借贷/流动性 | 一般流动性提供[1] | √ | √ | √ | √ | √ | √ | √ |
| | 专门借贷 | √ | | √ | √ | √ | | |
| 资产购买 | 政府债券 | | √ | √ | √ | | √ | √ |
| | 商业票据 | | | | √ | | | |
| | 公司债券 | | | | √ | | √ | |

续表

| 工具类型 | 措施 | 巴西 | 印尼 | 印度 | 韩国 | 墨西哥 | 泰国 | 南非 |
|---|---|---|---|---|---|---|---|---|
| 外汇互换/干预 | 美元互换 | √ | | | √ | √ | | |
| | 外汇市场干预 | √ | √ | √ | √ | √ | | |
| 宏观审慎政策 | 资本要求 | √ | √ | √ | √ | | | √ |
| | 流动性要求 | √ | √ | √ | √ | | √ | √ |
| | 股利支付限制 | √ | √ | √ | √ | | √ | √ |
| | 市场功能[2] | √ | √ | √ | √ | | √ | √ |

注：1. 包括逆回购、常备便利、再贴现、降低存款准备金率等。2. 比如禁止卖空、熔断等。

资料来源：国际清算银行。

值得注意的是，本次危机中宏观审慎政策在帮助维持信贷流动和防止银行去杠杆化方面发挥了关键作用。这是自 2008 年国际金融危机以来，宏观审慎或系统导向型监管策略取得进展的又一例证。如果前期没有强化其资产负债表的重大国际努力，这些银行将无法支持放贷。宏观审慎当局（其中许多是中央银行）采取了一系列广泛的措施，包括鼓励银行自由使用国际金融危机后积累的缓冲资金，释放之前实施的逆周期资本缓冲，暂时放宽其他资本和流动性要求，允许对新实施的预期贷款准备标准进行更灵活的解释或延长相应的过渡安排等。许多央行还实施了银行利润分配限制措施，尤其是股利，以进一步增强银行的放贷能力。

央行的应对措施至关重要，但它们也存在根本性的局限，主要是这些措施提供的是临时融资，而非转移的实际资源。因此，它们都会产生额外的债务，只有在收入损失不太大的情况下，才能帮助借款人生存下来。如果收入损失过大，一些借款人可能会将问题转嫁给银行业。因此，后疫情时代的全球金融稳定再次成为不得不关注的问题。

## 二、2020 年中国金融宏观调控的实施与效果

### （一）多策并举助推经济稳定复苏

2020 年金融宏观调控与疫情防控节奏相适应，根据疫情防控和经济社会恢复发展的阶段性特点，分层次、有梯度地出台相关政策。在疫情的不同阶段，宏观政策各有侧重，有序支持了医疗和生活物资保供、复工复产，生产生活秩序加快恢复。

#### 1. 深化利率、汇率市场化改革

2020 年以来，中国人民银行用改革的办法畅通货币政策传导，持续推进贷款市场报价利率（LPR）改革，企业融资成本明显下降。一是前瞻性引导公开市场操作利率和中期借贷便利中标利率下降 30 个基点，带动 1 年期 LPR 下行 30 个基点。推动整体市场利率和贷款利率下行，支持合理的贷款需求增长。12 月，企业贷款利率为 4.61%，较 2019 年 12 月下降 0.51 个百分点，连续两个月创有统计以来最低水平。二是进一步推动 LPR 运用。自 2020 年 1 月 1 日起，新发放贷款不再参考贷款基准利率定价。2020 年 3

月至 8 月，按照市场化、法治化原则顺利完成存量浮动利率贷款定价基准转换。截至 2020 年 8 月末，存量贷款定价基准转换率达 92.4%。促进银行将 LPR 嵌入内部转移定价（FTP）体系，切实打破贷款利率隐性下限，引导金融资源更多配置至小微、民营企业，降低贷款实际利率水平。三是推进信用卡透支利率市场化。从 2021 年 1 月 1 日起，信用卡透支利率由发卡机构与持卡人自主协商确定，取消信用卡透支利率上限和下限管理。放开信用卡透支利率的行政管制，完全实现市场化定价，有利于促进市场竞争，督促发卡机构改进服务。四是强化利率行业自律，推动明示贷款年化利率。设立特殊成员，将小贷公司等机构纳入利率自律范围，健全利率定价自律机制。五是继续发挥存款基准利率作为我国整个利率体系"压舱石"的作用，加强存款利率自律管理，压降不规范存款创新产品，维护存款市场竞争秩序。LPR 改革促进了金融结构优化，畅通银行内部定价机制，有效推动存款利率市场化，存款利率整体有所下行。

继续推进汇率市场化改革，完善以市场供求为基础、参考一篮子货币进行调节、有管理的浮动汇率制度，保持人民币汇率弹性，发挥汇率调节宏观经济和国际收支自动稳定器的作用。注重预期引导，保持人民币汇率在合理均衡水平上的基本稳定。

2020 年，人民币对美元汇率中间价最高为 6.5236 元，最低为 7.1316 元，243 个交易日中 140 个交易日升值、103 个交易日贬值。最大单日升值幅度为 1.00%（670 点），最大单日贬值幅度为 0.76%（530 点）。人民币对国际主要货币汇率有贬有升，双向浮动。2020 年末，人民币对美元、欧元、英镑、日元汇率中间价分别较 2019 年末升值 6.92%、贬值 2.61%、升值 2.92% 和升值 1.34%。2005 年人民币汇率形成机制改革以来至 2020 年末，人民币对美元汇率累计升值 26.84%，对欧元汇率累计升值 24.79%，对日元汇率累计升值 15.53%。银行间外汇市场人民币直接交易成交较为活跃，流动性平稳，降低了微观经济主体的汇兑成本，促进了双边贸易和投资。

12 月末，在中国人民银行与境外货币当局签署的双边本币互换协议下，境外货币当局动用人民币余额为 500.32 亿元，中国人民银行动用外币余额折合 5.16 亿美元，对促进双边贸易投资发挥了较好作用。

2. 推动外汇管理体制改革

推动金融市场双向开放。一是调增上海、北京和深圳三地合格境内有限合伙（QDLP）和合格境内投资企业（QDIE）试点额度至 100 亿美元。二是新增海南自由贸易港和重庆市开展 QDLP 试点并分别给予 50 亿美元额度。

提升贸易收支便利化水平。一是稳步有序扩大贸易收支便利化试点覆盖面。二是提升服务贸易对外付汇便利水平，2020 年 11 月 1 日，上线试运行全国范围内服务贸易付汇税务备案信息的网上核验功能。三是便利"走出去"个人用汇，扩大线上办理不占用年度便利化额度的留学购付汇业务试点。四是优化"引进来"用汇环境，推动境外个人境内小额消费便利化试点和在华外籍高端人才薪酬购付汇便利化试点。

加强外汇市场管理。在疫情防控常态化条件下，统筹疫情防控与防范化解金融风险关系，强化跨境资金流动风险监测与分析，突出打击地下钱庄、跨境赌博和网络炒汇等非法金融活动，为"六稳""六保"工作保驾护航。2020年，共查处外汇违规案件2 440起，罚没款9.4亿元。

3. 推进金融风险处置

高风险中小金融机构处置顺利实施。努力克服疫情影响，推动高风险中小金融机构处置取得关键进展和重要阶段性成果，恒丰银行、锦州银行等重点金融机构的改革重组方案顺利实施，确保了关键敏感时期金融体系的平稳运行，守住了不发生系统性金融风险的底线。

稳妥有序推进包商银行风险处置。包商银行改革重组工作已平稳落地，收购承接包商银行业务的蒙商银行和徽商银行资本充足、运行平稳。鉴于包商银行严重资不抵债，无法清偿到期债务，接管组以包商银行名义向中国银行保险监督管理委员会提交破产申请，获得进入破产程序的行政许可。2020年11月23日，北京市第一中级人民法院裁定受理包商银行破产清算，指定包商银行清算组担任包商银行管理人。目前包商银行破产清算各项工作正在稳妥有序地进行。

4. 完善宏观审慎政策框架

建立逆周期资本缓冲机制。2020年9月，中国人民银行、中国银行保险监督管理委员会联合发布《关于建立逆周期资本缓冲机制的通知》，明确建立逆周期资本缓冲机制，同时设置银行业金融机构初始逆周期资本缓冲比率为零。该机制有助于促进银行业金融机构稳健经营，维护我国金融体系稳定运行。

初步构建金融控股公司监管制度框架。2020年9月，中国人民银行发布《金融控股公司监督管理试行办法》（中国人民银行令〔2020〕第4号），于2020年11月起正式实施。该办法明确非金融企业投资控股形成的金融控股公司须依法准入，并对其资本、行为和风险实施全面、持续、穿透监管，有利于有效隔离实业板块与金融板块，防范风险跨机构、跨行业、跨市场传染。

完善系统重要性金融机构监管框架。2020年12月3日，中国人民银行会同中国银行保险监督管理委员会发布《系统重要性银行评估办法》（银发〔2020〕289号）。该办法明确了我国系统重要性银行的评估指标、评估流程和工作分工，成为我国系统重要性银行认定的依据。

建立银行业金融机构房地产贷款集中度管理制度。2020年12月，中国人民银行、中国银行保险监督管理委员会联合发布《关于建立银行业金融机构房地产贷款集中度管理制度的通知》（银发〔2020〕322号），建立了房地产贷款集中度管理制度，对银行业金融机构房地产贷款、个人住房贷款占全部贷款的比重设置上限要求。该制度有助于提高金融体系的韧性和稳健性，促进房地产市场平稳健康发展，也有助于强化银行业金融机构内在约束，优化信贷结构，推动金融、房地产同实体经济均衡发展。

发挥好宏观审慎评估（MPA）在优化信贷结构和促进金融供给侧结构性改革中的作用。2020年以来，中国人民银行按照中央经济工作会议重点任务要求，进一步完善MPA，促进优化信贷结构，降低融资成本。一是进一步提高了小微、民营企业融资和制造业融资的考核权重，设立"再贷款运用"临时性考核指标，引导金融机构加大对国民经济重点领域和薄弱环节的支持，确保新增融资重点流向制造业、中小微企业。二是完善LPR运用相关考核，释放LPR改革降低贷款利率的潜能，推动银行加快存量浮动利率贷款定价基准转换工作，推动企业综合融资成本明显下降。

调整跨境融资宏观审慎调节参数。2020年3月11日，中国人民银行、国家外汇管理局发布《关于调整企业跨境融资宏观审慎调节参数的通知》（银发〔2020〕64号），将全口径跨境融资宏观审慎调节参数由1上调至1.25。为完善全口径跨境融资宏观审慎管理，引导金融机构市场化调节外汇资产负债结构，2020年12月11日，中国人民银行、国家外汇管理局决定将金融机构的跨境融资宏观审慎调节参数由1.25下调至1。2021年1月7日，中国人民银行、国家外汇管理局发布《关于调整企业跨境融资宏观审慎调节参数的通知》（银发〔2021〕5号），将企业的跨境融资宏观审慎调节参数由1.25下调至1。

适时调整外汇风险准备金率。2020年以来，人民币汇率以市场供求为基础双向浮动，弹性增强，市场预期平稳，跨境资本流动有序，外汇市场运行保持稳定，市场供求平衡。为此，中国人民银行决定自2020年10月12日起，将远期售汇业务的外汇风险准备金率从20%下调为0。

5. 发挥结构性货币政策工具作用

积极运用支农、支小再贷款、再贴现和抵押补充贷款等工具，引导金融机构加大对小微、民营企业、"三农"、扶贫等国民经济重点领域和薄弱环节的支持力度。运用好专项扶贫再贷款支持扩大"三区三州"信贷投放，降低"三区三州"融资成本，促进实现精准扶贫、精准脱贫目标。2020年四个季度分别发放专项扶贫再贷款63亿元、80亿元、72亿元、79亿元，年末专项扶贫再贷款余额370亿元。2020年末，全国支农再贷款余额为4 572亿元，支小再贷款余额9 756亿元，扶贫再贷款余额2 153亿元，再贴现余额5 784亿元。2020年，中国人民银行对政策性银行和开发性银行净收回抵押补充贷款共3 023亿元，其中第四季度净收回1 993亿元，年末余额为32 350亿元。

开展定向中期借贷便利（TMLF）操作。定向中期借贷便利为金融机构扩大对小微、民营企业的信贷投放提供了优惠利率长期稳定资金来源。2020年第一季度操作2 405亿元，期限为1年，利率为3.15%；第二季度操作561亿元，期限为1年，利率为2.95%；第三季度到期的定向中期借贷便利以中期借贷便利的形式续做；第四季度未开展操作。2020年末，定向中期借贷便利余额为2 966亿元。

6. 实施信贷政策的结构引导

中国人民银行以高质量发展为导向，引导金融机构继续加大对国民经济重点领域和薄弱环节的支持力度，强化对疫情冲击下市场主体的金融支持，着力稳企业保就业，有力支持完成决战决胜脱贫攻坚目标任务，全面建成小康社会。

着力推进金融支持稳企业保就业。持续改善小微企业金融服务，促进小微企业融资实现"量增、价降、面扩"。加大制造业中长期贷款支持力度，助力制造业高质量发展。实施普惠小微企业贷款延期还本付息政策和普惠小微信用贷款支持政策，做好政策接续和合理调整，激发市场活力，稳定市场预期。聚焦重点支持群体和重点企业，创新开展多种形式的政银企对接活动，提高融资对接有效性、精准性。

全力做好收官阶段金融精准扶贫工作。聚焦深度贫困地区和挂牌督战县，加大金融支持产业扶贫、易地扶贫搬迁力度，巩固提升贫困地区基础金融服务质量，助力贫困县全部摘帽。推动完善金融扶贫配套机制，抓好金融扶贫领域风险防范化解，配合做好脱贫攻坚普查等工作，促进实现高质量可持续脱贫。

持续加大对乡村振兴领域资源投入。安排支农再贷款专用额度，支持扩大生猪养殖信贷投放；做好春耕备耕、农业投资等领域金融服务；优化农村产权制度改革金融服务，发展壮大集体经济，推广农村承包土地的经营权抵押贷款业务。

7. 加大货币信贷支持力度

统筹常态化疫情防控和经济社会发展工作，根据不同阶段的特点把握好货币政策调控的力度、节奏和重点，提高政策精准性和直达性，扎实做好"六稳"工作，全面落实"六保"任务，金融支持稳企业保就业取得预期效果。

适时加大宏观政策对冲力度。2020年，在春节开市后向金融市场提供了1.7万亿元的短期流动性，有效稳定了市场预期。2020年，中国人民银行三次降低存款准备金率，提供了1.75万亿元长期流动性。通过下调法定准备金率、中期借贷便利操作和公开市场操作，保持流动性合理充裕，维护市场利率平稳运行，为特别国债和地方政府专项债发行营造了适宜的流动性环境。

分层次、有梯度地出台并落实好1.8万亿元再贷款、再贴现政策。2020年，中国人民银行分三批次安排3 000亿元专项再贷款、5 000亿元再贷款、再贴现额度、1万亿元再贷款、再贴现额度，共计1.8万亿元，支持抗疫保供、复工复产和中小微企业等实体经济发展。截至2020年6月末，3 000亿元专项再贷款基本发放完毕，支持有关银行向7 597家全国性和地方性重点企业累计发放优惠贷款2 834亿元，加权平均利率为2.49%，财政贴息50%后，企业实际融资利率约为1.25%，有效缓解了疫情暴发初期医用物品紧张局面，促进了疫情重点地区主要生活物资恢复正常供应；5 000亿元再贷款、再贴现发放完毕，支持地方法人银行向59万家企业累计发放优惠利率贷款4 983亿元，加权平均利率为4.22%，切实解决了企业复工复产面临的债务偿还、资金周转和扩大融资等迫切问题。2020年12月，1万亿元普惠性再贷款、再贴现全部发放完毕，引导地方法人银行支持了158万家企业，加权平均利率为4.67%。实体部门获得感明显增强，生产生活快速恢复，就业形势持续改善。

突出直达性、精准性特点，积极推进两个直达实体经济的货币政策工具支持中小微企业发展。截至2020年末，全国银行业金融机构共对7.3万亿元贷款本息实施延期。普惠小微企业贷款延期支持工具按月操作，累计向地方法人银行提供激励资金87亿元，支持其6—12月对普惠小微企业贷款延期本金共计8 737亿元，加权平均延期期限为12.8个月，减轻了小微企业阶段性还本付息压力。2020年，银行业金融机构累计发放普惠小微信用贷款3.9万亿元，比2019年多发放1.6万亿元。普惠小微企业信用贷款支持计划按季操作，累计向地方法人银行提供优惠资金1 700亿元，支持其3—12月发放小微企业信用贷款共计4 808亿元，有效缓解了小微企业融资难问题。

根据国务院常务会议决定延续普惠小微企业贷款延期还本付息政策和信用贷款支持计划的部署，2020年12月31日，中国人民银行会同银保监会、财政部、发展改革委、工业和信息化部发布《关于继续实施普惠小微企业贷款延期还本付息政策和普惠小微企业信用贷款支持政策有关事宜的通知》（银发〔2020〕324号），规定两项政策延期至2021年3月31日。一是延长普惠小微企业贷款延期还本付息政策期限，做到按市场化原则应延尽延，由银行和企业自主协商确定。对于地方法人银行业金融机构办理的延期期限不少于6个月的普惠小微企业贷款，继续按贷款本金的1%给予激励。二是延长普惠小微企业信用贷款支持政策期限，对于符合条件的地方法人银行业金融机构新发放的普惠小微企业信用贷款，继续按贷款本金的40%给予优惠资金支持。

8. 降低金融机构存款准备金率

2020年，三次下调金融机构存款准备金率，并下调超额存款准备金利率，支持经济恢复发展。2020年1月，中国人民银行下调金融机构存款准备金率0.5个百分点（不含财务公司、金融租赁公司和汽车金融公司），释放长期资金8 000多亿元；3月，实施普惠金融定向降准，对2019年度普惠金融领域贷款达标的银行给予0.5个或1.5个百分点的存款准备金率优惠。除此之外，对此次考核中得到0.5个百分点存款准备金率优惠的股份制商业银行再额外降准1个百分点，共释放长期资金约5 500亿元，引导金融机构加大普惠金融领域贷款投放力度；4月，宣布下调农村商业银行、农村合作银行、农村信用社、村镇银行和仅在本省级行政区域内经营的城市商业银行存款准备金率1个百分点，于4月15日和5月15日分两次实施到位，共释放长期资金约4 000亿元。同时，将金融机构在央行超额存款准备金利率从0.72%下调至0.35%。以上措施增加了金融机构长期稳定资金来源，推动金融机构提高资金使用效率，加大对中小微企业和受新冠肺炎疫情影响较严重行业企业的信贷支持力度。

9. 进行中期借贷便利和常备借贷便利操作

适时开展中期借贷便利操作。保证中长期流动性合理供给，发挥中期政策利率信号作用和利率引导功能。2020年，累计开展中期借贷便利操作51 500亿元，期限均为1年。第一至第四季度分别开展中期借贷便利操作6 000亿元、4 000亿元、17 000亿元、24 500亿元，期末余额为51 500亿元，比年初增加14 600亿元。中期借贷便利采取招标方式，2020年2月17日中标利率下降10个基点至3.15%，2020年4月15日中标利率进一步下降20个基点至2.95%。

及时开展常备借贷便利操作。对地方法人金融机构按需足额提供短期流动性支持。2020年，累计开展常备借贷便利操作1 862亿元。第一至第四季度分别开展常备借贷便利操作1 027亿元、487亿元、60亿元、288亿元，期末余额为198亿元。发挥常备借贷便利利率作为利率走廊上限的作用，促进货币市场平稳运行。第二季度下调常备借贷便利利率30个基点，下调后隔夜、7天、1个月常备借贷便利利率分别为3.05%、3.20%、3.55%。

10. 开展公开市场操作

保持银行体系流动性合理充裕。2020年，中国人民银行密切监测银行体系流动性供求状况，进一步提高公开市场操作的前瞻性、精准性和时效性，在运用降准、再贷款、再贴现、MLF等工具投放中长期流动性的基础上，以7天期逆回购为主，灵活开展公开市场操作，始终保持流动性合理充裕、供求平衡。同时，通过在《公开市场业务交易公告》中提前公布操作计划等多种方式进一步加强市场沟通，提高货币政策透明度，有效稳定市场预期。第四季度影响流动性供求的季节性、市场性因素较多，中国人民银行合理把握公开市场操作力度和节奏，精准对冲短期因素扰动，12月下旬，通过开展14天期逆回购操作投放跨年资金，满足市场需求，维护年末市场流动性平稳。

引导市场利率围绕央行政策利率波动。2020年，为应对疫情冲击，中国人民银行前瞻性引导政策利率下行，MLF和逆回购操作中标利率均下行30个基点，并通过LPR传导进一步降低民营和小微企业融资成本。下半年，MLF和逆回购操作中标利率均保持不变，展现稳健货币政策姿态。同时，中国人民银行进一步提高公开市场操作的连续性，通过每日操作持续释放央行短期政策利率信号，引导货币市场短期利率围绕公开市场7天期逆回购操作利率在合理区间波动。MLF利率作为中期政策利率，对市场中长期利率的引导效果显现，12月份同业存单利率、国债收益率均有所下行，并向MLF利率靠拢。

判断短期利率走势首先要看政策利率是否发生变化，主要是央行公开市场7天期逆回购操作利率是否变化，而不应过度关注公开市场操作数量。公开市场操作数量会根据财政、现金等多种临时性因素以及市场需求情况灵活调整，其变化并不完全反映市场利率走势，也不代表央行政策利率变化。其次，在观察市场利率时重点看市场主要利率指标（DR007）的加权平均利率水平，以及DR007在一段时期的平均值，而不是个别机构的成交利率或受短期因素扰动的时点值。

连续开展央行票据互换（CBS）操作。2020 年第四季度，中国人民银行开展了 3 次、150 亿元 CBS 操作，期限均为 3 个月，费率均为 0.10%。2020 年，中国人民银行以每月一次的频率稳定开展 CBS 操作，累计操作量 610 亿元，对于提升银行永续债的二级市场流动性，支持银行，特别是中小银行发行永续债补充资本发挥了积极作用，进一步增强了金融服务实体经济的能力。

常态化在中国香港发行人民币央行票据。2020 年第四季度，中国人民银行在中国香港成功发行 3 期共 350 亿元人民币央行票据。其中，1 年期 150 亿元、3 个月期和 6 个月期各 100 亿元。2020 年，中国人民银行总共在中国香港发行 12 期、1 550 亿元人民币央行票据。在中国香港常态化发行人民币央行票据，不仅丰富了中国香港市场人民币投资产品和流动性管理工具，而且带动了境内外市场主体在离岸市场发行人民币债券及开展人民币业务，对促进离岸人民币市场持续健康发展发挥了积极作用。

中银香港于 2021 年 1 月 27 日启动香港人民币央票回购做市机制，提高香港人民币央票二级市场流动性。据统计，2020 年，除香港人民币央行票据以外的离岸人民币债券发行量超过 1 300 亿元，比 2019 年增加 30%。同时，离岸人民币债券的发行方式和发行地点也更加多样化，人民币离岸市场活跃度进一步提升。

（二）融资条件显著改善

1. 货币市场利率平稳下行

银行体系流动性合理充裕，货币市场利率平稳。2020 年 12 月同业拆借月加权平均利率为 1.3%（见图 1－3），质押式回购月加权平均利率为 1.36%，较 2019 年同期分别

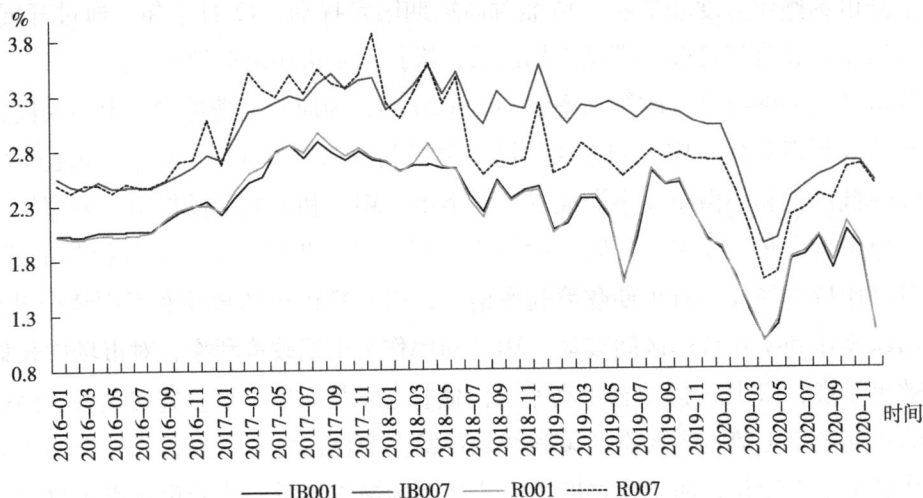

注：IB001 和 IB007 分别表示当月银行间同业拆借隔夜和 7 天期加权平均利率；R001 和 R007 分别表示质押式回购隔夜和 7 天期加权平均利率。

**图 1－3 货币市场利率月走势（2016—2020 年）**

（资料来源：中国外汇交易中心暨全国银行间同业拆借中心）

下降 79 个和 74 个基点。银行业存款类金融机构间利率债质押式回购月加权平均利率为 1.14%，低于质押式回购月加权平均利率 22 个基点。2020 年末，隔夜和 1 周 Shibor 分别为 1.09% 和 2.38%（见图 1 – 4），分别较 2019 年末下降 60 个和 36 个基点。

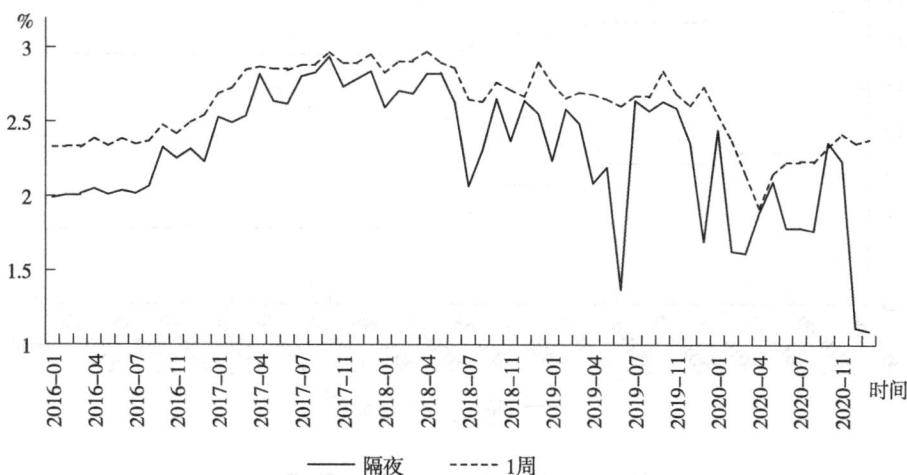

注：本表数据为当月最后一个交易日数据。

**图 1 – 4　Shibor 月走势（2016—2020 年）**

（资料来源：中国外汇交易中心暨全国银行间同业拆借中心）

银行间回购和拆借交易活跃。2020 年，银行间市场债券回购累计成交 959.8 万亿元，日均成交 3.9 万亿元，同比增长 17.6%；同业拆借累计成交 147.1 万亿元，日均成交 5 909 亿元，同比减少 2.6%。从期限结构看，回购和拆借隔夜品种的成交量分别占各自总量的 84.7% 和 90.2%，占比分别较 2019 年同期下降 0.5 个和 1.2 个百分点。交易所债券回购累计成交 287.3 万亿元，同比上升 20.3%。

LPR 利率期权业务稳步发展。2020 年 3 月 23 日，银行间市场 LPR 利率期权业务正式上线，市场主体踊跃参与，机构类型覆盖大型商业银行、股份制银行、城商行、农商行、外资银行、证券公司等。至 2020 年末，LPR 利率期权共计成交 484 笔，金额 907.5 亿元。其中，LPR 利率互换期权成交 126 笔，名义本金 143.5 亿元；LPR 利率上/下限期权成交 358 笔，名义本金 764 亿元。

2. 贷款利率创下新低

贷款加权平均利率创有统计以来新低。2020 年，LPR 改革持续深化，贷款利率隐性下限被完全打破，利率传导效率进一步提升。贷款利率保持低位运行，为顺利完成金融系统向实体经济合理让利 1.5 万亿元创造了良好的利率环境。2020 年 12 月，1 年期 LPR 较 2019 年同期下降 0.3 个百分点至 3.85%（见图 1 – 5），5 年期以上 LPR 下降 0.15 个百分点至 4.65%；贷款加权平均利率为 5.03%，同比下降 0.41 个百分点，创有统计以来新低。其中，一般贷款加权平均利率为 5.30%，同比下降 0.44 个百分点。企业贷款加权平均利率为 4.61%，同比下降 0.51 个百分点，超过同期 LPR 降幅，连续两个月创有统计以来新低，充分体现了 LPR 的方向性和指导性。

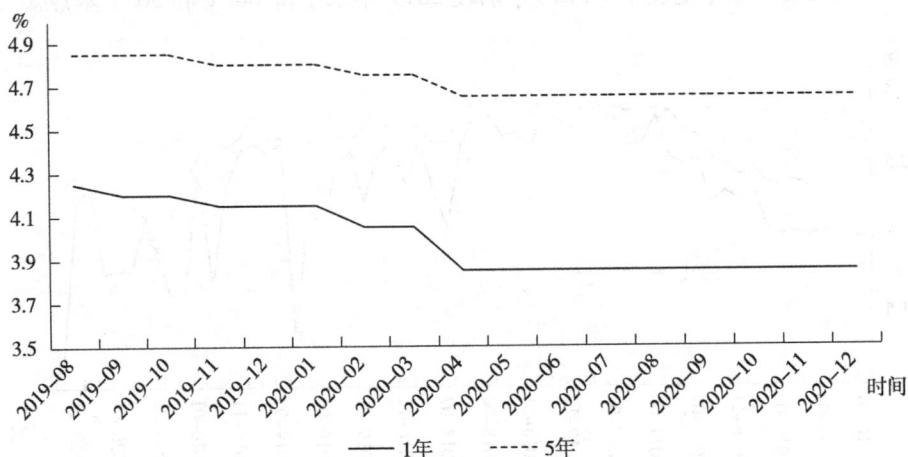

**图 1-5　LPR 走势（2019—2020 年）**

（资料来源：中国外汇交易中心暨全国银行间同业拆借中心）

2020 年 12 月，一般贷款中利率高于 LPR 的贷款占比为 66.04%（见表 1-4），利率等于 LPR 的贷款占比为 7.02%，利率低于 LPR 的贷款占比为 26.93%，贷款利率加减点区间整体较 2019 年 12 月明显下移。

**表 1-4　　　　　　　　2020 年金融机构人民币贷款利率区间占比　　　　　　　单位:%**

| 月份 | LPR 减点 | LPR | LPR 加点 | | | | | |
|---|---|---|---|---|---|---|---|---|
| | | | 小计 | （LPR, LPR+0.5%） | [LPR+0.5%, LPR+1.5%） | [LPR+1.5%, LPR+3%） | [LPR+3%, LPR+5%） | LPR+5% 及以上 |
| 1 | 20.63 | 1.75 | 77.62 | 19.95 | 24.7 | 16.83 | 8.95 | 7.17 |
| 2 | 31.41 | 2.12 | 66.47 | 17.72 | 21.02 | 12.29 | 6.91 | 8.53 |
| 3 | 24.42 | 2.75 | 72.83 | 19.39 | 22.81 | 14.35 | 8.87 | 7.42 |
| 4 | 20.72 | 3.72 | 75.56 | 17.4 | 25.35 | 14.91 | 9.88 | 8.01 |
| 5 | 22.36 | 5.24 | 72.41 | 14.76 | 25.31 | 14.1 | 9.88 | 8.36 |
| 6 | 24 | 5.97 | 70.03 | 14.95 | 25.63 | 13.21 | 8.84 | 7.4 |
| 7 | 21.69 | 5.86 | 72.45 | 13.63 | 26.19 | 14.17 | 9.48 | 8.97 |
| 8 | 24.48 | 6.29 | 69.23 | 13.26 | 23.77 | 13.62 | 9.41 | 9.15 |
| 9 | 24.89 | 7.41 | 67.7 | 13.31 | 23.74 | 14.09 | 8.78 | 7.79 |
| 10 | 23.63 | 7.08 | 69.28 | 13.76 | 22.63 | 13.4 | 9.67 | 9.82 |
| 11 | 25.89 | 5.99 | 68.12 | 13.33 | 23.41 | 13.47 | 9.02 | 8.88 |
| 12 | 26.93 | 7.02 | 66.04 | 13.56 | 22.62 | 13.17 | 8.83 | 7.86 |

资料来源：中国人民银行。

受发达经济体货币政策持续宽松推动，外币存贷款利率有所下降。2020 年 12 月，活期、3 个月以内大额美元存款加权平均利率分别为 0.16% 和 0.59%，分别较 2019 年 12 月下降 0.14 个和 1.34 个百分点；3 个月以内、3 个（含）~6 个月美元贷款加权平均利率分别为 1.22% 和 1.36%，分别较 2019 年 12 月下降 1.79 个和 1.65 个百分点。

3. 债券融资成本总体下降

债券市场收益率先下后上，信用利差走阔。2020 年 1—4 月，国债收益率持续下行，此后有所反弹，2020 年末，1 年期和 10 年期国债收益率较 2019 年末分别上升 11 个和 1 个基点；3 年期 AAA 和 AA 级中短期票据信用利差较 2019 年末分别走阔 3 个和 52 个基点（见图 1-6）。

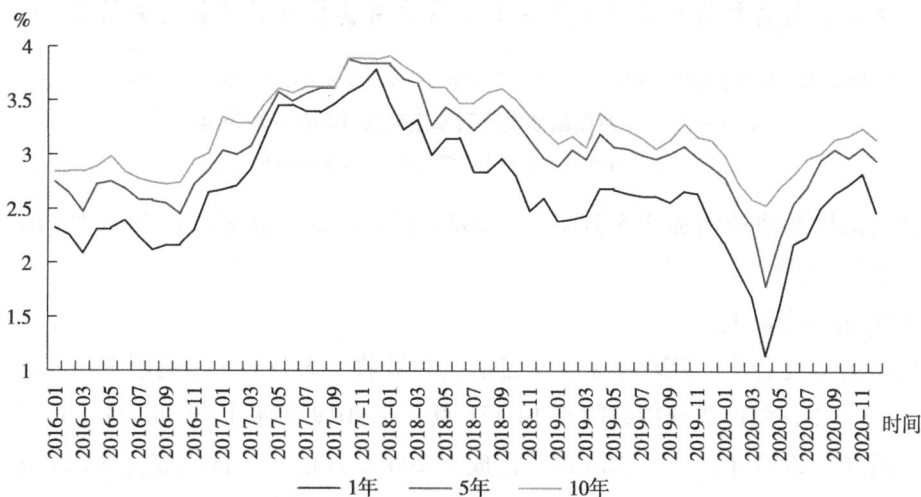

注：本表数据为当月最后一个交易日数据。

图 1-6　中国国债收益率（2016—2020 年）

（资料来源：中央国债登记结算有限责任公司）

发债融资成本下降。2020 年，财政部 3 个月期国债发行平均利率为 1.90%（见图 1-7），比 2019 年低 31 个基点；国开行发行的 10 年期金融债平均利率为 3.31%，比 2019 年低 26 个基点；主体评级 AAA 的企业发行的一年期短期融资券（债券评级为 A-1）平均利率为 2.82%，比 2019 年低 58 个基点。

银行间市场现券交易量保持增长，交易所交易量增长显著。2020 年，债券市场现券总成交额为 253 万亿元，同比增长 16.5%，其中银行间债券市场成交 232.8 万亿元，同比增长 11.5%；交易所债券成交额为 20.2 万亿元，同比增长 141.6%。债券借贷交易额为 7.5 万亿元，同比增长 61.6%。

债券发行同比增加。2020 年，债券市场共发行各类债券 56.9 万亿元，同比增长 26%，比 2019 年增加 11.7 万亿元。其中政府债券增加 5 万亿元，金融债券增加 3.2 万

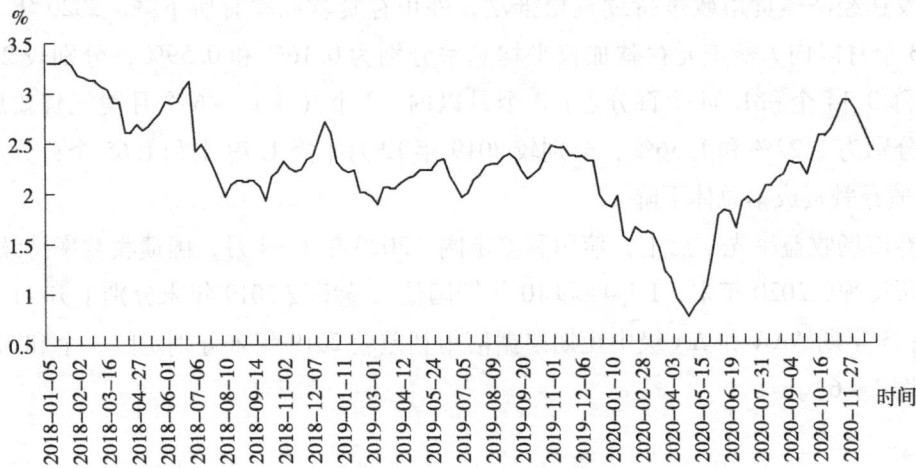

注：3个月期国债发行利率为财政部最新发行的3个月期国债发行价格所对应的参考收益率。

**图1-7　3个月期国债发行利率走势图（2018—2020年）**

（资料来源：中国外汇交易中心暨全国银行间同业拆借中心）

亿元，公司信用类债券增加3.5万亿元。2020年末，债券市场托管余额为116.7万亿元，同比增长17.9%。

4. 股票市场指数上升

股票市场指数上升。2020年末，上证综合指数收于3 473点（见图1-8），比2019年末上升13.9%；深证成分指数收于14 471点，比2019年末上升38.7%。股票市场成交量明显增加。2020年，沪、深股市累计成交206.8万亿元，日均成交8 511亿元，同比增长63%。股票市场筹资额同比大幅增加，2020年累计筹资1.2万亿元，同比增长68.6%。

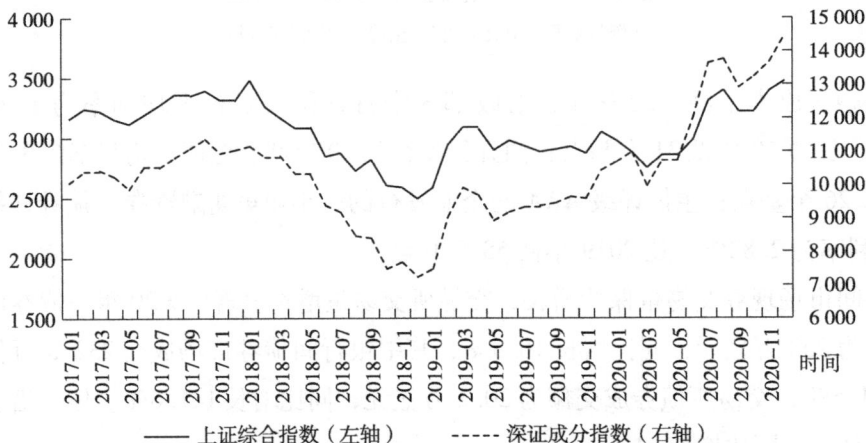

　　━━ 上证综合指数（左轴）　　---- 深证成分指数（右轴）

**图1-8　A股期末收盘指数（2017—2020年）**

（资料来源：中国证券监督管理委员会）

5. 人民币汇率双向浮动

2020 年，跨境资本流动和外汇供求基本平衡，市场预期总体平稳。人民币汇率以市场供求为基础，有贬有升，在合理均衡水平上保持基本稳定。前 5 个月，受新冠肺炎疫情影响，国内外经济受到冲击，国际外汇市场波动加大，人民币对美元汇率有所贬值，对一篮子货币汇率小幅升值。6 月后，我国率先控制住了疫情，经济基本面持续向好，人民币对美元汇率转为升值，对一篮子货币汇率也升值。从全年来看，人民币汇率弹性增强，有效发挥了调节宏观经济和国际收支自动稳定器的作用。2020 年末，中国外汇交易中心（CFETS）人民币汇率指数报 94.84（见图 1-9），较 2019 年末升值 3.78%；参考特别提款权（SDR）货币篮子的人民币汇率指数报 94.23，较 2019 年末升值 2.64%。2019 年末至 2020 年末，国际清算银行测算的人民币名义和实际有效汇率分别升值 4.05% 和 3.33%；2005 年人民币汇率形成机制改革以来至 2020 年末，人民币名义和实际有效汇率分别升值 37.67% 和 51.32%。2020 年末，人民币对美元汇率中间价为 6.5249 元（见图 1-10），较 2019 年末升值 6.92%，2005 年人民币汇率形成机制改革以来至 2020 年末累计升值 26.84%。2020 年，人民币对美元汇率年化波动率为 4.5%。

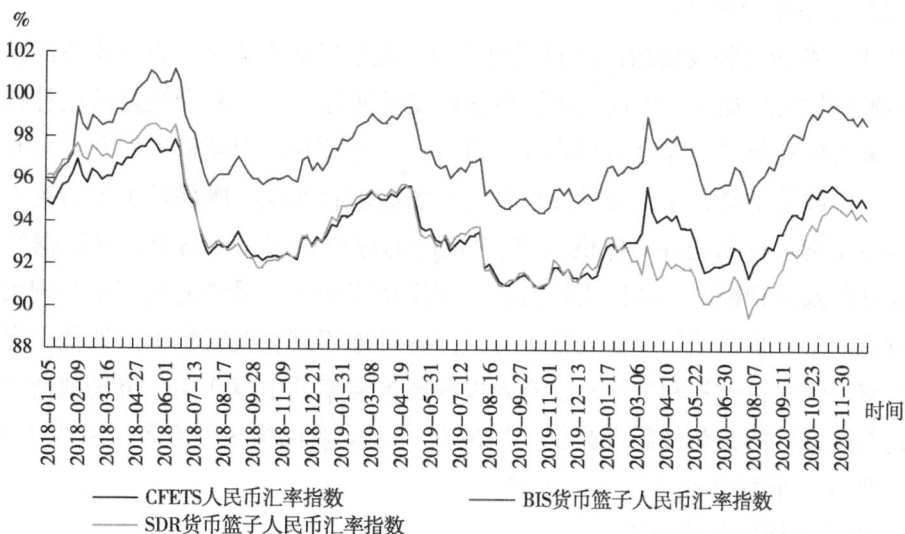

**图 1-9　人民币汇率指数走势（2018—2020 年）**
（资料来源：中国外汇交易中心暨全国银行间同业拆借中心）

2020 年，跨境人民币收付金额合计 28.4 万亿元，同比增长 44%，其中实收 14.1 万亿元，实付 14.3 万亿元；经常项目跨境人民币收付金额合计 6.8 万亿元，同比增长 13%，其中，货物贸易收付金额为 4.8 万亿元，服务贸易及其他经常项目收付金额为 2 万亿元；资本项目人民币收付金额合计 21.6 万亿元，同比增长 59%。

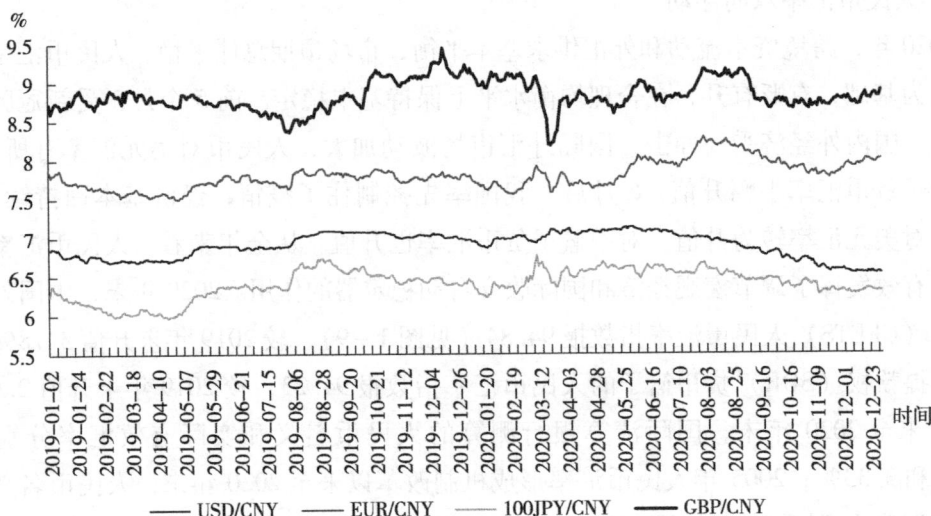

**图1-10 人民币兑主要货币汇率走势（2019—2020年）**

（资料来源：中国外汇交易中心暨全国银行间同业拆借中心）

6. 银行体系流动性合理充裕

2020年，在新冠肺炎疫情冲击和国内外经济复杂形势影响下，银行体系流动性供求变化的不确定性明显加大。中国人民银行根据疫情防控和经济社会恢复阶段性特点，及时调整政策力度和节奏，综合运用降准、再贷款、再贴现、中期借贷便利、公开市场操作等多种货币政策工具，保持流动性总量与市场需求相匹配，既保障了疫情突发阶段维护金融体系正常运行和支持"保供"、复工复产的应急性流动性需求，又根据经济社会发展恢复进程及时把握好流动性支持力度，逐步将流动性总量恢复到正常合理水平。同时，通过提前公告货币政策操作安排等方式加强预期管理，及时熨平短期扰动因素，引导市场利率围绕央行政策利率波动，有效发挥政策利率的中枢作用。市场预期平稳使得金融机构对流动性的预防性需求减少，2020年末，金融机构超额准备金率为2.2%，比2019年末低0.3个百分点。

7. 金融机构贷款合理增长

信贷支持实体经济力度增强，节奏把握合理。2020年末，金融机构本外币贷款余额为178.4万亿元，同比增长12.5%，比年初增加19.8万亿元，同比多增3.0万亿元。人民币贷款余额为172.7万亿元，同比增长12.8%（见图1-11），比年初增加19.6万亿元，同比多增2.8万亿元。为应对疫情冲击，2020年上半年，尤其是第一季度，金融机构信贷投放力度加大；经济逐步恢复后，贷款投放转为正常节奏，下半年信贷增量同比大体持平略有增长。2020年四个季度贷款增量分别为7.1万亿元、5.0万亿元、4.2万亿元、3.4万亿元，同比分别多增1.3万亿元、1.1万亿元、2111亿元、1911亿元，逐季回稳。

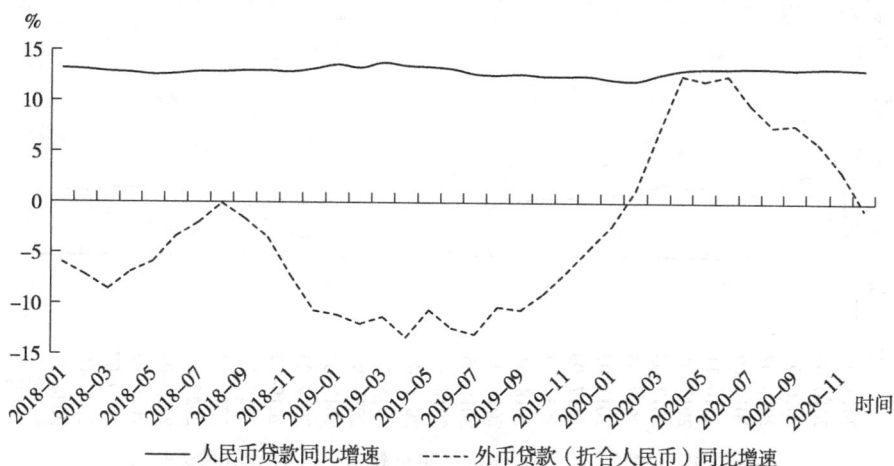

图 1-11 金融机构本外币贷款增速（2018—2020 年）

（资料来源：中国人民银行）

信贷结构不断优化，制造业中长期贷款和小微企业贷款增长较快。2020 年末，企（事）业单位贷款比年初增加 12.2 万亿元，同比多增 2.7 万亿元；制造业中长期贷款增速为 35.2%，增速连续 14 个月上升；普惠小微贷款余额为 15.1 万亿元，同比增长 30.3%，较 2019 年末提高 7.2 个百分点；支持小微经营主体 3 228 万户，同比增长 19.4%。2020 年，普惠小微贷款增加 3.5 万亿元，同比多增 1.4 万亿元。

8. 票据融资持续增长

票据承兑业务持续增长。2020 年，企业累计签发商业汇票 22.1 万亿元，同比增长 8.4%；2020 年末，商业汇票未到期金额为 14.1 万亿元，同比增长 10.7%。2020 年，票据承兑余额增加 1.4 万亿元，由中小微企业签发的银行承兑汇票占比 70.3%。

票据贴现持续增长。2020 年，金融机构累计贴现 40.4 万亿元，同比增长 17.7%。2020 年末，票据融资余额为 8.4 万亿元，同比上升 9.7%，占各项贷款的比重为 4.8%，同比下降 0.1 个百分点。

9. 货币供应量增幅上升

2020 年末，广义货币供应量（M2）余额为 218.7 万亿元，同比增长 10.1%（见图 1-12），比 2019 年末高 1.4 个百分点；狭义货币供应量（M1）余额为 62.6 万亿元，同比增长 8.6%，比 2019 年末高 4.2 个百分点；流通中货币（M0）余额为 8.4 万亿元，同比增长 9.2%，比 2019 年末高 3.8 个百分点。2020 年，现金净投放 7 125 亿元，同比多投放 3 144 亿元。

10. 社会融资规模合理增长

2020 年末，社会融资规模存量为 284.83 万亿元（见图 1-13），同比增长 13.3%，增速比 2019 年末高 2.6 个百分点；全年社会融资规模增量为 34.86 万亿元，比 2019 年

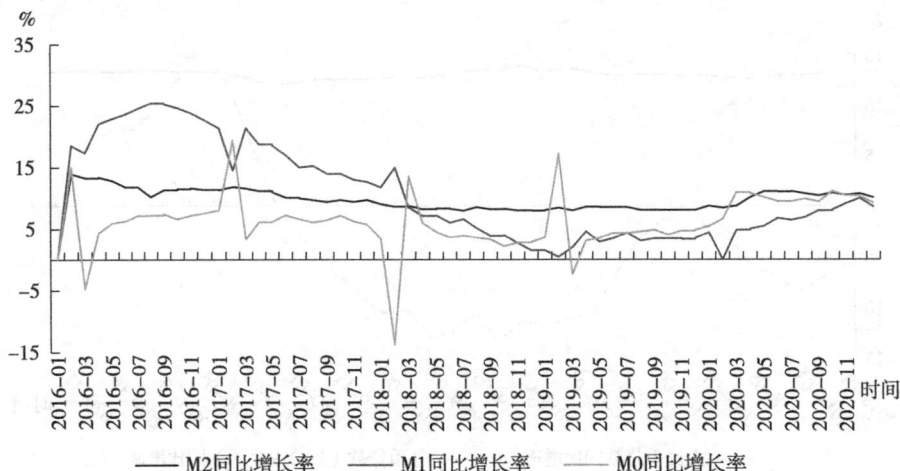

**图 1 - 12　货币供应量增长情况（2016—2020 年）**

（资料来源：中国人民银行）

多 9.19 万亿元，主要有以下特点：一是人民币贷款比 2019 年明显多增。二是委托贷款降幅收窄，未贴现的银行承兑汇票全年有所增长。三是企业债券和股票融资明显高于 2019 年。四是政府债券融资比 2019 年明显多增。五是存款类金融机构资产支持证券融资比 2019 年少增，贷款核销比 2019 年多增。

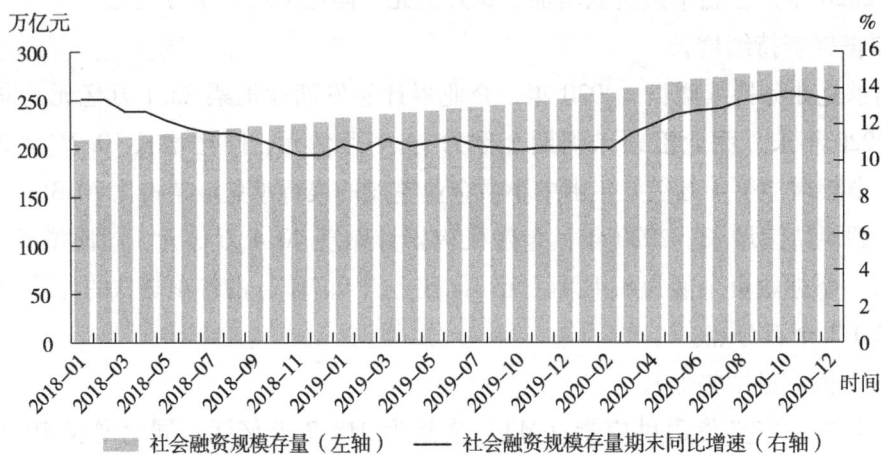

**图 1 - 13　社会融资规模存量及其增速（2018—2020 年）**

（资料来源：中国人民银行）

（三）宏观经济金融稳定运行

1. 经济产出稳定恢复

2020 年，面对复杂严峻的国内外环境，特别是新冠肺炎疫情的严重冲击，各地区、各部门坚持稳中求进的工作总基调，统筹疫情防控和经济社会发展工作取得重大战略成果，我国经济运行稳定恢复，成为全球唯一实现经济正增长的主要经济体。全年国内生产总值为 1 015 986 亿元，比 2019 年增长 2.3%（见图 1-14）。其中，第一产业增加值为 77 754 亿元，增长 3.0%；第二产业增加值为 384 255 亿元，增长 2.6%；第三产业增加值为 553 977 亿元，增长 2.1%。第一产业增加值占国内生产总值的比重为 7.7%，第二产业增加值占国内生产总值的比重为 37.8%，第三产业增加值占国内生产总值的比重为 54.5%。分季度看，第一季度国内生产总值同比下降 6.8%，第二季度增长 3.2%，第三季度增长 4.9%，第四季度增长 6.5%。预计全年人均国内生产总值为 72 447 元，比 2019 年增长 2.0%。国民总收入为 1 009 151 亿元，比 2019 年增长 1.9%。全国万元国内生产总值能耗比 2019 年下降 0.1%。预计全员劳动生产率为 117 746 元/人，比 2019 年提高 2.5%。

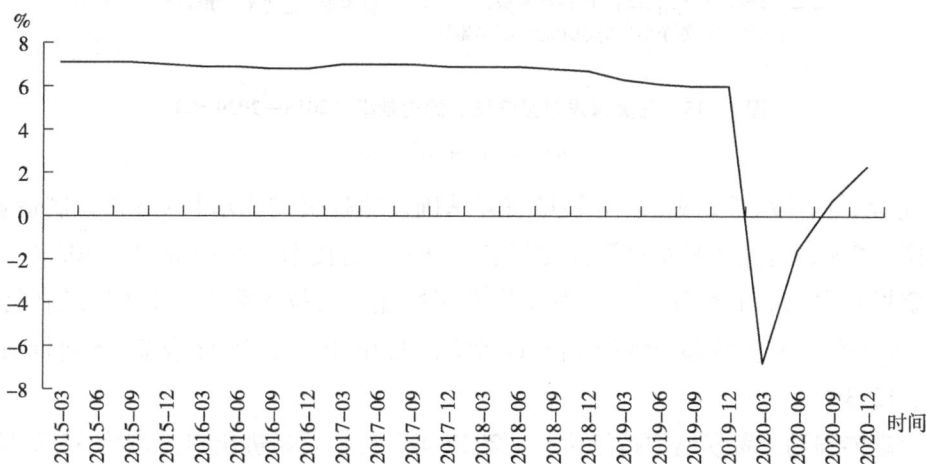

图 1-14 中国 GDP 累计同比增长率（2015—2020 年）

（资料来源：国家统计局）

2. 需求结构有所变化

在 2020 年之前的几年里，三大需求对经济增长的贡献率由高到低一直是消费、投资和净出口，但 2020 年情况有所改变。最终消费支出拉动国内生产总值下降 0.5 个百分点（见图 1-15），资本形成总额拉动国内生产总值增长 2.2 个百分点，货物和服务净出口拉动国内生产总值增长 0.7 个百分点。

居民收入持续回升，消费稳步恢复。2020 年，全国居民人均可支配收入为 32 189 元，比 2019 年名义增长 4.7%，扣除价格因素实际增长 2.1%，略低于经济增长率。居民工资性收入稳步复苏，农村居民收入增速高于城镇居民收入增速。2020 年，社会消费品零售总额为 39.2 万亿元，同比下降 3.9%，其中第四季度同比增长 4.6%，比第三季度加快 3.7 个百分点。消费升级类商品和网上零售持续较快增长。

固定资产投资稳步回升，高技术产业投资增长较快。2020 年，全国固定资产投资

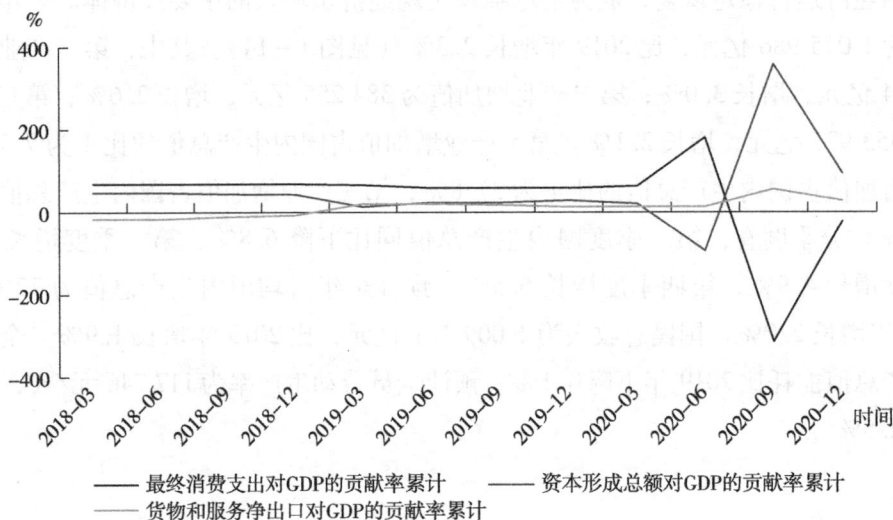

图1-15　三大需求对经济增长的贡献率（2018—2020 年）

（资料来源：国家统计局）

51.9 万亿元，同比增长 2.9%。分领域看，基础设施投资同比增长 0.9%，制造业投资同比下降 2.2%，房地产开发投资同比增长 7.0%。高技术产业投资增长 10.6%，快于全部投资增长率 7.7 个百分点，其中高技术制造业、高技术服务业投资分别同比增长 11.5%、9.1%。社会领域投资增长 11.9%，其中卫生、教育投资分别同比增长 29.9%、12.3%。

出口动能强劲，贸易结构持续优化。2020 年，货物贸易进出口总额为 32.2 万亿元，同比增长 1.9%。其中，全年出口同比增长 4.0%，11 月、12 月增速加快至 14.9%、10.9%；全年进口同比下降 0.7%，货物贸易顺差为 3.7 万亿元。贸易结构持续优化，一般贸易总额占进出口总额比重为 59.9%，较 2019 年提高 0.9 个百分点。民营企业进出口总额同比增长 11.1%，占进出口总额的比重为 46.6%，较 2019 年提高 3.9 个百分点。机电产品出口同比增长 6%，占出口总额的 59.4%，较 2019 年提高 1.1 个百分点。2020 年，我国前五大贸易伙伴依次为东盟、欧盟、美国、日本和韩国，对其进出口总额分别同比增长 7%、5.3%、8.8%、1.2% 和 0.7%；对"一带一路"沿线国家进出口总额为 9.37 万亿元，同比增长 1%。

3. 就业形势总体稳定

2020 年初，在疫情冲击下，经济活动受限，企业停工停产较多，就业市场受到明显影响。随着疫情防控取得积极成效，复工复产复市持续推进，就业岗位逐步恢复，就业形势持续回稳向好。全年城镇新增就业 1 186 万人，明显高于 900 万人以上的预期目标，完成全年目标的 131.8%。2020 年年均城镇调查失业率为 5.6%，低于 6% 左右的预期目标。农民工就业压力逐渐缓解，高校毕业生就业大局稳定。全年农民工总量为 28 560 万人，比 2019 年减少 517 万人，下降 1.8%。农民工月均收入水平为 4 072 元，比 2019 年增长 2.8%。12 月，20～24 岁大专及以上学历人员失业率与 2019 年同期持平。

4. 价格变动持续分化

居民消费价格涨幅回落。受疫情冲击、生猪产能逐渐恢复、2019 年下半年高基数等因素影响，2020 年消费价格指数（CPI）呈前高后低走势，全年同比上涨 2.5%，其中食品价格上涨 10.6%，涨幅比 2019 年提高 1.4 个百分点；非食品价格上涨 0.4%，涨幅比 2019 年回落 1 个百分点。不包括食品和能源的核心 CPI 温和上涨 0.8%（见图 1-16），涨幅比 2019 年回落 0.8 个百分点。

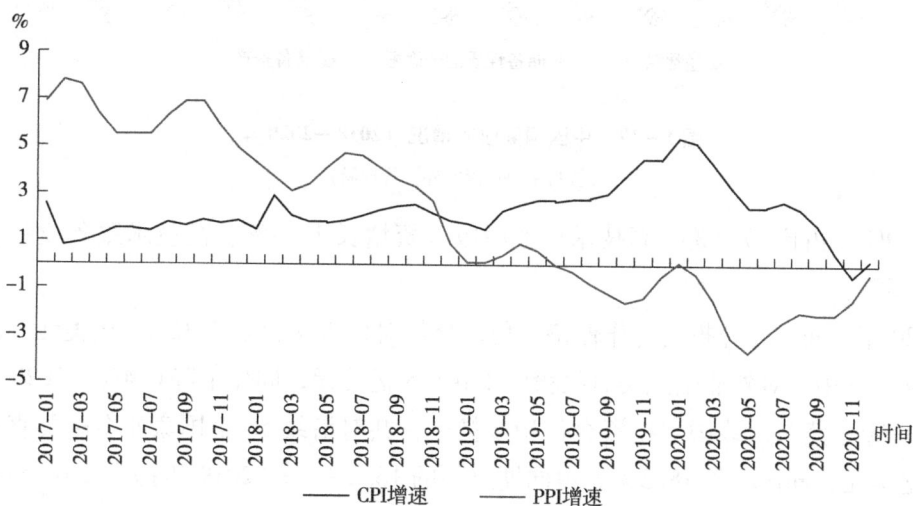

图 1-16　CPI 与 PPI 的变动（2017—2020 年）

（资料来源：国家统计局。）

生产价格降幅收窄。2020 年，生产价格指数（PPI）主要在负值区间运行，但随着工业生产稳定恢复、市场需求持续回暖，工业品价格逐渐转升，全年价格水平呈"U"形走势，同比下降 1.8%，降幅比 2019 年扩大 1.5 个百分点。工业生产者购进价格指数（PPIRM）同比下降 2.3%，降幅比 2019 年扩大 1.6 个百分点。

5. 国际收支保持基本平衡

2020 年前三个季度，我国经常项目账户顺差 1 687 亿美元（见图 1-17）。其中，货物贸易顺差 3 402 亿美元，服务贸易逆差 1 168 亿美元，资本和金融账户逆差 738 亿美元。截至 2020 年 12 月末，外汇储备余额为 32 165 亿美元，较 2019 年末增加 1 086 亿美元，增幅为 3.5%。截至 2020 年 9 月末，我国全口径（含本外币）外债余额为 22 944 亿美元。其中，短期外债余额为 12 956 亿美元，占外债余额的 56%。

我国使用外资规模创历史新高，结构进一步优化。2020 年，全国实际使用外资 9 999.8 亿元人民币，同比增长 6.2%。其中，服务业实际使用外资 7 767.7 亿元人民币，

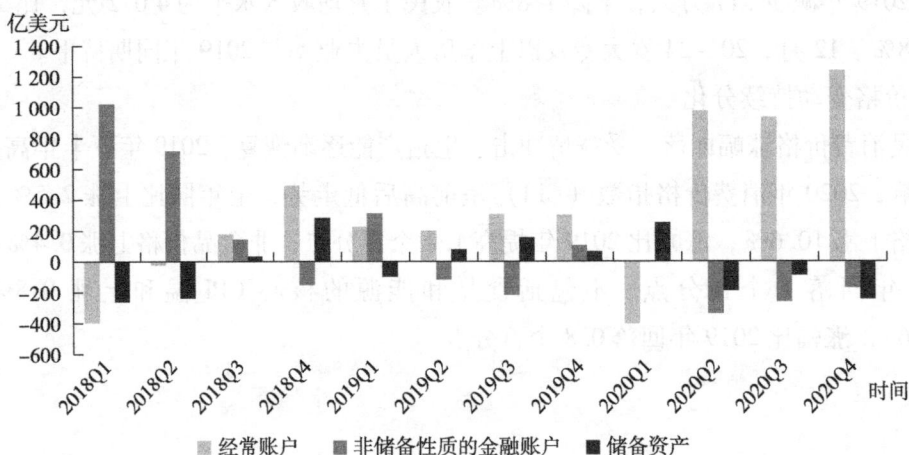

**图 1-17　中国国际收支情况（2018—2020 年）**

（资料来源：国家外汇管理局）

增长 13.9%，占比 77.7%。高技术产业吸收外资增长 11.4%；高技术服务业吸收外资增长 28.5%。

2020 年，我国对外投资合作保持平稳，全年对外直接投资 1 329.4 亿美元，同比增长 3.3%，其中，对外非金融类直接投资 1 101.5 亿美元，同比下降 0.4%。2020 年，我国对"一带一路"沿线国家投资合作稳步推进，共对沿线 58 个国家非金融类直接投资 177.9 亿美元，同比增长 18.3%，占同期总额的 16.2%，较 2019 年提升 2.6 个百分点。其中，租赁和商务服务业对外投资同比增长 17.5%；批发和零售业对外投资同比增长 27.8%。

6. 宏观杠杆率阶段性上升

2008 年国际金融危机以来，我国宏观杠杆率整体呈上升趋势，由 2008 年末的 143.1% 上升至 2016 年末的 248.6%，上升了近 105.5 个百分点。2017—2019 年，宏观杠杆率总体稳定在 250% 左右，年均上涨 2.0 个百分点，低于 2008—2016 年年均 13.2 个百分点的增幅，为全力支持抗击百年不遇的新冠肺炎疫情创造了政策空间。

2020 年，受新冠肺炎疫情冲击影响，我国宏观杠杆率出现阶段性上升。初步测算，2020 年末我国宏观杠杆率为 279.4%，比 2019 年末高 23.5 个百分点。分部门看，非金融企业部门宏观杠杆率为 161.2%，比 2019 年末高 9.1 个百分点；居民部门为 72.5%，比 2019 年末高 7.4 个百分点；政府部门为 45.7%，比 2019 年末高 7.1 个百分点（见图 1-18）。

7. 银行业稳健性保持稳定

资本水平总体保持稳定。截至 2020 年末，商业银行核心一级资本充足率为 10.72%，同比下降 0.23 个百分点；一级资本充足率为 12.04%，同比上升 0.09 个百分

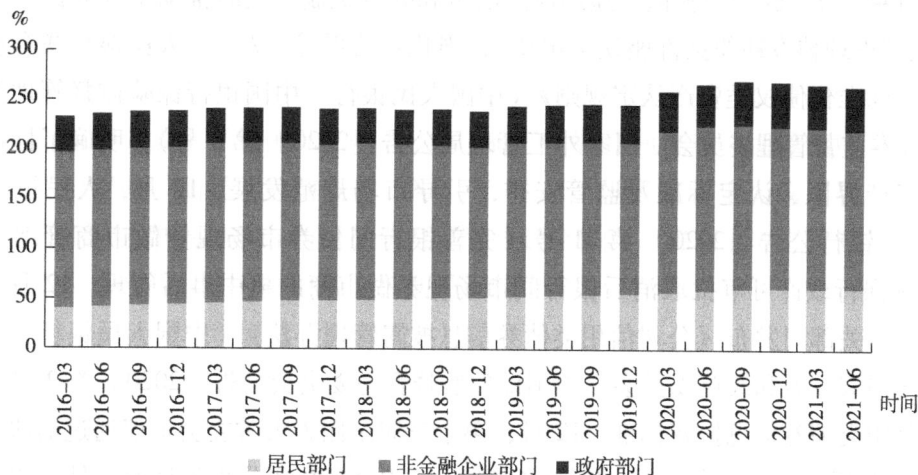

图 1－18 中国宏观杠杆率（2016—2021 年）

［资料来源：国家资产负债表研究中心（CNBS）］

点；资本充足率为 14.70%，同比上升 0.06 个百分点，资本较为充足。

流动性整体保持在合理充裕区间内。截至 2020 年末，商业银行流动性比例为58.41%，同比下降 0.05 个百分点；流动性缺口率为 6.11%，同比上升 2.04 个百分点。资产规模在 2 000 亿元以上的商业银行流动性覆盖率为 146.63%，同比下降 0.46 个百分点；净稳定资金比例为 122.17%，同比下降 0.75 个百分点。

银行业风险抵补能力较强。截至 2020 年末，银行业金融机构贷款损失准备余额为6.33 万亿元，同比增加 4 945 亿元，增幅为 8.47%；拨备覆盖率为 182.23%，同比下降0.59 个百分点；贷款拨备率为 3.49%，同比下降 0.12 个百分点。

8. 证券业稳健性增强

股票质押融资风险显著降低。截至 2020 年末，A 股上市公司股票质押规模为 4 865亿股，较 2019 年下降 15.92%，连续两年呈现下降趋势。2020 年，A 股市场整体上行，股票质押融资风险进一步下降。

融资融券余额增长较快。截至 2020 年末，A 股融资融券余额为 16 190.08 亿元，同比增长 59.77%，其中融资余额占 91.54%，融券余额占 8.46%。融资余额占 A 股流通市值之比为 2.34%，较 2019 年末提高 0.27 个百分点，总体在正常范围之内。

9. 证券市场制度建设进展显著

（1）债券和票据市场制度建设

推动完善债券市场法制。2020 年 2 月，证监会、财政部、人民银行、银保监会联合发布公告，允许符合条件的试点商业银行和具备投资管理能力的保险机构，按照依法合规、风险可控、商业可持续的原则，参与中国金融期货交易所国债期货交易。6 月，人民银行联合相关部门印发《关于公司信用类债券违约处置有关事宜的通知》（银发

提供低成本资金，支持银行向重点医疗防控物资和生活必需品生产、运输和销售的重点企业提供优惠利率贷款。在国内疫情得到初步控制的情势下，为支持企业有序复工复产，2月26日，新增再贷款再贴现额度5 000亿元，下调支农、支小再贷款利率0.25个百分点至2.5%，加大资金支持的覆盖面和普惠性，为企业提供低成本、普惠性的资金支持，切实解决企业复工复产面临的债务偿还、资金周转和扩大融资等迫切问题。为进一步支持实体经济发展，对冲全球疫情暴发的冲击，4月20日，再次新增再贷款再贴现额度1万亿元，以优惠利率向量大面广的中小微企业提供贷款，支持扩大对涉农、外贸和受疫情影响较重产业的信贷投放，资金支持力度更大、覆盖面更广、普惠性更强。

（二）结构性货币政策工具体系进一步丰富

中国人民银行于2020年6月1日创设"普惠小微企业贷款延期支持工具"和"普惠小微企业信用贷款支持计划"两项直达实体经济的货币政策工具，进一步完善结构性货币政策工具体系，增强对稳企业、保就业的金融支持力度。

为缓解中小微企业贷款的还本付息压力，中国人民银行会同银保监会及时出台中小微企业贷款延期还本付息政策，明确中小微企业贷款还本付息最长可延期至2021年3月31日，其中对普惠小微企业贷款"应延尽延"，对其他困难企业贷款协商延期。按此政策，对2020年末前到期的普惠小微企业贷款，小微企业均可以向金融机构申请一次延期还本付息。只要小微企业在申请延期时承诺保持就业岗位基本稳定，金融机构即予以延期，做到"应延尽延"。为鼓励地方法人银行对普惠小微企业贷款"应延尽延"，中国人民银行创设普惠小微企业贷款延期支持工具，提供400亿元资金，以通过特定目的工具（SPV）与地方法人银行签订利率互换协议的方式，向地方法人银行提供激励，激励资金约为地方法人银行延期贷款本金的1%。

为缓解小微企业缺乏抵质押担保的难点痛点，提高地方法人银行发放小微企业信用贷款的比重，中国人民银行创设普惠小微企业信用贷款支持计划，提供4 000亿元资金，通过特定目的工具与地方法人银行签订信用贷款支持计划合同，向地方法人银行提供优惠资金支持。信用贷款支持计划主要面向经营状况较好的地方法人银行。最近一个季度央行金融机构评级为1~5级的地方法人银行可申请信用贷款支持计划。对评级达标的地方法人银行于2020年3月1日至12月31日新发放的期限不少于6个月的普惠小微企业信用贷款，中国人民银行通过信用贷款支持计划，按地方法人银行实际发放信用贷款本金的40%提供优惠资金，期限1年。

（三）结构性货币政策工具运用力度加大

货币政策既可发挥总量政策功能，也可在支持经济结构调整和转型升级方面发挥重要作用。通过引入激励相容机制，结构性货币政策有利于提高资金使用效率，促进信贷资源流向更有需求、更有活力的重点领域和薄弱环节，撬动金融资源的社会效益和经济效益，提升社会福利，也有助于实现更好的总量调控效果。

2020 年，中国人民银行加大了结构性货币政策工具运用力度。一是进一步完善"三档两优"存款准备金框架。3 月 16 日实施普惠金融定向降准，释放长期资金约 5 500 亿元用于支持发放普惠金融领域贷款。4 月 3 日宣布针对农村商业银行等中小金融机构和仅在本省级行政区域内经营的城市商业银行实施降准，释放长期资金约 4 000 亿元。二是为应对疫情冲击，先后出台 3 000 亿元专项再贷款、5 000 亿元和 1 万亿元普惠性再贷款、再贴现政策。截至 6 月末，3 000 亿元专项再贷款和 5 000 亿元再贷款、再贴现政策已基本执行完毕。其中，3 000 亿元专项再贷款支持有关银行向 7 597 家全国性和地方性重点企业累计发放优惠贷款 2 834 亿元；5 000 亿元再贷款、再贴现额度支持地方法人银行向 59 万家企业累计发放优惠利率贷款 4 983 亿元。三是创新两个直达实体经济的货币政策工具。为鼓励地方法人银行缓解中小微企业贷款的还本付息压力，创设了普惠小微企业贷款延期支持工具，提供 400 亿元再贷款资金，预计可支持地方法人银行对普惠小微企业延期贷款本金约 3.7 万亿元；为缓解小微企业缺乏抵押担保的痛点，提高小微企业信用贷款比重，创设了普惠小微企业信用贷款支持计划，提供 4 000 亿元再贷款资金，预计可带动地方法人银行新发放普惠小微企业信用贷款约 1 万亿元。

（四）利率传导机制不断完善

2019 年 8 月，按国务院部署，中国人民银行改革完善贷款市场报价利率（LPR）形成机制。改革完善后的 LPR 由报价行在中期借贷便利利率上加点报出，加点幅度主要取决于各行自身资金成本、市场供求、风险溢价等因素。改革以来，LPR 报价逐步下行，较好地反映央行货币政策取向和市场资金供求状况，已成为银行贷款利率定价的主要参考，并已内化到银行内部资金转移定价（FTP）中，原有的贷款利率隐性下限被完全打破，货币政策传导渠道有效疏通，"MLF 利率→LPR→贷款利率"的利率传导机制已得到充分体现。

同时，LPR 改革也有效地推动了存款利率市场化。2015 年 10 月以来，存款基准利率未做调整，但存款利率的上下限均已放开，银行实际执行的存款利率可自主浮动定价。随着 LPR 改革深入推进，贷款利率的市场化水平明显提高，已经和市场接轨。改革以来贷款利率明显下行，为了与资产收益相匹配，银行会适当降低其负债成本，高息揽储的动力随之下降，从而引导存款利率下行。从实际情况看，在存款基准利率保持不变的情况下，近期银行各期限存款利率均有所下降。

（五）发展绿色金融助推实现"双碳"目标

2020 年 9 月 22 日，习近平主席在第七十五届联合国大会一般性辩论上宣布，我国二氧化碳排放力争于 2030 年前达到峰值，努力争取 2060 年前实现碳中和。党的十九届五中全会和 2020 年中央经济工作会议要求，加快推动绿色低碳发展，做好碳达峰、碳中和工作。中国人民银行围绕碳达峰、碳中和目标，做好绿色金融顶层设计和规划，逐步完善绿色金融体系。

一是健全绿色金融标准体系。我国在绿色金融标准制定方面走在世界前列，但相关标准仍需在国内逐步统一，与国际逐步接轨。可先行试用绿色金融国家标准和行业标准，推进绿色金融规范发展，为在全国推动实施银行可操作、企业得实惠的绿色金融标准积累宝贵经验。二是完善金融机构监管和信息披露要求。逐步建立金融机构气候和环境信息披露制度，引导社会投资向绿色低碳等环境友好型企业倾斜。三是构建政策激励约束体系。定期开展金融机构绿色金融业绩评价。研究绿色资产和棕色资产差异化设置风险权重的可行性。综合运用多种货币政策工具，引导金融机构加大对绿色低碳领域的信贷支持。四是不断完善绿色金融产品和市场体系。截至 2020 年第三季度末，我国本外币绿色贷款余额已经超过 11 万亿元，位居世界第一。要充分发挥市场机制作用，通过创新产品工具、提高定价合理性、加强环境风险管理等手段，继续发展绿色信贷、绿色债券、绿色基金等产品，建设碳市场，发展碳期货。五是加强绿色金融国际合作。继续在 G20、央行与监管机构绿色金融网络（NGFS）、"一带一路"倡议等多边框架和中欧、中英、中法等双边框架下深化绿色金融国际合作。

## 四、中国金融宏观调控面临的挑战及应对

（一）中国金融宏观调控面临的挑战

1. 国内经济恢复面临较大不确定性

2021 年以来，我国统筹推进疫情防控和经济社会发展工作，经济持续稳定恢复、稳中向好。但也要看到，受国际供应链受阻、国际贸易替代效应减弱、中小企业经营困难加大、重点人群就业难度增加等因素制约，经济增长动能的可持续性面临一定挑战。

第一，全球产业链供应链运行不畅，中国制造业生产面临着潜在威胁。苏伊士运河停运等事件显示国际供应链脆弱性较大。目前国际海运、陆运等运输方式成本快速上升，中国出口集装箱指数同比涨幅超 200%，上海到欧洲、美国航线的运价已同比上涨 10 倍，但仍供不应求。同时，港口拥堵停摆掣肘出口供给能力，物流压力的溢出效应不断从运价传导到仓储和库存价格。此外，芯片等关键零部件短缺一度导致国际汽车、电子等行业停工待产，不仅对国际产业链形成冲击，而且对我国产业链安全造成影响。

第二，贸易替代效应趋弱，中国出口对经济增长的贡献走弱。随着疫苗接种率的上升和经济活动的恢复，美国、加拿大、法国、意大利等国的工业产能利用率均已接近疫情前水平，韩国、日本、德国等国的工业产能利用率均超过疫情前水平，海外主要经济体供需缺口收窄，中国出口弥补国际市场供需缺口的贸易替代效应将趋弱。

第三，中小企业经营困难增大，不利于产出恢复和增长。导致中小企业经营困难的原因有：一是能源原材料价格快速上涨导致成本压力增大。尽管部分上游企业受益于价格上涨，但中下游企业的利润增长压力加大。特别是中小企业大多数处于产业链中下游，议价能力不强，对于原材料上涨成本压力的传导和消化能力较弱，受影响较大。二

是用工成本持续上涨。作为吸纳就业的重点领域，小微企业和个体工商户面临招工难和用工成本上涨的双重压力。近五年，全国居民人均工资性收入年均增长7.5%，企业用工成本处于较高水平。三是终端销售疲软影响日常经营。终端消费持续恢复但力度弱于预期，市场销售增长面临较大压力，销售回款缓慢直接影响中小企业现金流，造成维持日常运营的压力明显加大，进一步延缓了中小企业受疫情冲击后的恢复速度。

第四，重点人群就业难度增加，不利于消费的恢复。一是青年群体就业压力仍然较大。2021年5月，16~24岁人口（主要包括中职、高中和大学毕业生）调查失业率为13.8%，较4月份上升0.2个百分点，比全国水平高出8.8个百分点，连续四个月持续处于13%以上的高位，青年群体就业仍存在较大压力。二是农民工外出就业减少。第一季度末，全国农村外出务工劳动力总量为17 405万人，较2019年同期减少246万人，部分服务业，尤其是中小企业生产经营仍面临不少困难，招工需求下降，导致农民工外出就业还没有回到疫情前水平。三是灵活就业群体失业现象增多。第一季度，全国城镇领取失业保险金人数达285万人，较2020年第四季度增加15万人，这部分人群主要包括灵活就业人员和城镇个体工商户，他们受市场需求恢复偏慢影响，被迫失业或者隐性失业。

2. 中小银行补充资本的压力较大

疫情冲击下中小银行盈利水平和资产质量有所下滑，补充资本的紧迫性进一步上升。资本是商业银行经营的本钱，夯实资本对于提高银行支持实体经济和防控风险能力具有重要意义。一方面，在必须满足最低资本要求的条件下，银行信贷增加必然要消耗一定资本，资本不足时，贷款发放就会受到掣肘，宽松货币政策的传导效率也就会削弱；另一方面，风险事件发生后，资本用于吸收损失、降低破产可能性，从而维持银行的持续经营，维持金融功能的发挥。

根据吸收损失先后顺序，银行资本可分为三个层次，即核心一级资本、其他一级资本和二级资本。从资本来源看，补充银行资本有内源性和外源性两个渠道。其中，内源性渠道主要是留存收益和部分超额拨备，外源性渠道主要包括以下几方面。

（1）股权类资本补充工具。主要包括首次公开募股（IPO）、增发、配股和发行优先股。其中，IPO、增发和配股将增加银行普通股，计入核心一级资本；优先股事先约定股息，持有人优先于普通股股东分配利润，作为资本补充工具时不强制分红、不累计派息，设定强制转股条款，计入其他一级资本。

（2）债权类资本补充工具。按照债券期限，可分为永续债和二级资本债。永续债无到期日或期限为机构存续期，计入其他一级资本。二级资本债期限通常为"5+5"，在第5年末附有条件的发行人赎回权，若发行人不行使赎回权，则自第6年起，可计入资本的金额按本金余额逐年递减。二级资本债清偿顺序在存款人及一般债权人之后，在普通股和永续债之前，计入银行二级资本。按照损失吸收机制，二级资本债券可分为转股型资本债券、减记型资本债券。过去我国资本债券均为减记型，即在风险事件触发时，发行人有权无须经持有人同意减记其债权，少偿还或不偿还债券本息。2021 年 1 月，首单银行转股型永续债发行，在风险事件触发时可转为普通股，允许债权人在特定情况下持股，也有利于完善治理机制。

3. 违规控制金融机构的风险不断暴露

金融机构是资金密集型企业，入股或控制金融机构往往可以获得融资便利。在我国金融发展历程中，部分股东或实际控制人违规入股或控制金融机构，套取资金，最终造成金融风险累积，致使近年来风险频繁暴露。

违规控制金融机构主要表现为以下几个方面：一是规避监管获得控制权。问题股东或动机不纯的实际控制人往往通过隐瞒实际控制结构、虚构财务数据和资本金来源等方式粉饰股东资质，使得现有监管手段难以及时有效识别，进而获得金融机构准入资格。个别金融机构发起人和投资者甚至通过俘获监管人员的方式获得控制权。如"明天系"实际控制人通过近 40 家载体公司分散持股、俘获属地监管人员等方式，违规控制包商银行 89% 的股权；又如"安邦系"实际控制人通过虚假出资、虚报财务数据等方式控制安邦集团。

二是公司治理和内部控制失灵。问题股东和问题实际控制人通过"代理人"控制金融机构关键岗位、建立特殊决策渠道等方式刻意规避、架空公司治理和内部控制机制。如包商银行党委、董事会、监事会形同虚设，董事长作为大股东"明天系"的代表，凌驾于制度之上，长期"一言堂"，以个人指示或决策代替规章制度，导致该行内部违规文化盛行。

三是以关联交易掏空金融机构。问题股东违规控制金融机构的目的就是将其变为不受限制的"提款机"。实际操作中，问题股东或实际控制人往往通过直接贷款、股权质押、理财产品、信托计划、保险产品投资等方式，大量占用金融机构资金，穿透来看，融资余额一般远超股本金，贷款集中度等指标远超监管要求。此类违法违规操作导致了包商银行、华夏人寿等金融机构的风险累积，也是部分农村金融机构风险的重要成因。

四是风险长期隐藏导致处置困难。违规控制金融机构的手法隐蔽，真实风险长期隐藏，有的金融机构通过做大规模的方式掩盖风险，似乎流动性不断，风险就不会爆发。但实际情况通常是，随着资产劣变的加速，借新还旧的模式难以为继，风险最终爆发，并可能传染至更多同业机构，增加风险处置难度。包商银行案例中，因实际控制人"明天系"长期占用逾 1 500 亿元资金，流动性持续紧绷，为避免流动性断裂，只能不断拓展同业业务，同业负债占比一度超过 50%，交易对手涉及超 400 家中小金融机构，在金融管理部门果断接管后才避免风险扩散。

4. 债券违约规模迅速增加

自我国新冠肺炎疫情逐步得到控制以来，我国经济稳步复苏，成为全球率先实现经济正增长的主要经济体，我国债券市场也实现了平稳运行。与此同时，面对严峻的国内外环境，债券违约规模也不断创新高，2020 年，全年债券违约规模超过 500 亿元，创近5 年内新高；2021 年仅上半年，债券违约规模就已接近 984 亿元，大幅超过 2020 年的同期水平。

这一轮债券违约中，高评级大型国企违约集中爆发，使得"国企信誉"持续受到冲击。2020 年之前，债券市场违约的主体以民企为主，民企发行的债券违约数量和规模均大幅高于国企。2019 年债券违约最多的企业为民营企业，违约余额超过千亿元，占全年债券违约余额的 75%。继 2019 年包商银行信用违约事件后，2020 年，天房、华晨、永煤，作为 AAA 级国企，其信用债违约事件再次打破"刚兑"和高评级的国企信誉。其中，永煤、华晨、森工集团、北京北大科技园建设开发有限公司、盛京能源均为首次违约的大型国企。

尽管目前债券违约主体中民企占比仍为最高，但是随着国企违约规模快速增长，国企违约规模已经逐步接近民企违约规模。2021 年上半年，涉及违约的地方国企债券余额约为 2020 年全年地方国企债券违约总额的 80%。此外，从债券违约主体的评级来看，在 2019 年的违约债券中，高评级债券发行主体的违约风险已经显著上升，以 AA、AA−、AA+级别涉及的债券违约为主。2020 年以来，永煤等大型国企信用债违约引发债市抛售潮，"AAA"评级的大型国企信用债违约事件集中爆发，"国企信誉"持续受到冲击。

从行业分布来看，2021 年上半年，债券违约涉及的主体分布于 15 个行业，其中房地产和交通运输业的违约数量较多，其他行业较为平均。违约前 4 位的行业依次为房地产业、交通运输业、电子业和通信业。其中，房地产行业涉及的债券违约规模最大，约为 192 亿元，占比最高。2021 年上半年，华夏幸福、泰禾、协信、天房等房企形成违约后，房地产行业的风险排查力度也进一步加强。在当前防范风险以及地产调控政策持续收紧的背景下，未来市场化出清速度或继续加快，对房企信用违约风险仍需持续关注。

（二）中国金融宏观调控的应对

1. 保持金融宏观调控政策连续性、稳定性、可持续性

一是稳健的货币政策要灵活精准、合理适度。坚持稳字当头，不急转弯，把握好政策时效度，处理好恢复经济和防范风险的关系，保持好正常货币政策空间的可持续性。以"保持货币币值的稳定，并以此促进经济增长"为目标，完善货币供应调控机制，综合运用多种货币政策工具，保持流动性合理充裕，保持货币供应量和社会融资规模增速同名义经济增速基本匹配，保持宏观杠杆率基本稳定，同时根据形势变化灵活调整政策力度、节奏和重点，发挥好结构性货币政策工具的精准滴灌作用。

二是构建金融有效支持实体经济的体制机制。健全市场化利率形成和传导机制，完善央行政策利率体系，深化贷款市场报价利率改革，巩固贷款实际利率下降成果，促进

企业综合融资成本稳中有降。发挥市场供求在汇率形成中的决定性作用，增强人民币汇率弹性，加强宏观审慎管理，稳定市场预期，引导企业和金融机构树立"风险中性"理念，保持人民币汇率在合理均衡水平上的基本稳定。

三是健全金融风险预防、预警、处置、问责制度体系，妥善处置好个体机构风险和重点领域风险，进一步压实各方责任，多渠道补充银行资本金，牢牢守住不发生系统性金融风险的底线。以创新驱动、高质量供给引领和创造新需求，加快形成以国内大循环为主体、国内国际双循环相互促进的新发展格局。

2. 构建中小银行资本补充的长效机制

进一步完善银行补充资本的市场环境和配套政策，支持地方政府在下达的额度内依法依规发行专项债券补充资本，指导支持中小银行用好用足现有市场化渠道，探索开发创新型资本补充工具，健全可持续的资本补充体制机制。同时，将中小银行改革和补充资本相结合，推动中小银行厘清定位、完善治理、加强风险管控，形成健康发展的长效机制。

一是支持地方政府多渠道补充资本。银保监会牵头联合五部门印发中小银行深化改革和补充资本工作方案，支持地方政府将中小银行改革和补充资本相结合，通过多种市场化渠道引进投资，同时通过发行地方政府专项债和认购中小银行可转债等，帮助中小银行补充资本金。

二是地方政府发行专项债补充中小银行资本。2020年7月1日，国务院常务会议决定允许地方政府专项债合理支持中小银行补充资本。财政部安排了2 000亿元专项债券额度，支持20个地区的中小银行补充资本。

三是持续推动资本工具创新发展。2020年以来，中国人民银行积极支持中小银行发行永续债、二级资本债等创新型资本工具，促进形成市场化补充中小银行资本、恢复信贷扩张能力、支持经济企稳向好的经济金融良性循环。据统计，2020年，80家中小银行永续债和二级资本债合计发行规模超过2 000亿元，发行主体不断扩容。2021年初，中国人民银行会同银保监会设计完善转股型资本债券制度，浙江稠州商业银行、宁波通商银行获批在银行间债券市场发行转股型资本债券。

四是加大对资本工具的政策支持力度。为提升永续债二级市场流动性，支持中小银行发行永续债补充资本，中国人民银行采用市场化方式以每月一次的频率开展央行票据互换（CBS）操作，2020年累计操作量达610亿元。银保监会修订《中国银保监会关于保险资金投资银行资本补充债券有关事项的通知》，放宽保险资金可以投资资本工具的发行人条件，取消可投债券债项信用评级标准，支持中小银行优化资本结构。

3. 严格规范对金融机构的控制

严格股东准入和持续监管。进一步加强股东资质的穿透审查，强化对控股股东和实际控制人的审查，严把股东准入关，把"资本实力雄厚、公司治理规范、股权结构清晰、管理能力达标、财务状况良好、资产负债和杠杆水平适度"的股东资质要求真正落到实处。夯实金融机构资本质量，规范股东，尤其是间接股东股权质押、变更等活动，严查严惩虚假注资、信贷资金入股等违法违规行为。打通数据壁垒，建立有效的金融股权投资及关联交易监测系统，利用人工智能与大数据技术，逐步实现对隐形股权关系的穿透式监管。

研究探索风险处置中的股权减记。金融稳定理事会发布的《金融机构有效处置机制核心要素》是金融机构风险处置方面国际最佳实践的总结，明确要求赋予处置当局督促金融机构自救的权力，包括按照清偿顺序减记被处置金融机构股权或其他资本工具。因此，建议参考国际准则，以修订《中华人民共和国商业银行法》等相关法律为契机，明确处置当局减记或核销问题金融机构股权的处置权力，压实股东承担风险处置成本的责任。

进一步推动实质合并破产的司法实践。从维护公平清偿原则、保护债权人利益的角度出发，建议在《中华人民共和国企业破产法》修订中增加合并破产启动标准等相关表述，以便指导形成明确的司法政策，有序推进司法实践。特别是考虑到金融机构股权的特殊性，在处理涉金融机构相关实质合并破产案件时，要加强金融管理部门与司法部门的协作，共同依法推进相关工作。

### 4. 重视债券违约的监控和化解

前期的一系列疫情维稳政策或将债券违约节奏后移，房地产、交通类等一些违约率较高的行业，需要重点防范。2020年高评级大型国企违约频发，国企违约达到近年高峰，后续对高评级国企信用债的违约风险仍需要持续关注。

从融资环境看，货币政策维持稳健中性，整体货币信贷环境保持合理适度，在稳增长与防风险并重的背景下，政策宽松空间受限，预计信用融资环境不会大幅放松，对城投债和地产债等债券资质审核料将持续趋严，未来企业融资仍面临较大压力，信用风险也存在一定的释放压力，需要高度关注债券违约风险及信用风险传导等问题。

在当前信用监管逐步趋严的背景下，后期需从以下几个方面重点关注弱资质企业违约风险。

一是重点关注企业的盈利能力，特别是较易受疫情或其他外部因素影响的企业，如内需依赖较强的企业。在当前全球疫情仍未得到全面控制的背景下，企业盈利能力若没有完全恢复，如果再继续扩大投资、激进扩张，就会增大违约风险。

二是关注企业外部关联情况，特别是关联企业担保金额较大的企业。例如，当前的海航系企业，就是关联方资金占用比例较高，严重影响企业资金的流动性，地方互保现象进一步加剧违约风险。

三是关注杠杆率较高、明股实债、融资不太稳定的企业。例如，传统的制造业大多为高杠杆企业，以及一些杠杆率较高的房企负债率较高，这些企业在疫情期间特别是经济下行压力加大时，资金链容易断裂，违约风险增大，需要重点防范。

# 第二章  金融机构转型升级，新业态焕发生机

2020 年，新冠肺炎疫情给金融业带来了前所未有的挑战，不仅催生了很多新的颠覆性趋势，也极大地促进了现有金融机构的变革与转型。我国金融机构在疫情冲击下砥砺前行，履行社会责任，支持疫情防控，在后疫情时代加速转型升级，多措并举促进提质增效。

面对疫情冲击，我国银行业金融机构在经济金融领域积极履行社会责任，精准支持疫情防控，全面助力脱贫攻坚战，同时在经营绩效承压下保持增长韧性，进一步深化中小银行与农信社改革，有序推进理财转型与数字化转型。保险业金融机构数量和规模稳定增长，保险资产管理机构稳定发展且保险中介机构服务能力增强，在疫情和改革冲击下，保险公司经营利润有所下降，经营难度加大，倒逼保险公司科技及智能化转型持续深入。证券业中证券机构、基金公司和期货公司均整体发展良好，并创下多个历史新高，信托机构资产规模整体下降且行业结构分化明显。新金融业态中区块链、第三方移动支付和绿色金融均实现稳步增长，区块链技术被广泛应用于银行业、保险业和证券业，在经济下行压力增加和新冠肺炎疫情影响下 P2P 网贷平台加速退出后完全归零。

疫情冲击下，尽管金融机构在危机四伏的 2020 年整体表现较佳，但依然存在诸多问题有待解决。银行机构面临着风险防控压力和数字化转型不平衡的挑战，应聚焦"防风险促转型"，并重视加快中小银行的数字化转型。保险机构产品供给与创新能力瓶颈亟须突破，需要提升产品开发与创新的意识、能力与外部环境。证券机构在资管新规下存在着净值化转型难及预期、不良资产处置需要更多时间消化和信托行业受到较大冲击等问题，需要积极推进资管业务和信托业转型，加大金融科技投入与重视数字化转型。新金融业态中金融科技公司缺乏风险控制能力与资金支持，数字货币的不确定性又为金融机构带来潜在风险，应当加快提升金融科技公司风险控制管理与资金支持力度，并保证数字货币建设与相应风险防范齐头并进。

## 一、金融机构在疫情中砥砺前行

（一）银行业克服危机渐入佳境

1. 银行业在经济金融领域履行社会责任

（1）银行业精准支持疫情防控

银行业金融机构作为我国金融行业的主体，在 2020 年面对百年不遇的新冠肺炎疫情冲击时，遵循中央政策引领，在监管部门出台的各项政策支持下（见表 2 - 1），坚决贯彻落实党中央"六稳""六保"决策部署，精准支持疫情防控和企业复工复产的需要，建立疫情防控应急保障机制，加大专项信贷支持，向疫情防控企业、重点企业、中小微企业、困难群体减费让利。截至 2020 年 12 月 31 日，银行已累计完成对 6 万多亿元贷款的延期还本付息，累计发放 3 万多亿元普惠小微信用贷款，支持 3 000 余万户经营主体，全年通过降低利率、减少收费、直达工具等途径，实现了向实体经济让利 1.5 万亿元的目标。截至 2020 年 12 月 25 日，各银行业金融机构合计信贷支持突破 53 000 亿元，捐款超 23.72 亿元，捐赠物资超 1 533 万件。

中国银行业协会发挥社会组织平台作用，快速响应，2020 年 1 月 26 日发布了《以优质快捷高效的金融服务助力疫情防控倡议书》，发起"抗击疫情，银行业在行动"；发布"紧密携手，团结合作，为国际抗击新冠肺炎疫情提供金融支持正能量"倡议书、《中国银行业抗疫实践英文版》，向国际社会分享抗疫经验。在全国推广"百行进万企"融资对接，截至 11 月 30 日，已达成合作且实际授信的小微企业 15.27 万户，授信金额为 7 221.26 亿元。与全国工商联等多家单位共同发起"无接触贷款助微计划"，截至 12 月 25 日，服务小微企业和农户数超 2 271.61 万户，贷款累计发放 9 887.58 亿元，大幅提高了首贷、信用贷款比例。

表 2 - 1 2020 年金融监管部门应对疫情出台的系列政策

| 时间 | 发布机构 | 政策文件名称 |
| --- | --- | --- |
| 1 月 26 日 | 银保监会 | 《关于加强银行业保险业金融服务 配合做好新型冠状病毒感染的肺炎疫情防控工作的通知》 |
| 1 月 31 日 | 人民银行、银保监会等五部门联合 | 《关于进一步强化金融支持防控新型冠状病毒感染肺炎疫情的通知》 |
| 3 月 1 日 | 银保监会等五部门联合 | 《关于对中小微企业贷款实施临时性延期还本付息的通知》 |
| 3 月 26 日 | 银保监会 | 《关于加强产业链协同复工复产金融服务的通知》 |
| 4 月 7 日 | 国家税务总局与银保监会联合印发 | 《关于发挥"银税互动"作用助力小微企业复工复产的通知》 |
| 5 月 26 日 | 人民银行、银保监会等八部门联合发布 | 《关于进一步强化中小微企业金融服务的指导意见》 |

资料来源：中国银行业协会发布"2020 年中国银行业十件大事"．［EB/OL］．［2021 - 01 - 04］．https：//www.china - cba.net/Index/show/catid/14/id/38472.html.

    同时，银行机构在此次疫情中强化了提供普惠金融支持的定位。借助中央银行创设的两项直达实体经济的货币政策工具："普惠小微企业贷款延期支持工具"和"普惠小微企业信用贷款支持计划"，各地银行机构为缓解中小微企业年内偿债压力，实施延期还本付息政策。2020 年全年累计对 7.3 万亿元贷款本息实施延期，212 万户企业因此受惠。在"普惠小微企业贷款延期支持工具"支持下，2020 年 6 月至 12 月，各地法人银行对普惠小微企业贷款延期本金共计 8 737 亿元，加权平均延期期限为 12.8 个月，同时普惠小微信用贷款发放占比持续上升，全年累计发放普惠小微信用贷款 3.9 万亿元，比 2019 年多发放 1.6 万亿元；年末余额同比增长 30.3%，比 2019 年末高 7.2 个百分点，支持小微经营主体户数同比增长 19.4%。分区域看，东部、中部、西部和东北地区普惠小微贷款余额同比分别增长 35.9%、21.6%、19.1% 和 17.5%。

    银行业金融机构还继续向企业减费让利，使得企业综合融资成本明显下降，2020 年 12 月，新发放贷款加权平均利率为 5.03%，同比下降 0.41 个百分点，创有统计以来新低。其中，一般贷款加权平均利率为 5.3%，同比下降 0.44 个百分点；普惠小微贷款利率为 5.08%，同比下降 0.8 个百分点。各地区一般贷款利率均有所下行，2020 年 12 月，东部、中部、西部、东北地区一般贷款加权平均利率分别为 5.16%、5.53%、5.61%、5.66%（见图 2-1），同比分别下降 0.47 个、0.61 个、0.32 个、0.41 个百分点；小微企业贷款加权平均利率分别为 5.13%、5.51%、5.25%、6.06%，同比分别下降 0.45 个、0.78 个、0.69 个、0.52 个百分点[①]，企业融资成本的下降为支持疫情后的复工复产、稳定经济起到了重要作用。

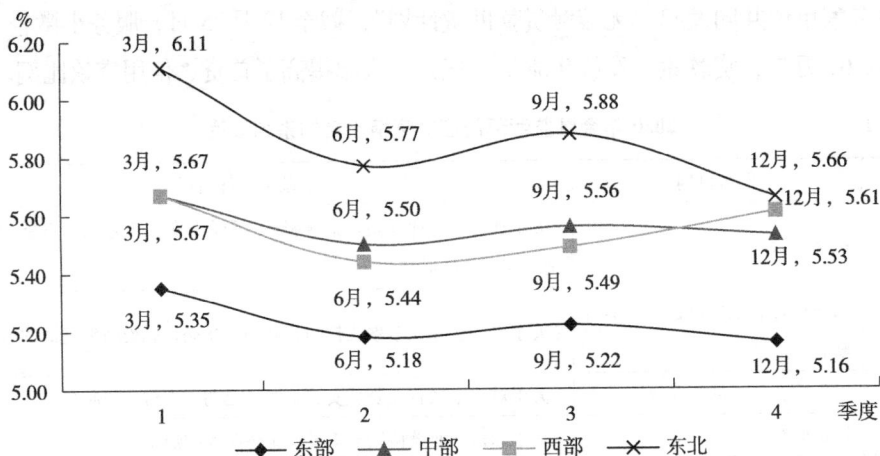

图 2-1　2020 年各地区人民币一般贷款加权平均利率

---

    ① 资料来源：中国人民银行货币政策分析小组. 中国区域金融运行报告（2021）. http：//www.pbc.gov.cn/goutongjiao liu/113456/113469/4264899/2021060817515716035.pdf.

（2）银行业全面助力脱贫攻坚战

党的十八大以来，脱贫攻坚成为全面建成小康社会的底线任务，"精准扶贫、精准脱贫"需要创新金融扶贫体制机制，需要金融系统加大对贫困地区、贫困群体的资源投入。2020 年是决胜脱贫攻坚战的关键年份，却遭遇罕见的新冠肺炎疫情冲击，银行业金融机构发挥金融扶贫主力军作用，从战略定位、组织架构、体制机制、资源配置、模式创新等方面全力推进。大、中型商业银行均已设立普惠金融事业部，国开行、农发行专门设立了扶贫金融事业部，普遍成立由"一把手"任组长的扶贫工作领导小组。建立专门机构、专门人员、专项资金、专门审批和专门考核"五专"体系；创新"双基联动""拎包银行""夜市银行""水上银行""流动服务车"等服务模式；开发多元化、特色化小额分散扶贫金融产品和服务平台；通过大数据和人工智能等技术，精准识别，灵活高效配置扶贫资金资源。将"输血"扶贫转为"造血"扶贫，做好脱贫攻坚和乡村振兴有机衔接。打响脱贫攻坚战以来，全国累计发放金融精准扶贫贷款 9.2 万亿元，免抵押、免担保的扶贫小额信贷逾 7 100 亿元，金融服务对建档立卡贫困户全覆盖。截至 2020 年末，西部地区金融精准扶贫贷款余额为 2.4 万亿元，约占全国总量的六成。"三区三州"深度贫困地区各项贷款余额为 1.2 万亿元，较 2016 年初增长 93%，贵州产业精准扶贫贷款余额同比大幅增长 66.4%；金融机构本外币涉农贷款余额为 38.95 万亿元，同比增长 10.7%；农户贷款余额为 11.81 万亿元，同比增长 14.2%；建档立卡贫困人口贷款余额为 1 427 亿元；金融机构绿色贷款余额为 11.95 万亿元，比年初增长 20.3%。金融扶贫成效显著。

2. 深化中小银行和农信社改革，优化行业布局

经过改革开放 40 多年来的建设和布局，我国目前已经形成了多层次、广覆盖、有差异的银行体系。2020 年继续深化中小银行和农信社改革重组，2020 年 11 月 7 日，注册资本金达 300 亿元的四川银行正式开业，这也是目前国内注册资金规模最大的城商行。四川银行脱胎于原攀枝花市商业银行和原凉山州商业银行，引入 28 家投资者，采取新设合并方式设立。截至目前，北京、上海、天津、重庆 4 个直辖市和安徽、湖北、江苏、山东、江西、湖南、广东 7 个省份农信社改制成农商行的任务已经完成。① 2020 年 7 月 16 日，渤海银行在香港联交所挂牌上市，是今年国内银行首个 IPO 项目，已上市全国性股份制银行数量增至 10 家；12 月 18 日，齐鲁银行获得 A 股 IPO 批文，成为年内继厦门银行、重庆银行及上海农商行后，第四家 A 股 IPO 过会的商业银行；10 月 27 日，厦门银行成功登陆 A 股。

截至 2020 年末，我国各类银行业机构法人数量达到 4 593 家，比 2015 年增加了 332 家（见图 2-2），总资产为 3 197 417 亿元，已经形成了层次丰富、覆盖城市农村、全面

---

① 资料来源：https：//www.china-cba.net/Index/show/catid/14/id/38472.html.

服务于各行各业的银行业金融机构体系。

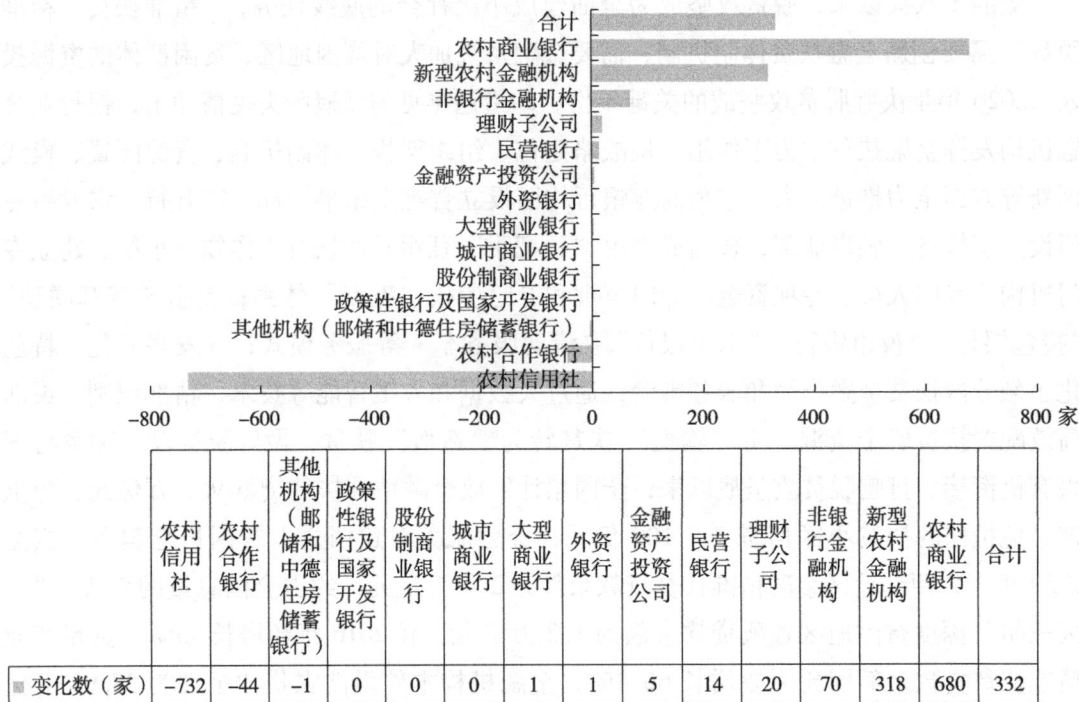

| | 农村信用社 | 农村合作银行 | 其他机构（邮储和中德住房储蓄银行） | 政策性银行及国家开发银行 | 股份制商业银行 | 城市商业银行 | 大型商业银行 | 外资银行 | 金融资产投资公司 | 民营银行 | 理财子公司 | 非银行金融机构 | 新型农村金融机构 | 农村商业银行 | 合计 |
|---|---|---|---|---|---|---|---|---|---|---|---|---|---|---|---|
| 变化数（家） | -732 | -44 | -1 | 0 | 0 | 0 | 1 | 1 | 5 | 14 | 20 | 70 | 318 | 680 | 332 |

图 2 – 2　2015—2020 年中国银行业金融机构数量变化

其中，大型商业银行 6 家，总资产为 1 284 290 亿元，占全部银行业金融机构总资产的 40.17%；股份制商业银行 12 家，总资产为 578 325 亿元，占比 18.09%；城市商业银行 133 家，资产总量为 410 699 亿元，占比 12.84%；数量众多的农村商业银行（1 539 家）、新型农村金融机构（1 691 家）、农村信用社（641 家）和农村合作银行（27 家）资产总量为 415 314 亿元，占比 13%；同时还有 3 家政策性银行及国家开发银行以及 41 家外资银行和其他非银行金融机构（见图 2 – 3、图 2 – 4）。

2020 年，各类银行机构总资产、总负债持续稳定增长，银行业金融机构总资产为 319.7 万亿元，比 2019 年同期增长 10.10%；总负债为 293.1 万亿元，比 2019 年同期增长 10.20%（见图 2 – 5）；但在规模增速上有明显差异，大型商业银行、股份制银行、城市商业银行、农村金融机构资产同比分别增长 10.0%、11.7%、10.20%、11.6%（见图 2 – 6），资产规模突破两位数增长，农村金融机构和股份制商业银行资产增速超过大型商业银行增速；总负债增速分别为 9.90%、11.70%、10.60%、12.10%（见图 2 – 7），农村商业银行负债增速高于商业银行 11.1% 的平均水平，领先各类银行。类型丰富的银行机构，针对各自的领域开展金融服务：大型国有银行积极承担社会责任，在普惠金融领域持续发力，加强科技赋能，增加对新基建等领域支持力度；股份制银行在以信用卡为主的零售业务上发力，加强场景建设，拓展消费金融业务；城商行、农商

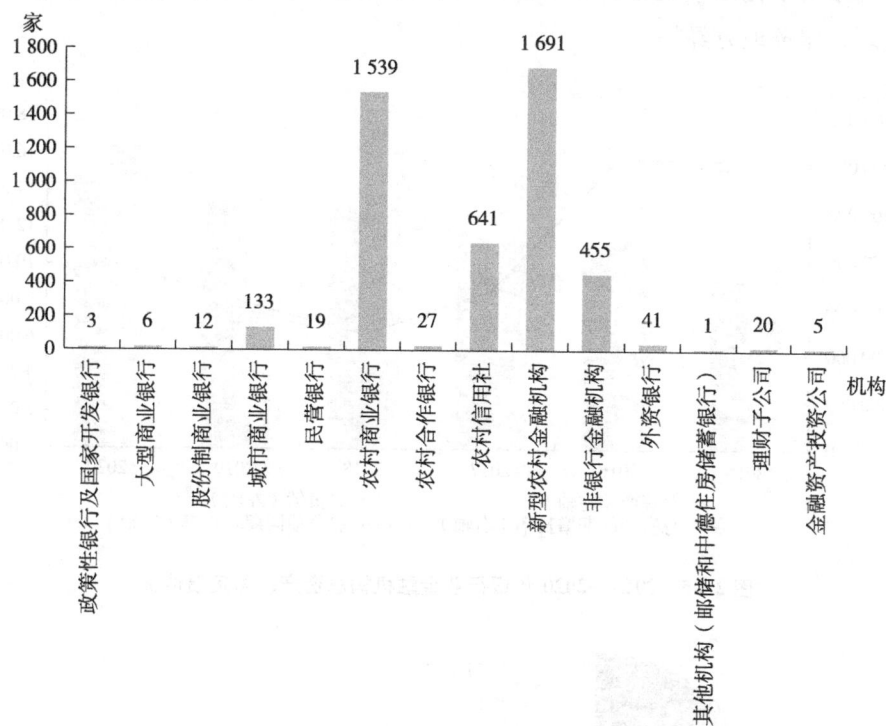

图 2 - 3　2020 年银行业金融机构法人机构数量

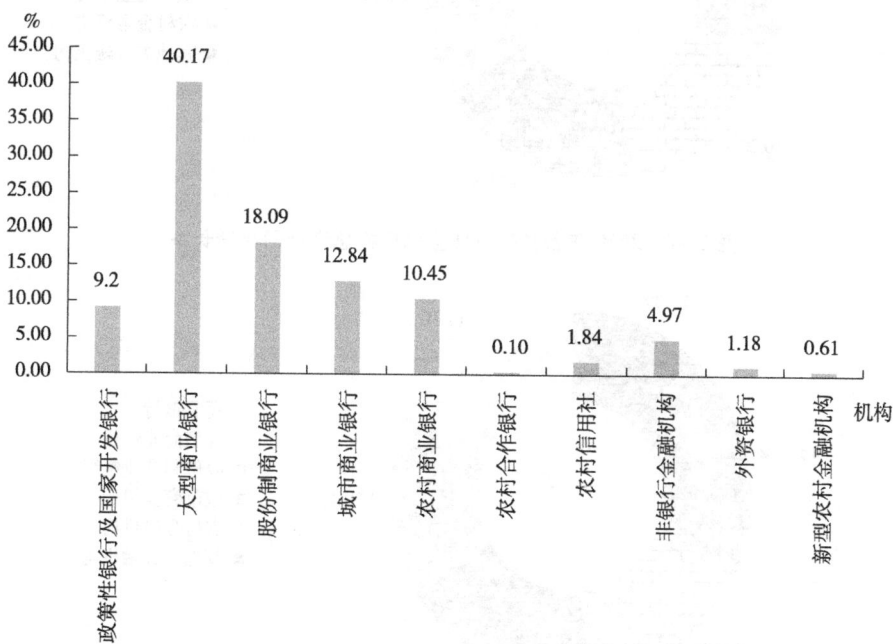

图 2 - 4　2020 年各类银行机构资产占比

行等地方性银行依托区域优势，在产品开发、营销拓客、贷后管理等方面进行定制化、精细化管理，服务地方经济。

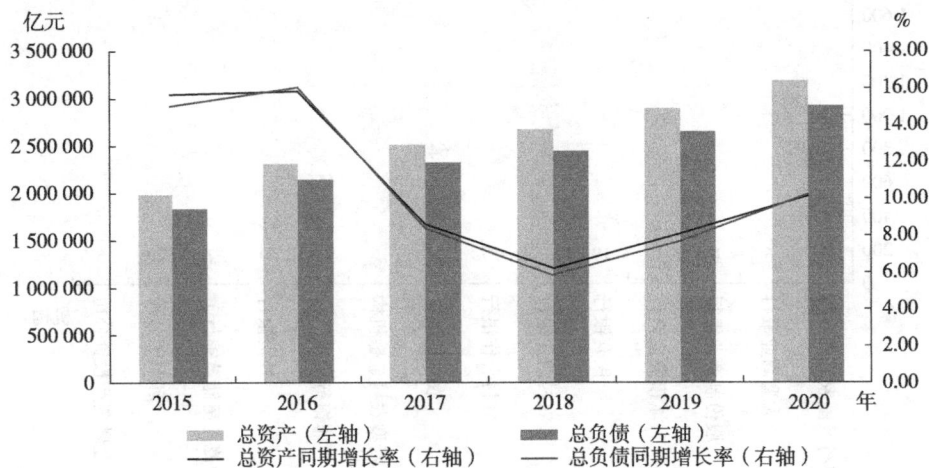

图 2-5 2015—2020 年银行业金融机构总资产、总负债情况

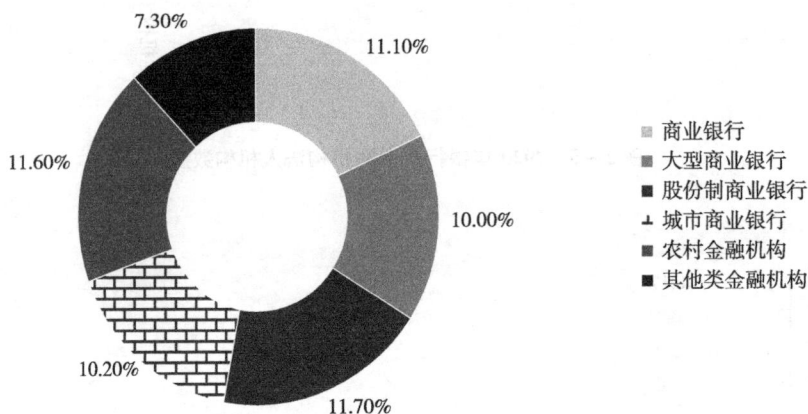

图 2-6 2020 年各类银行业金融机构总资产同比增长率

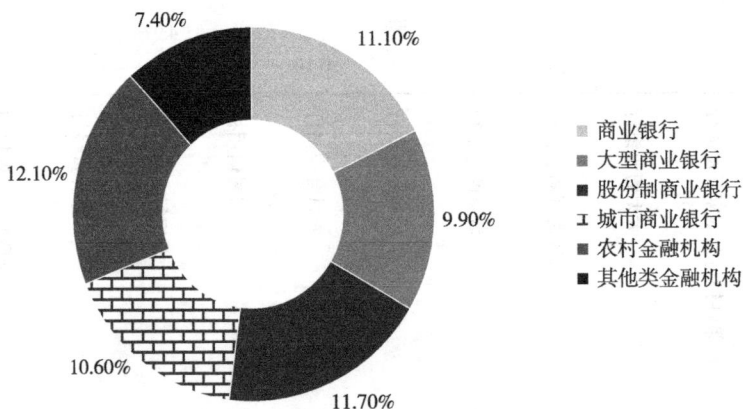

图 2-7 2020 年各类银行业金融机构总负债同比增长率

3. 银行业在经营绩效承压下保持增长韧性

在长达十年的时间里,全球银行业都面临着低增长、低利率、高风险、强竞争的宏观环境,2020 年的新冠肺炎疫情更是加剧了银行业在整体经济不景气状态下的一系列负面因素,包括金融市场的不稳定增加、信贷资产质量下降,新冠肺炎疫情也进一步扩大了拨备计提对商业银行盈利能力的侵蚀。整体上看,我国银行业 2020 年保持了较强的增长韧性,围绕"六稳""六保"任务,贯彻逆周期调节政策,加大对实体经济的支持力度,实时增加了减值损失的计提来抵御未来风险。

(1)银行业净利润出现罕见的负增长

受到疫情的影响,我国银行业金融机构 2020 年实现税后利润 22 625.5 亿元,较 2019 年减少 1 336.8 亿元,下降幅度为 5.58%,在"十三五"规划年份中首次出现税后利润的负增长。其中大型商业银行贡献税后利润总额为 10 924.6 亿元(见表 2 - 2),是当年唯一税后利润总额呈现正增长的银行机构,其他类型的银行业金融机构税后利润均较前一年有较大幅度下降。具体而言,股份制商业银行下降 2.98 个百分点;政策性银行及国家开发银行下降 14.54 个百分点;城市商业银行下降 14.5 个百分点;农村商业银行下降 14.59 个百分点;农村合作银行下降 19.23 个百分点;非银行金融机构下降 20.05 个百分点;外资银行下降 21.15 个百分点;新型农村金融机构下降 23.86 个百分点;农村信用社下降幅度最高,达到 40.65 个百分点。大型国有银行表现出较强的抵御突发事件的能力,而中小银行特别是农村金融机构在辐射面较大的突发灾情中保持持续稳定增长的能力较弱。

表 2 - 2         2015—2020 年银行业金融机构税后利润情况表         单位:亿元

| 金融机构 | 2015 年 | 2016 年 | 2017 年 | 2018 年 | 2019 年 | 2020 年 |
|---|---|---|---|---|---|---|
| 银行业金融机构 | 19 738.1 | 20 732.4 | 22 008.1 | 22 848.3 | 23 962.3 | 22 625.5 |
| 其中:政策性银行及国家开发银行 | 1 162.0 | 1 254.3 | 1 111.9 | 1 320.5 | 1 367.8 | 1 168.9 |
| 大型商业银行 | 8 925.4 | 8 798.8 | 9 177.9 | 9 573.2 | 10 606.1 | 10 924.6 |
| 股份制商业银行 | 3 373.2 | 3 534.0 | 3 684.3 | 3 881.0 | 4 232.7 | 4 106.6 |
| 城市商业银行 | 1 993.6 | 2 244.5 | 2 473.5 | 2 460.8 | 2 509.4 | 2 145.6 |
| 农村商业银行 | 1 487.4 | 1 784.5 | 1 974.6 | 2 094.4 | 2 286.5 | 1 952.8 |
| 农村合作银行 | 82.4 | 37.5 | 24.3 | 14.2 | 10.4 | 8.4 |
| 农村信用社 | 663.7 | 518.9 | 488.5 | 399.7 | 293.7 | 174.3 |
| 非银行金融机构 | 1 437.0 | 1 554.6 | 2 314.8 | 2 175.9 | 2 256.7 | 1 804.2 |
| 外资银行 | 152.9 | 128.0 | 146.6 | 248.2 | 216.1 | 170.4 |
| 新型农村金融机构 | 115.3 | 108.1 | 115.3 | 100.2 | 101.0 | 76.9 |

数据来源:中国银行保险监督管理委员会. 数说"十三五发展成就"银行业专题. http://www.cbirc.gov.cn/view/pages/ItemDetail.html? docld = 970583&itemld = 9548generaltype = 0.

从商业银行的数据来看,由于新冠肺炎疫情暴发始于 2020 年 1 月,我国商业银行前三个季度实现的净利润总额占全年净利润总额的比例明显低于"十三五"规划中的其他年份,第二季度实现全年净利的52.95%(见图2-8),低于2019年同期56.86%的水平;第三季度实现全年净利润总额的78.08%,也明显低于以前年份的占比。受益于我国宏观经济的稳步复苏,银行业的经营业绩在2020年第四季度出现明显回升,完成全年净利润的21.92%,高于2019年17.18%的水平;虽然后劲加大,但是受前期疫情对整个行业的拖累,全年实现净利润19 392亿元,较2019年全年19 932亿元的净利润,总额减少了540亿元,较2019年同期下降2.71%,五年来首次出现负增长。

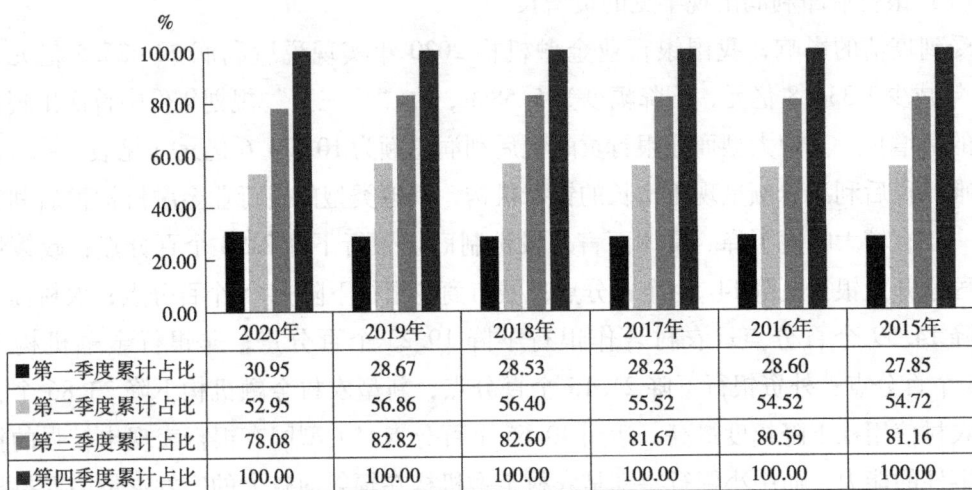

| | 2020年 | 2019年 | 2018年 | 2017年 | 2016年 | 2015年 |
|---|---|---|---|---|---|---|
| 第一季度累计占比 | 30.95 | 28.67 | 28.53 | 28.23 | 28.60 | 27.85 |
| 第二季度累计占比 | 52.95 | 56.86 | 56.40 | 55.52 | 54.52 | 54.72 |
| 第三季度累计占比 | 78.08 | 82.82 | 82.60 | 81.67 | 80.59 | 81.16 |
| 第四季度累计占比 | 100.00 | 100.00 | 100.00 | 100.00 | 100.00 | 100.00 |

图2-8 2015—2020年商业银行分季度实现全年净利润占比

(资料来源:中国银行保险监督管理委员会统计数据)

(2)资产利润率和资本利润率呈下降趋势

2020年底,银行业金融机构资产利润率为0.7%,比2019年度下降0.2个百分点,资本利润率为8.8%,较2019年底的10.4%下降1.6个百分点。其中,商业银行2020年的资产利润率和资本利润率分别为0.77%、9.48%(见图2-9),相较于2019年的0.87%、10.96%也都有一定幅度的下滑。银行盈利能力的下降,主要是利润增速放缓导致资产利润率下降,尤其是2020年初新冠肺炎疫情暴发带来的经济不确定性增加促使各家银行均大幅计提信用减值损失,从而拖累利润增长,2020年商业银行减值损失合计49 834亿元,较2019年的44 909亿元同比增长10.97%;资本利润率的下降则主要是2020年银行积极通过多种外部融资方式补充资本导致净资产增幅较大的同时叠加净利润大幅下降的结果。

(3)银行业风险逐步收敛同时呈现分化态势

2020年末,全国商业银行不良贷款余额为2.7万亿元,前三个季度由于受到新冠肺炎疫情的影响,信贷资产质量有较大幅度下降,不良贷款率一度上升至1.96%,随着第

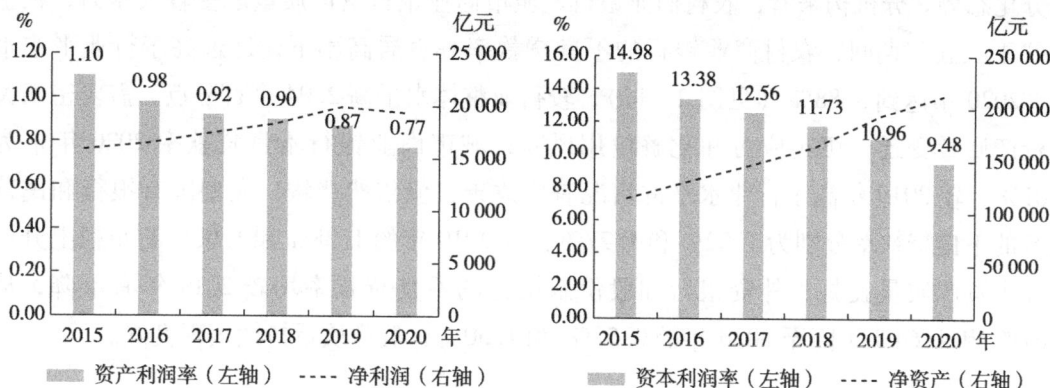

**图 2-9　2015—2020 年商业银行效益性指标变化趋势**

（资料来源：中国银行保险监督管理委员会统计数据）

四季度疫情得到很好控制，不良贷款率下降至 1.84%（见图 2-10），较年初下降 0.02 个百分点。商业银行贷款拨备率和拨备覆盖率均有所下降，由年初的 3.46% 和 186.08% 小幅下滑了 0.07 个百分点和 1.61 个百分点，衡量市场风险的指标——累计外汇敞口头寸比例为 2.14%，较 2019 年下降了 0.52 个百分点。商业银行整体风险呈下降趋势。

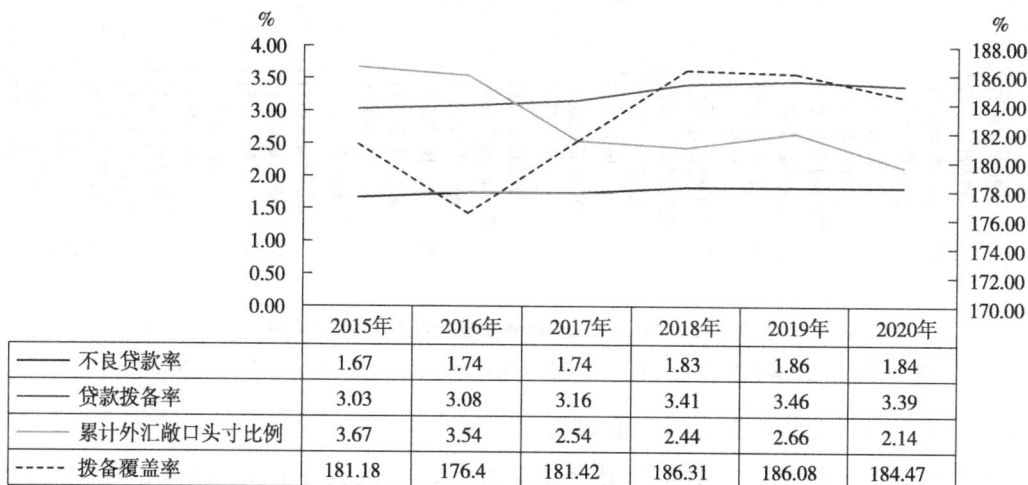

| | 2015年 | 2016年 | 2017年 | 2018年 | 2019年 | 2020年 |
|---|---|---|---|---|---|---|
| —— 不良贷款率 | 1.67 | 1.74 | 1.74 | 1.83 | 1.86 | 1.84 |
| —— 贷款拨备率 | 3.03 | 3.08 | 3.16 | 3.41 | 3.46 | 3.39 |
| —— 累计外汇敞口头寸比例 | 3.67 | 3.54 | 2.54 | 2.44 | 2.66 | 2.14 |
| ---- 拨备覆盖率 | 181.18 | 176.4 | 181.42 | 186.31 | 186.08 | 184.47 |

**图 2-10　2015—2020 年商业银行信用风险和市场风险指标变化趋势**

［资料来源：中国银行保险监督管理委员会．商业银行主要监管指标情况表（2015—2020 年）］

在银行业总体风险可控的趋势下，区域和不同机构之间呈现明显的分化。分区域来看，中部地区由于受疫情冲击最大，不良贷款率较 2019 年末上升 0.06 个百分点，资产质量略有下降；东部地区不良贷款率略有下降，较 2019 年末下降 0.08 个百分点；东北地区加大不良风险处置力度，不良贷款率较 2019 年末下降 0.18 个百分点；西部地区资产质量改善较大，不良贷款率较 2019 年末下降 0.58 个百分点，各地区信贷资产质量呈现分化态势。分机构来看，农村商业银行、城市商业银行资产质量承受较大压力，在整个"十三五"期间，农村商业银行的不良贷款率一直居高不下，远远高于行业平均水平，2020年达到3.88%（见图2-11），较行业整体水平高2.04个百分点，需要密切关注资产质量变迁，切实应对和化解信用风险；城市商业银行不良贷款率2020年末为1.81%，较2019年高于行业水平的情况有所改善，但依然严峻；大型国有银行和民营银行的不良贷款率分别为1.52%和1.27%，较2019年的1.38%和1.00%有小幅上升但总体上资产质量良好；外资银行和股份制银行的不良贷款率均较2019年有下降，从0.67%和1.64%下降至2020年的0.58%和1.50%，资产质量持续表现良好。

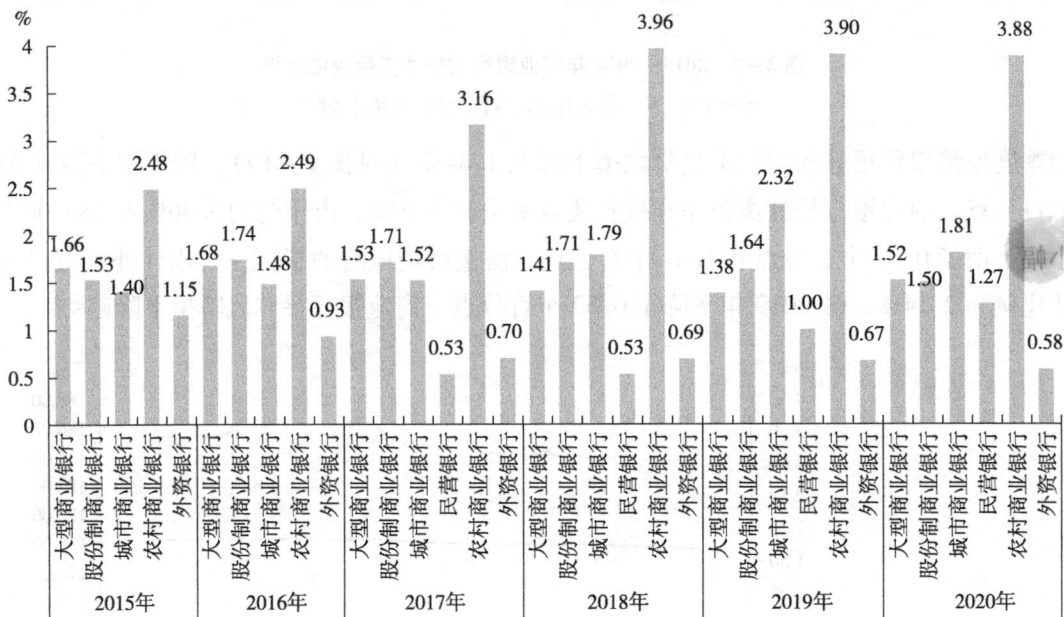

图2-11　2015—2020年各类银行机构不良贷款率

［资料来源：中国银行保险监督管理委员会．商业银行主要指标分机构类情况表（法人）（2015—2020年）］

（4）多渠道补充资本提高风险抵御能力

近年来，随着对银行资本监管要求逐渐趋严，各项资本补充监管政策陆续实施。2020年9月30日，人民银行、银保监会共同发布《全球系统重要性银行总损失吸收能力管理办法（征求意见稿）》《关于建立逆周期资本缓冲机制的通知》；12月3日，人民银行、银保监会联合发布《系统重要性银行评估办法》，对商业银行资本管理和计提提出了更高的要求。2020年，商业银行通过发行优先股、永续债、二级资本债等工具补充了资本1.34万亿元，全国新增地方政府专项债2 000亿元，已支持18个地区的中小银行补充资本金。

2020年，全国商业银行资本充足率总体表现平稳，为14.7%，较2019年的14.64%略有上升，东部、西部和东北地区法人银行资本充足率分别较2019年末提高

0.3 个、0.8 个和 1.0 个百分点，中部地区较 2019 年末下降 0.2 个百分点。分机构看，其中大型商业银行得益于利润增速转正及各类资本工具常态发行，资本充足率普遍上升，达到 2020 年末的 16.49%（见图 2-12）；外资银行资本充足率较 2019 年略有下降，但在商业银行中保持较高水平，达到 2020 年的 18.32%；而股份制银行、城市商业银行、民营银行和农村商业银行 2020 年资本充足率都在行业平均水平之下，尤其是城市商业银行和农村商业银行资本充足率分别为 12.99% 和 12.37%，民营银行和农村商业银行资本充足率较 2019 年有较大幅度的下滑，面临着一定的资本补充压力，但是各类商业银行资本充足率都高于监管机构 10.5% 的最低要求，风险抵补能力充足。

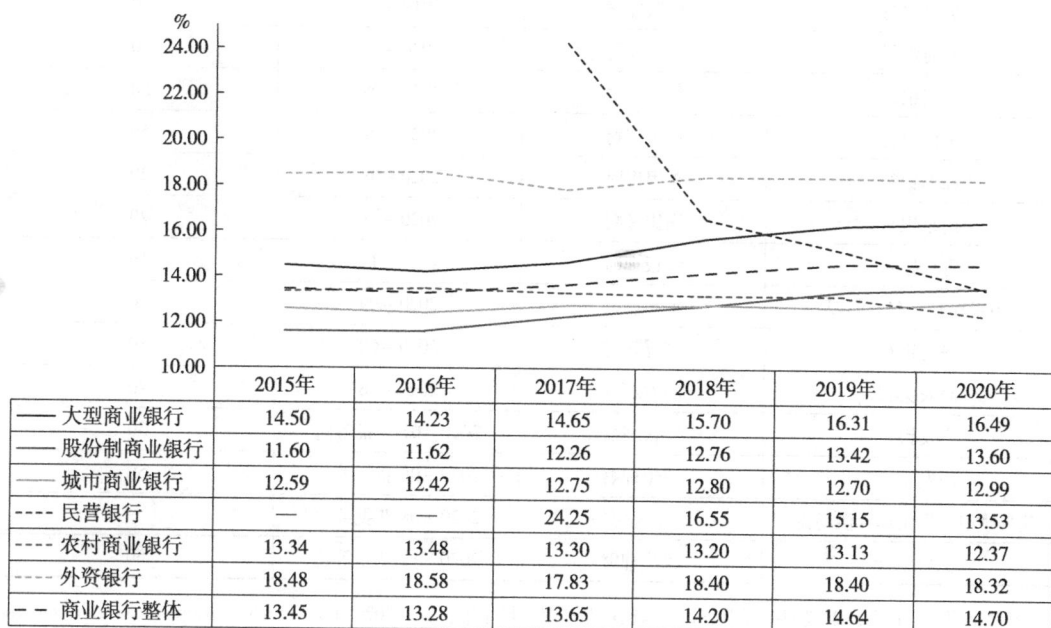

| | 2015年 | 2016年 | 2017年 | 2018年 | 2019年 | 2020年 |
|---|---|---|---|---|---|---|
| —— 大型商业银行 | 14.50 | 14.23 | 14.65 | 15.70 | 16.31 | 16.49 |
| —— 股份制商业银行 | 11.60 | 11.62 | 12.26 | 12.76 | 13.42 | 13.60 |
| —— 城市商业银行 | 12.59 | 12.42 | 12.75 | 12.80 | 12.70 | 12.99 |
| ---- 民营银行 | — | — | 24.25 | 16.55 | 15.15 | 13.53 |
| ---- 农村商业银行 | 13.34 | 13.48 | 13.30 | 13.20 | 13.13 | 12.37 |
| ---- 外资银行 | 18.48 | 18.58 | 17.83 | 18.40 | 18.40 | 18.32 |
| -- 商业银行整体 | 13.45 | 13.28 | 13.65 | 14.20 | 14.64 | 14.70 |

注：2019 年开始，商业银行数据中包括邮政储蓄银行数据。

**图 2-12 2015—2020 年商业银行分机构资本充足率情况**

**4. 银行理财转型有序推进**

2018 年 12 月，银保监会正式批准中银理财和建信理财两家中资银行理财子公司的筹建，理财公司陆续成立，截至 2020 年底，已有 24 家理财公司获批筹建，其中，22 家为中资银行设立的理财子公司，另外 2 家为外资控股理财公司，目前已有 20 家正式开业（见表 2-3）。

**表 2-3**         **24 家理财公司基本情况**         单位：亿元

| 银行名称/股东名称 | 理财子公司 | 开业时间 | 理财子公司注资 |
|---|---|---|---|
| 建设银行 | 建信理财 | 2019-05 | 150 |
| 工商银行 | 工银理财 | 2019-06 | 160 |
| 交通银行 | 交银理财 | 2019-06 | 80 |

续表

| 银行名称/股东名称 | 理财子公司 | 开业时间 | 理财子公司注资 |
|---|---|---|---|
| 中国银行 | 中银理财 | 2019 – 07 | 100 |
| 农业银行 | 农银理财 | 2019 – 08 | 120 |
| 招商银行 | 招银理财 | 2019 – 11 | 50 |
| 兴业银行 | 兴银理财 | 2019 – 12 | 50 |
| 邮储银行 | 中邮理财 | 2019 – 12 | 80 |
| 光大银行 | 光大理财 | 2019 – 09 | 50 |
| 宁波银行 | 宁银理财 | 2019 – 12 | 15 |
| 杭州银行 | 杭银理财 | 2019 – 12 | 10 |
| 徽商银行 | 徽银理财 | 2020 – 04 | 20 |
| 平安银行 | 平安理财 | 2020 – 08 | 50 |
| 中信银行 | 信银理财 | 2020 – 07 | 50 |
| 江苏银行 | 苏银理财 | 2020 – 08 | 20 |
| 南京银行 | 南银理财 | 2020 – 08 | 20 |
| 青岛银行 | 青银理财 | 2020 – 11 | 10 |
| 中银理财、东方汇理 | 汇华理财 | 2020 – 09 | 10 |
| 华夏银行 | 华夏理财 | 2020 – 09 | 30 |
| 渝农银行 | 渝农理财 | 2020 – 06 | 20 |
| 广发银行 | 广银理财 | 2020 – 07 获批筹建 | 50 |
| 浦发银行 | 浦银理财 | 2020 – 08 获批筹建 | 50 |
| 建信理财、贝莱德、淡马锡 | 贝莱德建信 | 2020 – 08 获批筹建 | — |
| 民生银行 | 民生理财 | 2020 – 12 获批筹建 | 50 |

资料来源：银行业理财登记托管中心．中国银行业理财市场年度报告（2020 年）．https：//www.chinawealth.com.cn/resource/830/846/863/51198/52005/4938625/16119072231621860411731.pdf.

2020 年 12 月底，持有存续理财产品的银行机构（不含理财公司）共有 331 家，存续产品数量为 35 094 只，存续余额为 19.19 万亿元。2020 年，银行机构的理财业务按照监管导向有序调整，转型取得明显进展，主要表现为：一是理财产品结构优化，老产品余额较资管新规发布时明显下降，新产品余额稳步增长。截至 2020 年底，银行机构净值型产品余额为 10.73 万亿元，较 2019 年增长 5.81%。二是短期限封闭产品明显减少，截至 2020 年底，银行机构 3 个月（含）以内封闭式产品余额为 0.15 万亿元，较 2019 年底下降 63.66%。三是投资资产标准化程度提升，银行机构理财资金投资债券等标准化资产占比明显增加，截至 2020 年底，银行机构理财资金投资债券资产（含同业存单）占比 64.14%，较年初上涨 4.53 个百分点。四是理财产品嵌套投资逐步减少，截至 2020 年底，银行机构理财资金投向各类资管产品（公募基金除外）余额为 7.44 万亿元，比 2019 年下降 23.51%。

5. 数字化转型加速提升金融服务质效

2020 年初突发的新冠肺炎疫情以及受疫情持续影响，局部区域的封闭减少了人们的外出活动频率和缩小了活动范围。随着疫情控制措施的实施，公共场所防控的严格化、社交距离限制驱使越来越多的民众开始使用在线支付、在线消费、在线借贷等服务，银行业金融机构也迅速调整策略，利用数字化搭建"非接触"服务渠道，基于互联网开展支付缴费、授信审批、跨境金融、投资理财等业务，打造全方位线上金融服务体系，加快了线上对线下服务的替代。主要表现为：

一是数字化网点和终端数量迅速增加。截至 2020 年 11 月 16 日，中国共关闭 2 938 家银行网点，同期新设或转设网点 2 198 家，网点净减少 740 家。① 中国银行业协会发布的《2020 年中国银行业服务报告》显示，截至 2020 年末，全国布局建设自助银行 15. 62 万家，布放自助设备 97. 37 万台，其中 2020 年投放创新自主设备 1. 52 万台，自助设备交易笔数达 212. 54 亿笔，交易总额为 43. 42 万亿元。

二是数字化技术的应用提升了银行金融服务的覆盖面和效率。银行业金融机构在应对新冠肺炎疫情带来的挑战的同时，抓住机遇推广线上服务渠道，通过手机银行、人脸识别、身份验证等技术的应用，使得普惠金融可以凭借互联网形成较好的地理渗透性。2020 年，银行业金融机构离柜交易达 3 708. 72 亿笔，同比增长 14. 59%；离柜交易总额达 2 308. 36 万亿元，同比增长 12. 18%；行业平均电子渠道分流率为 90. 88%。其中，手机银行交易达 1 919. 46 亿笔，同比增长 58. 04%，交易总额达 439. 24 万亿元，同比增长 30. 87%；网上银行交易达 1 550. 30 亿笔，交易总额达 1 818. 19 万亿元，同比增长 9. 68%；电话银行人工处理来电 8. 62 亿人次；人工电话平均接通率达 93. 04%。

三是科技赋能创新金融业务为服务提质增效。2020 年，银行业金融机构结合疫情防控需要和后疫情时代变化趋势，加速对金融科技的投入，通过简化流程、创新服务产品、规范服务标准等措施，实现多维度、全流程的数字化、智能化转型，提升客户体验，使得银行的金融服务更加便捷，品种更加丰富。据不完全统计，2020 年，银行业金融机构优化主要业务流程 2. 51 万个，同比增长 59. 87%。例如，中国农业银行全面推广电子指纹签名功能，使客户签名直接合成到电子业务凭证，每笔业务办理时间平均减少近 3 分钟。在拓展服务功能方面，中国建设银行不断推动"劳动者港湾"创建工作朝着深层次发展，借力金融科技，累计创建 3 000 余个具备政务、党建、扶贫、医疗、养老、司法、无障碍服务等功能的"劳动者港湾 +"模式网点。在金融服务创新方面，中国工商银行自主研发面向全球企业免费开放的"环球撮合荟"跨境撮合平台，提供智能化全流程跨境撮合服务，现已有 40 多个国家和地区、30 多个行业的近 2 万家企业入驻，达

① 中国银行研究院. 全球银行业展望报告（2020 年年报）. ［EB/OL］. ［2019 - 12 - 05］. https：//coffee. pmcaff. com/article/13375998_ j.

成跨境撮合战略合作。招商银行聚焦网点智能化服务，增强预约平台功能，实现智能定位、网点智能推荐及智能排序，研究网点客户到访形态、预约习惯、到店规律等历史数据，聚类设计网点自动放号模型。浙商银行加快平台服务产品创新应用，投产 11 项线上业务功能，初步形成线上线下双轮驱动的运营平台化服务体系，有效解决疫情期间企业复工复产中的需求痛点。[①]

6. 其他银行类金融机构稳健发展

（1）信托业转型取得明显进展

2020 年信托业的主要任务之一是继续落实《资管新规》，进一步压缩通道类业务规模和融资类信托规模，在提升服务实体经济能力的同时向高品质的受托人定位转变。主要表现为：

一是信托资产规模下降，资金来源结构优化。截至 2020 年第四季度末，信托资产规模为 20.49 万亿元，同比下降 5.17%，比 2019 年第四季度末减少 1.12 万亿元，比 2017 年第四季度末历史峰值减少 5.76 万亿元。从资金来源看，截至 2020 年第四季度末，集合信托规模为 10.17 万亿元，占比 49.65%（见图 2 - 13），同比上升 3.72 个百分点，比第三季度末（49.42%）上升 0.23 个百分点；单一信托规模为 6.13 万亿元，占比 29.94%，同比下降 7.14 个百分点，比第三季度末（33.18%）下降 3.24 个百分点；管理财产信托为 4.18 万亿元，占比 20.41%，同比上升 3.42 个百分点，比第三季度末（17.41%）上升 3 个百分点。单一信托形式的通道类业务逐步减少，集合资金信托与管理财产信托占比达到 70.06%，同比 2019 年第四季度末的 62.92% 上升 7.14 个百分点，表明信托业主动管理能力得到提升。

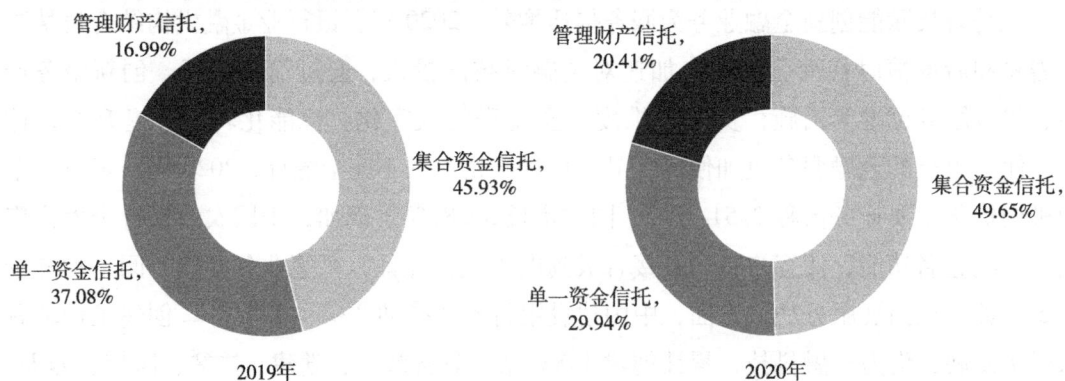

图 2 - 13　2019—2020 年中国信托业信托资产按来源划分占比

从功能划分来看，2020 年第四季度末，融资类信托余额为 4.86 万亿元，全年减少

---

① 资料来源：中国银行业协会发布《2020 年中国银行业服务报告》［EB/OL］. （2021 - 03 - 15）. https：//www.china - cba. net/Index/show/catid/14/id/39076. html.

近 1 万亿元；事务管理类信托余额为 9.19 万亿元，业务占比为 44.84%，同比 2019 年第四季度末的 49.30% 下降 4.46 个百分点；投资类资产为 6.44 万亿元，同比 2019 年第四季度末的 5.12 万亿元增长 25.84%。

2020 年事务管理类和融资类资金数与占比均有所下降，投资类资金增加。其中减少的事务管理类业务绝大多数是以监管套利、隐匿风险为特征的金融同业通道业务，表明金融机构之间资金空转现象得到缓解，信托业正向着回归本源的目标转型。

二是信托资金投向结构改善。截至 2020 年第四季度末，资金信托为 16.31 万亿元，同比 2019 年第四季度末的 17.94 万亿元下降 9.09%，净减少 1.63 万亿元；环比第三季度末的 17.23 万亿元下降 5.34%，净减少 9 242 亿元。从资金信托在五大领域占比来看，2020 年第四季度末排序是工商企业（30.41%）、基础产业（15.13%）、房地产业（13.97%）、证券市场（13.87%）、金融机构（12.17%）（见图 2 – 14）。

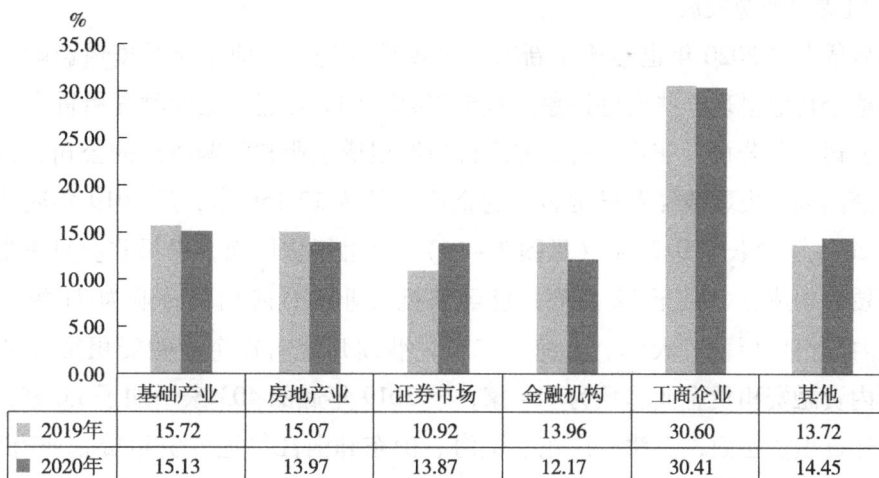

| | 基础产业 | 房地产业 | 证券市场 | 金融机构 | 工商企业 | 其他 |
|---|---|---|---|---|---|---|
| 2019年 | 15.72 | 15.07 | 10.92 | 13.96 | 30.60 | 13.72 |
| 2020年 | 15.13 | 13.97 | 13.87 | 12.17 | 30.41 | 14.45 |

**图 2 – 14 2019—2020 年中国信托业信托资金投向占比**

［资料来源：中国信托业协会. 2020 年第四季度末信托公司主要业务数据.

（2021 – 03 – 08）. http：//www. xtxh. net/xtxh/statistics/46671. htm. ］

其中，2020 年房地产业占比持续下降，年末房地产资金信托余额为 2.28 万亿元，较 2019 年第四季度末的 2.70 万亿元下降 15.75%，环比第三季度末的 2.38 万亿元下降 4.19%。2020 年末，房地产信托占比为 13.97%，较 2019 年的 15.07% 进一步下降了 1.1 个百分点，表明信托公司较好地控制了房地产信托业务规模，降低了行业的整体风险。另一个资金投向上的明显特征是证券市场的信托资产占比呈现增长趋势，占比从 2019 年的 10.92% 上升到 2020 年的 13.87%。在股票、基金、债券三大品种中，资金信托主要流向债券市场，2020 年第四季度末为 1.49 万亿元，占 2.26 万亿元的 65.98%；投向股票的资金信托余额为 5 350.77 亿元，同比增长 6.24%，环比第三季度末下降 11.74%；投向基金的资金信托余额为 2 343.51 亿元，同比增长 5.95%，环比第三季度末下降 7.17%。这主要是因为信托公司在证券市场 2020 年第二季度开始出现的结构性牛市中纷纷布局证券投资类信托。

三是增资步伐加快，风险抵御能力加强。受 2020 年 5 月发布的《信托公司资金信托管理暂行办法（征求意见稿）》的影响，全年相继有 12 家信托公司增资扩股，合计增资额为 266.48 亿元，高于 2018 年和 2019 年增资额。在 2020 年信托资产规模同比下降 5.17% 的背景下，信托业资本实力增强，提升了信托业应对风险的能力。同时，信托公司针对突发的疫情冲击，充分估计可能损失，加大在税后净利润中计提信托赔偿准备的力度，以提升应对更多风险可能性的能力。截至 2020 年第四季度末，信托赔偿准备金为 321.54 亿元，同比 2019 年第四季度末的 291.24 亿元增长 10.40%，环比第三季度末的 296.23 亿元增长 8.54%。2020 年第四季度末，信托赔偿准备金占所有者权益的比率为 4.79%，略高于 2019 年第四季度末的 4.61% 和第三季度末的 4.50%。

（2）租赁业平稳发展

中国租赁业在 2020 年也经历了新冠肺炎疫情的洗礼，前半年受疫情影响严重，但是后半年整个行业呈现一些向好迹象。截至 2020 年 12 月底，全国融资租赁企业（不含单一项目公司、分公司、SPV 公司、港澳台当地租赁企业和收购海外的公司，包括一些地区监管部门列入失联或经营异常名单的企业）约为 12 156 家，较 2019 年底的 12 130 家增加了 26 家，增长了 0.21%（见图 2 - 15）。金融租赁层面，银保监会只审批中银金租一家租赁公司成立，截至 12 月底，已经获批开业的金融租赁企业为 71 家，增长了 1.43%。内资租赁层面，天津、上海、广东，继续开展内资企业融资租赁业务试点审批，全国内资融资租赁企业总数为 414 家，较 2019 年底的 403 家增加了 11 家，增长了 2.73%。外资租赁层面，天津、广东、上海、山东和浙江等地外资租赁企业有所增加。

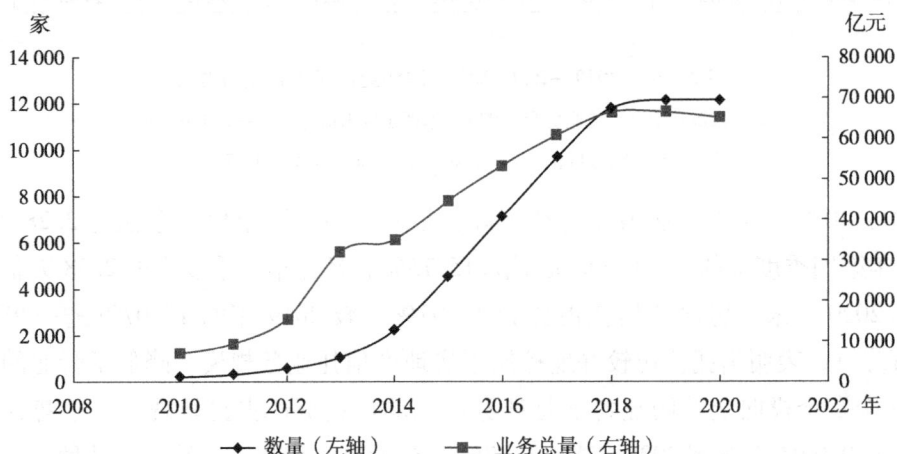

图 2 - 15　2008—2022 年中国融资租赁行业企业数量和业务总量发展情况

[资料来源：中国租赁联盟，联合租赁研发中心，天津滨海融资租赁研究院.

2020 年中国租赁业发展报告 [EB/OL]. (2021 - 01 - 26). https://sohu.com/a/446925306_99901684]

截至 12 月底，全国共有 11 671 家外资租赁企业，较 2019 年底的 11 657 家，增加了 14 家，增长了 0.12%。从地区分布来看，截至 2020 年 12 月底，全国 31 个省、市、区都设立了融资租赁公司，但绝大部分企业仍分布在东南沿海一带，其中广东、上海、天津、辽宁、山东、北京、福建、江苏、浙江、陕西 10 个省市的企业总数约占全国的 95.42%。2020 年以来，新设立内资融资租赁试点企业只有天津、上海和广东有增加，新设立的外资融资租赁企业只在山东、广东、天津和浙江地区有所增加。

从业务总量看，截至 2020 年 12 月底，全国融资租赁合同余额约为 65 040 亿元人民币，比 2019 年底的 66 540 亿元减少约 1 500 亿元，比 2019 年下降 2.3%（见图 2-15）。这是中国租赁业再度复兴后的首次负增长。截至 2020 年 12 月底，全球融资租赁业务总量约为 39 800 亿美元，比 2019 年底的 41 600 亿美元下降约 4.3%。中国 12 月底融资租赁业务总量为 65 040 亿人民币，约合 9 426 亿美元，以此统计，2020 年，中国融资租赁业务总量约占世界的 23.7%。[①]

（3）消费金融公司迎来发展机遇

消费金融行业在 2020 年也遭遇经济运行不确定性带来的冲击，行业整体增速放缓，但是随着我国疫情防控的有效推进和经济的逐步复苏，"十四五"规划明确提出"构建以国内大循环为主体、国内国际双循环相互促进的新发展格局"，消费成为拉动经济增长的重要驱动，消费金融公司的发展迎来新的机遇。

一是参与主体增加。作为"国内大循环"强有力的助力器，消费金融的发展受到重视，加上 2020 年 P2P 整顿归零、网络小贷新规出台，金融领域"非持牌"时代终结，消费金融持牌化成为趋势。2020 年，消费金融公司的申设进程有所加快，监管部门相继批筹 5 家消费金融公司，包括重庆小米消费金融公司、北京阳光消费金融公司、重庆蚂蚁消费金融公司、苏银凯基消费金融公司、唯品富邦消费金融公司，其中前两家已开业，后三家正在筹建中。2020 年也成为继 2014 年（批筹 6 家）、2016 年（批筹 7 家）后批筹数量最多的年份。目前，我国持牌消费金融公司数量已经达到 27 家（还有 3 家在筹建中）（见表 2-4）。这 27 家消费金融公司股东也逐渐多元化，近年来互联网企业也纷纷控股或者参股，目前消费金融公司股东包括全国性银行、外资金融机构、信托公司、互联网企业等。

表 2-4　　　　　　　　2020 年已开业持牌消费金融公司

| 消费金融公司 | 注册地 | 主要股东及持股比例 | 注册资本（亿元） |
|---|---|---|---|
| 捷信消费金融公司 | 天津 | HomeCreditB. V. 100% | 70 |
| 平安消费金融公司 | 上海 | 中国平安保险集团 30%；融熠有限公司 28%；未鲲（上海）科技服务有限公司 27% | 50 |

---

① 资料来源：中国租赁联盟，联合租赁研发中心，天津滨海融资租赁研究院. 2020 年中国租赁业发展报告［EB/OL］.（2021-01-26）. https：//www. sohu. com/a/446925306_99901684.

续表

| 消费金融公司 | 注册地 | 主要股东及持股比例 | 注册资本（亿元） |
|---|---|---|---|
| 马上消费金融公司 | 重庆 | 重庆百货 31.06%；北京中关村科金 29.51%；物美科技 17.26%；重庆银行 15.53% | 40 |
| 招联消费金融公司 | 深圳 | 中国联合网络通信 50%；招商永隆银行 25.85%；招商银行 24.15% | 38.69 |
| 中邮消费金融公司 | 广州 | 中国邮储银行 70.5%；星展银行 15%；LTD. 15% | 30 |
| 中原消费金融公司 | 郑州 | 中原银行 49.25%；华平亚洲金融投资 42% | 20 |
| 兴业消费金融公司 | 泉州 | 兴业银行 66%；泉州市商业银行集团 24% | 19 |
| 中银消费金融公司 | 上海 | 中国银行 42.8%；百联集团 22.08%；上海陆家嘴金融发展 13.44% | 15.15 |
| 哈银消费金融公司 | 哈尔滨 | 哈尔滨银行 53%；度小满金融 30% | 15 |
| 小米消费金融公司 | 重庆 | 小米通讯技术有限公司 50%；重庆农村商业银行股份有限公司 30% | 15 |
| 杭银消费金融公司 | 杭州 | 杭州银行 41.67；中国银泰投资 34.92% | 12.6 |
| 长银消费金融公司 | 西安 | 长安银行 51%；汇通信诚租赁 25% | 10.5 |
| 海尔消费金融公司 | 青岛 | 海尔集团 30%；红星美凯龙 25% | 10 |
| 尚诚消费金融公司 | 上海 | 上海银行 38%；携程 37.5% | 10 |
| 阳光消费金融公司 | 北京 | 中国光大银行 60%；王道银行 20%、大陆中青旅控股公司 20% | 10 |
| 长银五八消费金融公司 | 长沙 | 长沙银行 51%；背景城市网邻 33% | 9 |
| 北银消费金融公司 | 北京 | 北京银行 35.29；桑坦德消费金融 20% | 8.5 |
| 幸福消费金融公司 | 石家庄 | 张家口银行 47.1%；神州优车 39.25% | 6.37 |
| 苏宁消费金融公司 | 南京 | 苏宁云商 36.75%；南京银行 11.25%；BNPPa－ribasPersonal-Finance15%；云南红塔银行 15% | 6 |
| 华融消费金融公司 | 合肥 | 中国华融资产管理公司 55%；合肥百货大楼 23% | 6 |
| 湖北消费金融公司 | 武汉 | 湖北银行 50%、TCL 集团 20%、武商集团 25% | 5 |
| 晋商消费金融公司 | 太原 | 晋商银行 40%；奇飞翔艺软件 25% | 5 |
| 金美信消费金融公司 | 厦门 | 中国信托商业银行 34%；国美控股 33% | 5 |
| 包银消费金融公司 | 包头 | 包商银行 44.16%；微梦创科网络 40% | 5 |
| 锦程消费金融公司 | 成都 | 成都银行 38.36%；周大福 25% | 4.2 |
| 盛银消费金融公司 | 沈阳 | 盛京银行 60%；顺峰投资实业 20% | 3 |
| 中信消费金融公司 | 北京 | 中国中信 35.1%；中信信托 34.9%；金蝶软件 30% | 3 |

资料来源：根据公开资料整理。

二是融资渠道多元化。消费金融公司传统的主要资金来源于金融机构借款和同业拆借，目前已有20家持牌消费金融公司获准进入同业拆借市场，头部的招联、捷信、兴业以及中银消费金融等公司近三年同业借款或拆入资金的余额占负债总额的比重均保持在 80% 以上。

发行债券和 ABS 产品也是消费金融公司补充资金的渠道。截至 2020 年末，共有 13 家获批信贷资产证券化，5 家获批发行金融债券。据统计，2020 年已有招联、捷信、马上、兴业、湖北消费金融等持牌消金公司通过发行 ABS、金融债方式融资超 200 亿元。[①]

2020 年底，银保监会发布《关于促进消费金融公司和汽车金融公司增强可持续发展能力、提升金融服务质效的通知》，鼓励并支持消费金融公司通过银登中心开展正常的信贷资产受益权转让以及在银行间市场发行二级资本债券来拓宽资本补充渠道，消费金融公司的融资渠道进一步打开。

三是疫情助推线上化转型。受 2020 年初疫情的影响，消费金融线下业务受到很大冲击，全国消费金融公司积极应对新的形式，加大金融科技投入，创新服务方式，加速进行线下到线上的转型。截至 2020 年底，有 8 家消费金融公司公示专利合计 335 项，数量同比上涨 39.6%。这些专利主要以研究消费金融信贷场景为主，覆盖了贷前信息输入、身份识别，贷中反欺诈识别、风险评估，贷后风险监管等应用场景。已有 7 家消费金融公司通过自行研发，开发出自己的智能信贷系统。这些系统主要涉及人工智能和大数据两项技术，应用场景主要覆盖智能支付、信用评分、智能催收、智能客服、风险管理、反欺诈识别等领域。

统计显示，2019 年已经开业的 24 家持牌消费金融公司中，七成持牌消费金融公司以线上业务为主要发展方向。大部分消费金融公司通过助贷或联合贷实现业务增长，合作机构包括京东金融、蚂蚁金融、度小满金融、360 金融、乐信、今日头条等头部平台。

（二）多重压力叠加倒逼保险机构转型提速

1. 保险机构数量和规模保持稳定增长

截至 2020 年底，全国共有各类已开业保险机构 237 家，其中保险集团和控股公司 14 家；财产险公司 87 家，较 2019 年减少 1 家。从 2017 年起，信利保险开始逐步退出中国直保业务。2020 年 7 月，信利保险获得银保监会批准，经营范围从保险变更为再保险，完成工商变更登记后，公司更名为信利再保险，成为国内第一家通过更改营业范围而成立的再保险公司。至此，我国保险市场上财险公司也由 88 家减少至 87 家；人身险公司 91 家，其中，养老险公司 9 家，健康险公司 7 家；再保险公司 14 家，新增 2 家；村镇保险互助社 3 家；保险资产管理公司 28 家，新增 1 家。不同业务类型、多种组织形式的市场主体日趋丰富，专业化分工与合作的现代保险市场体系初步形成。

从保险机构资本国别属性看，中资保险机构 176 家，外资保险机构 61 家（见表 2 - 5）。中资保险机构方面，保险集团和控股公司 14 家，财产险公司 66 家，人身险公司 63

①　中融研究．全国 30 家消费金融公司梳理分析解读［EB/OL］．（2021 - 02 - 23）．https：//baijiahao. baidu. com/s？id = 1692456609924640828&wfr = spider&for = pc.

家，再保险公司 6 家，资产管理公司 24 家，村镇保险互助社 3 家。外资机构方面，财产险公司 21 家，人身险公司 28 家，再保险公司 8 家，资产管理公司 4 家。

表 2 - 5　　　　　　　　　　2020 年保险机构数量一览表　　　　　　　　　单位：家

| 序号 | 项目 | 数量 | | |
|---|---|---|---|---|
| | | 小计 | 中资 | 外资 |
| 1 | 保险公司 | 237 | 176 | 61 |
| 1.1 | 其中：保险集团和控股公司 | 14 | 14 | 0 |
| 1.2 | 财产险公司 | 87 | 66 | 21 |
| 1.3 | 人身险公司 | 91 | 63 | 28 |
| 1.4 | 再保险公司 | 14 | 6 | 8 |
| 2 | 村镇保险互助社 | 3 | 3 | 0 |
| 3 | 保险资产管理公司 | 28 | 24 | 4 |

资料来源：中国银保监会网站。

中国保险机构资产规模继续保持稳定增长。截至 2020 年 12 月底，保险行业总资产为 232 984.3 亿元，较年初增长 13.29%，增速比 2019 年提高 1.11 个百分点，月度资产变动情况（见图 2 - 16）。其中，财产险公司总资产为 23 422.59 亿元，较年初增加 2.11%，尽管扭转了自 2018 年来连续下降的势头，但远低于财险业保费增速，行业资产占比也继续下降，为 10.05%，同比减少 1.1 个百分点；人身险公司总资产为 199 789.74 亿元，较年初增长 17.82%，行业资产占比 85.75%，同比增加 3.29 个百分点；再保险公司总资产为 4 956.29 亿元，较年初增长 16.31%；保险资产管理公司总资产为 760.63 亿元，较年初增长 18.72%（见表 2 - 6）。财产险公司总资产占比下降主要是由于 2017 年后投资型非寿险产品停售所带来的保户储金及投资款减少，以及天安财险被接管后，上半年亏损 646 亿元拉低了行业盈利能力。保险机构资产约占银行业金融机构资产的 7.29%，较 2019 年相比提高了 0.01 个百分点，保险业资产在金融业资产中的比重仍然相对较低。保险行业净资产为 27 525 亿元，较年初增长 10.95%，增速较 2019 年同期减少 12.14 个百分点。

表 2 - 6　　　　　　　　　　2020 年保险行业总资产结构

| 公司类型 | 总资产/亿元 | 同比增速/% | 占比/% |
|---|---|---|---|
| 财产险公司 | 23 422.59 | 2.11 | 10.05 |
| 人身险公司 | 199 789.74 | 17.82 | 85.75 |
| 再保险公司 | 4 956.29 | 16.31 | 2.13 |
| 资产管理公司 | 760.63 | 18.72 | 0.33 |
| 其他 | 4 055.05 | -50.71 | 1.74 |
| 合计 | 232 984.3 | 13.29 | 100 |

资料来源：中国银保监会网站统计数据专栏。

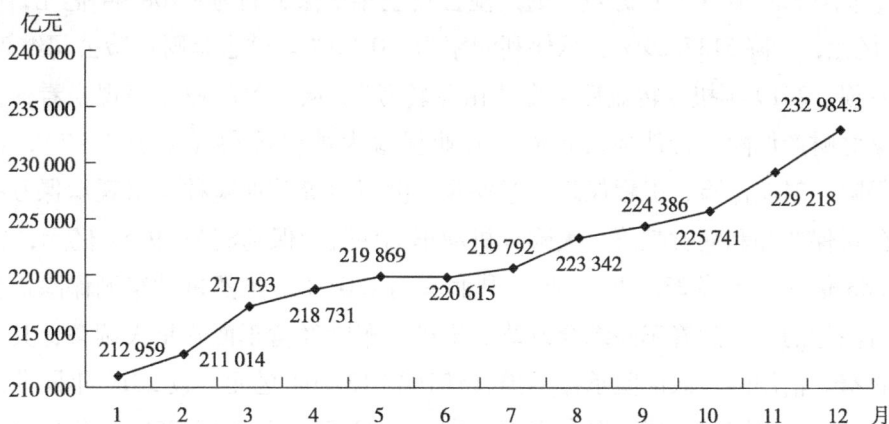

图 2 - 16　2020 年保险业月度总资产变动情况图

［资料来源：中国银保监会. 2020 年 12 月保险业经营情况表［EB/OL］.（2021 - 01 - 28）.

http：//www. cbirc. gov. cn/cn/view/pages/ItemDetail. html？docId = 963080&itemId = 954&generaltype = 0］

2. 疫情及改革冲击下保险公司经营难度加大

（1）保险公司经营利润有所下降

财产险公司方面，在疫情冲击、市场竞争加剧、车险综合改革等多重因素影响下，经营难度明显提高。2020 年，财产险公司实现利润总额 70.09 亿元，同比减少 564.67 亿元，同比下降 88.96%；实现净利润 499.25 亿元，同比下降 96.64 亿元。具体而言，61 家公司盈利，盈利机构数量比 2019 年增加 4 家，但盈利总额同比下降 102 亿元至 535 亿元，同比下降 16.01%；22 家公司亏损，合计亏损额 36 亿元，亏损额较 2019 年同期减少 5 亿元；51 家财险公司奋力挣扎在盈亏边缘，占财险公司总数量的 58.62%。在实现盈利的财险公司中，有 38 家盈利不足亿元，11 家公司盈利在 5 000 万元至 1 亿元，只有 6 家公司盈利在 10 亿元以上，比 2019 年减少 16 家，财险公司之间盈利差异依旧较大。而亏损的财险公司中，有 13 家公司亏损额在 1 亿元以内，此外，还有 3 家公司亏损超过 5 亿元。行业利润仍高度集中于头部企业，"老三家"人保财险、平安产险和太保财险分别实现净利润 208.34 亿元、161.59 亿元和 52.09 亿元，尽管较 2019 年分别下降 14.19%、29.2% 和 11.9%，但合计净利润行业占比达 84.53%，较 2019 年提高 0.89 个百分点，中小主体在改革和竞争中普遍效益承压。

财险公司净利润下降，主要有两方面原因：

一是 2019 年财政部将保险企业手续费扣除标准提高至 18%，导致当期所得税减少利润增加，抬高了 2019 年的业绩基数，2020 年财险公司净利润同比普遍下滑。

二是承保端承压，承保利润下降。2020 年财险公司综合成本率为 100.6%（见图 2 - 17），较 2019 年增加 0.62 个百分点，再创历史新高，相比 2011 年的历史低点增加了 5.2 个百分点。其中，综合赔付率为 62.9%，同比增加 1.2 个百分点；综合费用率为37.7%，同比减少0.8个百分点。财产险公司全年承保利润为－108.44亿元，同比减少110.59亿元，下降5137.29%，承保利润率为－0.90%。这也是财产险公司继2018年出现承保亏损、2019年扭亏转盈后再度"由盈转亏"。从险种的业务表现来看，机动车辆保险、家庭财产保险、特殊风险保险、农业保险为承保盈利（见表2－7），信用保险、保证保险、船舶保险、工程保险、意外险、健康险等其他险种均出现承保亏损。传统财产险公司保费和利润贡献第一大险种机动车辆保险承保利润为79.57亿元，较2019年减少24.03亿元，下降23.20%，承保利润率为1.01%。虽然机动车辆保险仍保持盈利，但值得注意的是，随着车险综合改革的推进，车险经营正面临重大调整，其利润空间将逐步收窄。信用险、保证险承保亏损合计达到127.04亿元，较2019年同期的承保亏损40.31亿元大幅增加，其承保利润率分别为－22.52%和－15.05%，分列财产险公司亏损业务的第一位和第二位。财产险板块的意外险、健康险业务承保利润分别为－1.58亿元和－38.45亿元，较2019年同期分别增加7.65亿元和1.57亿元，亏损缺口缩小，却依然难以遏制财产险公司净利润的整体颓势。

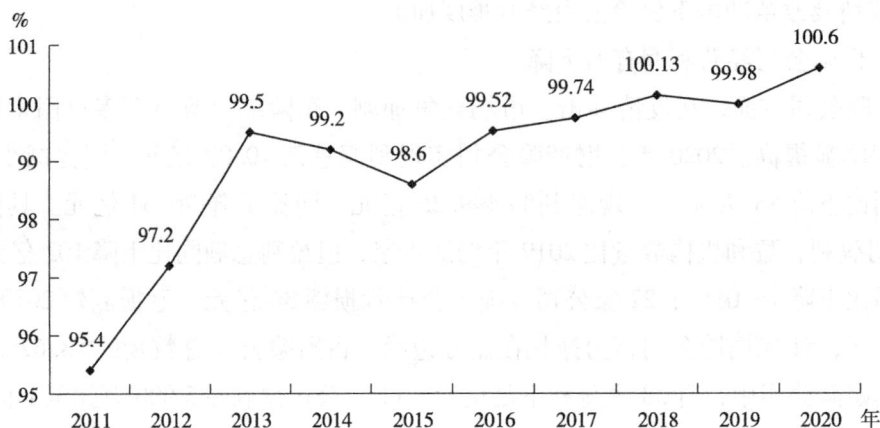

图2－17　2011—2020年财产保险公司综合成本率变化趋势图

（资料来源：Wind资讯，中国银保监会）

表2－7　　　　　　　　　2020年财产险公司业务承保利润情况表

| 险种 | 承保利润/亿元 | 上年同期承保利润/亿元 | 承保利润率/% |
|---|---|---|---|
| 机动车辆保险 | 79.57 | 103.60 | 1.01 |
| 企业财产保险 | －6.62 | 9.93 | －2.37 |
| 家庭财产保险 | 6.1 | －0.72 | 6.77 |
| 工程保险 | －5.23 | －2.48 | －9.15 |
| 责任保险 | －7.67 | －6.42 | －1.14 |
| 信用保险 | －31.68 | －22.32 | －22.52 |
| 保证保险 | －95.36 | －17.99 | －15.05 |
| 船舶保险 | －2.76 | －3.21 | －11.34 |

续表

| 险种 | 承保利润/亿元 | 上年同期承保利润/亿元 | 承保利润率/% |
|---|---|---|---|
| 货物运输保险 | -0.69 | 1.82 | -0.68 |
| 特殊风险保险 | 2.02 | 1.14 | 6.41 |
| 农业保险 | 1.01 | -0.12 | 0.17 |
| 健康险 | -38.45 | -40.02 | -3.45 |
| 意外险 | -1.58 | -9.23 | -0.29 |

资料来源：中国银保监会网站。

人身险公司方面，2020年，人身险公司全年实现利润总额2 772.1亿元，同比增长15.7%，增速较2019年下降25.5个百分点，实现净利润2 541.8亿元，同比增长4.64%，增速大幅下降103.76个百分点。具体而言，盈利情况两极分化，59家公司盈利，32家公司亏损，盈利机构数量较2019年增加3家。净利润排名前十的寿险公司获得行业92%的利润，其中净利润超过100亿元的公司有6家，为平安寿险、中国人寿、太保寿险、泰康人寿、新华人寿和太平人寿，其净利润额分别为973.72亿元、500.90亿元、186.42亿元、183.33亿元、133.59亿元和132.76亿元，净利润额合计占比达83.04%，大公司依然是全行业利润的最主要贡献者。由于大型人身险公司成本控制、风险控制、资产匹配等能力更强，其盈利能力明显要高于中小险企的盈利能力。受到个别投资资产大额减值的影响，渤海人寿亏损额由2019年的净亏损15.22亿元扩大至净亏损18.59亿元，业绩垫底。中法人寿、鼎诚人寿、复星保德信、德华安顾4家寿险公司，已连续6年亏损。

2020年，人身险公司利润总额及净利润增速明显放缓，其主要原因在于：一方面，行业保费收入增速有所放缓；另一方面，受保险合同准备金计量基础（750日移动平均十年期国债到期收益率）变动等影响，人身险公司增提准备金20 182.3亿元，同比上升42.8%。同时，受2019年手续费及佣金税前扣除政策调减当期企业所得税影响，2020年人身险公司所得税费用同比增长263.2亿元。

再保险公司方面，2020年再保险公司实现净利润56.3亿元，同比增长23.7%。具体而言，有经营数据的13家公司中，6家盈利，7家亏损。其中，排名前两位的中再寿险、中再财险净利润分别为25.8亿元和15.0亿元，净利润额合计占比为72.47%。净利润增长主要源于投资端，2020年，再保险公司投资收益128.0亿元，收益同比增速40.1%，其投资收益率为5.4%，介于人身险公司5.6%的投资收益率和财产险公司5.2%的投资收益率之间，投资能力逐年增强，但其传统分出、分入业务依然处于亏损状态。

（2）保险公司偿付能力保持在合理区间

2020年末，我国保险公司运行稳健，有数据资料的保险公司平均综合偿付能力充足率为 246.3%，偿付能力充足率保持在合理区间，保险业风险总体可控。

具体来看，财产险公司方面，2020 年第四季度末，有 74.39% 的财险公司核心偿付能力充足率超过 200%，核心偿付能力充足率和综合偿付能力充足率的中位数分别为 274.11% 和 276.11%，54.88% 的财险公司风险综合评级为 A，整体资本较为充足。"老三家"综合偿付能力充足率为 270.5%，同比下降 5.0 个百分点；保费规模在 4～10 名的中型公司综合偿付能力充足率为 276.5%，同比下降 3.1 个百分点；小型公司综合偿付能力充足率为 310.5%，同比提高 7.4 个百分点。偿付能力充足率较高的大多为小、新型财险公司，而大型公司的排名相对较低。这主要是因为保险风险是影响监管部门确定最低资本的重要因素，而保险风险又与保险业务规模和质量息息相关，新公司业务量少、负债小，保险风险偏小，监管部门的最低资本要求相应较低，但是股东的注册资本金很高，从而使得核心偿付能力充足率和综合偿付能力充足率都比较高。

人身险公司方面，至 2020 年第四季度末，人身险公司的平均综合偿付能力充足率为 237.2%，同比提高了 6.1 个百分点，核心偿付能力充足率平均为 230.0%，保持在合理区间内。其中，保费规模在前 3 名的大型保险公司综合偿付能力充足率为 252.6%，同比下降 0.5 个百分点；保费规模在 4～10 名的中型保险公司综合偿付能力充足率为 238.8%，同比提高 19.0 个百分点；小型保险公司综合偿付能力充足率为 198.6%，同比提高 6.4 个百分点。综合偿付能力充足率与公司规模成正比，中型保险公司偿付能力充足率与前三家的差距不断缩小，小型保险公司综合偿付能力充足率达到历史最高水平。

根据《保险公司偿付能力管理规定（征求意见稿）》，偿付能力达标必须同时满足 3 个条件：核心偿付能力充足率不低于 50%、综合偿付能力充足率不低于 100% 和风险综合评级不低于 B 级。财产险公司方面，安心财险核心偿付能力和综合偿付能力充足率均为 -175.83%；长安责任风险综合评级为 C 级，且核心偿付能力充足率仅为 78.72%，偿付能力均不达标。自 2015 年 12 月成立至今，安心财险的营业收入增长了近 17 倍，但盈利难题一直未能得到破解，2020 年因首月 0 元保费模式被叫停，大面积"退保"导致其保费规模同比下降 35.40%，亏损额达 5.35 亿元，直接导致了偿付能力不达标的后果。作为一家互联网财险公司，安心财险的销售业务高度依赖场景、大数据技术和线上服务团队，但由于核心流量掌控在第三方手上，其议价能力较低，获客成本高昂，综合成本远高于传统保险公司。因提供网贷履约险而"踩雷"P2P 爆亏是导致长安责任保险偿付能力不达标的主要原因。此外，有两家财产险公司的核心偿付能力充足率和综合偿付能力充足率均介于 100% 至 150%，分别是渤海财险和浙商财产。

人身险公司方面，2020 年有 4 家公司偿付能力"亮红灯"，分别是渤海人寿、百年人寿、前海人寿和中法人寿（见表 2-8），其风险综合评级均在 C 类及以下。其中中法人寿偿付能力充足率虽然高居榜首，综合与核心偿付能力充足率均达 46 820.8%，但风险评级为 D，主要系长期未开展业务，业务停摆致使企业出现严重的流动性危机、人员流失等问题。此外，还有 10 家人身险公司偿付能力接近监管红线，有 3 家核心偿付能力充足率小于 100%，有 9 家综合偿付能力充足率低于 150%。其中，横琴人寿综合偿付能力充足率仅为 93%，由于出现资金承压问题，公司发生了多项违规投资，于年初被银保监会要求整改并处以半年内不得新增股权和其他金融资产投资的监管处罚措施。珠江人寿连续 6 年实现盈利，但偿付能力指标普遍偏低，综合偿付能力充足率仅为 74%，核心偿付能力充足率为 125%。

表 2-8　　　　　　　　　2020 年偿付能力不达标保险公司情况

| 保险公司 | 综合偿付能力充足率（%） | 较 2019 年变动百分点 | 核心偿付能力充足率（%） | 较 2019 年变动百分点 | 风险综合评级 |
|---|---|---|---|---|---|
| 渤海人寿 | 215.72 | -104.16 | 215.72 | -104.16 | C |
| 前海人寿 | 132.99 | -11.46 | 132.99 | 60.76 | C |
| 百年人寿 | 141.89 | 13.81 | 129.07 | 19.90 | C |
| 中法人寿 | 46820.80 | 62951.58 | 46820.80 | 62951.58 | D |
| 安心财险 | -175.83 | -300.49 | -175.83 | -300.49 | B |
| 长安责任 | 157.43 | -28.57 | 78.72 | -12.28 | C |

资料来源：中国银保监会及各保险公司年报数据。

（3）保险公司科技及智能化转型持续深入

一方面，保险公司积极探寻与公司战略相适应的数字化转型之道。头部企业通过科技赋能实现降本增效，并进一步发掘利润增长点。中国平安、中国人寿、中国太保、中国人保旗下均设立了自己的互联网科技子公司，并以"保险＋科技"的方式和自身业务相结合进行线上化转型。如中国平安成立平安科技子公司，开启"金融＋科技"的探索。过去 10 年平安科技投入累计超过 1 000 亿元，不仅对内提质增效，还赋能平安之外的企业端、政务端的数字化转型，更孵化出了金融壹账通、平安好医生等一批独角兽企业。截至 2020 年 12 月末，平安科技专利申请数累计达 31 412 项，较年初增加 10 029 项，位居金融科技、数字医疗专利申请榜单全球第一位，人工智能、区块链专利申请榜单全球第三位。此外，互联网保险企业也积极布局科技子公司。作为国内首家互联网保险公司，众安保险在 2016 年即成立全资子公司——众安科技，借助前沿的研发体系助力合作伙伴开展线上保险业务。而中小保险公司则借助科技不断挖掘内生动力，通过创新业务模式、技术手段等深挖价值业务潜力，持续探索价值转型之路。如富德生命人寿综合运用人脸识别、电子签名、OCR 等技术，实现投保、核保、保全、理赔的保单全生命周期的全流程电子化，极大地提升用户体验。在疫情期间，富德生命人寿应用"免接触"的全新服务场景，依托多年积淀的科技赋能综合服务平台，实现 7×24 小时不打烊的在线服务。

另一方面，科技赋能保险持续向纵深演进。保险科技应用已经正式由"互联网保险"阶段进入"科技赋能"阶段，依托大数据、云计算、人工智能等新一代信息技术手段，保险公司在产品、营销、核保、理赔、客户服务、风险控制等领域的创新优化与价值重塑方面均取得了明显成效，其数字化、智能化水平大幅提升。平安产险保单服务线上化率达到99%，智能单证识别技术可以做到重点单证OCR（Optical Character Recognition，光学字符识别）平均准确率超95%，场景获客、一键续保、一键理赔等有效改善客户体验；中国人寿的核保自动化率达92%以上，全流程自动化率达67%，自动化作业超2 000万件，理赔申请支付时效持续提升；太保财险推出车辆智能定损产品"太·AI"；国寿财险开发"安心防智慧防灾防损云平台"等，行业理赔服务运营效率、风险管理能力显著增强。

3. 保险资产管理机构稳步发展

（1）保险资产管理机构规模、收入稳步增长

2020年，保险资产管理市场主体主要包括38家保险专业资管机构，由28家综合性保险资产管理公司、6家专业性保险资产管理机构、4家养老险保险资产管理机构组成。此外，还有200余家保险公司设立的保险资产管理中心或保险资产管理部门，30余家保险资产管理专业平台和150余家由公募基金、证券公司、证券资管和境外管理人组成的业外受托管理人。截至2020年底，保险专业资管机构管理总资产规模达到21万亿元，同比增长19%，为近五年最高。

（2）业务构成情况总体稳定，组合类产品增长显著

保险资管机构可以开展受托专户业务、资管组合类产品业务、包括债权投资计划和股权投资计划在内的另类产品业务、资产支持计划、公募基金业务、财务顾问业务等。2020年，专户业务、组合类产品和另类产品为最主要的业务形式，其中专户业务规模超16万亿元，占比达75%；组合类产品存续数量为1 649只、存续余额为22 226亿元，规模同比增长65%，占比达10%，整体增长明显；另类产品占比达8%，其中，债权投资计划存续余额为14 456亿元，同比增加1 754亿元，股权投资计划存续余额为1 558亿元，同比减少39亿元，数量和规模继续下降。

（3）管理资金来源保持多样化，第三方资金增长较为明显

2020年，保险专业资管机构管理的系统内保险资金保持稳定增长，其规模占比为69%，较2019年下降近5个百分点；管理的第三方资金来源多样化，涵盖了第三方保险资金、银行资金、养老金（包括基本养老金、企业年金、职业年金）等，其中，管理第三方保险资金占比为8%，较2019年上升近2个百分点；管理银行资金占比为4%；管理基本养老金、企业年金、职业年金分别占比为1%、7%和3%，均保持快速增长，体现了保险资管业市场化程度的进一步提升。保险资管公司主要业务种类的资金来源也各有特点，其中，专户业务以系统内保险资金为主；组合类产品中，业外资金占比超过半

数；债权投资计划、股权投资计划与资产支持计划均以保险资金为主。

（4）营业收入持续增加，盈利水平有所上升

2020年，保险资产管理机构管理费及其他收入合计321亿元，同比增长27%，保持快速增长；净利润总额超过149亿元，同比增长48%。从机构看，所有资管机构均实现了盈利，盈利最多的3家机构为泰康资管、平安资管、国寿资管，其中，泰康资管净利润为41.98亿元，同比增长128.9%，超越平安资管，排名第一；平安资管净利润为31.54亿元，同比增长10.0%；国寿资管盈利为21.38亿元，同比增长66.2%。总体上，盈利额与资产管理规模正相关，泰康资管的资产管理规模已经超过2.2万亿元，是其母公司投资资产规模的近3倍。资产管理机构年利润增加的主要原因是：贡献主要营收的资产管理费收入普遍大增，如泰康资管的管理费收入同比增加74%，达80.8亿元，占其营业收入的91.2%。

4. 保险中介机构服务能力增强

（1）保险中介机构数量基本稳定

截至2020年末，全国共有各类保险专业中介机构共2640家，较2019年减少25家，其中保险中介集团5家，保险代理公司1753家，保险经纪公司496家，保险公估公司386家。此外还有保险兼业代理机构3万余家，代理网点22万余家，个人保险代理人约900多万名。自2016年以来，保险专业中介机构的数量变化不大，一直在2600家左右徘徊。近两年来，银保监会加强了对保险中介市场及机构的监管，严格了保险中介机构的准入条件和程序，新批机构数量减少，而由于市场竞争激烈，部分区域性中介保险机构因自身经营困难等原因被注销，导致整体数量不增反降。

（2）保险专业机构在变局中寻求突破

2020年上半年，保险业通过保险中介渠道签单保费收入为2.38万亿元，占保费收入的87.03%。其中，个人代理渠道实现保费1.32万亿元，占比48.39%；兼业代理渠道实现保费0.78万亿元，占比28.39%；专业代理渠道实现保费0.18万亿元，占比6.75%；经纪渠道实现保费0.10万亿元，占比3.50%。各渠道实现保费收入占比较2019年均有所下降，2020年的疫情加速了保险中介行业格局的变化。随着互联网对保险行业更加深入的渗透，传统保险中介渠道及机构业务不断萎缩，业绩下滑明显，而以微保、支付宝保险、水滴保险商城为代表的互联网保险平台充分发挥了线上化优势，保费收入、用户规模等不断增长。尽管发展面临行业内外部压力，但保险专业中介机构的综合风险管理优势还是日益凸显。2020年，保险专业代理、经纪机构集合多家保险公司的保险产品，通过300多万名密切联系全国千家万户和社会各个层面的保险从业人员，在互联网保险业务、综合保险产品配置、风险管理等多个领域为保险消费者提供了专业的风险管理和保险咨询服务。此外，保险专业公估机构对于提升保险查勘估损的专业性也发挥了重要作用。保险专业中介机构是推进行业创新的主动力。随着网络科技和移动

互联网技术的应用，保险消费和服务加速向线上迁移。目前已有 500 多家保险专业中介机构开展了线上业务，其产品和服务的灵活性和精准性不断提升。

（3）保险中介机构的市场行为有待规范

保险专业中介机构数量多，两极分化严重，发展良莠不齐。头部公司资金规模大，实力强，其发展潜力大。2020 年上半年全国保险专业中介机构主营业务收入 539.34 亿元，实现净利润 12.59 亿元，其中，业务收入超过亿元规模大关的保险中介机构有 10 家，泛华金控营业收入规模达到 16.1 亿元，盛大在线达到 8 亿元，大公司是业务及利润的主要贡献者。但为数众多的公司规模小且管理散，内控薄弱，相当数量的公司甚至营业收入为 0 且从业人员长期维持在 2 人或 2 人以下，发展前景堪忧。业务获取难度加大也导致保险专业中介机构竞争激烈，不规范经营行为频发。诸如利用"赠送礼品"等方式花式返费返佣、虚构业务套取费用、挪用截留保费、编制虚假数据、销售未经批准的非金融保险产品、非法集资或传销行为等问题突出，既损害了消费者权益和行业形象，也不利于保险行业发展模式的转型。2020 年，共计有 250 家保险中介机构共收到 436 张罚单，行业占比 25.57%；累计罚款金额达 3 672.12 万元，行业占比 15.59%。

（三）证券基金期货机构加快资产管理转型

1. 疫情下证券公司整体发展势头良好

（1）证券公司业绩与资产规模稳步提升

疫情对宏观经济有一定的影响，但国家也出台了多项支持政策，给市场注入流动性，促进各地复工复产，大批基建项目得以开工，经济基本盘得以稳定。证券业受疫情的影响相对有限，长期向好的趋势并未改变。证券行业 2020 年实现营业收入 4 484.79 亿元，同比增长 24.41%；实现净利润 1 575.34 亿元，同比增长 27.98%（见表 2-9），127 家证券公司实现盈利。截至 2020 年 12 月 31 日，证券行业总资产为 8.90 万亿元，净资产为 2.31 万亿元，分别同比增加 22.50%、14.10%（见表 2-10）。客户交易结算资金余额（含信用交易资金）为 1.66 万亿元，受托管理资金本金总额为 10.51 万亿元。

表 2-9　　　　　　　　　2016—2020 年证券公司整体业绩

| 年份 | 2016 | 2017 | 2018 | 2019 | 2020 |
|---|---|---|---|---|---|
| 营业收入/亿元 | 3 279.94 | 3 113.28 | 2 662.87 | 3 604.83 | 4 484.79 |
| 同比增长/% | -42.97 | -5.08 | -14.47 | 35.37 | 24.41 |
| 净利润/亿元 | 1 234.45 | 1 129.95 | 666.20 | 1 230.95 | 1 575.34 |
| 同比增长/% | -49.57 | -8.47 | -41.04 | 84.77 | 27.98 |

资料来源：根据中国证券业协会官网中数据整理，https://www.sac.net.cn/hysj/zqgsjysj/。

表 2-10　　　　　　　　　　　2016—2020 年证券公司资产情况

| 年份 | 2016 | 2017 | 2018 | 2019 | 2020 |
|---|---|---|---|---|---|
| 总资产/万亿元 | 5.79 | 6.14 | 6.26 | 7.26 | 8.90 |
| 同比增长/% | -9.81 | 6.04 | 1.95 | 15.97 | 22.59 |
| 净资产/万亿元 | 1.64 | 1.85 | 1.89 | 2.02 | 2.31 |
| 同比增长/% | 13.10 | 12.80 | 2.16 | 6.88 | 14.36 |

资料来源：根据中国证券业协会官网中数据整理，https://www.sac.net.cn/hysj/zqgsjysj/。

（2）证券公司评级进一步提升与优化

2020 年，共有 98 家券商参与排名，其中，47 家证券公司获得 A 类评级（见表 2-11），2019 年为 38 家，增加了 9 家；39 家证券公司获得 B 类评级，相较 2019 年减少了 11 家；11 家证券公司获得 C 类评级，相较 2019 年增加了 3 家。D 类评级为 1 家，较 2019 年减少 1 家。

表 2-11　　　　　　　　　　　2018—2020 年证券公司分类评级情况

| 分类评级 | 2018 年 | | 2019 年 | | 2020 年 | |
|---|---|---|---|---|---|---|
| | 公司数量 | 占比 | 公司数量 | 占比 | 公司数量 | 占比 |
| A 类 AA 级 | 12 | 12.24% | 10 | 10.20% | 15 | 15.31% |
| A 类 A 级 | 28 | 28.57% | 28 | 28.57% | 32 | 32.65% |
| B 类 BBB 级 | 29 | 29.59% | 28 | 28.57% | 23 | 23.47% |
| B 类 BB 级 | 15 | 15.31% | 12 | 12.24% | 10 | 10.20% |
| B 类 B 级 | 5 | 5.10% | 10 | 10.20% | 6 | 6.12% |
| C 类 CCC 级 | 3 | 3.06% | 5 | 5.10% | 6 | 6.12% |
| C 类 CC 级 | 2 | 2.04% | 2 | 2.04% | 4 | 4.08% |
| C 类 C 级 | 3 | 3.06% | 1 | 1.02% | 1 | 1.02% |
| D 类 | 1 | 1.02% | 2 | 2.04% | 1 | 1.02% |

资料来源：根据中国证监会官网资料整理。

2020 年，共有 15 家券商评级跻身 AA，其中有 6 家券商评级上调为 AA。上调幅度最大的为安信证券，评级从 BBB 上调至 AA，其余 5 家券商评级均是由 A 上调至 AA。这 15 家评级为 AA 的券商中，除平安证券外，其余 14 家均为上市券商。

从整体变动情况来看，有 57 家券商的评级相比 2019 年发生了变化，其中有 32 家成功"升级"。从上调角度来看，国融证券表现最为出色，评级由 2019 年的 C 上调 5 级至 BBB。长江证券、恒泰证券、九州证券均被上调 4 级，还有 4 家券商被上调了 3 级，6 家券商被上调了 2 级，18 家券商被上调了 1 级。

此外，2020 年券商评级的名单发生了变化，新增加了摩根大通和野村东方，两家券商评级均为 BBB；广州证券被中信证券收购改名为中信证券华南后与母公司中信证券合并评价；华信证券于 2019 年 11 月 15 日被证监会决定撤销全部业务许可而不在 2020 年评级名单上。

近年来，监管层一直在优化证券公司分类评级。2020年7月10日，证监会发布《关于修改〈证券公司分类监管规定〉的决定》，自发布之日起实施。证监会表示，本次修改维持分类监管制度总体框架不变，适应证券行业发展状况和审慎监管需要，重点优化分类评价指标体系，集中解决实践中遇到的突出问题。主要修改内容包括：一是进一步强化合规、审慎经营导向。为更加准确反映证券公司的合规风控状况，完善对证券公司及其相关人员被采取行政监管措施、自律管理措施的扣分规则，明确对公司治理与内部控制严重失效等情形予以调降分类级别的依据，完善证券公司风险管理能力评价指标和标准。优化风险管理能力加分指标，促进证券公司强化资本约束，提高全面风险管理的有效性，切实实现风险管理全覆盖。二是进一步适应专业化、差异化发展需要。适应证券行业发展变化，从投资银行、资产管理、机构客户服务及交易、财富管理、盈利能力、信息技术投入等方面，优化调整业务发展状况评价指标，体现监管支持证券公司突出主业、做优做强，差异化、特色化发展的导向。总体来看，此次分类监管规定从投资银行、资产管理、机构客户服务及交易、财富管理、盈利能力、信息技术投入等方面进行了修改，体现了监管层支持券商专业化、差异化发展的监管导向。

（3）证券机构加快财富管理业务转型

近年来，国内券商迎来了转型财富管理的集中发展阶段，各证券公司开始根据自身的优势探索经纪业务转型财富管理的可行路径，着手构建券商财富管理的业务体系和商业模式。在国内证券公司对财富管理转型的探索中，中信证券从交易佣金驱动向财富管理服务转型，为不同客户群体提供针对性的产品与服务，挖掘更多的客户价值；国泰君安作为较早推进财富管理转型的券商，在客户端大力推行"君弘一户通"，即集合股票、基金、期货等系列服务于一个账户，实现了客户资产的全盘打通；华泰证券作为国内最早布局线上化的券商，其统包资产管理平台为投顾服务提供支持，使得投顾团队可以专注于提供个性化的理财方案。监管层鼓励券商进行财富管理转型，2020年7月10日证监会发布的《关于修改（证券公司分类监管规定）的决定》新设了财富管理指标，指出投资咨询业务收入突出或者代销金融产品收入突出的券商将新获加分。以中信证券、中金公司和国信证券等为代表的10家券商便获得此次加分。

2020年，证券行业整体实现代理买卖证券业务净收入（含交易单元席位租赁）1 161.10亿元，同比增长47.42%；实现代理销售金融产品净收入134.38亿元，同比增长148.76%；实现投资咨询业务净收入48.03亿元，同比增长26.93%；实现资产管理业务净收入299.60亿元，同比增长8.88%。由此可见，证券行业服务居民财富管理能力进一步提升，财富管理转型初见成效。

（4）证券机构积极发挥投资银行功能

2020年度，证券行业服务实体经济通过股票IPO、再融资分别募集资金5 260.31亿元、7 315.02 亿元，同比分别增加 74.69%、41.67%；通过债券融资 13.54 万亿元，同比增加 28.02%，服务实体经济取得显著成效。2020 年新冠肺炎疫情暴发后，我国生产、消费需求骤减，实体经济受到较大冲击，众多中小微企业面临经营困难。证券公司发挥投资银行功能优势，积极促成疫情防控领域企业发行公司债券进行融资。根据 Wind 的不完全统计，自 2020 年 2 月 10 日全国首单由民营企业发行的疫情防控债券落地起至 4 月 10 日，已有 374 家公司的 474 只含有"疫情防控"标识的债券发行上市，发行规模总计 3 644.2 亿元。2020 年共 65 家证券公司承销完成"疫情防控债"170 只，助力 22 个省份的 142 家发行人完成融资 1 651.06 亿元。证券行业 2020 年实现投资银行业务净收入 672.11 亿元，同比大幅增加 39.26%。

（5）证券机构有效防范金融风险

证券公司是资本市场最重要的中介机构，本身是经营风险的行业，风险管理能力是其核心竞争力，也是支撑行业高质量发展的生命线。近年来，证券公司创新业务十分繁荣，直投、另类投资、融资融券、场外市场业务等资本市场的创新业务层出不穷。创新业务层出不穷的同时，证券公司的风险管理也迎来了巨大的挑战。不过值得肯定的是，2020 年末，证券行业净资本为 1.82 万亿元，其中核心净资本为 1.60 万亿元。截至 2020 年末，行业平均风险覆盖率为 252.34%（监管标准≥100%），平均资本杠杆率为 23.59%（监管标准≥8%），平均流动性风险覆盖率为 235.89%（监管标准≥100%），平均净稳定资金率为 153.66%（监管标准≥100%），行业整体风控指标均优于监管标准，合规风控水平健康稳定。

（6）资管市场整体总规模和净收入逐渐好转

中国人民银行、中国银行保险监督管理委员会、中国证券监督管理委员会、国家外汇管理局于 2018 年 4 月 27 日发布《资管新规》，为规范金融机构资产管理业务和防控金融风险提出若干指导意见。2020 年 7 月 31 日，充分考虑疫情影响，经国务院同意，人民银行会同发展改革委、财政部、银保监会、证监会、外汇局等部门审慎研究决定延长《资管新规》的过渡期至 2021 年底，同时还建立健全激励约束机制，完善配套政策安排，平稳有序推进资管行业规范发展。此次延长过渡期是综合考虑疫情冲击、宏观环境、市场影响和实体经济融资等因素后做出的决定。过渡期延长 1 年不仅有利于缓冲疫情对资管业务的冲击，还能缓解金融机构的整改压力，让资管机构有更充足的时间进一步提升新产品投研和创新能力。此外，更多期限较长的存量资产可自然到期，政策效用可以实现最大化，更好推动存量资产的规范整改。

根据基金业协会的数据，截至 2020 年第四季度末，基金管理公司及其子公司、证券公司、期货公司、私募基金管理机构的资产管理业务总规模约为 58.99 万亿元（见表 2 - 12），较 2019 年末的 52.23 万亿元增长了 6.76 万亿元，涨幅接近 13%。随着"去通道、去杠杆"监管思路的执行，以通道为主的证券公司资管业务规模自 2018 年以来连续三年减少约20%，下降幅度明显，而在规模持续萎缩的同时，2020年资管业务总规模和净收入相比于2018年和2019年却均得到大幅增长，开始逐渐好转。《资管新规》发布以来，资管行业监管制度体系不断完善，资管业务平稳转型、规范整改持续推动，资管乱象得到有效遏制，影子银行风险显著收敛，资管业务逐步回归本源，证券公司的资管业务盈利能力也得到了提升。

表2-12　2016—2020年资产管理业务总规模以及证券公司资管业务规模与净收入

| 年份 | 2016 | 2017 | 2018 | 2019 | 2020 |
| --- | --- | --- | --- | --- | --- |
| 资管业务总规模/万亿元 | 51.79 | 53.57 | 50.36 | 52.23 | 58.99 |
| 同比增长/% | 39.41 | 3.44 | -5.99 | 3.71 | 12.94 |
| 证券公司资管业务规模/万亿元 | 17.58 | 16.88 | 13.36 | 10.83 | 8.55 |
| 同比增长/% | 47.86 | -3.98 | -20.85 | -18.94 | -21.05 |
| 证券公司资管业务净收入/亿元 | 296.46 | 310.21 | 275 | 275.16 | 299.6 |
| 同比增长/% | 7.85 | 4.64 | -11.35 | 0.06 | 8.88 |

资料来源：中国证券投资基金业协会官网，https://www.amac.org.cn/researchstatistics/datastatistics/comprehensive/。

**2. 基金公司公募与私募均趋势向好**

**（1）公募基金规模和业绩双丰收**

2020年以来，公募基金产品结构逐步改善，特别是公募基金产品注册机制的优化，推动公募基金，尤其是权益类公募基金规模快速增长。截至2020年12月底，我国公募基金资产管理规模合计为19.89万亿元（见表2-13），较2019年末增长34.70%。权益类公募基金（股票型和混合型）占比为32.28%，较2019年底提高10.69个百分点，成为规模增长最重要的推动力。

表2-13　　2016—2020年公募基金行业基金数量与规模

| 年份 | 2016 | 2017 | 2018 | 2019 | 2020 |
| --- | --- | --- | --- | --- | --- |
| 基金数量/只 | 3 867 | 4 841 | 5 626 | 6 544 | 7 913 |
| 同比增长/% | 42.06 | 25.19 | 16.22 | 16.32 | 20.92 |
| 净值/亿元 | 91 593.05 | 115 996.86 | 130 346.50 | 147 672.51 | 198 914.91 |
| 同比增长/% | 9.08 | 26.64 | 12.37 | 13.29 | 34.70 |

资料来源：中国证券投资基金业协会官网，https://www.amac.org.cn/researchstatistics/datastatistics/comprehensivel。

2020年股市大盘总体是涨多跌少，震荡上涨时间持久，三大指数从最低点到最高点涨幅均远超过20%，符合牛市行情。公募基金也展现出稳定的投研实力，把握住了A股市场结构性牛市行情，主动权益基金继续跑赢指数获取超额收益。Wind数据显示，2020年，有89只权益基金业绩翻倍，普通股票型基金指数上涨55%，相比而言，上证指数上涨14%。这是继2019年股票型基金平均上涨40%之后的又一年大涨，2020年各类基金中股票型和混合型基金平均收益率均超过40%，分别为45.94%和47.47%（见

图 2 – 18）。各类基金高收益率的表现让炒股不如买基金深入人心。

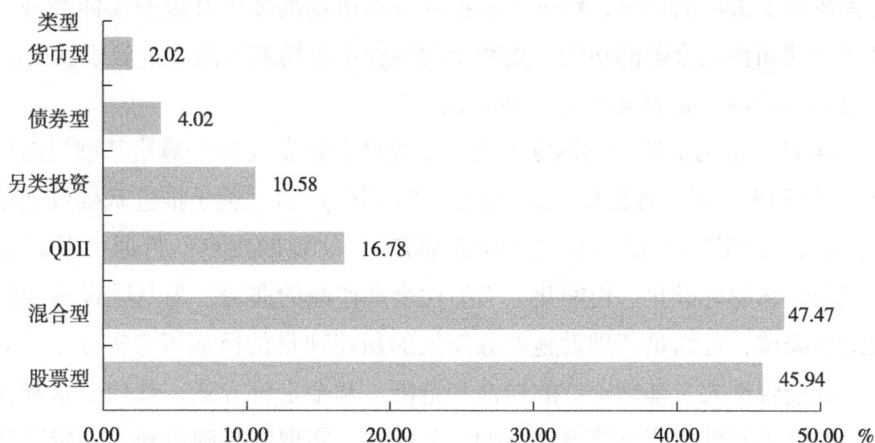

图 2 – 18　2020 年各类基金平均收益率

（2）基金公司业绩再创新高

从目前已披露的基金公司经营数据来看，2020 年可谓是公募基金大年。无论是从总收入、净收益，大中型基金公司均较 2019 年出现大幅正向增长。2020 年总收入和净收益排名前十的基金公司保持一致，相比于 2019 年前 10 名有所变动，但排名第一的基金公司依然还是易方达基金，总收入为 1 713.02 亿元，净收益则为 1 608.05 亿元（见表 2 – 14），同比增长率分别高达 75.38% 和 77.42%。2020 年总收入和净收益排名第二、第三的公司则分别是汇添富基金和广发基金，其总收入和净收益相比于 2019 年也均实现大幅度增长。

表 2 – 14　　　　　　　　2020 年基金公司总收入及净收益排名前十

| 排名 | 公司名称 | 总收入/万元 | 排名 | 公司名称 | 净收益/万元 |
|---|---|---|---|---|---|
| 1 | 易方达基金 | 17 130 197.67 | 1 | 易方达基金 | 16 080 546.6810 |
| 2 | 汇添富基金 | 11 980 131.61 | 2 | 汇添富基金 | 11 157 908.2730 |
| 3 | 广发基金 | 10 736 886.89 | 3 | 广发基金 | 9 995 441.3493 |
| 4 | 华夏基金 | 10 503 758.44 | 4 | 华夏基金 | 9 805 490.0126 |
| 5 | 富国基金 | 10 052 800.45 | 5 | 富国基金 | 9 401 469.2569 |
| 6 | 嘉实基金 | 8 860 190.98 | 6 | 嘉实基金 | 8 220 875.8414 |
| 7 | 南方基金 | 7 945 754.39 | 7 | 南方基金 | 7 301 577.2180 |
| 8 | 兴证全球基金 | 7 116 632.66 | 8 | 兴证全球基金 | 6 564 728.1903 |
| 9 | 中欧基金 | 6 754 764.29 | 9 | 中欧基金 | 6 257 508.2837 |
| 10 | 景顺长城基金 | 6 219 341.74 | 10 | 景顺长城基金 | 5 850 330.2154 |

资料来源：Choice 金融终端。

公募基金频频刷新纪录的背后，是投资者对公募基金越来越广泛的认知和认可。证监会日前提出，2021年继续大力发展权益类公募基金，这更有利于继续提升公募基金等机构投资者在资本市场的比重，将进一步推动资本市场继续更好服务实体经济，增强公募基金财富管理和普惠金融的功能，更利于我国资本市场继续高质量健康发展。

（3）公募REITs开启基建投融资新时代

2020年4月，中国证监会和国家发展改革委联合发布《公开募集基础设施证券投资基金指引（试行）》（征求意见稿，以下简称《指引》）和《关于推进基础设施领域不动产投资信托基金（REITs）试点相关工作的通知》。文件的出台，打通了基础设施实物资产转为流动性强的标准化、份额化、交易性金融产品的通道，为基础设施项目建立了可持续的退出渠道，可满足基础设施业务发展的新建项目的巨额资金需求。《指引》对交易模式、基金管理人、基础资产的属性和范围、基金定价方式、管理要求和程序做了系统设计，明晰了基础设施公募REITs的业务模式，实现将基础设施实物资产转为流动性强的标准化、份额化的交易资产。

REITs是不动产的证券化，底层资产是能够产生稳定现金流的不动产，通俗地讲，基础设施REITs就是将基础设施资产实现"上市"，让公众投资者能够以较少的资金投资大规模的基础设施项目，享受基础设施稳定的现金流带来的收益。REITs作为投融资创新手段，能盘活巨量基础设施存量资产，在基建市场形成"建设/收购→培育→REITs化→回笼资金→再投资"的项目模式，实现"以存带增、滚动发展"良性发展，减轻政府和社会对主体信用及刚兑的过度依赖，降低债务风险。

基础设施REITs发展空间广阔，前景光明。据统计，目前REITs已被投资者视为股票、债券、现金之外的第四类资产。截至2020年末，美国REITs总规模达3.5万亿美元，其中公募REITs规模达2.5万亿美元，REITs的潜在市场非常大。目前我国基础设施存量资产规模巨大，且稳经济的增量基础设施投资已箭在弦上。基础设施REITs推出后，原始权益人可通过出让基础设施资产换来可以自主支配的项目资本金，满足业务发展的新建项目的巨额资金需求，同时为未来积累基础设施REITs的资产源，这将促使我国基础设施IPO时代的来临。

（4）私募基金规模大幅扩张

截至2020年底，私募基金全市场管理资产规模已接近16万亿元，其中，私募证券投资基金目前最新备案存续管理资产规模达3.74万亿元，相比2019年底的2.43万亿元，所管理的资产规模增加了1.31万亿元。按照万亿元关口来计算，证券类私募的资产规模从2万亿元上升至3万亿元用了4年多时间。有业内人士此前曾预计，从3万亿元跨越到4万亿元需要2年时间。但从目前发展势头来看，证券类私募资产规模最迟明年第一季度就极有可能达到4万亿元。除了其他私募投资基金继续缩减规模（见表2-15），其他类型私募基金规模均进一步扩大，其中私募证券投资基金、创业投资基金和私募资产配置类基金三类基金增长率均明显高于平均增长率16.28%。

表 2 – 15　　　　　2019 年和 2020 年不同类型私募基金备案情况

| 年份 | 2019 | 2020 |
|---|---|---|
| 私募证券投资基金/亿元 | 24 503 | 37 662.3 |
| 同比增长/% | 9.43 | 53.70 |
| 私募股权投资基金/亿元 | 85 932 | 94 603.65 |
| 同比增长/% | 11.44 | 10.09 |
| 创业投资基金/亿元 | 11 494 | 16 006.36 |
| 同比增长/% | 28.97 | 39.26 |
| 私募资产配置类基金/亿元 | 5 | 9.96 |
| 同比增长/% | — | 99.20 |
| 其他私募投资基金/亿元 | 15 452 | 11 467.35 |
| 同比增长/% | −20.21 | −25.79 |
| 合计 | 137 386 | 159 749.63 |
| 同比增长/% | 7.52 | 16.28 |

资料来源：中国证券投资基金业协会官网，https://www.amac.org.cn/researchstatistics/report/zgsmjjhysjbg/index.html。

（5）私募业各类产品收益率表现不凡

受益于今年 A 股市场的结构化行情，年内证券类私募管理人的数量大幅增加，取得的业绩也非常突出。私募排排网数据显示，2020 年以来，百亿元级股票策略私募基金实现平均收益率28.12%，超过同期沪深 300 指数的表现。其中，表现最好的私募基金管理人实现年平均收益率超过 70%。在百亿元级私募的带动下，全部股票型私募的平均收益率高达 26.07%，居八大策略之首。

私募基金与公募基金相比，投资策略更多样，投资范围更广。在 2020 年这一权益投资大年，各大投资策略百花齐放，各有千秋（见表 2 – 16）。从 2020 年和 2019 年收益率的比较来看，虽然指数表现略逊色于 2019 年，但 2020 年所有策略收益率均超过了2019 年相应策略的收益率。

表 2 – 16　　　　　2019 年和 2020 年私募基金各大策略表现情况

| 策略类型 | 2020 年收益率/% | | | 2019 年收益率/% | | |
|---|---|---|---|---|---|---|
| | 平均值 | 前 1/4 | 后 1/4 | 平均值 | 前 1/4 | 后 1/4 |
| 股票策略 | 32.37 | 47.74 | 10 | 29.31 | 43.03 | 12.2 |
| 债券策略 | 10.68 | 13.54 | 4.31 | 7.79 | 12.46 | 3.42 |
| 市场中性 | 18.42 | 22.04 | 6 | 7.16 | 13.48 | 2.13 |
| 管理期货 | 40.94 | 49.74 | 13.26 | 16.71 | 21.68 | 2.05 |
| 宏观策略 | 36.85 | 56.05 | 10.25 | 24.77 | 41.53 | 5.48 |
| 套利策略 | 20.71 | 23.21 | 7.37 | 10.71 | 14.46 | 3.69 |
| 多策略 | 22.92 | 31.09 | 10.62 | 22.32 | 26.58 | 6.01 |
| FoF/MoM | 23.41 | 31.09 | 10.62 | 18.16 | 26.77 | 8.12 |
| 私募整体 | 31.09 | 44.45 | 9.17 | 26.07 | 38.85 | 8.29 |
| 沪深 300 指数 | 27.21 | — | — | 36.07 | — | — |

资料来源：朝阳永续，数据日期截至 2020 年 12 月 31 日。

朝阳永续平台披露的数据显示，不同资管规模的管理人旗下股票多头策略产品2020年的业绩涨幅均相对明显，股票多头策略产品呈现资产规模越大收益率越高的规律。50亿元以上规模管理人旗下产品长期业绩具备一定比较优势，2020年收益率高达44.01%（见表2-17），近三年的年化收益中位数为21.35%。

表2-17　　　　　　　不同资管规模的管理人旗下股票多头策略产品收益情况

| 管理人资产规模区间 | 2020年 | | 近三年 | |
|---|---|---|---|---|
| | 收益率/% | 最大回撤/% | 年化收益/% | 最大回撤/% |
| 50亿元以上 | 44.01 | 7.77 | 21.35 | 21.62 |
| 20亿~50亿元 | 33.82 | 8.02 | 14.72 | 20.16 |
| 10亿~20亿元 | 31.27 | 7.92 | 13.99 | 20.35 |
| 1亿~10亿元 | 28.41 | 9.52 | 13.52 | 22.9 |
| 1亿元以下 | 18.29 | 11.61 | 6.74 | 24.47 |

资料来源：朝阳永续，数据日期截至2020年12月31日。

（6）私募行业呈现"年轻化"与"集中化"

2020年的新晋百亿私募"年轻化"趋势明显，证券类百亿私募机构共有64家，成立10年以上的仅10家；成立5年及以内的达22家，占比34%左右，其中，2017年成立的有正心谷资本、煜德投资等，2018年成立的有礼仁投资、磐沣投资、宁泉资产等，最"年轻"的是2019年7月才成立的衍复投资。跟过去几年相比，今年百亿私募天团"年轻化"特征更显著，有11家百亿私募成立不足五年，甚至有私募成立仅一年，但产品密集备案超百只，跻身"百亿俱乐部"；从行业方面来说，量化行业成为私募行业的"后浪"。在头部私募快速发展的同时，中小私募的处境似乎并不乐观，尤其是一些尾部机构生存压力巨大，随时面临着被行业淘汰的风险，发展举步维艰。

私募基金区域分布上呈现"集中化"的特点。截至2020年12月末，已登记私募基金管理人数量为24 561家。从注册地分布来看（按36个辖区），私募基金管理人集中于上海市、深圳市、北京市、浙江省（除宁波）和广东省（除深圳），总计占比达70.34%。其中，上海市4 648家、深圳市4 472家、北京市4 336家、浙江省（除宁波）2 074家、广东省（除深圳）1 747家（见表2-18），数量占比分别为18.92%、18.21%、17.65%、8.44%和7.11%。从管理基金规模来看，前5大辖区分别为上海市、北京市、深圳市、浙江省（除宁波）和广东省（除深圳），总计占比达69.39%。其中，上海市37 038.07亿元、北京市35 854.47亿元、深圳市19 686.78亿元、浙江省（除宁波）9 330.97亿元、广东省（除深圳）8 946.09亿元，规模占比分别为23.19%、12.32%、22.44%、5.84%和5.60%。

表 2 – 18　　　　　　　　存续私募基金管理人按注册地分布情况

| 序号 | 辖区名称 | 管理人数量/家 | 管理基金数量/只 | 管理基金规模/亿元 |
|------|----------|---------------|------------------|-------------------|
| 1 | 上海市 | 4 648 | 27 233 | 37 038.07 |
| 2 | 深圳市 | 4 472 | 16 380 | 19 686.78 |
| 3 | 北京市 | 4 336 | 15 833 | 35 854.47 |
| 4 | 浙江省（不含宁波） | 2 074 | 8 044 | 9 330.97 |
| 5 | 广东省（不含深圳） | 1 747 | 6 828 | 8 946.09 |

资料来源：中国证券投资基金业协会官网，https：//www.amac.org.cn/researchstatistics/report/zgsmjjhysjbg/。

### 3. 信托业资产规模整体下降与行业结构分化明显

#### （1）信托机构资产规模下降

在业务转型驱动下，信托资产规模从 2017 年第四季度末的 26.25 万亿元的高点渐次回落（见图 2 – 19）。截至 2020 年第四季度末，信托资产规模为 20.49 万亿元，同比下降 5.17%，比 2019 年第四季度末减少 1.12 万亿元，比 2017 年第四季度末历史峰值减少 5.76 万亿元。2020 年四个季度的资产规模分别减少 2 772.93 亿元、477.55 亿元、4 182.31 亿元、3 726.77 亿元，下半年两个季度的规模减少力度更大。从稍有起伏的环比增速来看，第四季度环比下降 1.79%。

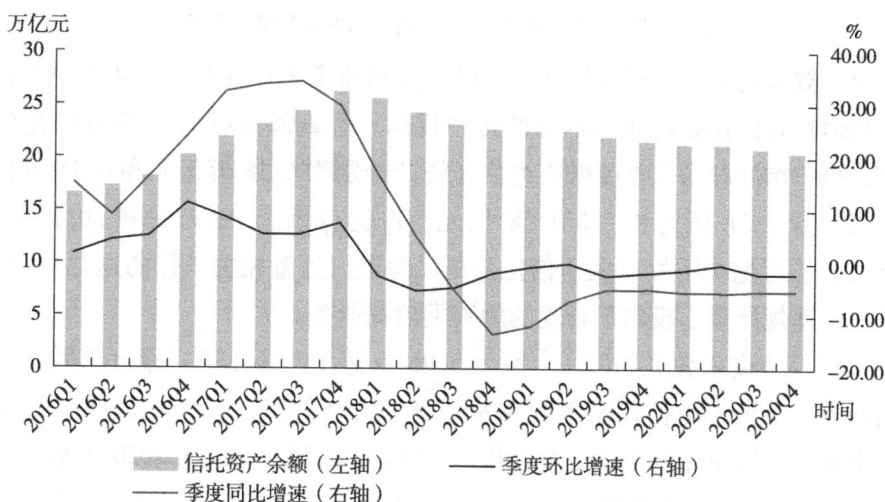

图 2 – 19　2016—2020 年信托资产规模变动情况

从资金来源看，截至 2020 年第四季度末，集合信托规模为 10.17 万亿元（见图 2 – 20），占比 49.65%，同比上升 3.72 个百分点，比第三季度末（49.42%）上升 0.23 个百分点；单一信托规模为 6.13 万亿元，占比 29.94%，同比下降 7.16 个百分点，比第三季度末（33.18%）下降 3.24 个百分点；管理财产信托规模为 4.18 万亿元，占比 20.41%，同比上升 3.44 个百分点，比第三季度末（17.41%）上升 3 个百分点。

信托业务转型的重点之一是优化资金来源结构。截至 2020 年第四季度末，集合资金信托与管理财产信托占比达到 70.06%，同比 2019 年第四季度末的 62.91% 要上升 7.15 个百分点。信托业将继续逐步减少以单一信托形式的通道类业务，朝着提升主动管理能力的方向不断取得成效。

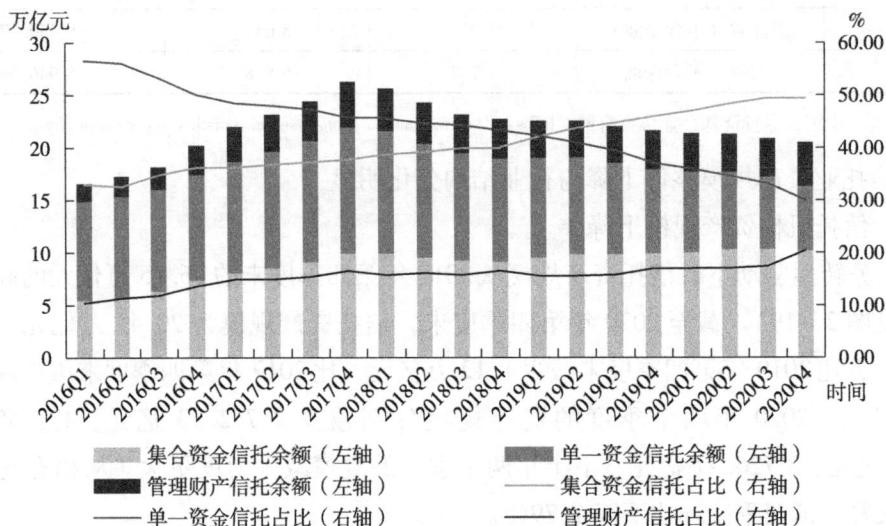

图 2-20　2016—2020 年信托资产来源结构变动态势

信托资产规模的下降与行业持续压降融资类和通道类业务有关。从长期来看，逐步压降融资类信托是信托公司回归本源的转型目标。但 2020 年上半年部分信托公司仍然迅猛发展，第一季度和第二季度融资类信托资产分别为 6.18 万亿元和 6.45 万亿元，环比分别增加 3 458.31 亿元和 2 677.58 亿元，占比分别为 28.97% 和 30.29%。对此，2020 年 6 月，银保监会下发《关于信托公司风险资产处置相关工作的通知》，要求信托公司压降违法违规严重、投向不合规的融资类信托业务。

2020 年第三季度末融资类信托余额为 5.95 万亿元，环比第二季度末减少 4 966.43 亿元；第四季度末融资类信托余额为 4.86 万亿元，环比第三季度末减少 10 916.31 亿元。第三季度和第四季度两个季度合计压降 15 882.74 亿元，减去 2020 年第一季度和第二季度新增融资类信托 6 135.89 亿元，全年共压降近 1 万亿元融资类信托业务。信托公司要坚定转型信心，加速向主动管理等业务转型。

从资产功能划分来看，事务管理类信托余额为 9.19 万亿元，同比 2019 年第四季度末的 10.65 万亿元减少 1.46 万亿元，较 2017 年末历史高点的 15.65 万亿元减少 6.46 万亿元；业务占比为 44.84%，同比 2019 年第四季度末的 49.30% 下降 4.46 个百分点。压降的事务管理类中的绝大多数是以监管套利、隐匿风险为特征的金融同业通道业务。按照监管部门要求，事务管理类业务量与占比一直不断下降，金融机构之间多层嵌套、资金空转现象明显减少。

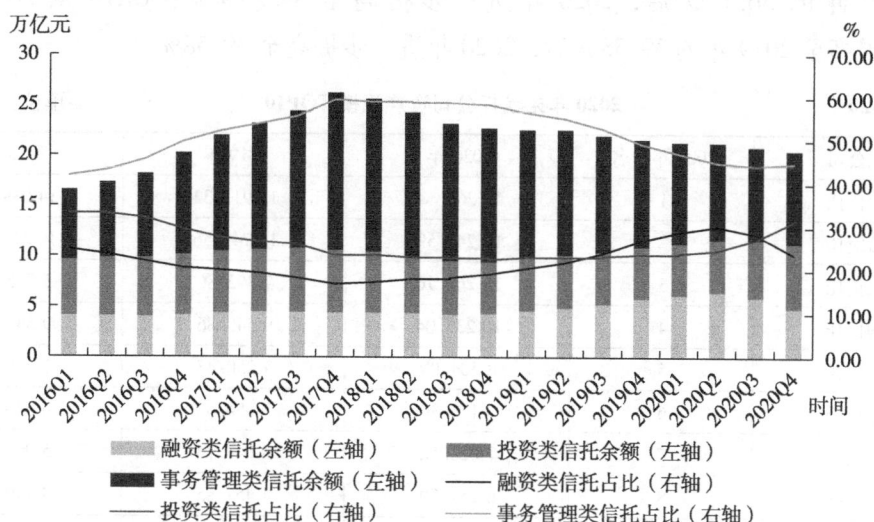

图 2-21 2016—2020 年信托资产按功能分类的规模与占比

2018—2020 年是事务管理类信托连续压降的三年：2018 年压降 2.4 万亿元，2019 年压降 2.6 万亿元，2020 年压降 1.46 万亿元。2020 年第四季度末，投资类资产为 6.44 万亿元，同比 2019 年第四季度末的 5.12 万亿元增长 25.84%，环比第三季度末的 5.68 万亿元增长 13.46%。从 2020 年四个季度来看，事务管理类信托和融资类信托资金数与占比均为下降，唯有投资类资金比 2019 年第四季度末增加 13 233.39 亿元。

在监管要求各信托公司全面压降投资类业务、通道业务的背景下，62 家信托公司中大部分信托公司减少了融资类和事务管理类信托规模，其中融资类信托规模下降的公司达到 56 家（见表 2-19），事务管理类信托规模下降的公司达到 44 家。

表 2-19　　　　　　　　　功能分类信托资产规模变动公司数　　　　　　　　单位：家

| 项目 | 投资类 | | | 融资类 | | | 事务管理类 | | |
|---|---|---|---|---|---|---|---|---|---|
| | 2020 年 | 2019 年 | 同比变化 | 2020 年 | 2019 年 | 同比变化 | 2020 年 | 2019 年 | 同比变化 |
| 公司数量 | 62 | 68 | — | 62 | 68 | — | 62 | 68 | — |
| 增长数量 | 40 | 23 | 17 | 6 | 44 | -38 | 20 | 15 | 5 |
| 下降数量 | 22 | 45 | -23 | 56 | 24 | 32 | 44 | 51 | -7 |

数据来源：中诚信托战略研究部根据信托公司年报整理。

（2）信托机构资产规模分化进一步加剧

在行业整体规模下行的情况下，大部分头部信托公司通过实现信托资产规模的增加，获取了更大的市场份额。以 2020 年信托资产规模 TOP10 为例，有 6 家信托公司较 2019 年末实现增长，有 8 家信托公司较 2018 年末实现增长（见表 2-20）。受此影响，信托资产规模的市场集中度持续提高，CR4 从 2018 年的 21.43% 提高至 2019 年的 22.30% 后，2020 年进一步提高至 24.37%（见表 2-21）；CR8 从 2018 年的 34.08% 提高至 2019 年的 36.17% 后，2020 年进一步提高至 39.33%％；CR10 从 2018 年的 39.58% 提高至 2019 年的 39.58% 后，2020 年进一步提高至 39.58%。

**表 2 - 20　　　　　2020 年末信托公司资产规模 TOP10　　　　单位：亿元**

| 信托公司 | 2020 年排名 | 2020 年 | 2019 年 | 2018 年 |
| --- | --- | --- | --- | --- |
| 建信信托 | 1 | 15 261.14 | 13 912.32 | 14 039.39 |
| 中信信托 | 2 | 12 246.59 | 15 741.56 | 16 521.97 |
| 光大信托 | 3 | 10 260.76 | 7 372.86 | 5 806.30 |
| 华润信托 | 4 | 10 237.04 | 9 548.86 | 9 549.19 |
| 华能信托 | 5 | 8 504.00 | 7 250.47 | 7 278.97 |
| 中融信托 | 6 | 7 176.30 | 7 654.52 | 6 546.65 |
| 五矿信托 | 7 | 7 028.52 | 8 849.76 | 5 993.97 |
| 外贸信托 | 8 | 6 751.29 | 4 457.65 | 4 490.60 |
| 中航信托 | 9 | 6 665.30 | 6 657.92 | 6 326.99 |
| 交银信托 | 10 | 6 306.24 | 7 618.50 | 8 705.22 |

数据来源：中诚信托战略研究部根据信托公司年报整理。

**表 2 - 21　　　　　　　信托规模集中度变化　　　　　　单位：家**

| 项目 | 2020 年 | 2019 年 | 2018 年 |
| --- | --- | --- | --- |
| 公司数量 | 62 | 68 | 68 |
| CR4 | 24.37% | 22.30% | 21.43% |
| CR8 | 39.33% | 36.17% | 34.08% |
| CR10 | 39.58% | 39.58% | 39.58% |

数据来源：中诚信托战略研究部根据信托公司年报整理。

2020 年新增的信托资产规模也呈现出分化特点。一方面，行业新增信托资产规模整体非常集中。根据年报披露的数据，2020 年，共 61 家信托公司新开展了信托业务，其中 28 家公司新增信托规模超过 1 000 亿元，光大信托新增规模最高，达到 8 213.30 亿元（见表 2 - 22）。而 TOP10 信托公司 2020 年共新增规模 3.95 万亿元，在 61 家信托公司新增信托规模中的占比已经达到 49.82%。

**表 2 - 22　　　　　2020 年新增信托资产规模及其增速 TOP10**

| 信托公司 | 排名 | 2020 年新增信托规模/亿元 |
| --- | --- | --- |
| 光大信托 | 1 | 8 213.30 |
| 华能信托 | 2 | 5 528.74 |
| 华润信托 | 3 | 5 322.34 |
| 建信信托 | 4 | 4 542.38 |
| 外贸信托 | 5 | 3 903.58 |
| 五矿信托 | 6 | 3 353.93 |
| 中信信托 | 7 | 2 607.70 |

| 信托公司 | 排名 | 2020 年新增信托规模/亿元 |
|---|---|---|
| 百瑞信托 | 8 | 2 158.71 |
| 中铁信托 | 9 | 1 981.64 |
| 上海信托 | 10 | 1 886.39 |
| TOP10 合计 | | 39 498.70 |
| CR10 | | 49.82% |

数据来源：中诚信托战略研究部根据信托公司年报整理。

另一方面，新增的各类信托资产规模均出现了向头部公司集中的趋势。从新增的集合资金信托、单一资金信托、财产权信托、主动管理业务、被动管理业务规模等指标来看，各类新增信托资产规模 CR10 占比均超过 50%（见表 2 - 23）。值得关注的是，新增财产权信托规模的 CR10 超过 65%，反映出以资产证券化为主的财产权信托，在信托业内的业务开展十分不均衡，部分公司凭借多年积累的业务资源和专业能力已形成了一定的竞争优势。

表 2 - 23　　　　　　　2020 年新增的各类信托资产规模集中度

| 项目<br>指标 | 新增集合资金<br>信托规模 | | 新增单一资金<br>信托规模 | | 新增财产权<br>信托规模 | | 新增主动管理<br>信托规模 | | 新增被动管理<br>信托规模 | |
|---|---|---|---|---|---|---|---|---|---|---|
| | 占比 | 占比提升 | 占比 | 占比提升 | 占比 | 占比提升 | 占比 | 占比提升 | 占比 | 占比提升 |
| CR4 | 31.28% | 0.02% | 29.93% | 5.58% | 42.00% | -3.54% | 30.81% | 1.12% | 36.28% | 3.80% |
| CR8 | 47.02% | 0.16% | 48.40% | 7.73% | 59.39% | -3.46% | 47.86% | 2.32% | 50.69% | 2.80% |
| CR10 | 52.47% | 0.21% | 54.25% | 6.97% | 65.28% | -3.44% | 53.03% | 2.29% | 55.45% | 2.45% |

数据来源：中诚信托战略研究部。

（3）信托经营业绩加速分化

从营业收入集中度指标来看，CR4、CR8 甚至 CR10 均出现了加速提高的态势。近三年数据显示（见表 2 - 24），2020 年营业收入集中度指标已达到近年来最高，2020 年 CR4 及 CR8 分别达到 20.47% 和 35.13%，分别较 2019 年提高了 2.66 个百分点和 4.14 个百分点，TOP10 实现的营业收入已超过行业整体的四成。

表 2 - 24　　　　　　　近三年营业收入集中度变化　　　　　　　单位：家

| 项目 | 2020 年 | 2019 年 | 2018 年 |
|---|---|---|---|
| 公司数量 | 62 | 68 | 68 |
| CR4 | 20.47% | 17.81% | 18.59% |
| CR8 | 35.13% | 30.99% | 30.70% |
| CR10 | 40.55% | 36.55% | 36.27% |

数据来源：中诚信托战略研究部。

从净利润指标来看，行业集中度加速的趋势更加显著。近三年数据显示（见表2-25），2020年资产规模TOP10实现的营业收入已超过行业整体的一半。2020年净利润CR4及CR8分别达到25.51%和44.17%，分别较2019年提高了2.54个百分点和3.76个百分点。如若考虑未披露年报信托公司的情况，2020年行业经营业绩加速分化的表现将更加突出。

表2-25　　　　　　　　　　近三年净利润指标集中度变化　　　　　　单位：家

| 项目 | 2020年 | 2019年 | 2018年 |
|---|---|---|---|
| 公司数量 | 62 | 68 | 68 |
| CR4 | 25.51% | 22.97% | 21.40% |
| CR8 | 44.17% | 40.41% | 35.51% |
| CR10 | 51.58% | 47.65% | 41.96% |

数据来源：根据信托公司年报整理。

（4）固有资产不良水平明显上升

2020年，多因叠加下，信托业风险进一步暴露，固有资产不良率提升较快。根据信托公司已披露的固有资产信用风险资产五级分类数据，58家可得数据信托公司合计信用风险资产达6 560.98亿元，其中不良合计约374.29亿元，估算不良率约5.70%。从各公司不良率分布来看，2020年58家信托公司中，46家公司存在固有不良资产，其中不良率超过50%的公司有1家（见表2-26），处于10%~50%的公司有7家，处于5%~10%的公司有10家，处于0~5%的公司有28家。从近三年来看，出现不良的信托公司数量持续增加，比例也不断提高。

表2-26　　　　　　　　　　信托公司固有资产不良率分布　　　　　　单位：家

| 项目 | 2020年 | 2019年 | 2018年 |
|---|---|---|---|
| 公司数量 | 58 | 66 | 66 |
| 出现不良的公司数量 | 46 | 44 | 41 |
| 不良率≥50% | 1 | 1 | 0 |
| 10%≤不良率＜50% | 7 | 12 | 4 |
| 5%≤不良率＜10% | 10 | 4 | 9 |
| 0＜不良率＜5% | 28 | 27 | 28 |

数据来源：中诚信托战略研究部。

部分信托公司固有资产不良规模较大。具体来看，据62家信托公司年报，共8家信托公司已披露固有资产不良率超过10%，共10家信托公司已披露固有不良资产超过10亿元，11家信托公司已披露固有不良资产在5亿元至10亿元。其中，民生信托、华宸信托等不良率较高，民生信托固有资产不良率达到55.00%（见表2-27），渤海信托、民生信托等不良资产规模较大，渤海信托固有不良资产规模达到58.95亿元，民生信托达 49.47 亿元，中建投信托为 37.04 亿元。

表 2-27　　　　　　　　信托公司固有资产不良率分布

| 排名 | 信托公司 | 2020 年固有资产不良率 |
|---|---|---|
| 1 | 民生信托 | 55.00% |
| 2 | 华宸信托 | 44.19% |
| 3 | 中粮信托 | 29.72% |
| 4 | 渤海信托 | 16.80% |
| 5 | 中建投信托 | 15.31% |
| 6 | 万向信托 | 14.69% |
| 7 | 杭工商信托 | 13.85% |
| 8 | 吉林信托 | 11.18% |
| 9 | 昆仑信托 | 9.68% |
| 10 | 大业信托 | 9.06% |

数据来源：根据信托公司年报整理。

4. 期货业高速发展创下多个历史新高

（1）期货市场成交量和成交额均创历史新高

2020 年，伴随着商品价格大幅波动，中国期货市场成交量和成交额双双创下历史新高，分别是 61.53 亿手（单边，下同）和 437.53 万亿元（见表 2-28），同比增长率分别为 55.29% 和 50.56%。中国期货市场成交量占全球期货市场总成交量的 13.2%，较 2019 年的 11.5% 提升了 1.7 个百分点。

表 2-28　　　　　　　2020 年期货市场和各分所成交情况

| 2020 年成交情况 | 期货市场总量 | 上期所 | 郑商所 | 大商所 | 中金所 |
|---|---|---|---|---|---|
| 单边成交量/亿手 | 61.53 | 21.29 | 17.01 | 22.07 | 1.15 |
| 同比增长 | 55.29% | 47.04% | 55.74% | 62.83% | 73.59% |
| 市场占比 | 100.00% | 34.60% | 27.65% | 35.88% | 1.87% |
| 单边成交额/万亿元 | 437.53 | 152.8 | 60.09 | 109.2 | 115.44 |
| 同比增长 | 50.56% | 35.80% | 51.97% | 58.43% | 65.80% |
| 市场占比 | 100.00% | 34.92% | 13.73% | 24.96% | 26.38% |

资料来源：中国期货业协会。

分交易所来看，上海期货交易所（以下简称上期所）成交 21.29 亿手和 152.80 万亿元，同比分别增长 47.04% 和 35.80%，市场占比分别为 34.60% 和 34.92%。郑州商品交易所（以下简称郑商所）成交 17.01 亿手和 60.09 万亿元，同比分别增长 55.74% 和 51.97%，市场占比分别为 27.65% 和 13.73%。大连商品交易所（以下简称大商所）成交 22.07 亿手和 109.20 万亿元，同比分别增长 62.83% 和 58.43%，市场占比分别为 35.88% 和 24.96%。中国金融期货交易所（以下简称中金所）成交 1.15 亿手和 115.44

万亿元，同比分别增长 73.59% 和 65.80%，市场占比分别为 1.87% 和 26.38%。

（2）期货公司资本实力和业务收入大幅提升

截至 2020 年底，中国期货公司总资产为 9 848.25 亿元，净资产为 1 350.01 亿元，相比 2019 年同比增长分别为 57.32% 和 15.48%，资本实力有所增强。期货公司的主要业务包括经纪业务、投资咨询业务、资产管理业务和风险管理公司业务。具体来看，截至 2020 年底，期货公司主要业务收入中除投资咨询业务收入小幅下降外，其他类型业务收入均实现较大幅度增长。其中，经纪业务累计收入为 192.30 亿元（见表 2 - 29），同比增长 49.13%；投资咨询业务累计收入为 1.26 亿元，同比减少 11.14%；资产管理业务累计收入为 8.97 亿元，同比增长 16.05%；风险管理公司业务累计收入为 2 083.50 亿元，同比增长 17%。

表 2 - 29　　　　　　　　2018—2020 年期货公司主要业务收入情况　　　　　　单位：亿元

| 业务累计收入 | 2018 年 | 2019 年 | 2020 年 |
|---|---|---|---|
| 经纪业务 | 125.17 | 129 | 192.3 |
| 投资咨询业务 | 1.58 | 1.42 | 1.26 |
| 资产管理业务 | 8 | 7.73 | 8.97 |
| 风险管理公司业务 | 1132.46 | 1780.04 | 2083.5 |

资料来源：中国期货业协会。

（3）期货公司分类评级提升

截至 2020 年末，期货公司共计 149 家，与 2019 年相比，数量维持不变。从行业评级来看，2020 年全行业 149 家期货公司中，A 类期货公司共 40 家（见表 2 - 30），较 2019 年增加 3 家，其中 AA 级期货公司较 2019 年增加了 5 家；B 类期货公司共 93 家，较 2019 年相比增加 2 家，其中 BBB 级公司从 2019 年的 35 家增加至 41 家；C 类期货公司共 12 家，较 2019 年减少 2 家；D 类期货公司共 4 家，较 2019 年减少 3 家。在期货行业合规监管的力度不断加大、期货公司的合规意识逐步提升、合规措施也在不断加强、违规事件或风险事件得到有效遏制的整体上，2020 年期货公司整体评级得到提升。

表 2 - 30　　　　　　　　2018—2020 年期货公司分类评级情况　　　　　　单位：家

| 分类评级 | 2018 年 | | 2019 年 | | 2020 年 | |
|---|---|---|---|---|---|---|
| | 公司数量 | 占比 | 公司数量 | 占比 | 公司数量 | 占比 |
| A 类 AA 级 | 19 | 12.75% | 14 | 9.40% | 19 | 12.75% |
| A 类 A 级 | 18 | 12.08% | 23 | 15.44% | 21 | 14.09% |
| B 类 BBB 级 | 42 | 28.19% | 35 | 23.49% | 41 | 27.52% |
| B 类 BB 级 | 20 | 13.42% | 30 | 20.13% | 35 | 23.49% |
| B 类 B 级 | 32 | 21.48% | 26 | 17.45% | 17 | 11.41% |
| C 类 CCC 级 | 11 | 7.38% | 8 | 5.37% | 3 | 2.01% |
| C 类 CC 级 | 5 | 3.36% | 4 | 2.68% | 8 | 5.37% |
| C 类 C 级 | 0 | 0.00% | 2 | 1.34% | 1 | 0.67% |
| D 类 | 2 | 1.34% | 7 | 4.70% | 4 | 2.68% |

资料来源：http：//www.cfachina.org//industrydynamics/mediaviewoffuturesmarket/202010/t20201026_10565.html。

（4）"创新型"广州期货交易所即将落地

2020 年 10 月 9 日，中国证监会发布消息称，为落实党中央、国务院关于研究设立创新型期货交易所的决策部署，经国务院批准，中国证监会决定成立广州期货交易所（下称广期所）筹备组，开始广期所的筹建工作。广期所是继郑州商品交易所、上海期货交易所、大连商品交易所和中国金融期货交易所之后的我国第五家期货交易所。广期所属于"创新型"期货交易所，定位于服务绿色金融，在交易品种选择、相关交易制度等方面将有别于传统期货品种。广期所《碳排放权交易管理办法（试行）》已于 2020 年 12 月 25 日由生态环境部部务会议审议通过，将自 2021 年 2 月 1 日起施行。广期所的成功设立不仅能进一步完善我国资本市场体系的建设，也将助力粤港澳大湾区掌握金融商品和大宗商品的定价权，从而提高广东乃至全国的大宗商品战略安全。

（5）期货公司业务转型下头部效应更加明显

根据 2020 年全年五大期货交易所官网会员成交排名数据统计，期货公司在五大期货交易所的总成交量名单出炉。东证期货以 11.01 亿手成交量占据榜首（见表 2－31），同比增长 66.26%，排名与 2019 年持平，是唯一一个成交量超过 10 亿手的期货公司。国富期货以总成交量 3.17 亿手、同比增长 180.59% 占据第七位，增速排名第一位。2020 年前 10 大期货公司成交量总和占据了全市场成交量的 70%，头部效应明显。头部期货公司基本完成转型，创新业务成为利润的最大来源。在期货公司转型过程中，传统业务虽然不可或缺，但已不是拉开期货公司差距的主要业务。创新业务才是期货公司转型成功与否的关键，行业内头部效应更加明显。

表 2－31　　　　　　　　2020 年度期货公司成交量排名 TOP10

| 排名 | 公司名称 | 2020 年/百万手 | 同比/% | 排名变动 |
| --- | --- | --- | --- | --- |
| 1 | 东证期货 | 1 100.87 | 66.26 | 持平 |
| 2 | 海通期货 | 703.95 | 39.35 | 持平 |
| 3 | 华泰期货 | 614.35 | 82 | 持平 |
| 4 | 中信期货 | 593.18 | 78.92 | 持平 |
| 5 | 国泰君安 | 466.00 | 118.02 | 持平 |
| 6 | 光大期货 | 343.10 | 69.09 | 持平 |
| 7 | 国富期货 | 317.75 | 180.59 | 7↑ |
| 8 | 银河期货 | 254.64 | 60.67 | 2↑ |
| 9 | 徽商期货 | 235.01 | 30.57 | 1↓ |
| 10 | 方正中期 | 226.81 | 19.38 | 3↓ |

资料来源：中国期货业协会，Wind 金融终端。

（四）绿色金融等新金融业态在疫情下实现破旧迎新

2020 年，全球经济遭受疫情冲击，转型升级、科技发展和金融改革为国内后疫情时代的经济复苏提供了突破点。同时，疫情也进一步催化了金融的数字化发展，绿色金融和区块链等新金融业态真正实现破旧迎新。

1. 绿色金融发展水平居于国际前列

2020 年全球疫情席卷之下，中国、欧盟和其他一些国家依然将可持续发展作为优先要务。2020 年 9 月 22 日，国家主席习近平在第七十五届联合国大会一般性辩论上发表重要讲话，宣布我国二氧化碳排放力争 2030 年前达到峰值，努力争取 2060 年前实现碳中和。相比其他国家，中国在绿色金融领域取得了更加令人瞩目的进展与突破。

一是我国绿色金融市场稳定发展。目前，我国已经成为全球最大的绿色金融市场之一。截至 2020 年 6 月末，全国主要金融机构的绿色贷款余额达 11 万亿元，位居世界第一。自 2016 年 1 月我国启动绿色债券市场以来至 2020 年 6 月底，我国在境内外累计发行绿色债券 1.2 万亿元，占同期全球绿色债券发行规模的 20% 多，位居世界第二。根据基金业协会的统计，我国绿色基金的个数超过 700 只。同时，中国绿色金融资产质量整体良好，绿色贷款不良率低于全国商业银行不良贷款率平均水平，绿色债券尚无违约案例。

二是绿色金融助力后疫情时代的经济复苏。2020 年，我国是全球唯一实现经济正增长的主要经济体，GDP 突破 100 万亿元，单位 GDP 能耗持续下降，清洁能源消费量占比较 2019 年提高 1 个百分点。我国金融机构积极发行了抗疫主题绿色债券，为推动我国经济绿色复苏发挥了积极作用。这表明中国在应对疫情期间，仍然坚持了绿色发展的主基调。绿色金融发挥重要作用，为中国经济高质量复苏做出了贡献。

三是绿色金融政策框架不断完善优化。2020 年 1 月，银保监会鼓励银行业金融机构通过设立绿色金融事业部、绿色分（支）行等方式，提升绿色金融专业服务能力和风险防控能力。5 月，国家发展改革委、工业和信息化部发布《关于营造更好发展环境 支持民营节能环保企业健康发展的实施意见》，鼓励金融机构将环境、社会、治理要求纳入业务流程，提升对民营节能环保企业的绿色金融专业服务水平，大力发展绿色融资。7 月，国家发展改革委发布《关于组织开展绿色产业示范基地建设的通知》，加大对绿色信贷、绿色债券的支持力度，支持绿色产业示范基地开展绿色金融创新。11 月，中共中央在《关于制定国民经济和社会发展第十四个五年规划和二〇三五年远景目标的建议》中提出强化绿色发展的法律和政策保障，发展绿色金融，支持绿色技术创新，推进清洁生产，发展环保产业，推进重点行业和重要领域绿色化改造。

四是绿色金融相关领域国际合作不断深化。中国是 G20 中最早提出绿色金融议题的国家，也是最积极的倡导者。在主要国家坚持绿色与低碳发展的背景下，2021 年 G20 主席国意大利决定恢复可持续金融议题并将其升级为工作组，中国人民银行继续作为牵头方推动相关工作。此外，由中国人民银行参与发起的央行与监管机构绿色金融网络（NGFS），现已扩展至 90 多家正式成员和 14 家观察机构，致力于从央行和监管机构的角度分析气候变化可能带来的风险，支持扩大绿色融资。中国还与欧盟等经济体共同发起可持续金融国际合作平台（IPSF），重点就绿色金融标准的国际趋同等议题开展研究，预计很快发布中欧绿色金融共同标准，有效推动更多国家和地区绿色与低碳发展。

2020 年中国在绿色金融领域中取得的重要的发展和突破如表 2 – 32 所示。

表 2 – 32                    2020 年度中国绿色金融领域发展大事记

| 时间 | 主要事件 |
|---|---|
| 1 月 | 银保监会发布《关于推动银行业和保险业高质量发展的指导意见》，提出要大力发展绿色金融，银行业金融机构要建立健全环境与社会风险管理体系，强化信息披露 |
| 3 月 | 住房和城乡建设部、人民银行、银保监会联合发文，浙江省湖州市获批成为中国首个绿色建筑和绿色金融协同发展试点城市<br>人民银行同国家发改委、证监会起草了《关于印发〈绿色债券支持项目目录（2020 年版）〉的通知（征求意见稿）》，将清洁煤和其他化石燃料排除在符合绿色债券融资条件的项目清单之外 |
| 5 月 | 人民银行、银保监会、证监会及国家外汇管理局联合发布《关于金融支持粤港澳大湾区建设的意见》，明确指出推动粤港澳大湾区绿色金融合作 |
| 6 月 | 由上海市人民政府、江苏省人民政府、浙江省人民政府印发的《关于支持长三角生态绿色一体化发展示范区高质量发展的若干政策措施》指出，长三角将发展节能环保、绿色低碳第三方服务、绿色金融等产业 |
| 7 月 | 财政部、生态环境部、上海市共同发起设立国家绿色发展基金股份有限公司，首期募资规模为 885 亿元，重点投资污染治理、生态修复和国土空间绿化、能源资源节约利用、绿色交通和清洁能源等领域 |
| 9 月 | 习近平主席在联合国大会上宣布，中国将提高国家自主贡献力度，二氧化碳排放力争于 2030 年前达到峰值，努力争取 2060 年前实现碳中和。<br>粤港澳大湾区绿色金融联盟正式成立。<br>中国银行发行中资银行境外首支蓝色债券，这是中资及全球商业机构首支蓝色债券 |
| 10 月 | 生态环境部等五部门印发《关于促进应对气候变化投融资的指导意见》促进气候投融资政策和标准体系逐步完善，引领构建具有国际影响力的气候投融资合作平台。<br>深圳市出台中国首个地方绿色金融领域法规《深圳经济特区绿色金融条例》，将于 2021 年 3 月 1 日起实施。该条例要求从 2022 年起在深圳注册的金融行业上市公司强制性披露环境信息 |
| 11 月 | 生态环境部就《全国碳排放权交易管理办法（试行）》（征求意见稿）、《全国碳排放权登记交易结算管理办法（试行）》（征求意见稿）和《2019—2020 年全国碳排放权交易配额总量设定与分配实施方案（发电行业）》（征求意见稿）公开征求社会意见。全国碳市场将从发电行业开始运行，启动后将成为全球最大的碳市场 |
| 12 月 | 中央经济工作会议首度提出，将做好碳达峰、碳中和工作作为 2021 年重点任务，加快建设碳排放权交易市场。<br>生态环境部发布《2019—2020 年全国碳排放权交易配额总量设定与分配实施方案（发电行业）》《纳入 2019—2020 年全国碳排放权交易配额管理的重点排放单位名单》 |

2. 区块链金融稳步增长

（1）区块链迎来繁荣发展，金融领域应用不断深化

2020 年 4 月 20 日，国家发展改革委召开例行在线新闻发布会，正式明确"新基建"范围，并提出区块链作为新技术基础设施被纳入"新基建"范围，区块链行业迎来了前所未有的繁荣发展态势。根据国家知识产权局与第三方 innojoy 专利检索平台统计，2020年中国公开的区块链专利数量为 14 280 项（见图 2 – 22），突破 10 000 项，其中区块链金融专利 1 532 项，呈平稳增长趋势。

**图 2-22 2016—2020 年区块链与区块链金融专利公开量**

(资料来源:国家知识产权局,innojoy 专利平台)

区块链以其不可篡改、安全透明、去中心化或多中心化的特点,天然适用于多种金融场景,目前,金融领域是区块链技术应用场景中探索最多的领域。国家互联网信息办公室"境内区块链信息服务备案"显示,2020 年公布了第三批与第四批备案清单,分别包括 224 项与 285 项区块链信息服务;截至 2020 年底,国内已备案的区块链信息服务共计 2 015 项,其中金融(含供应链金融)领域项目数量排名第一,占比高达 36%(见图 2-23)。此外,根据陀螺研究院数据,2020 年,我国总共落地区块链项目数达 194 个,同比增加 102.8%,其中总共落地区块链金融项目 60 个(见图 2-24)。

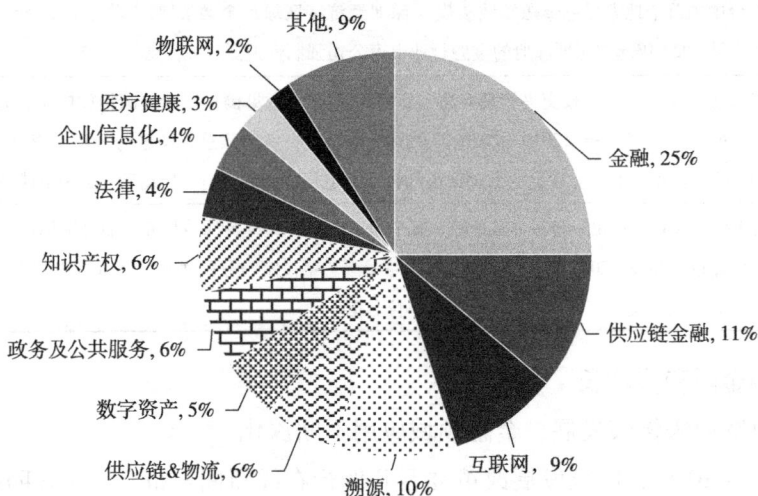

**图 2-23 四批次备案区块链企业技术及应用分布**

[资料来源:备案清单各批次项目数量来自国家互联网信息办公室

(http://www.cac.gov.cn/2020-10/28/c_1605447893747716.htm);各类项目占比来自中国信通院

《区块链白皮书(2020 年)》(http://www.caict.ac.cn/kxyj/qwfb/bps/202012/P020201230759713827891.pdf)]

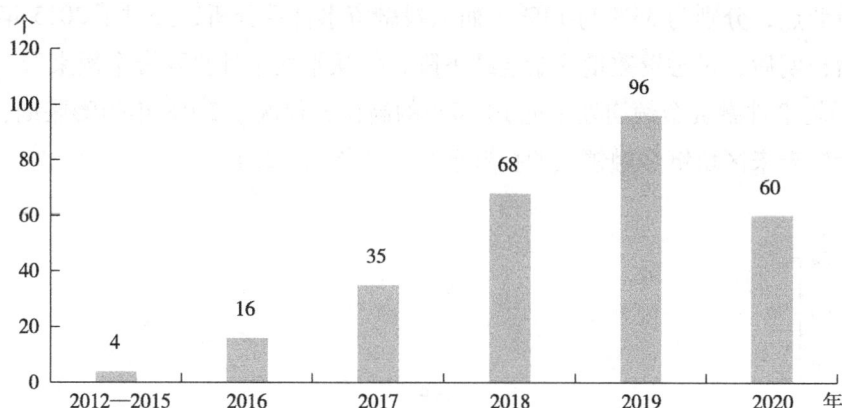

**图2-24　2012—2020年金融领域区块链应用落地数量**

[资料来源：2012—2019年数据来自前瞻经济学人（https：//xueqiu.com/8302426719/147966088）；

2020年数据来自《2020区块链产业投融资报告》（https：//www.doc88.com/p-94661760797874.html？r=1）]

（2）投资金额占比平稳，投资前景向好

金融机构层面，根据艾瑞咨询数据，预计2022年，我国金融机构对区块链投入将达到92.7亿元，年增长率将达到58.7%（见图2-25）；根据赛迪研究院数据，目前我国国内参与区块链应用探索的银行机构已超过39家，包括中国人民银行，中国银行、中国农业银行、中国建设银行、交通银行等多家大型商业银行，13家全国性股份制银行等。

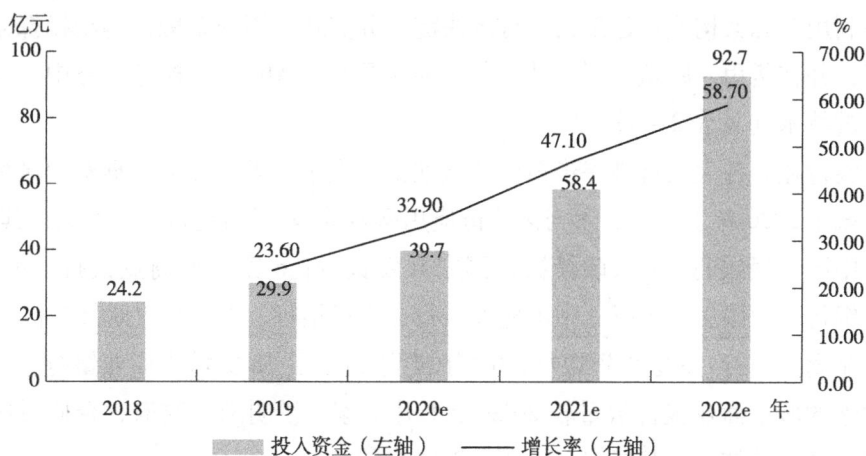

**图2-25　2018—2022金融机构区块链投入预估**

[资料来源：《2020区块链产业投融资报告》（https：//www.doc88.com/p-94661760797874.html？r=1）]

总投融资层面，金额占比较为稳健，除2016年达到高点58.9%外，平均占比达到28.9%。从行业应用来看，在2019年之前，区块链在金融领域的应用都占据着绝对领先的地位，2020年，随着区块链应用的爆发，区块链金融在行业应用与总投融资中占比均触及最低点，分别为35%与13%。而从投融资事件数分析，经过了2015年到2018年的快速增长期后，投融资数量开始连续下降，但从平均事件投融资金额来看，2019年与2020年平均事件融资金额均处于近10年来的高位，仅次于2018年的膨胀期，可见投资机构仍看好未来区块链金融领域的投资前景（见图2－26）。

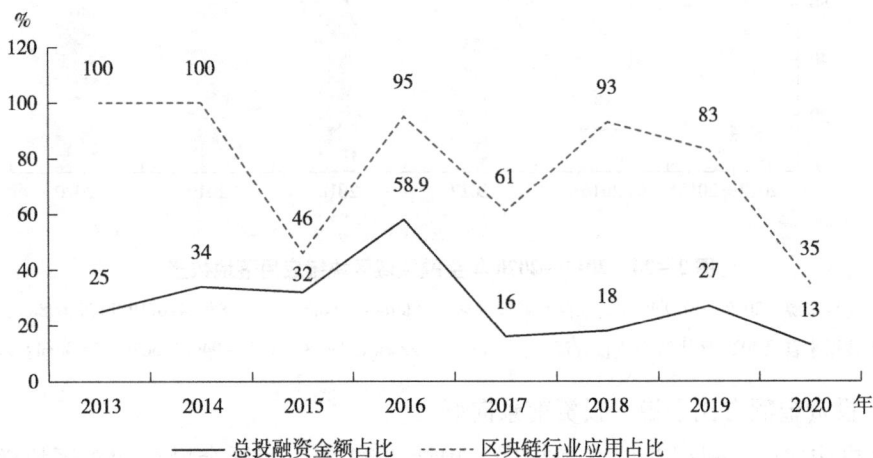

图2－26　2013—2020年区块链金融融资金额占比

［资料来源：《2020区块链产业投融资报告》（https：//www.doc88.com/p－94661760797874.html？r＝1）］

（3）金融领域应用多点开花，机构生态体系全面铺开

2020年，金融机构积极布局区块链的应用落地，在不断投资区块链初创企业的同时，也在利用开源架构或自建架构进行区块链业务实践。国内金融机构积极探索区块链业务实践，并在货币、跨境支付、清结算、贸易融资、ABS、风控等业务中，开始尝试运用区块链技术（见表2－33）。

一是银行业。各大银行进一步拓展"区块链＋金融"业务领域，据赛迪区块链研究院统计，截至2020年上半年，参与区块链应用探索的国内银行机构共45家，其中包括：中央银行中国人民银行；1家政策银行国家开发银行；6家大型商业银行：中国银行、中国农业银行、中国工商银行、中国建设银行、交通银行、中国邮政储蓄银行；10家全国性股份制商业银行；3家外资银行；6家民营银行以及18家城市商业银行。参与区块链应用探索的城市商业银行数量较2019年上升7家，说明随着政府、企业对区块链技术的重视，区块链技术在基层银行的普及度越来越高。

表2－33　　　　　　　　　　　　　　　　　银行区块链典型实践

| 类别 | 企业 | 具体实践 |
|---|---|---|
| 货币 | 中国人民银行 | 一种数字货币的生成方法及系统 |
| | 中国银行 | 参与央行数字货币发行 |
| 数字票务 | 中国银行 | 基于区块链的数字票务交易平台 |

续表

| 类别 | 企业 | 具体实践 |
|---|---|---|
| 风控 | 中国银行 | 区块链抵押贷款估值系统 |
| 跨境支付 | 招商银行 | 联手永隆银行、永隆深圳分行成功实现区块链跨境人民币汇款 |
| 清算结算 | 招商银行 | 将区块链应用于跨境直联清算、全球账户统一视图以及跨境资产轨迹三大场景 |
| ABS | 招商银行 | 牵头完成以 Pre－ABS 功能为主区块链的平台 |
| | 平安银行 | 金融壹账通 ALFA 智能 ABS 平台 |
| | 中国银行 | 中小企业金融服务云平台"壹企银" |
| 贸易融资 | 光大银行 | 首推区块链融资产品"光信通" |
| | 中国建设银行 | 成功办理临港新片区首单境内贸易融资资产区块链跨境转让业务 |
| 结算清算 | 微众银行 | 与上海华瑞银行合作的"微粒贷"用于两家银行间联合贷款的结算、清算业务 |
| | 百信银行 | 联合百度超级链以百度自主研发的区块链技术作为底层，为百信银行、商户以及电商平台搭建商户清算联盟链，使联盟链节点同时获得一手交易信息，保证信任无损传递 |
| 交易 | 齐鲁银行 | 与青岛地铁等企业共同搭建区块链平台"链赢金科联盟链" |
| | 中国邮政储蓄银行 | 区块链福费廷跨链交易 |
| | 光大银行郑州分行 | 推出福费廷区块链交易平台等线上服务 |
| | 青岛农商银行 | 接入全国跨境金融区块链服务平台 |
| 合同签订 | 湖北众邦银行 | 利用区块链等技术支持客户远程进行续贷合同签订 |
| 贷款 | 兴业银行 | 推出基于区块链等技术的金融服务云平台 |
| 供应链金融 | 浙商银行 | 大力运用区块链技术，推进产业链供应链的金融创新，支持产业链协同复工复产复销 |

资料来源：赛迪研究院 . 2020 年上半年中国区块链企业发展报告［DB/OL］.［2020 － 11 － 03］. https：// www. ccidgroup. com/info/1096/21388. htm.

二是证券业。经济转型趋势下，证券业需扶持实体经济，在促进经济发展方面面临着巨大机遇与挑战。2020 年 6 月 5 日，由浙商银行主承销的"链鑫 2020 年度联捷第一期资产支持商业票据"（以下简称"链鑫联捷"）成功发行。该项目为中国银行间市场交易商协会推出的 ABCP（资产支持商业票据）产品的首批 5 个试点项目之一，也是全国首单集合型 ABCP。"链鑫联捷"的落地，成功运用了区块链技术，结合资产证券化创新设计，为更多的产业链上下游中小企业搭建起对接公开市场的融资渠道。

三是保险业。我国各保险公司利用区块链技术进一步解决保险业发展中的痛点。2016 年至 2020 年 6 月，共有 14 家保险公司涉足区块链技术，其中不乏保险业巨头平安集团、众安保险、中国人寿保险、泰康保险、民生保险等企业。2020 年上半年，有 3 家保险企业发布下一步其公司的区块链技术布局，其中，平安保险将利用云计算、区块链、物联网等技术，支持扶贫农产品"三品一标"追溯体系建设，对符合条件的扶贫农产品提供包含溯源保险的放心码品质认证。众安保险根据《海南自由贸易港建设总体方案》政策对商业保险的发展方向做出了新的规划及展望，尤其在健康保险及跨境医疗险服务领域，众安保险将充分运用医疗科技，深入探索医疗数据区块链化的应用。中国人寿自疫情发生以来，通过"区块链"支持的"顶梁柱"扶贫公益项目已为 1 627 名建档立卡贫困户提供保险理赔服务，接下来中国人寿将进一步拓展"区块链＋公益＋保险"扶贫模式，以保险机制链接社会扶贫力量。

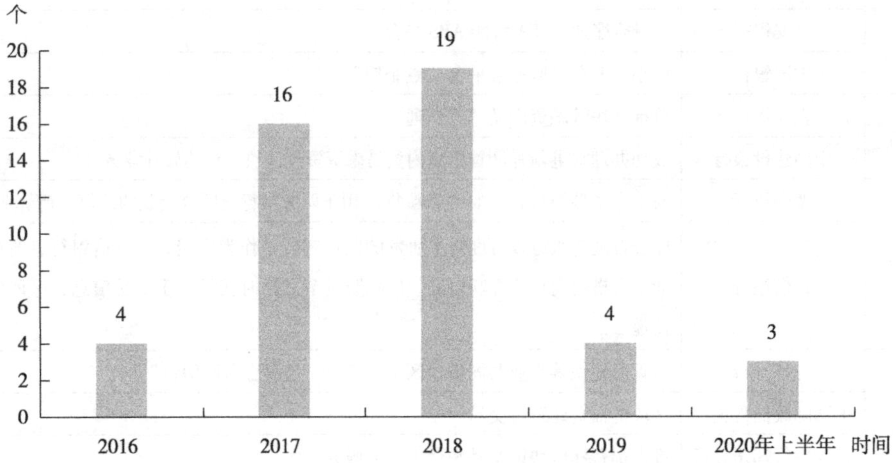

图 2-27 2016—2020 年上半年我国保险企业区块链产业布局情况

（资料来源：赛迪研究院. 2020 年上半年中国区块链企业发展报告. https：//www. ccidgroup. com/info/1096/21388. htm）

3. 第三方移动支付稳中求进

2020 年，第三方移动支付与第三方互联网支付总规模达到 271 万亿元支付交易规模，第三方支付凭借其便捷、高效、安全的支付体验，使得中国支付市场成为国际领先的支付市场之一。

一是第三方支付规模增速放缓，趋于稳定。根据艾瑞咨询发布的《2020Q1 中国第三方支付市场数据发布报告》《2020Q2 中国第三方支付市场数据发布报告》《2020Q3 中国第三方支付市场数据发布报告》《2020Q4 中国第三方支付市场数据发布报告》数据总结，2020 年中国第三方移动支付交易规模约为 249.3 万亿元（见图 2-28），与 2019 年相比，整体规模有所上升，同比增速 10.3%，近年来，增速逐渐放缓，趋于稳定。

二是面对疫情冲击，第三方支付出现波动后仍保持稳定的增长态势。面对 2020 年的疫情影响，第三方移动支付的各季度交易规模与结构情况如图 2-29 与图 2-30 所示：2020 年第一季度受到疫情影响，交易规模与去年同期相比下降 4%，其中移动消费板块占比下降，但移动金融板块表现亮眼；2020 年第二季度，由于疫情影响消退以及该季度为传统电商促销季，交易规模回升至 59.8 万亿元，同比增长 8.7%，移动消费板块占比回弹明显；2020 年第三季度，交易规模增长至 65 万亿元，同比增长 16.1%，尽管本季度不是电商促销季，但疫情影响消退带来的消费反弹使得移动消费板块占比接近于疫情前同期占

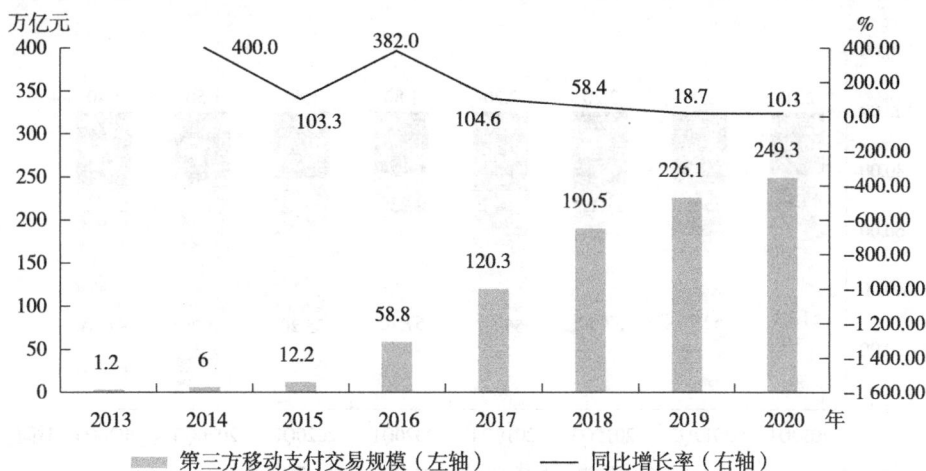

**图 2 - 28　2013—2020 年中国第三方移动支付交易规模**

（资料来源：根据艾瑞咨询第三方支付咨询报告汇总）

比；2020 年第四季度，交易规模达到 71.2 万亿元，本季度为电商促销季，消费提高为该季度增长奠定了基础。综上，面对 2020 年疫情冲击，第三方移动支付规模仅在第一季度出现明显下降，第二季度开始回暖，最终行业仍保持了稳定的增长态势。

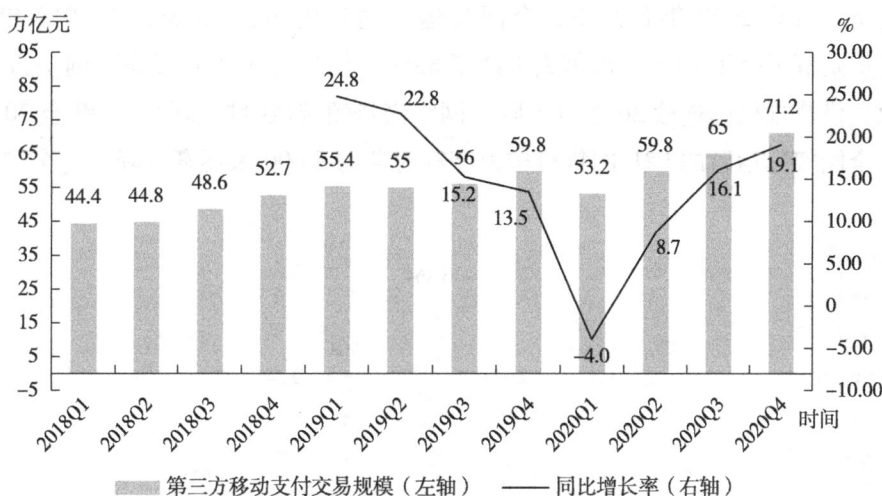

**图 2 - 29　2018—2020 年中国第三方移动支付交易规模**

（资料来源：根据艾瑞咨询第三方支付咨询报告汇总）

　　三是第三方移动支付市场格局趋于稳定。第一梯队的支付宝与财付通仍以较大领先优势占据市场头部地位；第二梯队的支付企业，如壹钱包、银联商务、快钱、联动优势、苏宁支付等，在各自细分领域发力，建立起自身的核心竞争力，使产品和服务的价值进一步提升。

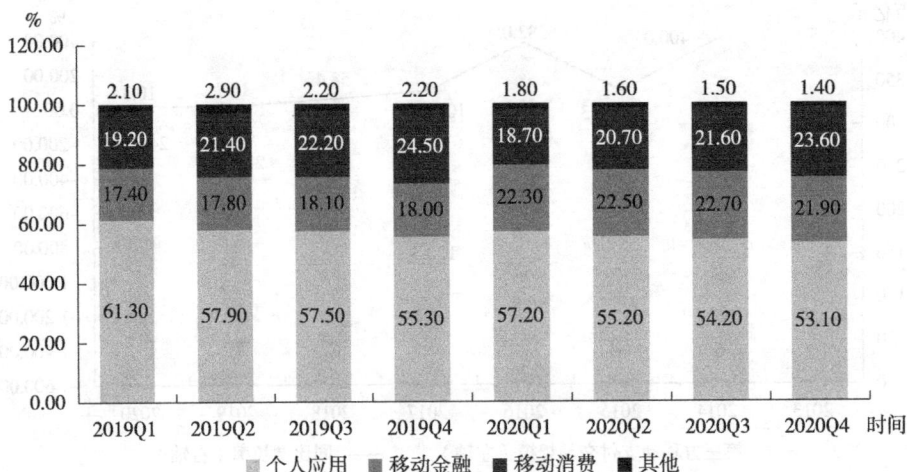

**图 2-30   2019—2020 年中国第三方移动支付交易结构**

（资料来源：根据艾瑞咨询第三方支付咨询报告汇总）

#### 4. P2P 网贷平台全部归零

一是全国实际运营的 P2P 网贷机构，截至 2020 年 11 月中旬已完全归零（见图 2-31）。经济下行压力加大叠加新冠肺炎疫情影响，还款违约事件增加，进一步加速了网贷平台退出。截至 2020 年 8 月末，全国在运营网贷机构为 15 家，比 2019 年初下降 99%，借贷余额下降了 84%，出借人下降了 88%，借款人下降了 73%，网贷机构数量、参与人数、借贷规模已连续 26 个月下降，网络借贷领域风险持续收敛。截至 2020 年 11 月中旬，全国实际运营的 P2P 网贷机构由高峰时期约 5 000 家逐渐压降至完全归零。

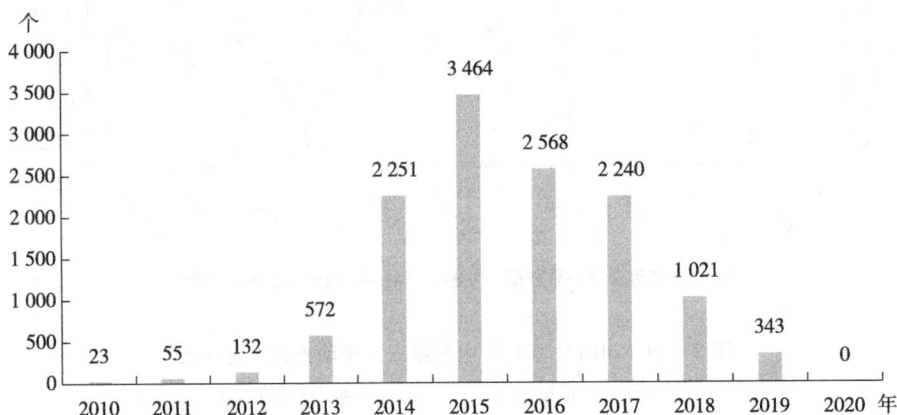

**图 2-31   P2P 网贷行业运营平台数量**

［资料来源：网贷之家. 2019 中国网络借贷行业年报 ［EB/OL］.

（2020-01-07）. https：//www. sohu. com/a/365379091_ 319643］

二是网贷机构加速转型，互联网公司涌入小额贷款领域。《关于网络借贷信息中介机构转型为小额贷款公司试点的指导意见》发布后，部分 P2P 网贷平台在兑付、清退的同时成功转型为小额贷款公司，通过互联网 App 平台"只放贷不吸存"。法人智库统计显示，截至 2020 年 11 月底，我国该类网贷平台约 200 多家。平台虽然不能再吸纳存款却可以发放贷款，这笔业务尤其受到互联网巨头的青睐，目前，阿里、京东、腾讯、字节跳动、小米、百度等 10 多家一线头部互联网公司通过旗下公司，先后开通了消费贷和现金贷业务。根据京东数科（包括京东金融等业务线）公布的数据，平台主要业务为京东白条消费贷款和京东金条现金贷款，2020 年上半年，京东白条活跃用户数高达5 544.61 万人。

三是网贷领域存量风险正待化解，保护投资人合法权益成为核心工作。网贷机构清零仅仅是一个阶段的结束，还应持续关注存量资产维护与处置工作。受新冠肺炎疫情等因素影响，"逃废债"案件数量猛增，严重扰乱金融秩序。2020 年 11 月 21 日召开的国务院金融委第四十三次会议再次强调，秉持"零容忍"态度，维护市场公平和秩序。要依法严肃查处欺诈发行、虚假信息披露、恶意转移资产、挪用发行资金等各类违法违规行为，严厉处罚各种"逃废债"行为，保护投资人合法权益。对此，目前已有 200 余家网贷机构接入央行征信系统和百行征信。

## 二、金融机构创新能力受限，制约金融服务效率提升

（一）银行业面临风险防控压力和数字化转型中的发展不平衡

1. 银行业的风险防控形势依然严峻

一方面是我国银行业金融机构资产质量承受着较大压力。2020 年我国虽然率先控制住了新冠肺炎疫情，并在当年成为全球唯一一个实现经济正常增长的国家，但是由于疫情依然在全球蔓延，国际经济形势依然复杂多变，不确定性增大给银行经营带来较大风险。2020 年以来，银行展期、无还本续贷的贷款占比明显上升，部分风险尚未充分反映在五级分类指标中。由于信用风险释放具有一定的滞后效应，银行业的资产质量将会承受较大压力，特别是城市商业银行和农村商业银行（2020 年第四季度我国城商行和农商行资本充足率分别为 12.99% 和 12.37%，分别低于行业水平 1.72 个、2.33 个百分点，比国有大型银行低 3.5 个、4.12 个百分点，低于股份制银行 0.61 个、1.23 个百分点）。同时，在 2020 年针对新冠肺炎疫情给经济带来的影响，政府相关部门出台的普惠小微企业贷款延期还本付息和信用贷款支持计划等纾困政策会进一步持续，银行业作为支持实体经济、持续抗击疫情、助力全面脱贫攻坚胜利后的乡村振兴计划的中坚力量，在未来一段时间中仍会面临提升资产质量的挑战。

另一方面是银行的资本补充压力增大。特别是核心一级资本、拨备覆盖率和流动性覆盖率逐年下降。通常银行补充资本的渠道有内源融资和外源融资，从内源性资本补充

渠道看，我国商业银行税前利润除了用于缴税、分红外，剩余约50%用于补充资本，通过丰厚利润补充资本尤为重要。由于2020年银行业净利润在新冠肺炎疫情的冲击下出现下滑，贷款减值准备的计提对利润造成较大的侵蚀，银行业在抗击疫情、助力复工复产中发挥重要作用，主动让利实体经济，降低实体经济融资成本也让银行利润增长乏力，对资本补充贡献受到一定限制；从外源性资本补充渠道来看，我国债务资本和股票市场能够提供的银行资本补充工具还不够丰富，目前的资本工具主要包括普通股、优先股、可转债、永续债和减记型二级资本债。其中永续债又是银行补充资本的主要方式，例如，中国工商银行2019年发行了700亿元的人民币优先股和800亿元人民币永续债，2020年发行了29亿美元永续债，用于补充银行其他一级资本；中国建设银行2019年发行了400亿元人民币永续债；中国银行在2019年和2020年分别发行了400亿元人民币永续债；中国农业银行在2019年和2020年分别发行了1 200亿元人民币永续债。非资本型债务工具目前仍欠缺。

2. 中小银行数字化转型任重道远

近年来，在国内外宏观经济形势变化、全球金融科技迅猛发展等因素的推动下，我国银行业也开始了数字化转型，2020年新冠肺炎疫情使银行业金融机构意识到加强金融普惠性和包容性的重要性，从而加速了金融服务全流程数字化的发展。但是在数字化转型的实践过程中，不同类型的银行在具体建设进程和成效上形成了明显的分化。国有大型商业银行和股份制银行由于进入早、资金实力雄厚和客户基础厚实等，因此在数字化转型上发展力度强劲，已经基本完成了以云计算、大数据作为基础支撑的业务线上布局和数据治理等初级转型工作，并将发展重点转向智能化建设阶段。而中小银行则存在明显差距，主要表现为：

一是缺乏明确的长期金融科技发展规划，一直以来都是被动跟随国有银行和全国性股份制银行的步伐，重点目标不明确、数字化定位模糊。中小银行还没有建立数字化转型所需要的数字思维，更没有明确的数字化战略定位和布局，只是在一部分业务中融入金融科技，对于数字思维的建立、数字化转型的战略定位和布局缺乏整体性和系统性的规划和设计。

二是存量客户基础薄弱，限制了线上业务的大规模扩展，数字化基础建设带来的规模效应无法体现。由于中小银行往往受到金融服务对象区域化的限制，线上收单业务量远远不及大型商业银行，形成线上和线下收单服务相互割裂的状态，难以形成全国范围线上线下相互促进正向反馈的合力。而数字化建设投入资金巨大，单笔业务成本持续下降困难，数字化、网络化的边际成本递减效应弱化。

三是资金实力不足，投入能力有限。中小银行网点的自助服务在机具的数量、种类、服务项目、客户体验和智能化等方面与国有大型商业银行和全国性股份制商业银行存在很大的差距，且品种单一、竞争力不强。中小银行主要通过外部支持开展线上业务也使得运营成本居高不下，进一步削弱盈利能力，加剧了数字化基础建设资金困难。

**（二）保险公司产品供给与创新能力瓶颈亟须突破**

**1. 保险公司难以摆脱固有路径依赖，产品开发及创新的意识不强**

受发展阶段、发展理念、股东背景、短期效益等多种因素的影响，大多数保险公司往往习惯沿用旧有发展路径及模式，在发展理念、方法路径、运行程序等方面形成了严重的思维定势，创新发展、差异化经营的意识、动力不足。

从发展模式来看，保险公司长期依靠资源驱动，重资本、重投入，发展方式粗放。我国保险公司数量目前已超过 200 家，市场竞争较为充分，但总体上仍处在粗放式发展阶段，行业龙头和个别优秀保险企业占据了绝大部分的市场份额和行业利润，相当数量的中小险企生存艰难，部分公司陷入低水平的发展陷阱难以自拔，高投入、高成本、高消耗的"三高"现象没有从根本上改变。仅 2020 年，银保监会及其派出机构就对保险业开出 1 705 张监管罚单，总金额高达 2.36 亿元，涉及 342 家保险机构。

从行业资源来看，保险公司过去在机构铺设上的盲目扩张产生了大量的弱体机构，不仅无法带来竞争优势，还导致资源浪费和管理成本虚高，给企业正常运营带来沉重的负担。同时，破坏式、掠夺式的扩张还在相当程度上存在，消费者不满意不认同、行业形象不佳等问题没有得到实质扭转。

从业务获取方式来看，低水平的价格战仍是众多保险公司获客的主要手段。部分保险公司规模至上，深陷以高费用换保费的恶性竞争循环，如航意险的手续费曾经高达 90% 以上，2020 年财产险公司的综合费用率高达 39.5%，销售成本偏高成为中小保险公司经营困难的主要原因之一。财险公司在渠道上的费用投放大战非常激烈，不惜产生亏损。但就在比拼渠道占有率之时，保险公司忽视了产品的开发和创新，忽视了产品和服务质量的提升，忽视了车险、汽车后市场与互联网企业等形成的跨界服务生态带来的广阔机会。

从经营管理来看，部分保险公司无视保险经营规律，轻产品开发与经营，重资金运用，资产负债严重不匹配。部分公司在客户权益保护方面缺乏对消费者的敬畏和尊重。部分保险公司单纯追求做大规模，但其盈利能力与价值贡献不能与总资产相匹配。另外，管理人员本位思维，长期以来在产品及服务上缺乏创新意识与创新动力，后台不了解前线，企业听不到客户声音，对持续变化的市场环境和不断升级的消费者需求缺乏了解、认知及分析。

**2. 保险公司产品开发与创新能力不足**

风险识别和产品定价能力不足。风险识别和产品定价能力是保险公司设计和创新产品的基础和前提。目前，我国大多数保险公司风险识别和管理能力不足，在风险建模技术、智能风控、大数据分析、精准定价等方面还处于萌芽阶段，无法实现与场景、消费行为和消费习惯的紧密配合，如健康保险中，因带病体等领域缺乏经验数据，难以为客

### 2. 证券公司资管业务面临诸多挑战

证券公司资产管理业务发挥证券公司的专业能力，挣钱能力强，在证券公司的业务收入中占比越来越高，是证券公司差异化经营的重要手段，对证券公司的重要性也越来越强。而近几年资管业务发展过程中面临着诸多挑战。

一是老产品即将到期，资产负债难匹配。2018年4月27日，人民银行、银保监会、证监会、外汇局联合发布的资管新规要求过渡期结束后的新资管产品能够实现独立核算、独立托管，但新老产品在产品定价、产品期限、利率等方面可能存在不平衡或错配的情况，为转型带来较大的挑战。

二是净值型产品推广难，主动管理业务流失。新老产品资金属性不一致。资管产品的老产品多为预期收益型产品，隐含刚性兑付的义务，但新产品多为净值管理型产品，投资者自负盈亏。老产品主要以短期限为主，而新产品由于期限较长很难满足客户短期投资的需求。资产端与负债端发展不平衡，资管产品业务资产端很难满足负债端对产品定价与期限的要求，从而使资管产品主动管理规模下降，投研能力不足，转型主动管理难，使客户资金回归银行理财、公募基金等其他资管机构。

三是投研能力不足，转型主动管理难。打破刚兑、通过产品净值化来明晰风险和收益是证券公司资产管理业务转型的必由之路。证券公司需要摒弃之前不规范的通道、资金池、结构化等业务模式，进行主动管理转型。在行业爆发的阶段，证券公司较容易做大规模，吸纳了就业；但在行业规范发展的阶段，主动管理能力的比拼成了新的竞争点，一些中小证券公司在权益、债券、QDII等大类资产的研究和投资方面存在能力不足的问题，在进行主动管理转型时可能要经历阵痛。主动管理能力将成为证券公司资产管理业务转型发展的一个挑战。

### 3. 信托业经营风险上升且风险事件频发

近年来，在经济下行、监管趋严、行业转型等因素叠加影响下，信托行业风险不断上升，新冠肺炎疫情的出现进一步加速了这一趋势。例如，2020年7月17日，银保监会与证监会同时发布明天集团旗下9家金融机构（2家券商、1家期货公司、2家信托公司和4家保险公司）被接管的重磅新闻，接管期限由2020年7月17日至2021年7月16日（接管期限为一年）。被接管的两家信托公司分别为新时代信托和新华信托，其中新时代信托被接管是由于大股东明天集团违规占款、资不抵债，新华信托被接管则主要是由于内部管理混乱、经营风险较大。

经济下行及疫情冲击使得信托行业经营风险上升。经济下行对金融体系产生系统性影响，信托行业自然也难"独善其身"。经济下行压力下，融资人信用分化程度加剧，不同层级客户间的信用利差不断扩大，在同一行业中，优胜劣汰的现象愈发明显。而信托公司的客户以资本实力较弱、风险承受能力较差、市场竞争力不足的中小民营企业和房地产企业以及层级较低的地方融资平台为主，在行业中往往处于劣势地位，较优质企业或平台更容易出现风险。同时，信托公司客户受到新冠肺炎疫情的冲击更直接、力度更大。在行业受托资产规模不断回落的情况下，疫情的出现还进一步阻碍了信托公司的展业能力。

信托公司核心竞争力欠缺。核心竞争力欠缺导致信托公司抵御风险能力不足。长期以来，信托公司依托制度和牌照优势，主要从事技术含量低、经营难度小的通道类、非标债权类、房地产等业务，导致其缺乏动力培养资产端的投资研究、产品设计、风险管控等主动管理型核心竞争力。同时，在大资管格局中，与银行理财子公司等竞争对手相比，信托公司在产品起点、客户基础、销售渠道、资金投向等方面均不具备竞争优势。且随着非标业务转为标准化业务，信托产品收益率下降，对投资者的吸引力降低。

（四）新金融面临金融科技行业与数字货币的不确定性

1. 金融科技行业的变革与重构带来了风险与挑战

一是缺乏金融风险控制能力或金融从业资质的机构加入金融供给侧。传统金融市场有着严格的准入标准，有助于控制金融风险。金融科技的运用改变了金融市场的形态，使金融业务与非金融业务边界模糊，介入金融业务流程或分工环节的科技公司尽管在形式上从事的是非金融业务，但其经营活动可能会对金融风险产生重要影响，如果未被适当的金融监管所覆盖，就可能导致潜在风险。与此同时，一些从事新型金融业务的科技企业虽然通过资质审查获得了金融牌照，但其风险管理意识和内控制度完善程度与传统金融机构相比仍有较大差距。更有甚者，一些机构打着金融科技的名义，借机非法从事金融业务，成为金融市场的重要风险隐患。

二是金融科技发展缺乏资金支持。金融科技市场主体主要有金融科技公司、传统金融企业、科技公司和监管科技公司。传统金融企业发展历史悠久、资金雄厚、应对风险能力较强，在运用金融科技时具有先天优势，可以对已有产品、销售方式、经营模式等进行创新。金融科技公司以及科技公司多为小公司，缺乏充足资金进行服务创新、产品创新，并且由于自身风险性较高，贷款融资能力弱，很难从金融机构获得贷款支持，加上近年来越来越多的金融科技公司"跑路""暴雷"事件的发生，使金融科技公司与传统金融公司相比没有竞争力，很大可能导致金融科技公司的倒闭。

2. 数字货币的不确定性对金融机构带来潜在风险

一是当数字货币的发放普及到非银金融机构，商业银行的支付业务以及通过支付业务衍生的各类业务将会因为竞争而受到侵蚀。理论上，法定数字货币无须银行账户即可投放。但在现有金融体系下，央行直接投放的数字货币有可能导致金融脱媒。商业银行的业务运作是建立在银行账户之上的，在账户的基础上开展存、贷、汇等业务。数字货币无须银行账户即可面向普通人发行，普通人不用借助银行账户即可完成汇款、转账，这将从根本上动摇商业银行的根基。

二是银行业部门间的去中介化风险和挤兑风险。个人可以将钱从商业银行的存款转移到 CBDC 持有的账户内；反之，银行可能会感到压力而增加存款利率或者获得更昂贵（且波动较大）的批发资金，这对银行的获利能力造成压力，并可能导致向实体经济提供更高成本或更少的信贷。此外，在危机时期，银行客户可能会从持有存款转而持有 CBDC，这可能被视为更安全的方法，流动性更强。如果发生挤兑，中央银行将更容易通过 CBDC 来应对银行的流动性需求。因此，与本地货币 CBDC 的存在无关，储户可能会寻求外币避难。

三是央行数字货币的推广将增加传统银行业及相关金融机构、电信运营商的成本。第一是增加金融机构和电信运营商的硬件配置和软件升级成本。商业银行网点需要配置相关服务终端，同时整合新老系统，还需定期进行软硬件的维护，导致运营成本增加。第二是增加人员培训成本，配置专业人员以服务社会公众。现阶段商业银行网点虽然已逐步实现电子信息化运营，但涉及柜台的业务仍需要耗费大量的人工成本，在央行数字货币推出以后，可预见的是，商业银行将投入更多的人力推广宣传数字货币。

## 三、金融机构应多措并举提升金融服务质效

### （一）银行业应聚焦"防风险促转型"

1. 多渠道补充资本增加银行总损失吸收能力

对于大型商业银行而言，由于 2020 年 9 月 30 日，人民银行与银保监会联合发布了《全球系统重要性银行总损失吸收能力管理办法（征求意见稿）》和《关于建立逆周期资本缓冲机制的通知》以应对国际金融监管新要求，对商业银行特别是系统重要性银行的资本提出了更高的要求。为了应对资本充足率要求的提升，银行应重视合格的 TLAC[①] 工具研发，积极探索在海外低成本地区发行以美元、欧元等货币计价的固定利率长久期 TLAC 债务工具，同时可以通过资产端轻资本化、加大零售转型等方式优化资产配置，通过结构优化来降低风险加权资产，也可以考虑将部分资产通过 ABS 方式出表，降低风险加权资产；通过综合化、多元化经营强化轻资本运营模式。监管当局也应进一步完善总 TLAC 工具市场建设，明确各类合格工具的发行规则，排除 TLAC 债务工具在偿付次序、减记或者转股条款等方面的制度障碍，鼓励社保、保险、证券基金等机构持有银行的 TLAC 工具，有效分散风险并提高 TLAC 工具的流动性，出台相关政策降低发行成本。

对于中小银行而言，一是要坚持服务小微和民营企业的定位，发展差异化和特色化经营，加大金融科技的应用，丰富产品，打造特色化专业化银行，以此来增强自身盈利能力，实现内源性资本补充；二是要抑制资产扩张冲动，调整资产结构，利用小微企业贷款资本占用优惠政策，提高小微企业贷款在总资产中的占比，控制加权风险资产增速，降低资本消耗；三是调整盈利模式，积极拓展非利息收入业务，降低成本，提高盈

---

① TLAC 指总损失吸收能力。

利能力。监管当局应该创新资本工具，优化中小银行股东管理政策，丰富中小银行资本补充渠道和对象。针对目前核心一级资本工具缺乏创新、融资途径局限于股权融资的情况，建议监管机构针对中小银行，对照合格资本标准，探索创新不具有表决权、收益不固定的永续核心一级资本工具，以及一定期限后强制性转股的可转换债券，丰富中小银行可运用的核心一级资本工具。同时，针对地方国有企业和其他股东因受资金状况限制不能参与中小银行股权融资的情况，建议参照地方政府专项债补充中小银行资本的方式，允许达到一定条件的企业股东发行专项债券，用于认购中小银行的股权，该部分债务不纳入银行股东资产负债率的计算范围。同时，适当优化针对中小银行股东的监管政策，对连续盈利、资产负债率等条件设定逆周期调整机制，基于宏观形势变化，阶段性予以调整，避免经济下行期现有股东因财务状况恶化，不满足股权增资资格，从而限制中小银行资本补充，进而制约其加快信贷投放以落实逆周期宏观政策。①

2. 中小银行深耕本地市场加速数字化建设

首先应该明确数字化转型定位，做到"小而美"，切忌盲目跟随资本雄厚的大型银行进行全方位研发。可以选择优先聚焦发展业务前端，布局基层设备移动化、智能化，以智能化赋能基层员工的方式，加速改进银行营销渠道，扩展获客渠道；主攻县域及以下基层收单市场和报名单在线授信；抓住"双循环"新发展格局下消费金融蓬勃发展的机遇，实现特色化、零售化战略转型，将增长模式向"线上线下"双轮驱动转化，加快"非接触化"金融服务产品创新，加快远程面谈、"无人银行"等新型服务模式发展；强化贷后管理的"非接触化"能力。

其次发挥自身的灵活优势，进行流程专业化再造。中小银行组织更加扁平化、组织层级少，在数字化转型时灵活调整实现快速系统转型的优势明显。因此，可以根据所在地区的特点对运营条线的会计核算流程、管理制度、操作规程进行改革创新，逐步开展各业务条线的流程再造，打造统一的数字化服务流程，加强数字化风险管理体系和风控机制。

再次要加强数据治理，实现数据的价值转化。中小银行应定位于服务当地中小微企业和基层客户群体，利用区域优势获取更多非标准化的软信息，对内外部数据进行深度分析，加速信息的快速传递机制，推动数据在不同业务部门之间的共享，为业务创新提供数据支撑。例如，对接业务终端，实现数据的标准化采集，进入数据管理平台后匹配给相关业务，以高效发挥数据要素的价值；同时应加强数据信息的安全管理，注重客户隐私保护，通过全方位安全计算技术、加密技术等实现数据所有权和计算权的分离，防止真实原始数据的泄露。

最后充分发挥行业协会、产业联盟作用，为中小银行搭建金融数字信息服务、金融

① 张吉光. 破解中小银行资本补充难题［J］. 中国金融，2021（10）：44－46.

科技能力共享等平台，开展数字化转型业务创新、技术应用、风险防控等方面的培训，帮助中小银行降低数字化转型成本，提升其数字化运营能力。

（二）全面提升保险公司产品供给与创新意识及能力

1. 转变保险公司管理模式，提升产品开发与创新意识

保险公司要解决目前严重的路径依赖以及产品及服务能力不足的问题，亟须尽快转变经营管理模式，实施精细化管理，强化效益意识，以客户为中心打造高效组织，革新业务流程，优化产品服务。

一是要树立以客户为中心、以市场为导向的经营理念。提升产品供给和服务能力，归根结底是满足客户的需求。因此，保险公司要树立以客户为中心、以市场为导向的经营管理理念，细分市场和客户，充分了解客户需求，提供差别化、多样化的保险产品及服务，提升客户满意度。此外，要完善资源配置机制，提升资源配置水平，以用户需求、痛点、存在的问题为起点，不断将其分解成可执行、可量化、可评价的关键因素，通过对关键因素及薄弱、空白环节进行改善，有针对性地推出新产品，改进老产品，拓展和丰富服务内容，提升服务效率，以做到产品、服务质量与客户体验的全方位提升。

二是要重构适合专业化、精细化发展的组织架构。保险公司高效运营的重要基础是科学的组织架构。我国除互联网保险企业外，传统保险公司大多采取"金字塔"式的组织架构，部门多、层级多、流程繁复，指令传导层层消减，前中后台协同不足，组织缺乏活力，资源利用效率低下。而客户底层逻辑的改变、保险产品供给及服务能力的提高，迫切需要打破传统的组织架构，进行组织扁平化改革，大力精简中间管理层，探索建立敏捷、协调和开放的团队，重构保险公司组织架构。新的组织架构以顾客需求和用户价值为导向，摆脱多层级化，资源和权利向基层转移，更具灵活性和非结构化，将充分激活组织活力，提升决策效率，更好地满足产品开发和创新要求，更好地满足客户需求。

三是要推动保险公司管理模式转型。管理模式的转型需要保险公司进行整体规划，自上而下推广，以基层为中心落实，并在过程中逐步改善。要从思想、环境等方面入手，强调全员参与，营造和谐相处的氛围。首先，管理层要转变思维，抛弃旧有路径依赖，明确精细化管理观念，提供与精细化管理相匹配的组织环境和企业文化；其次，通过精细化管理对产品设计开发、保险产品销售、保全、理赔全流程实施全方位改造，对客户各阶段需求进行全维度立体化布局，提升整体产品及服务的水平、效率；再次，打造精细化管理沟通联动机制，通过降低保险公司部门之间、总公司与分公司之间的沟通障碍，减少重复沟通，从而提升效率降低成本；最后，在保险公司内部构建高绩效文化，进一步扩大精细化管理实施范围，构建提高用户满意度的衡量指标和奖惩机制，将精细化管理转变为员工的思维方式。

2. 提升保险公司产品供给与创新能力

一是提升风险识别和产品定价能力。保险公司要加强数据积累，深入挖掘数据资源潜力，充分借助外部大数据，丰富客户风险特征库，准确识别客户风险，建立客户画像，加强自主风险定价模型建设，开展数据分析和精算定价。在服务方面，也要建立客户分级评估体系，通过客户价值等级设置客户评分等级，制定差异化的客户留存策略和服务策略，增加客户黏性。此外，保险公司应优化开发管理机制，建立健全内部产品开发工作机制，明确其他相关内设部门配合产品开发部门工作的职责范围，细化工作目标和具体任务，统筹推进丰富产品供给的工作。建立健全产品管理机制，有效改善产品供给质量，实现产品供需良性互动、业务高质量发展。

二是提升科技运用能力。保险科技的发展与落地可以为潜在保险市场提供参考数据，可以将过去不可承保的风险领域进行拆分，将细分风险领域量化后承保，拓宽交易的可能性边界，从而满足特殊群体的保险需求；还可通过创新风险解决方案，挖掘保险下沉市场，为低收入群体提供小额保障，惠及更广人群。因此，保险公司应强化互联网思维，要在人才、组织、文化等方面进行深刻变革，加大保险科技的运用力度，将科技应用于保险经营管理的各个业务流程、服务环节与价值链，提升科技赋能的水平，促进保险产品创新、销售渠道变革、业务管理模式变革以及推动商业模式创新，提升服务的便捷性和可得性。同时，保险科技的运用不应仅局限于新兴技术的学习与应用，更要注重技术的开发与创新。此外，要防范在保险科技应用中的风险，在海量客户数据的采集、整理、传输、使用和管理等过程中均可能存在泄露或者滥用的风险，同时也可能出现数据垄断、大数据杀熟等不正当行为风险，要明确保险公司的业务边界和权限，严格保护消费者信息安全。

三是强化专业人才的培养与储备。保险产品的创新和发展归根结底都要靠人才驱动。一方面，保险公司要高度重视人才建设，把人才作为保险公司生存和发展的第一要素予以高度重视，以调整和优化人力资源结构。要创新人才培养模式，加强与高校、监管部门、教育部门、科研机构、科技类企业等的联盟合作，打通政产学研多元化的人才流通渠道，强化精算、风险管理、信息科技等高精尖专业人才的引进和培养。另一方面，要健全培训体系，加强对员工的专业培训力度，持续提升专业能力，建立与客户需求和企业发展相匹配的高素质员工队伍。

3. 营造提升保险公司产品供给与创新能力的外部环境

一是加大外部政策支持力度。加快建立与提升保险产品供给能力相适应的保险发展支持政策体系，发挥政策支持对保险公司供给能力提升的促进作用。加大与财政部、税务总局的沟通协调力度，进一步加大政策和资金支持力度，强化相关政策落地和实施。如重视商业保险机构在解决"双循环"发展、社会治理、健康管理、社会养老和医疗支付等方面的作用，对其相关业务的开发与推进给予税收优惠和支持，扩大相关业务的试点范围和覆盖面，以降低经济建设和国民风险保障缺口。要探索建立税优额度的动态调节机制，并根据行业、地区不同情况差异化对待，提高政策支持的差异性，以促进保险产品的个性化和精细化发展。要简化税务操作手续，提高税收优惠抵扣的便利性。

二是完备保险产品开发及创新的行业基础设施。要加强行业基础研究，建立行业基础数据采集标准，提升行业基础数据质量。在数据互联互通方面，建议由政府出面协调相关机构，解决"数据孤岛"等数据资源浪费问题，实现保险产品设计及开发在定价、风险管控方面的突破。如，在健康保险中，应联合保险公司与国家卫健委、医保局和医疗机构，建立医疗数据标准和数据的共享机制。要深化对不同类型的消费者风险及保险规律的研究，推动对特种风险、巨灾风险发生率的研究，为产品精准化、个性化供给提供数据支撑。

（三）积极推进资管业务转型和金融科技赋能

1. 高度重视资管业务未来的发展与转型

随着国民经济的发展，居民可支配财富快速增加，资金的配置需求依然强烈，资产管理行业依然展现出良好的市场前景。如何在新形势下抓住资金需求，在资管新规的过渡期内顺利完成资产管理业务的转型和发展，成为证券公司下一阶段的经营重点之一。

成立资管子公司，自主经营独立核算。证券公司通过事业部制改革建立起了符合资管业务要求的运作模式，与事业部相比，子公司的经营模式更具优势：具有独立法人地位，在法律关系和组织架构方面，能将资管业务与其他投行、经纪业务进行风险隔离；监管部门也能通过净资本、风险准备金等指标对资管业务资本进行约束，为资管业务的发展提供资本支撑；同时还能提高券商资管业务的专业化能力。在国内，资管新规也从规范公司治理、强化风险隔离及第三方独立托管方面鼓励资管机构设立子公司单独开展资管业务。

明确竞争战略，明晰业务定位，形成差异化竞争。目前，证券公司资管业务的同质化竞争严重，资产端的管理方式雷同，负债端的销售模式雷同，很难形成差异化竞争。未来证券公司的资管业务必须结合自身的资源禀赋和组织特点形成较难模仿的核心竞争力。例如，东方证券资管部门在行业大幅发展通道业务时坚持大力发展主动管理业务，不挣容易的钱，坚持价值投资，专注资本市场，培养较强的投研能力，建立了拥有共同文化和价值观的团队，专注于综合资产管理能力的提升，走出了一条东方特色之路。未来，随着银行债券投资经验的逐渐丰富，银行对债券委外投资业务的需求有所萎缩，因此，证券公司的权益产品、量化产品会成为差异化经营的突破口。

提升资产配置能力。随着通道业务的退出，信托公司的经营模式发生了较大转变，由传统的代人融资转向资产管理，既要对已有客户和潜在客户进行专业分析，又要根据公司自身风险防控能力和定位细分市场，开展专业的资产管理产品和制定相关管理政策来维护资金端的业务需求。为了应对《资管新规》带来的监管环境的变化，信托公司需要将发展目标定得更长远，摈弃追逐短期利益的传统观念，积极发挥资产管理的优势，提升资源配置能力，主动对接社会经济发展的各项需求和国家发展的大政方针，优化金融资源的配置渠道，积极响应供给侧结构性改革，为推进我国经济高质量发展贡献力量。

### 2. 信托行业需积极进行转型升级

信托行业转型可从以下两个方面入手：一是打破"刚性兑付"。"刚性兑付"在信托行业长期存在，特别是依托资金池的"暗箱刚兑"，使得委托人为了掩盖风险，不断以各种形态和名目设立资金池以承接问题资产。这种做法尽管能保障前期客户得到兑付，但越填越大的资金池埋下了更大的风险隐患，使得行业长期处于无法出清的状态。现阶段，尽管信托行业"打破刚兑"还存在声誉损失与丧失客户的风险难以承受、委托人风险承受能力不足等现实障碍，但为了顺利实现转型升级与可持续发展，信托行业需要拿出"刮骨疗伤"的勇气逐渐"打破刚兑"，使得风险的暴露更加彻底。

二是回归行业本源。长期以来，信托行业主要从事通道类、非标债权类、房地产等非本源业务。在此过程中，主动管理等与本源业务相关的核心竞争力得不到锻炼和提升。根据监管导向，未来信托行业的转型方向主要包括标准化资产业务、股权投资业务和服务信托业务，涉及中小微企业、科创企业、"两新一重"建设等重点领域。信托行业需积极培育主动管理等核心竞争力，进而为行业顺利实现转型升级提供能力支撑。

三是打造专业财富管理团队。信托行业能够通过整合资本市场、货币市场以及实体领域的资金资源进行高效配置，可以凭借其行业优势向客户提供多元化的财富管理方案。这也加剧了对信托专业人才的需求，需要打造一支复合型财务管理团队，能够熟悉与掌握金融、法律、财务等专业知识，通过制定专业化的财务管理方案实现客户的增值诉求。近年来，在经济基本面下行压力下，信托行业风险资产逐渐暴露出来，交易对手的信用违约风险逐渐加大。因此，在相关部门严格监管之下，信托公司也需要强化自身的合理合规化建设，妥善处置项目风险点，提升风险防范能力和识别能力，加强对从业人员的培训力度，以及提升对信托投资者的教育。同时，信托公司还要充分运用信托制所特有的破产隔离属性，以及与银行、律师事务所之间长久合作的模式，转变财务管理团队对资产产品的管理方式，即从单纯的产品供应商转向全方位的专业财务管理团队。

### 3. 加大金融科技投入与重视数字化转型

大数据、人工智能、区块链、云计算等金融科技的快速发展，正在引领人类经济走向数字经济时代。数字化转型不仅成为金融机构增强核心竞争力的重要突破口，还为金融机构带来重大的发展机遇。

金融科技对证券行业最大的帮助就是"数字化转型"，它可以帮助所有证券业务及经营管理实现数字化转型。在经纪业务领域，数字化转型有利于实现全面的线上化运营，提供智能化的投顾服务；在投行领域，数字化转型的主要工作反映在承揽阶段的销售自动化和承做阶段利用 AI 技术使效率大幅提升；在投资与资管领域，利用人工智能技术能提高决策能力，利用结合情景分析的智能配置从宏观和市场情绪角度发掘多资产关联关系，便可完成智能配置及调仓。

资管新规及其配套细则在 2018 年陆续出台以来，信托"压通道""控地产""降规模"成为行业监管主趋势，信托公司传统业务受到不同程度监管挑战，迫切需要金融科技助力传统业务优化升级。对于融资类信托业务（私募投行），金融科技可借助大数据、区块链等技术帮助信托公司提升尽调能力，挖掘更好的资产。对于工商企业信托，可通过物联网、区块链等金融科技手段，打造数据流、资金流、物流等跟踪平台，帮助信托公司充分分析企业资金流、客户流以及订单流等多方面信息，为客户进行全面"画像"，在加强对底层资产的把控能力的同时，更有针对性地对企业提供供应链金融服务，加大金融供给的公平性和可得性。而对于投资类业务，信托公司则可通过运用大数据、云计算、人工智能等前沿技术提高海量数据处理能力，应用智能投顾强化投资策略等不断提高公司投研能力，从而为公司更好地开展资本市场业务、PE 股权投资等标准化业务奠定良好的科技基础。

在金融科技逐渐成为证券行业发展推动力的潮流趋势下，证券经营机构必须进一步加大金融科技投入，完善战略布局，加强与大型科技公司的战略合作，尽快实现数字化转型目标，不断提升证券业金融科技渗透率，增强后续发展动力。在激烈的市场竞争格局下，证券机构应积极运用金融科技的技术优势，推动数字化转型，引领证券行业高质量发展，为实体经济发展提供优质、高效的金融服务。

（四）新金融需紧盯"强风控促发展"

1. 加快探索金融机构风控管理与科技公司资金缺乏的出路

一是促进监管沙盒等创新监管措施发挥功效。创新性监管是监管层面的新措施，属于试错性监管，如监管沙盒等。监管沙盒能够协助解决监管盲区问题，使监管者获知并追踪新技术在测试环境中的运行情况。一方面，实施试错性监管可以提供金融创新试错空间，展现了监管者对新生事物包容的态度。另一方面，考虑到金融科技创新成果需要时间检验，且成熟后不一定立刻被广泛应用，试错性监管可以减少监管过程中人力、物力与时间的浪费。

二是充分发挥金融监管科技作用。金融监管机构要主动应用大数据、机器学习等技术更新完善监管框架与体系，利用互联网、云计算和区块链等提高监管的智能化与自动化程度，应用监管科技实时跟踪风险集中情况的变化。鼓励不同的监管机构利用监管科技促进有效信息的共享，确保监管执行流程公平公正、结果可靠，提升整体监管意识。

三是政府引导资金投入金融科技。金融科技经营主体在资金获得方面需要依靠政府的大力支持，由政府主导金融机构为金融科技企业提供资金支持。针对科技公司发展的不同阶段制定相应的融资方案，对支持科技企业发展的金融机构给予税收减免优惠，政府引导资金流向金融科技企业，为我国金融科技企业的发展提供良好的资金环境。

2. 数字货币建设与金融机构风控齐头并进

一是短期内遵从二元发行结构，借助银行、非银行等金融机构进行间接投放，避免法定数字货币直接面向公众。二元发行结构指中国人民银行先把数字货币以 100% 准备金兑换给银行或其他金融机构，随后这些机构向社会公众发放 DCEP。二元模式可以充分调动商业银行现有货币发行流通系统，并将部分软硬件设计任务分担到相关金融机构，有效降低中央银行所承担的风险，专业化中央银行监管职能，减缓"金融脱媒"的风险。

二是针对去中介风险，可以通过不付息的 CBDC（至少在正存款利率的环境中）以及对 CBDC 持有量的限制来缓解脱中介风险。针对挤兑风险，可靠的存款保险可发挥继续阻止挤兑的作用。

三是要提供强有力的政策保障和资金支持。建议由央行牵头成立多部门联合的数字货币推广工作小组，明确各部门的分工内容，统筹协调机制，制定相应的制度以保障数字货币的推广发行。建议制定税收优惠政策，对大规模使用数字货币作为业务往来款的单位及个人予以一定的税收减免；制定高新技术产业定向扶持优惠政策，对在边远地区推广使用智能移动终端设备的企业给予财政资金补贴，同时引导电信设备服务商提高服务质量，增加基础设施覆盖地区范围；制定政府部门和事业单位行政政策，为社会公众的资金往来款设立数字货币专用便捷通道；等等。

# 第三章 金融市场承压运行，体系建设显成效

2020 年，金融市场整体承压运行，金融市场的市场制度不断完善，金融市场对外开放水平显著提升。货币市场利率平稳，市场交易活跃，同业拆借市场交易量小幅下降，回购市场交易量持续增长，股票市场指数上升，投融资上行，新三板市场股票交易量回升；债券市场整体活跃，基金市场持续快速增长。人民币汇率先贬后升，年末收于近两年高位，外汇市场总成交量实现增长，外币对市场增速较快。疫情及车险综改双重冲击下保险市场保持稳健运行。黄金需求和供给均稍有下降，黄金价格巨幅震荡，整体上涨，黄金交易规模持续增长。期货交易量和成交额均有所上升、期权市场规模持续增长、利率衍生品成交量稳步上升。在疫情的压力下，我国金融市场存在的问题逐渐显现：宏观杠杆率大幅上升、高评级国企信用债违约频发、信托资产风险率创历史新高、注册制下询价机构"串谋打新"、中行"原油宝"穿仓暴露极端风险、保险市场产品供给水平难以匹配差异化需求。针对这些问题，本报告给出相应的对策建议：深化改革保持宏观杠杆率基本稳定、市场化出清解决违约国企债务问题、加大对信托风险资产的处置力度、持续优化注册制新股发行承销制度、建立金融衍生品一体化监管机制、全方面多领域提高保险市场产品供给水平。

## 一、金融市场承压运行

（一）货币市场利率平稳，市场交易逆势增长

1. 同业拆借市场小幅下降

从长期来看，同业拆借市场交易额持续增长。2019 年同业拆借市场交易量小幅上升，2020 年小幅下降。同业拆借累计成交 147.14 万亿元，同比下降 2.96%，日均成交 5 885.7 亿元。从图 3 - 1 可以看到，2007 年后，同业拆借交易额快速增长，年均增长率高达 94.82%，2013 年同业拆借成交额下降 23.95%，2014 年小幅回调，2015 年后又重现大幅增长，2017 年同业拆借成交额有所下降，2018 年再创历史新高，2019 年小幅增长，2020 年小幅下降。

从期限结构来看，市场交易仍主要集中于隔夜品种，拆借隔夜品种的成交量占总量的 90.20%，比 2019 年下降 1.2 个百分点，各月成交额具体见表 3 - 1。

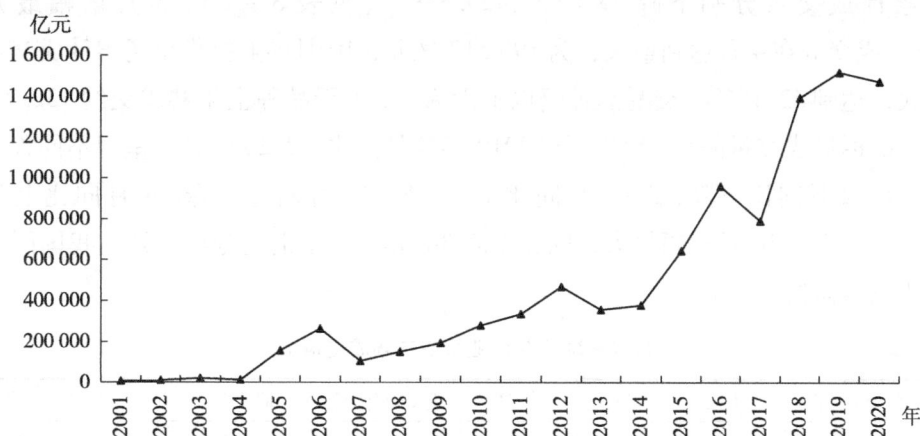

图 3-1　2001—2020 年我国银行间同业拆借交易额变化情况

（资料来源：http：//www.pbc.gov.cn/diaochatongjisi/116219/116319/3959050/3959054/index.html）

表 3-1　　　　　　　2013—2020 年全国银行间同业拆借市场交易期限分类统计　　　　单位：亿元

| 日期 | 1 天 | 7 天 | 14 天 | 21 天 | 1 个月 | 2 个月 | 3 个月 | 4 个月 | 6 个月 | 9 个月 | 1 年 |
|---|---|---|---|---|---|---|---|---|---|---|---|
| 2013 年 | 289 636 | 44 024 | 11 579 | 1 828 | 5 070 | 1 034 | 1 748 | 67 | 119 | 2 | 83 |
| 2014 年 | 294 983 | 61 061 | 11 767 | 899 | 4 665 | 1 237 | 1 670 | 60 | 100 | 22 | 163 |
| 2015 年 | 539 953 | 76 974 | 15 305 | 1 372 | 4 243 | 1 006 | 2 445 | 120 | 146 | 17 | 553 |
| 2016 年 | 839 763 | 92 765 | 12 771 | 2 209 | 4 463 | 2 129 | 3 477 | 263 | 510 | 259 | 522 |
| 2017 年 | 679 807 | 80 521 | 12 750 | 3 126 | 5 079 | 5 063 | 2 180 | 475 | 377 | 103 | 329 |
| 2018 年 | 1 255 458 | 102 943 | 10 554 | 2 975 | 5 038 | 4 205 | 5 136 | 1 214 | 996 | 323 | 653 |
| 2019 年 | 1 386 203 | 100 603 | 11 898 | 2 628 | 4 562 | 3 614 | 5 011 | 664 | 473 | 180 | 538 |
| 2020 - 01 | 90 053 | 6 772 | 1 272 | 346 | 719 | 88 | 461 | 28 | 38 | 9 | 28 |
| 2020 - 02 | 57 690 | 10 234 | 884 | 80 | 532 | 336 | 339 | 37 | 150 | 9 | 31 |
| 2020 - 03 | 140 449 | 10 539 | 1 105 | 152 | 536 | 116 | 430 | 39 | 66 | 29 | 53 |
| 2020 - 04 | 175 936 | 11 278 | 1 471 | 163 | 470 | 240 | 438 | 16 | 154 | 163 | 188 |
| 2020 - 05 | 135 179 | 9 882 | 557 | 87 | 597 - 01 | 93.94 | 519 | 6.95 | 70.74 | 17.2 | 30.99 |
| 2020 - 06 | 111 455 | 9 771 | 787 | 115 | 502.34 | 197.82 | 293 | 14.6 | 47.53 | 18.1 | 39.45 |
| 2020 - 07 | 121 028 | 10 391 | 1 041 | 63 | 756 | 168 | 473 | 10 | 53 | 7 | 17 |
| 2020 - 08 | 104 086 | 8 243 | 827 | 109 | 1 229 | 90 | 368 | 15 | 9 | 8 | 13 |
| 2020 - 09 | 118 055 | 8 618 | 2 315 | 412 | 567 | 174 | 292 | 12 | 65 | 3 | 20 |
| 2020 - 10 | 66 318 | 7 541 | 497 | 78 | 373 | 192 | 379 | 6 | 89 | 8 | 16 |
| 2020 - 11 | 86 663 | 8 833 | 482 | 103 | 421 | 677 | 418 | 18 | 43 | 13 | 23 |
| 2020 - 12 | 120 371 | 10 993 | 954 | 79 | 405 | 705 | 520 | 114 | 57 | 10 | 41 |
| 2020 年 | 1 327 283 | 113 094 | 12 191 | 1 789 | 7 108 | 3 077 | 4 931 | 316 | 842 | 295 | 498 |

资料来源：http：//www.pbc.gov.cn/diaochatongjisi/116219/116319/3959050/3959054/index.html。

1 月、2 月，受疫情影响，同业拆借市场成交量较上月大幅下降，1 月、2 月同业拆

借市场累计成交量分别下降 18.03%、29.55%（见表 3 - 2）；3 月增幅最大，达
118.3%，成交额在 4 月达到最大，为 190 517 亿元，10 月同业拆借市场累计成交量下降
幅度最大，达到 42.16%；交易品种仍以 1 天为主，1 天品种全年共成交约 132.73 万亿
元，占全部拆借成交量的 90.20%。与 2019 年各月同比，2020 年各月呈现不同程度的变
化趋势，1—2 月同比下降，3—7 月同比上升，8—11 月同比下降，4 月同比上升率最
高，达 125.60%，10 月降幅最大，同比下降 36.46%。由上述分析可知，我国同业拆借
市场处于调整阶段。

表 3 - 2　　　　　　　　　　　　　2019—2020 年同业拆借市场成交情况

| 月份 | 2020 年成交额/亿元 | 环比/% | 2019 年成交额/亿元 | 同比/% | IBO001①/亿元 |
|---|---|---|---|---|---|
| 1 | 99 814 | - 18.03 | 106 283 | - 6.09 | 90 053 |
| 2 | 70 323 | - 29.55 | 84710 | - 16.98 | 57 690 |
| 3 | 153 514 | 118.30 | 114 825 | 33.69 | 140 449 |
| 4 | 190 517 | 24.10 | 84 450 | 125.60 | 175 936 |
| 5 | 147 041.64 | - 22.82 | 117 448 | 25.20 | 135 179 |
| 6 | 123 240.83 | - 16.19 | 98 113 | 25.61 | 111 455 |
| 7 | 134 008 | 8.74 | 121 193 | 10.57 | 121 028 |
| 8 | 114 997 | - 14.19 | 152 655 | - 24.67 | 104 086 |
| 9 | 130 532 | 13.51 | 133 735 | - 2.40 | 118 055 |
| 10 | 75 497 | - 42.16 | 118 827 | - 36.46 | 66 318 |
| 11 | 97 693 | 29.40 | 138 981 | - 29.71 | 86 663 |
| 12 | 134 248 | 37.42 | 121 766 | 10.25 | 120 371 |

资料来源：http://www.pbc.gov.cn/diaochatongjisi/116219/116319/3959050/3959054/index.html。

2020 年，同业拆借利率波动幅度较大。从全年来看，10 月同业拆借加权平均利率
是 2.13%（见图 3 - 2），为年内最高水平，4 月达到 1.11% 的年内最低水平。前 4 个月
持续下降，5—8 月持续回升，9—10 月小幅波动，11—12 月大幅下降。质押式回购加权
利率与同业拆借加权利率全年走势极为同步，也从侧面反映全年资金需求状况。

2. 回购市场交易量持续增长

2020 年，回购市场交易量持续增长（见图 3 - 3 和表 3 - 3）。银行间市场债券回购
累计成交 952.72 万亿元，同比增长 17.61%，日均成交 3.81 万亿元，增速比 2019 年高
0.6 个百分点。除 1 月、2 月外，剩余月份均同比增长，其中，9 月成交额为 90.89 万亿
元，较 8 月增长 39.48%，为年内单月最高增长率；1 月成交额为 58.74 万亿元，较上月
减少 21.26%。从期限结构来看，回购市场交易仍主要集中于隔夜品种，回购隔夜品种
的成交量占总成交量的 84.71%，比 2019 年上升 0.6 个百分点。

---

① IBO001 指同业拆借市场中的隔夜品种；占比指隔夜品种成交量占同业拆借总成交量的比重。

图 3 - 2 2014—2020 年同业拆借加权平均利率和质押式回购加权利率

（资料来源：http：//www. pbc. gov. cn/diaochatongjisi/116219/116319/3959050/3959054/index. html）

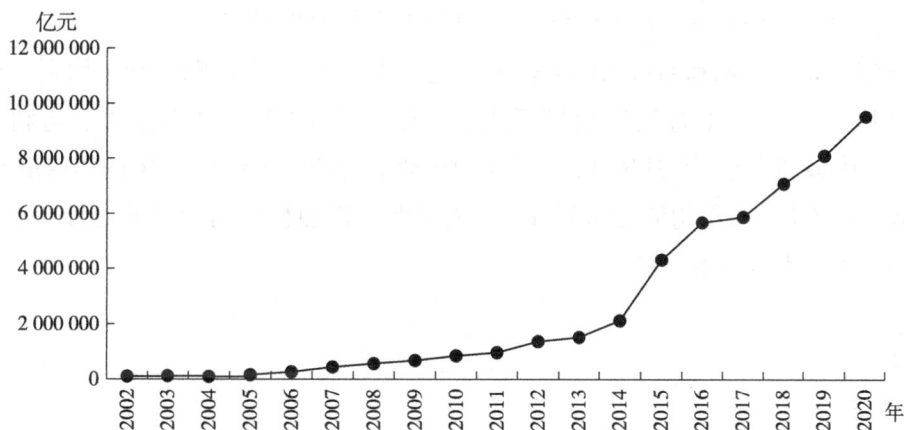

图 3 - 3 2002—2020 年我国银行间市场债券质押式回购交易额变化情况

（资料来源：http：//www. pbc. gov. cn/diaochatongjisi/116219/116319/3959050/3959054/index. html）

表 3 - 3　　　　　全国银行间市场债券质押式回购交易期限分类统计　　　　单位：亿元

| 日期 | 1 天 | 7 天 | 14 天 | 21 天 | 1 个月 | 2 个月 | 3 个月 | 4 个月 | 6 个月 | 9 个月 | 1 年 |
|---|---|---|---|---|---|---|---|---|---|---|---|
| 2013 年 | 1 201 735 | 196 620 | 64 787 | 14 263 | 24 745 | 8 264 | 7 068 | 613 | 1 045 | 234 | 384 |
| 2014 年 | 1 668 990 | 300 413 | 96 061 | 16 051 | 22 896 | 6 722 | 9 854 | 1 214 | 1 464 | 123 | 311 |
| 2015 年 | 3 700 895 | 461 541 | 114 361 | 11 337 | 18 661 | 5 372 | 10 193 | 768 | 849 | 60 | 73 |
| 2016 年 | 4 861 135 | 618 755 | 138 334 | 21 404 | 23 673 | 7 801 | 9 346 | 679 | 743 | 84 | 740 |
| 2017 年 | 4 747 267 | 763 744 | 236 560 | 56 307 | 36 925 | 27 043 | 8 445 | 3 533 | 1 694 | 777 | 309 |
| 2018 年 | 5 782 657 | 712 188 | 200 732 | 105 232 | 32 653 | 21 303 | 7 699 | 2 887 | 655 | 151 | 81 |

续表

| 日期 | 1 天 | 7 天 | 14 天 | 21 天 | 1 个月 | 2 个月 | 3 个月 | 4 个月 | 6 个月 | 9 个月 | 1 年 |
|---|---|---|---|---|---|---|---|---|---|---|---|
| 2019 年 | 6 901 147 | 785 310 | 238 267 | 104 249 | 43 621 | 17 956 | 5 961 | 2 764 | 1 333 | 216 | 62 |
| 2020.01 | 480 093 | 56 664 | 30 394 | 11 416 | 7 768 | 777 | 99 | 11 | 78 | 107 | 3 |
| 2020.02 | 390 431 | 81 360 | 21 525 | 7 829 | 2 094 | 1 599 | 902 | 167 | 251 | 1 | 13 |
| 2020.03 | 792 562 | 83 982 | 22 668 | 9 361 | 3 481 | 492 | 436 | 106 | 184 | 40 | 12 |
| 2020.04 | 902 896 | 84 987 | 26 195 | 9 052 | 3 493 | 797 | 522 | 166 | 62 | 203 | 28 |
| 2020.05 | 749 143 | 82 192 | 14 914 | 8 179 | 2 276 | 607 | 301 | 23 | 220 | 40 | 193 |
| 2020.06 | 650 030 | 91 967 | 25 440 | 8 763 | 3 943 | 502 | 357 | 275 | 76 | — | 38 |
| 2020.07 | 740 881 | 91 873 | 15 711 | 8 248 | 2 375 | 602 | 106 | 54 | 65 | 2 | 2 |
| 2020.08 | 717 353 | 86 960 | 14 335 | 8 056 | 2 163 | 183 | 189 | 70 | 22 | 7 | — |
| 2020.09 | 750 386 | 85 481 | 46 405 | 15 780 | 8 256 | 2 161 | 229 | 187 | 45 | 7 | 10 |
| 2020.10 | 471 212 | 81 124 | 17 046 | 4 944 | 2 237 | 241 | 150 | 15 | 9 | — | 1 |
| 2020.11 | 612 542 | 87 557 | 18 468 | 7 007 | 3 203 | 558 | 113 | 100 | 24 | 7 | 2 |
| 2020.12 | 813 185 | 89 931 | 27 238 | 9 239 | 5 886 | 1 584 | 186 | 256 | 99 | 7 | — |
| 2020 年 | 8 070 714 | 1 004 077 | 280 340 | 107 875 | 47 176 | 10 102 | 3 590 | 1 429 | 1 135 | 420 | 301 |

资料来源：http：//www.pbc.gov.cn/diaochatongjisi/116219/116319/3959050/3959054/index.html。

2020 年，货币市场利率振荡幅度较大（见图 3-4）。7 天回购移动平均利率在 7—8 月相对平稳，1 月与 11 月波动幅度增大，1 月 15 日的 7 天回购移动平均利率达到 3.55% 的年内最高水平；5 月 9 日，7 天回购移动平均利率达到 1.25% 的年内最低水平，全年波幅为 2.3%，全年均值为 2.23%。7 天同业拆借加权平均利率的走势与 7 天回购移动平均利率的走势基本一致。

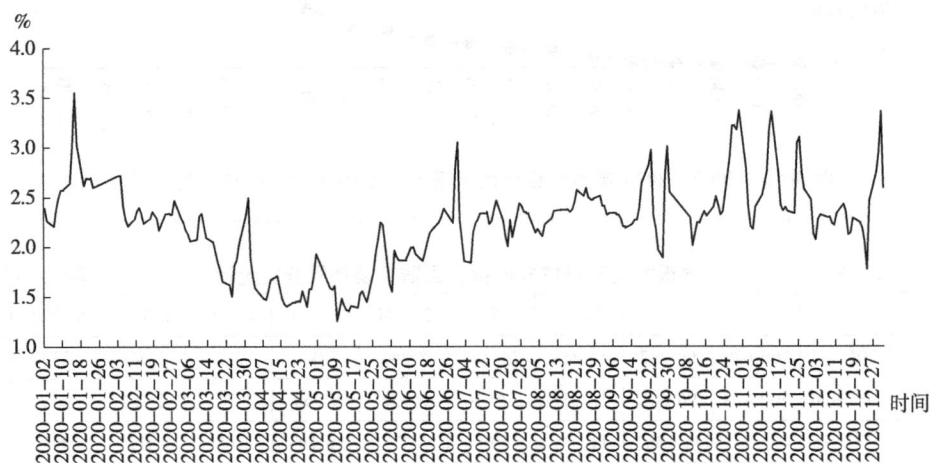

图 3-4　2020 年 7 天回购移动平均利率

（资料来源：Wind 资讯）

从机构融资情况来看（见表3-4），2020年货币市场融出、融入主要呈现以下特点：一是中资大型银行依然是回购市场和拆借市场上的资金融出方，交易量较2019年上升，同比上升41.72%。2020年，大型银行累计净融出资金311.69万亿元，同比多融出79.30万亿元。其中，在回购市场上，大型银行的净融出资金增加271.17万亿元，同比增加41.33%；在同业拆借市场上，净融出资金增加40.52万亿元，同比增长44.41%。二是中资中小型银行在拆借和回购市场上资金融出金额持续增加，全年净融出100.97万亿元。在回购市场上，中小型银行的资金供给增加，全年回购融出资金100.0万亿元；在同业拆借市场上，小型银行由资金需求者转为资金供给者，全年拆借融出资金13.28万亿元。三是保险业机构的资金需求增加，全年融入资金同比增加3.77万亿元，同比增长44.27%。四是证券机构全年融入资金同比增加24.15万亿元，同比增长21.56%。五是外资银行净融入资金下降较快，全年外资银行净融出1.47万亿元，同比下降21.77%。六是其他金融机构及产品净融入249.58万亿元，同比增长58.42%。

表3-4　　　　　　2019—2020年金融机构回购、同业拆借资金净融出、净融入情况　　　　　单位：亿元

| 机构类型 | 回购市场 | | 同业拆借 | |
|---|---|---|---|---|
| | 2020年 | 2019年 | 2020年 | 2019年 |
| 中资大型银行 | -2 711 676 | -1 918 715 | -405 206 | -280 598 |
| 中资中型银行 | -950 665 | -744 800 | -58 995 | -148 506 |
| 中资小型银行 | -49 334 | 132 798 | 127 947 | 111 408 |
| 证券业机构 | 1 100 130 | 861 901 | 261 702 | 258 387 |
| 保险业机构 | 122 001 | 84 960 | 819 | 175 |
| 外资银行 | 74 489 | 89 211 | -21 598 | -21 598 |
| 其他金融机构及产品 | 2 415 055 | 1 494 646 | 80 733 | 80 733 |

注：（1）中资大型银行包括工商银行、农业银行、中国银行、建设银行、国家开发银行、交通银行、邮政储蓄银行。（2）中资中小型银行包括招商银行等17家中型银行、小型城市商业银行、农村商业银行、农村合作银行、村镇银行。（3）证券业机构包括证券公司和基金公司。（4）保险业机构包括保险公司和企业年金。（5）其他金融机构及产品包括城市信用社、农村信用社、财务公司、信托投资公司、金融租赁公司、资产管理公司、社保基金、基金、理财产品、信托计划、其他投资产品等，其中部分金融机构和产品未参与同业拆借市场。（6）负号表示净融出，正号表示净融入。

资料来源：中国外汇交易中心。

3. 票据市场持续增长

2020年，票据市场运行总体平稳，各项业务稳中有增。在上半年抗击疫情的过程中，票据市场反应迅速，有效传导货币政策意图，快速有效扩大融资规模、降低贴现成本，有力支持企业复工复产和宏观经济企稳回升。在货币政策向常态回归后，票据市场发展增速高位回落，票据利率也随货币市场利率触底回升，实现了促发展与防风险的有效平衡，也进一步突出了票据市场服务实体经济的目标要求。

票据融资余额持续增长。2020年期末贴现余额为8.4万亿元（见表3-5），同比上升9.69%。上半年票据融资高速增长，下半年以来增速有所减缓，年末余额较年初增加

0.38 万亿元。期末票据融资余额占各项贷款的比重为 4.68%（见图 3−5），同比下降 0.12 个百分点。2019 年银行体系流动性合理充裕，票据市场资金供给有所增加。

表 3−5　　　　　　　　　　2019—2020 年票据融资与各项贷款总额比较

| 月份 | 2020 年各项贷款/亿元 | 票据融资/亿元 | 占比/% | 2019 年各项贷款/亿元 | 票据融资/亿元 | 占比/% | 同比增减额/亿元 |
|---|---|---|---|---|---|---|---|
| 1 | 1 619 306.96 | 79 761.57 | 4.93 | 1 451 044.38 | 62 968.13 | 4.34 | 16 793.44 |
| 2 | 1 630 709.20 | 80 395.92 | 4.93 | 1 459 959.75 | 64 663.02 | 4.43 | 15 732.90 |
| 3 | 1 659 650.15 | 82 470.68 | 4.97 | 1 477 686.28 | 65 640.95 | 4.44 | 16 829.73 |
| 4 | 1 677 862.76 | 86 381.21 | 5.15 | 1 486 420.9 | 67 515.33 | 4.54 | 18 865.88 |
| 5 | 1 694 431.61 | 87 966.72 | 5.19 | 1 500 086.46 | 68 647.75 | 4.58 | 19 318.97 |
| 6 | 1 713 187.32 | 85 862.00 | 5.01 | 1 515 973.63 | 69 614.35 | 4.59 | 16 247.65 |
| 7 | 1 723 637.56 | 84 841.17 | 4.92 | 1 525 764.05 | 70 900.72 | 4.65 | 13 940.45 |
| 8 | 1 736 645.24 | 83 165.29 | 4.79 | 1 539 393.82 | 73 326.5 | 4.76 | 9 838.79 |
| 9 | 1 754 917.27 | 80 532.84 | 4.59 | 1 555 812.05 | 75 082.52 | 4.83 | 5 450.32 |
| 10 | 1 762 630.38 | 79 409.07 | 4.51 | 1 562 186.54 | 75 297 | 4.82 | 4 112.07 |
| 11 | 1 774 422.46 | 80 213.56 | 4.52 | 1 575 602.56 | 75 917.68 | 4.82 | 4 295.88 |
| 12 | 1 784 033.85 | 83 554.57 | 4.68 | 1 586 020.56 | 76 175.63 | 4.8 | 7 378.94 |

资料来源：中国人民银行官网。

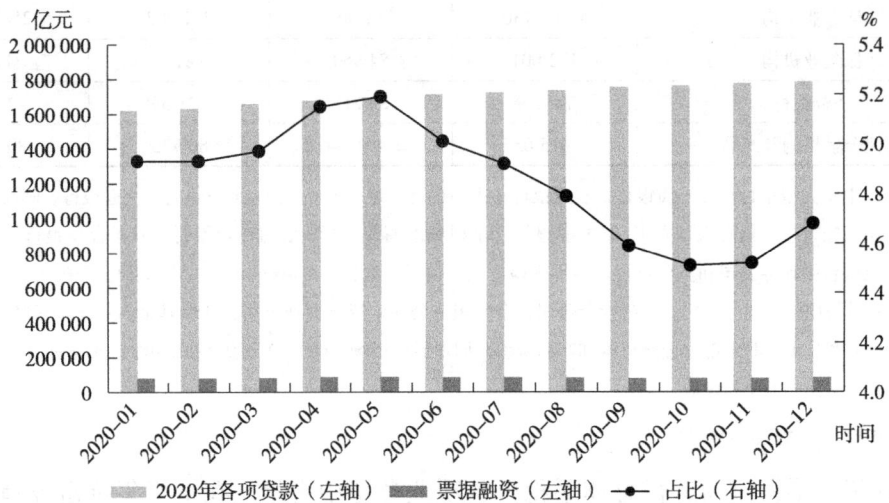

图 3−5　2020 年各项贷款和票据融资变化

（资料来源：中国人民银行官网）

2020 年，票据创新取得新突破。标准化票据推出，供应链票据实现了等分化，票据支付融资有了新渠道。为更大程度上释放央企商业信用，"企票通"平台通过聚合央企信用有效提升商票信用等级，促进了央企应收应付双降，并与十多家银行合作，保证了商票贴现融资的加快推进。为规范标准化票据融资机制，更好服务中小企业和供应链融资，中国人民银行于2020年6月24日发布《标准化票据管理办法》，自2020年7月28日起实施。以商业银行和证券公司为代表的存托机构积极尝试发行各类标准化票据，有力支持了复工复产，拓宽了除票据贴现之外的中小企业票据融资渠道，同时也更好地契合了金融机构资金交易特点和支持中小金融机构流动性管理，实现了票据市场与债券市场的互为贯通。上海票据交易所数据显示，7月28日至9月30日，共有15家金融机构创设了53只标准化票据，金额共计49.07亿元。2020年4月24日，票交所"供应链票据平台"成功上线试运行，间接地实现了票据的等分化，提高了票据的支付流通能力，为应收账款票据化提供了新的思路和渠道，是发展供应链金融业务的有益尝试，上海清算所推出了标准化票据指数。9月18日，中国人民银行、工业和信息化部等八部门联合印发《关于规范发展供应链金融，支持供应链产业链稳定循环和优化升级的意见》，其中第八条明确提出要提升应收账款标准化和透明度，支持供应链票据发展和标准化票据融资。

4. LPR利率期权业务初显成效

2020年3月23日，银行间市场LPR利率期权业务正式上线，市场主体踊跃参与，机构类型覆盖大型商业银行、股份制银行、城商行、农商行、外资银行、证券公司等。至2020年末，LPR利率期权共计成交484笔，金额为907.5亿元。其中，LPR利率互换期权成交126笔，名义本金为143.5亿元；LPR利率上/下限期权成交358笔，名义本金为764亿元。

（二）资本市场总体活跃

1. 股票市场投融资上行

（1）沪深股票指数持续上升

沪深两市持续上升，整体估值大幅回调。2020年初受疫情影响，沪深指数持续走低，分别在3月23日达到2 660.17点和9 691.53点（见图3-6），降幅分别为13.78%和8.90%。随后股票市场开始恢复，12月31日，上证综指与深成指数分别升至最高点3473.07点和14 470.68点，与2019年底相比，分别上升12.57%和36.02%。深交所的创业板指数大幅上升，从年初的1 832.74点到年末的2 966.26点（见图3-7），上升61.85%。三板做市指数持续回调波动较大，在7月24日达到最高点1 191.86点，年初为最低点931.97点，年末三板做市指数为1 073.18点，比2019年底的914.75点上升17.32%。总体而言，我国股票市场主要指数全年走势是持续上升的。

（2）股票市场成交额同比上升

2020年，我国股市累计成交量和累计成交金额分别为167 451.95亿股和2 067 253.73亿元（见表3-6），日均成交额为8 510.77亿元，同比上涨66.99%；分月来看，我国股市累计成交量和成交金额在2—3月、7—8月、11—12月快速上涨，4—6月、9—10月又大幅下跌。

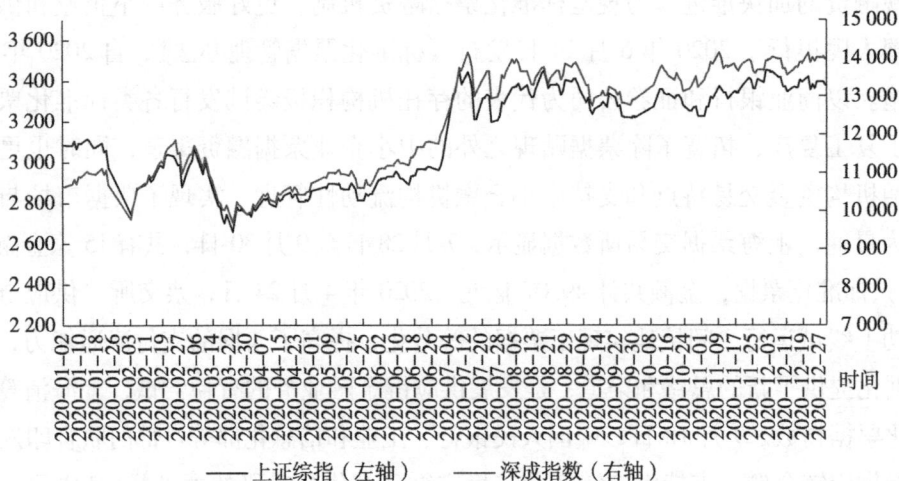

**图 3 - 6    2020 年沪深股市走势**

（资料来源：Wind 资讯）

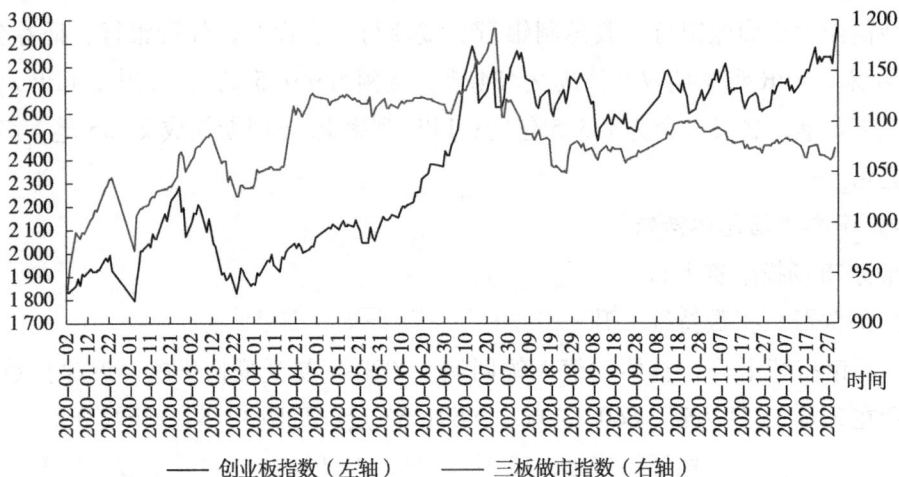

**图 3 - 7    2020 年创业板指数和三板做市指数走势**

（资料来源：Wind 资讯）

表 3 - 6                      **2014—2020 年中国股市各月成交量和月成交金额**

| 日期 | 股票成交金额/亿元 | 日均成交金额/亿元 | 股票成交数量/亿股 | 日均成交数量/亿股 |
| --- | --- | --- | --- | --- |
| 2014 年 | 743 912.98 | 3 036.38 | 73 754.61 | 301.04 |
| 2015 年 | 2 550 538.29 | 4 458.10 | 171 039.46 | 354.86 |
| 2016 年 | 1 267 262.64 | 5 193.70 | 94 201.17 | 386.07 |
| 2017 年 | 1 124 625.07 | 4 609.12 | 87 495.32 | 358.59 |
| 2018 年 | 965 394.47 | 3 861.58 | 82 037.22 | 328.15 |
| 2019 年 | 1 274 158.80 | 5 096.64 | 126 624.37 | 506.50 |

| 日期 | 股票成交金额/亿元 | 日均成交金额/亿元 | 股票成交数量/亿股 | 日均成交数量/亿股 |
|---|---|---|---|---|
| 2020.01 | 112 289.61 | 7 018.10 | 9 836.37 | 614.77 |
| 2020.02 | 195 722.80 | 9 836.14 | 16 777.82 | 838.89 |
| 2020.03 | 191 004.08 | 8 681.96 | 17 327.50 | 787.61 |
| 2020.04 | 131 837.90 | 6 278.00 | 12 188.14 | 580.39 |
| 2020.05 | 112 486.64 | 6 249.26 | 9 430.60 | 523.92 |
| 2020.06 | 145 229.90 | 7 261.50 | 11 970.17 | 598.51 |
| 2020.07 | 301 963.22 | 13 128.84 | 23 247.06 | 1 010.74 |
| 2020.08 | 222 966.17 | 10 617.43 | 17 094.86 | 814.04 |
| 2020.09 | 169 871.79 | 7 721.45 | 13 737.88 | 624.45 |
| 2020.10 | 119 702.29 | 7 481.39 | 8 425.20 | 526.58 |
| 2020.11 | 175 768.75 | 8 369.94 | 13 079.11 | 622.82 |
| 2020.12 | 188 410.58 | 8 191.76 | 14 337.24 | 623.36 |
| 2020 年 | 2 067 253.73 | 8 510.77 | 167 451.95 | 689.39 |

资料来源：上海证券交易所，《深圳证券交易所市场统计年鉴 2020》。

（3）股票市场融资额同比增加

2020 年，境内各类企业和金融机构在境内外股票市场上通过发行、增发、配股、权证行权等方式累计筹资 13 955.56 亿元（见表 3 - 7），同比多融资 3 966.752 亿元，上升 39.71%。A 股全年首发筹资 4 742.29 亿元；在再筹资金额中，A 股全年公开增发投资额为 25.71 亿元，配股融资额为 434.31 亿元，同比增加 224%，定向增发额为 8 753.25 亿元，同比增加 20.31%，全年停止权证行权。

表 3 - 7 　　　　　　　　　　2014—2020 年股票市场筹资金额 　　　　　　　单位：A 股为亿元

| 时期 | 首次发行金额 | 再筹资金额 | | | | A 股合计 |
|---|---|---|---|---|---|---|
| | A 股 | A 股 | | | | |
| | | 公开增发 | 定向增发 | 配股 | 权证行权 | |
| 2014 年 | 668.89 | 18.26 | 4 031.30 | 137.98 | 0.00 | 4 856.43 |
| 2015 年 | 1 766.91 | 0.00 | 6 709.48 | 42.33 | 0.00 | 8 518.72 |
| 2016 年 | 1 633.56 | 0.00 | 16 978.28 | 298.51 | 0.00 | 18 910.37 |
| 2017 年 | 2 182.15 | 0.00 | 12 871.182 | 156.56 | 0.00 | 15 209.89 |
| 2018 年 | 1 374.88 | 0.00 | 7 854.83 | 188.78 | 0.00 | 9 418.49 |
| 2019 年 | 2 489.81 | 89.50 | 7 275.63 | 133.88 | 0.00 | 9 988.81 |
| 2020.01 | 459.29 | 0.00 | 452.82 | 0.00 | 0.00 | 912.11 |
| 2020.02 | 264.37 | 0.00 | 292.13 | 0.00 | 0.00 | 556.50 |
| 2020.03 | 99.61 | 0.00 | 543.01 | 81.84 | 0.00 | 724.46 |

续表

| 时期 | 首次发行金额 | 再筹资金额 | | | | A股合计 |
|---|---|---|---|---|---|---|
| | A股 | A股 | | | | |
| | | 公开增发 | 定向增发 | 配股 | 权证行权 | |
| 2020.04 | 191.48 | 0.00 | 1 127.31 | 64.34 | 0.00 | 1 383.13 |
| 2020.05 | 160.10 | 0.00 | 528.34 | 0.00 | 0.00 | 688.44 |
| 2020.06 | 260.56 | 0.00 | 854.75 | 0.00 | 0.00 | 1 115.31 |
| 2020.07 | 934.18 | 0.00 | 720.30 | 167.44 | 0.00 | 1 821.92 |
| 2020.08 | 700.01 | 5.80 | 943.49 | 13.24 | 0.00 | 1 662.54 |
| 2020.09 | 530.44 | 0.00 | 908.51 | 11.85 | 0.00 | 1 450.80 |
| 2020.10 | 394.65 | 0.00 | 611.02 | 95.60 | 0.00 | 1 101.27 |
| 2020.11 | 286.68 | 0.00 | 828.71 | 0.00 | 0.00 | 1 115.39 |
| 2020.12 | 460.92 | 19.91 | 942.86 | 0.00 | 0.00 | 1 423.69 |
| 2020 年 | 4 742.29 | 25.71 | 8 753.25 | 434.31 | 0.00 | 13 955.56 |

注：本表中首发筹资金额以 IPO 上市首日为基础统计。

资料来源：根据中国证监会 2020 年公布数据整理。

（4）新三板全年容量一路走低

截至 2020 年底，在全国中小企业股份转让系统中挂牌上市的企业为 8 187 家（见表 3-8）、总股本为 5 335.28 亿股，总市值为 26 542.31 亿元，同比分别下降 8.56%、5.00% 和 9.72%。

表 3-8　　　　　　　　　　2016—2020 年我国新三板市场发展概览

| 挂牌规模 | 2016 年 | 2017 年 | 2018 年 | 2019 年 | 2020 年 |
|---|---|---|---|---|---|
| 挂牌公司数/家 | 10 163 | 11 630 | 10 691 | 8 953 | 8 187 |
| 总股本/亿股 | 5 851.55 | 6 756.73 | 6 324.53 | 5 616.29 | 5 335.28 |
| 总市值/亿元 | 40 558.11 | 49 404.56 | 34 487.26 | 29 399.60 | 26 542.31 |
| 股票发行 | 2016 年 | 2017 年 | 2018 年 | 2019 年 | 2020 年 |
| 发行次数 | 2 940 | 2 725 | 1 402 | 637 | 716 |
| 发行股数/亿股 | 294.61 | 239.26 | 123.83 | 73.73 | 74.54 |
| 融资金额/亿元 | 1 390.87 | 1 336.25 | 604.43 | 264.63 | 338.50 |
| 股票转让 | 2016 年 | 2017 年 | 2018 年 | 2019 年 | 2020 年 |
| 成交金额/亿元 | 1 912.29 | 2 271.80 | 888.01 | 825.69 | 1 294.64 |
| 成交数量/亿股 | 363.63 | 433.22 | 236.29 | 220.20 | 260.42 |
| 成交笔数/万笔 | 308.83 | 282.99 | 150.84 | 154.37 | — |
| 换手率/% | 20.74 | 13.47 | 5.31 | 6.00 | 9.90 |
| 市盈率/倍 | 28.71 | 30.18 | 20.86 | 19.74 | 21.10 |

数据来源：全国中小企业股份转让系统，http：//www.neeq.com.cn/static/statisticdata.html。

从行业分布来看，新三板市场挂牌公司最集中的两个行业是制造业和信息技术服务业，分别为 4 008 家和 1 605 家，其占比分别为 48.96% 和 19.61%（见表 3 - 9）。

表 3 - 9　　　　　　2018—2020 年新三板市场挂牌公司的行业分布情况

| 行业分类 | 2018 年末 | | 2019 年末 | | 2020 年末 | |
|---|---|---|---|---|---|---|
| | 公司数/家 | 占比/% | 公司数/家 | 占比/% | 公司数/家 | 占比/% |
| 制造业 | 5 276 | 49.35 | 4 127 | 48.58 | 4 008 | 48.96 |
| 信息传输、软件和信息技术服务业 | 2 084 | 19.49 | 1 632 | 19.21 | 1 605 | 19.61 |
| 租赁和商务服务业 | 558 | 5.22 | 431 | 5.07 | 420 | 5.13 |
| 科学研究和技术服务业 | 506 | 4.73 | 412 | 4.85 | 388 | 4.74 |
| 批发和零售业 | 492 | 4.60 | 368 | 4.33 | 369 | 4.51 |
| 建筑业 | 356 | 3.33 | 309 | 3.64 | 280 | 3.42 |
| 文化、体育和娱乐业 | 240 | 2.24 | 204 | 2.40 | 190 | 2.32 |
| 农、林、牧、渔业 | 226 | 2.11 | 203 | 2.39 | 188 | 2.30 |
| 交通运输、仓储和邮政业 | 192 | 1.80 | 142 | 1.67 | 145 | 1.77 |
| 水利、环境和公共设施管理业 | 186 | 1.74 | 185 | 2.18 | 157 | 1.92 |
| 金融业 | 131 | 1.23 | 106 | 1.25 | 105 | 1.28 |
| 其他 | 444 | 4 | 0 | 4.03 | 331 | 4.04 |
| 合计 | 10 691 | 100 | 8 119 | 100 | 8 186 | 100.00 |

数据来源：Wind 资讯。

从地域分布情况来看，新三板市场挂牌公司最集中的三个省市分别是广东省、北京市和江苏省，其公司数分别为 1181 家、1073 家和 986 家（见表 3 - 10），其占比分别为 14.43%、13.11% 和 12.04%；三省市占比合计高达 39.58%。

表 3 - 10　　　　　　2018—2020 年新三板市场挂牌公司的地域分布情况

| 省份 | 2018 年 | | 2019 年 | | 2020 年 | |
|---|---|---|---|---|---|---|
| | 公司数/家 | 占比/% | 公司数/家 | 占比/% | 公司数/家 | 占比/% |
| 广东 | 1 637 | 15.31 | 1 249 | 14.70 | 1 181 | 14.43 |
| 北京 | 1 440 | 13.47 | 1 108 | 13.04 | 1 073 | 13.11 |
| 江苏 | 1 273 | 11.91 | 1 013 | 11.92 | 986 | 12.04 |
| 浙江 | 933 | 8.73 | 726 | 8.55 | 713 | 8.71 |
| 上海 | 903 | 8.45 | 682 | 8.03 | 646 | 7.89 |
| 山东 | 624 | 5.84 | 513 | 6.04 | 506 | 6.18 |
| 福建 | 373 | 3.49 | 299 | 3.52 | 281 | 3.43 |
| 河南 | 371 | 3.47 | 300 | 3.53 | 290 | 3.54 |
| 湖北 | 358 | 3.35 | 304 | 3.58 | 294 | 3.59 |
| 安徽 | 340 | 3.18 | 300 | 3.53 | 294 | 3.59 |
| 四川 | 312 | 2.92 | 256 | 3.01 | 239 | 2.92 |

续表

| 省份 | 2018 年 | | 2019 年 | | 2020 年 | |
|---|---|---|---|---|---|---|
| | 公司数/家 | 占比/% | 公司数/家 | 占比/% | 公司数/家 | 占比/% |
| 河北 | 243 | 2.27 | 206 | 2.42 | 203 | 2.48 |
| 湖南 | 223 | 2.09 | 174 | 2.05 | 165 | 2.02 |
| 辽宁 | 223 | 2.09 | 186 | 2.19 | 170 | 2.08 |
| 天津 | 195 | 1.82 | 150 | 1.77 | 148 | 1.81 |
| 陕西 | 158 | 1.48 | 138 | 1.62 | 136 | 1.66 |
| 江西 | 150 | 1.40 | 122 | 1.44 | 120 | 1.47 |
| 重庆 | 133 | 1.24 | 103 | 1.21 | 101 | 1.23 |
| 黑龙江 | 94 | 0.88 | 73 | 0.86 | 66 | 0.81 |
| 云南 | 94 | 0.88 | 80 | 0.94 | 77 | 0.94 |
| 山西 | 89 | 0.83 | 82 | 0.97 | 84 | 1.03 |
| 新疆 | 87 | 0.81 | 65 | 0.77 | 62 | 0.76 |
| 吉林 | 85 | 0.80 | 68 | 0.80 | 63 | 0.77 |
| 广西 | 75 | 0.70 | 64 | 0.75 | 65 | 0.79 |
| 内蒙古 | 66 | 0.62 | 52 | 0.61 | 50 | 0.61 |
| 宁夏 | 59 | 0.55 | 49 | 0.58 | 48 | 0.59 |
| 贵州 | 54 | 0.51 | 49 | 0.58 | 47 | 0.57 |
| 海南 | 39 | 0.36 | 33 | 0.39 | 30 | 0.37 |
| 甘肃 | 35 | 0.33 | 33 | 0.39 | 32 | 0.39 |
| 西藏 | 19 | 0.18 | 14 | 0.16 | 13 | 0.16 |
| 青海 | 6 | 0.06 | 4 | 0.05 | 3 | 0.04 |

数据来源：Wind 资讯。

从股票转让情况来看，新三板市场在 2020 年的成交数量为 260.42 亿股（见表 3 - 11），成交金额为 1 294.64 亿元，较 2019 年分别上升 18.27% 和 56.79%；换手率为 9.9%，比 2019 年上升 7 个百分点。

表 3 - 11 　　　　　　　　　　2010—2020 年股票成交概况

| 年度 | 成交数量/万股 | 成交金额/万元 | 成交笔数 | 换手率/% |
|---|---|---|---|---|
| 2010 | 6 951.29 | 41 872.24 | 644 | — |
| 2011 | 9 562.76 | 56 169.56 | 832 | 5.57 |
| 2012 | 11 455.51 | 58 431.81 | 638 | 4.47 |
| 2013 | 20 242.52 | 81 396.19 | 989 | 4.47 |
| 2014 | 228 212.40 | 1 303 580.47 | 92 654 | 19.67 |
| 2015 | 2 789 072.49 | 19 106 224.99 | 2 821 339 | 53.88 |
| 2016 | 3 636 311.46 | 19 122 853.55 | 3 088 300 | 20.74 |
| 2017 | 4 332 200.00 | 22 718 000.00 | 2 829 900 | 13.47 |
| 2018 | 2 362 900.00 | 8 880 100.00 | 1 508 400 | 5.31 |
| 2019 | 2 202 019.71 | 8 256 891.51 | 1 543 654 | 2.99 |
| 2020 | 2 604 239.47 | 12 946 364.12 | — | 9.9 |

从股票发行情况来看，新三板市场在 2020 年的发行金额为 338.50 亿元（见表 3 - 12），发行股数为 74.54 亿股，发行次数为 716 次，较 2019 年分别上升了 27.91%、1.09% 和 12.40%。

表 3 - 12　　　　　　　　　　2010—2020 年股票发行概况

| 年度 | 发行次数 | 发行金额/万元 | 发行股数/万股 |
|---|---|---|---|
| 2010 | 8 | 35 835.91 | 6 867 |
| 2011 | 10 | 64 818.45 | 8 007 |
| 2012 | 24 | 85 886.00 | 19 292 |
| 2013 | 60 | 100 236.43 | 29 193 |
| 2014 | 327 | 1 299 877.76 | 264 298 |
| 2015 | 2 565 | 12 161 718.99 | 2 307 945 |
| 2016 | 2 940 | 13 908 700.00 | 2 946 100 |
| 2017 | 2 725 | 13 362 500.00 | 2 392 600 |
| 2018 | 1 402 | 6 044 300.00 | 1 238 300 |
| 2019 | 637 | 2 646 303.00 | 737 355.00 |
| 2020 | 716 | 3 385 012.00 | 745 412.00 |

**2. 债券市场整体活跃，融资成本总体下降**

**（1）债券发行规模显著扩大**

2020 年，我国累计发行各类债券 56.94 万亿元（见表 3 - 13），比 2019 年多发行 11.73 万亿元，同比增长 25.95%，主要是非金融企业债务融资工具和政府债券发行增加较多。金融债券发行 29.15 万亿元，同比增加 12.41%；公司信用类债券发行 14.20 万亿元，同比增加 32.65%；国际机构债券发行 554 亿元。截至 2020 年末，债券市场各类债券余额总计为 116.72 万亿元，同比增长 17.90%。

表 3 - 13　　　　　　　2020 年国内各类债券发行情况统计　　　　　　单位：亿元

| 月份 | 政府债券 | | 中央银行票据 | | 金融债券 | | 公司信用类债券 | | 国际机构债券 | | 各类债券合计 | |
|---|---|---|---|---|---|---|---|---|---|---|---|---|
| | 发行 | 余额 | 发行 | 余额 | 发行 | 余额 | 发行 | 余额 | 发行 | 余额 | 发行 | 余额 |
| 1 | 9 551 | 384 886 | 0 | 220 | 11 433 | 365 126 | 9 411 | 251 711 | 55 | 1 714 | 30 449 | 1 003 657 |
| 2 | 6 329 | 386 709 | 0 | 195 | 22 792 | 366 657 | 8 080 | 254 670 | 10 | 1 714 | 37 212 | 1 009 946 |
| 3 | 7 575 | 393 053 | 0 | 185 | 28 612 | 370 225 | 16 861 | 264 260 | 73 | 1 761 | 53 121 | 1 029 484 |
| 4 | 7 234 | 396 410 | 0 | 175 | 23 422 | 373 175 | 17 304 | 273 266 | 90 | 1 806 | 48 050 | 1 044 832 |
| 5 | 19 798 | 407 772 | 0 | 175 | 19 967 | 373 792 | 9 209 | 277 636 | 50 | 1 793 | 49 024 | 1 061 168 |
| 6 | 9 715 | 415 223 | 0 | 150 | 21 572 | 378 317 | 11 212 | 281 820 | 117 | 1 858 | 42 616 | 1 077 367 |
| 7 | 11 728 | 420 682 | 0 | 150 | 26 049 | 387 237 | 9 724 | 283 770 | 65 | 1 780 | 47 566 | 1 093 619 |
| 8 | 17 657 | 434 470 | 0 | 150 | 29 539 | 396 511 | 12 808 | 285 579 | 25 | 1 725 | 60 029 | 1 118 436 |
| 9 | 15 071 | 444 586 | 0 | 150 | 28 721 | 402 155 | 12 531 | 288 042 | 20 | 1 715 | 56 343 | 1 136 648 |
| 10 | 12 260 | 449 517 | 0 | 150 | 24 867 | 403 877 | 11 714 | 289 121 | 0 | 1 695 | 48 842 | 1 144 360 |

续表

| 月份 | 政府债券 | | 中央银行票据 | | 金融债券 | | 公司信用类债券 | | 国际机构债券 | | 各类债券合计 | |
|---|---|---|---|---|---|---|---|---|---|---|---|---|
| | 发行 | 余额 | 发行 | 余额 | 发行 | 余额 | 发行 | 余额 | 发行 | 余额 | 发行 | 余额 |
| 11 | 8 773 | 453 517 | 0 | 150 | 27 582 | 410 254 | 11 789 | 289 721 | 30 | 1 608 | 48 174 | 1 155 250 |
| 12 | 9 601 | 460 911 | 0 | 150 | 26 981 | 415 080 | 11 370 | 289 472 | 19 | 1 588 | 47 971 | 1 167 200 |
| 2020 年累计 | 135 293 | | 0 | | 291 539 | | 142 012 | | 554 | | 569 397 | |

注：（1）金融债券包括国开行金融债、政策性金融债、商业银行普通债、商业银行次级债、商业银行资本混合债、证券公司债券、同业存单等；（2）公司信用类债券包括非金融企业债务融资工具、企业债券以及公司债、可转债、可分离债、中小企业私募债等。

资料来源：中国人民银行官网。

2020 年我国资产证券化市场规模继续保持快速增长态势，全年共发行资产证券化产品 2.87 万亿元（见表 3 - 14），同比增长 22.65%；年末市场存量为 5.19 万亿元，同比增长 23.6%。具体来看，信贷 ABS 发行 8 041.9 亿元，同比下降 16.53%，占发行总量的 27.97%；存量为 22 220.93 亿元，同比增长 10.4%，占市场总量的 42.85%。企业 ABS 发行 15 598.99 亿元，同比增长 42.88%，占发行总量的 54.26%；存量为 22 630.04 亿元，同比增长 27.12%，占市场总量的 43.63%。ABN 发行 5 108.38 亿元，同比增长 76.92%，占发行总量的 17.77%；存量为 7 011.63 亿元，同比增长 73.9%，占市场总量的 13.52%。

表 3 - 14　　　　　　　　　　　　2020 年资产支持证券发行情况

| 类别 | 发行额/亿元 | 同比增长/% | 发行额占比/% | 市场存量/亿元 | 同比增长/% | 存量占比/% |
|---|---|---|---|---|---|---|
| 资产支持证券（合计） | 28 749.27 | 22.65 | 100 | 51 862.6 | 23.6 | 100 |
| 信贷 ABS | 8 041.9 | - 16.53 | 27.97 | 22 220.93 | 10.4 | 42.85 |
| 企业 ABS | 15 598.99 | 42.88 | 54.26 | 22 630.04 | 27.12 | 43.63 |
| 资产支持票据（ABN） | 5 108.38 | 76.92 | 17.77 | 7 011.63 | 73.9 | 13.52 |

资料来源：《2020 年资产证券化发展报告》。

2020 年，债券发行期限结构以短期债券为主，期限在 1 年以内的债券发行量占比 13.97%（见表 3 - 15 和图 3 - 8），比 2019 年上升 3.08 个百分点；期限在 5 年以内的债券发行量占比 43.65%，比 2019 年上升 6.44 个百分点；期限在 5 年（含 5 年）到 10 年的债券发行量占比 35.55%，与 2019 年基本持平；期限在 10 年（含 10 年）以上的债券发行量占比 20.80%，比 2019 年增加 6.38 个百分点。

表 3 - 15　　　　　　　　　　2012—2020 年债券发行期限分类　　　　　　　　单位：亿元

| 时间 | 2012 年 | 2013 年 | 2014 年 | 2015 年 | 2016 年 | 2017 年 | 2018 年 | 2019 年 | 2020 年 |
|---|---|---|---|---|---|---|---|---|---|
| 1 年以内 | 5 298.77 | 6 359.96 | 8 433.63 | 10 382.35 | 13 698.55 | 18 249.58 | 18 041.69 | 16 664.91 | 30 555.06 |
| 1（含）~3 年 | 9 453.36 | 15 882.88 | 14 054.56 | 20 448.19 | 26 562.91 | 28 159.21 | 31 804.01 | 28 122.23 | 35 569.4 |
| 3（含）~5 年 | 15 842.70 | 12 516.00 | 10 115.06 | 22 562.92 | 34 007.01 | 29 820.20 | 34 404.16 | 31 878.64 | 29 367.17 |
| 5（含）~7 年 | 13 961.81 | 12 319.90 | 13 830.25 | 20 106.86 | 28 881.34 | 25 646.47 | 19 834.93 | 18 421.75 | 20 171.94 |
| 7（含）~10 年 | 9 080.80 | 6 946.20 | 10 802.20 | 22 882.99 | 32 182.84 | 29 110.46 | 25 908.84 | 35 907.55 | 57 591.52 |
| 10 年（含）以上 | 5 003.00 | 2 429.00 | 2 282.14 | 2 351.21 | 6 076.04 | 4 809.53 | 6 684.65 | 22 066.08 | 45 490.29 |

资料来源：中国债券信息网，http://www.chinabond.com.cn。

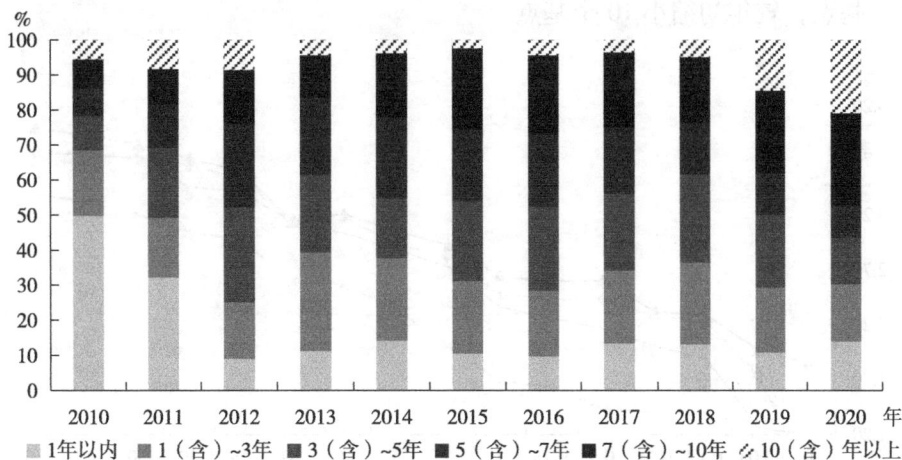

**图 3 - 8　2010—2020 年债券发行期限结构变化情况**

（资料来源：中国债券信息网，http：//www. chinabond. com. cn）

（2）债券市场交易活跃

2020 年末，交易所上证国债指数为 183. 78（见图 3 - 9），比 2019 年末上涨 3. 67%；企业债指数由年初的 238. 8 点升至年末的 249. 44 点，上升 10. 64 点，升幅 4. 46%；国债指数由年初的 177. 33 点升至年末的 183. 78 点，上升 6. 45 点，升幅 3. 64%。

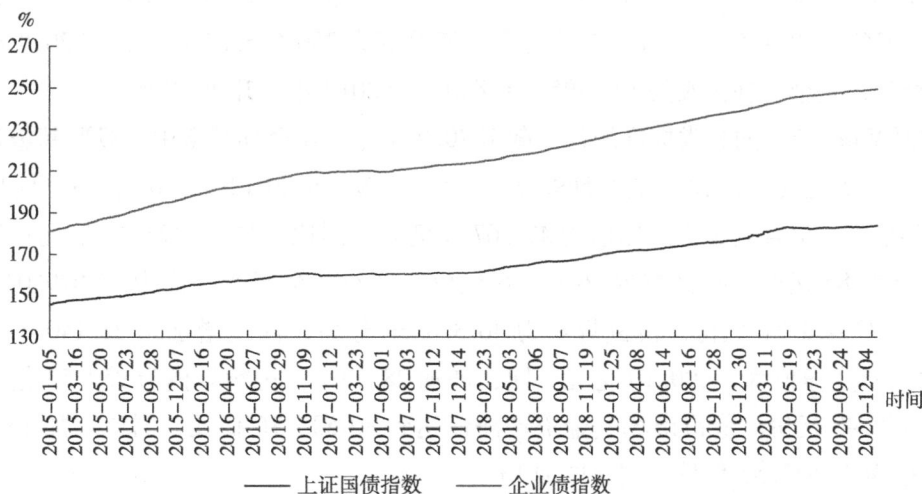

**图 3 - 9　2015—2020 年交易所国债指数和企业债指数走势**

（资料来源：Wind 资讯）

（3）国债收益率曲线整体上移

国债收益率曲线总体呈在波动中上移趋势（见图 3 - 10）。2020 年末，1 年期、3 年期、5 年期、7 年期和 10 年期国债收益率分别为 2. 47%、2. 82%、2. 95%、3. 17% 和 3. 14%，较年初分别下行 11 个、9 个、6 个、13 个和 1 个基点；1 年期和 10 年期国债利差为 67 个基点, 较年初缩小 10 个基点。

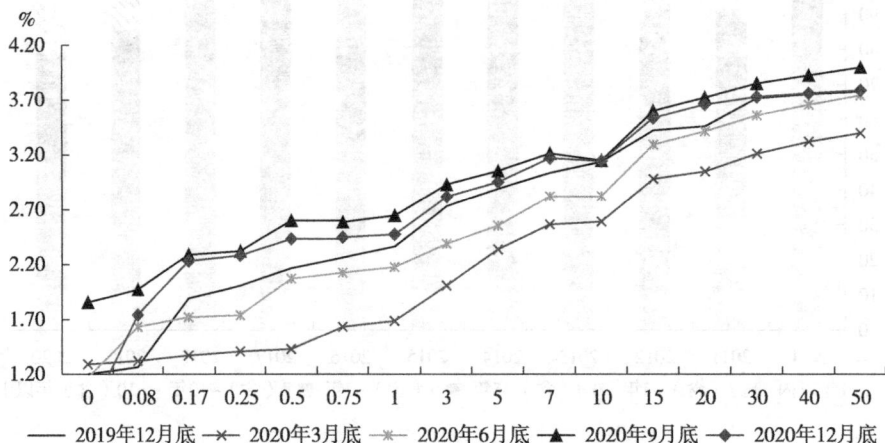

图 3－10　2020 年银行间市场国债收益率曲线变化情况

（资料来源：中国债券信息网，http：//yield. chinabond. com. cn/cbweb－mn/yield_ main? locale = zh_ CN）

### 3. 投资基金市场快速增长

根据 Wind 资讯的统计，截至 2020 年底，我国共有基金 7 403 只（见表 3－16），其中封闭式基金的份额为 136.43 亿份，资产净值为 1 168.89 亿元，其占比分别为 0.08%、0.58%；开放式基金的份额为 172 658.66 亿份，资产净值为 199 447.74 亿元，其占比分别为 99.92%、99.42%。全部基金的资产净值总额为 200 616.62 亿元，较 2019 年底增长 35.85%，基金管理份额为 172 795.80 亿份，较 2019 年上升 26.19%。

按照 Wind 资讯的分类标准统计，截至 2020 年底，在全部基金中，股票基金资产净值为 18 562.5 亿元，同比增加 5 569.88 亿元；份额规模为 12 213.07 亿份，同比增加 2 866.24 亿份。混合基金资产净值为 49 367.6 亿元，同比增加 30 474.41 亿元；份额规模为 31 589.85 亿份，同比减少 16 805.6 亿份。债券基金资产净值为 50 079.04 亿元，同比增加 22 418.21 亿份；份额规模为 46 828.39 亿份，同比增加了 21 140.51 亿份。QDII 基金资产净值为 1 200.10 亿元，同比增加 28.93%；份额规模为 959.53 亿份，同比增加 165.48 亿份。货币市场基金资产净值达到 80 535.76 亿元，同比增加 13.16%；份额规模为 80 533.53 亿份，同比增加 13.25%。

### （三）外汇交易量同比小幅增长

### 1. 人民币汇率先贬后升，年末收于近两年高位

2020 年，人民币兑美元汇率弹性进一步增强，双向波动幅度有所扩大。全年走势先贬后升呈倒 V 形，总体升值。1 月，受中美签署第一阶段经贸协议和春节前客盘结汇增加影响，人民币汇率小幅回升至 6.86 左右。2 月至 5 月，境内、境外疫情轮番影响外汇市场，人民币汇率逐步走贬。5 月末，国际金融市场剧烈震荡，投资者持有美元偏好明

表 3 - 16

2020 年我国基金行业资产净值和份额规模分类汇总

| 类型 | 截止时间 | 1 月 | 2 月 | 3 月 | 4 月 | 5 月 | 6 月 | 7 月 | 8 月 | 9 月 | 10 月 | 11 月 | 12 月 |
|---|---|---|---|---|---|---|---|---|---|---|---|---|---|
| 全部基金 | 总数 | 6 175.00 | 6 231.00 | 6 370.00 | 6 502.00 | 6 616.00 | 6 734.00 | 6 849.00 | 6 999.00 | 7 138.00 | 7 175.00 | 7 269.00 | 7 403.00 |
| | 份额/亿份 | 139 211.07 | 141 045.46 | 156 855.52 | 157 724.28 | 159 036.92 | 153 403.46 | 158 763.29 | 163 009.27 | 158 545.70 | 160 571.23 | 164 155.48 | 172 795.10 |
| | 资产净值/亿元 | 148 368.54 | 149 823.07 | 165 989.68 | 166 971.55 | 168 620.04 | 169 103.65 | 174 289.53 | 178 245.09 | 178 556.01 | 180 490.16 | 183 743.55 | 200 616.62 |
| 开放式基金 | 总数 | 6 174.00 | 6 230.00 | 6 369.00 | 6 501.00 | 6 615.00 | 6 733.00 | 6 848.00 | 6 998.00 | 7 137.00 | 7 174.00 | 7 268.00 | 7 402.00 |
| | 占比/% | 99.98 | 99.98 | 99.98 | 99.98 | 99.98 | 99.99 | 99.99 | 99.99 | 99.99 | 99.99 | 99.99 | 99.99 |
| | 份额/亿份 | 138 777.34 | 140 625.10 | 156 427.97 | 157 305.25 | 158 626.17 | 153 008.10 | 158 382.35 | 162 636.73 | 158 182.56 | 160 232.60 | 163 853.71 | 172 658.66 |
| | 占比/% | 99.69 | 99.70 | 99.73 | 99.73 | 99.74 | 99.74 | 99.76 | 99.77 | 99.77 | 99.79 | 99.82 | 99.92 |
| | 资产净值/亿元 | 147 578.45 | 149 037.99 | 165 242.49 | 166 223.68 | 167 874.06 | 168 285.68 | 173 471.74 | 177 431.69 | 177 410.05 | 179 344.09 | 182 624.26 | 199 447.74 |
| | 占比/% | 99.47 | 99.48 | 99.55 | 99.55 | 99.56 | 99.52 | 99.53 | 99.54 | 99.36 | 99.37 | 99.39 | 99.42 |
| 封闭式基金 | 总数 | 118.00 | 116.00 | 114.00 | 114.00 | 112.00 | 110.00 | 106.00 | 99.00 | 98.00 | 94.00 | 79.00 | 67.00 |
| | 占比/% | 1.91 | 1.86 | 1.79 | 1.75 | 1.69 | 1.63 | 1.55 | 1.41 | 1.37 | 1.31 | 1.09 | 0.91 |
| | 份额/亿份 | 433.73 | 420.37 | 427.56 | 419.03 | 410.74 | 395.37 | 380.94 | 372.53 | 363.14 | 338.63 | 301.77 | 136.43 |
| | 占比/% | 0.31 | 0.30 | 0.27 | 0.27 | 0.26 | 0.26 | 0.24 | 0.23 | 0.23 | 0.21 | 0.18 | 0.08 |
| | 资产净值/亿元 | 790.09 | 785.08 | 747.18 | 747.87 | 745.98 | 817.80 | 817.80 | 813.40 | 1 145.95 | 1 146.07 | 1 119.29 | 1 168.89 |
| | 占比/% | 0.53 | 0.52 | 0.45 | 0.45 | 0.44 | 0.48 | 0.47 | 0.46 | 0.64 | 0.63 | 0.61 | 0.58 |
| 股票型基金 | 总数 | 1 098.00 | 1 107.00 | 1 135.00 | 1 170.00 | 1 190.00 | 1 199.00 | 1 209.00 | 1 233.00 | 1 245.00 | 1 246.00 | 1 254.00 | 1 278.00 |
| | 占比/% | 17.78 | 17.77 | 17.82 | 17.99 | 17.99 | 17.81 | 17.65 | 17.62 | 17.44 | 17.37 | 17.25 | 17.26 |
| | 份额/亿份 | 9 489.45 | 10 066.13 | 11 014.63 | 10 958.45 | 11 123.70 | 10 212.40 | 10 777.31 | 11 221.55 | 11 720.37 | 11 776.57 | 12 036.20 | 12 213.07 |
| | 占比/% | 6.82 | 7.14 | 7.02 | 6.95 | 6.99 | 6.66 | 6.79 | 6.88 | 7.39 | 7.33 | 7.33 | 7.07 |
| | 资产净值/亿元 | 11 603.03 | 11 984.55 | 12 433.37 | 12 635.28 | 13 026.53 | 13 492.06 | 14 061.49 | 14 423.14 | 16 073.59 | 16 081.93 | 16 401.53 | 18 562.50 |
| | 占比/% | 7.82 | 8.00 | 7.49 | 7.57 | 7.73 | 7.98 | 8.07 | 8.09 | 9.00 | 8.91 | 8.93 | 9.25 |

续表

| 类型 | 截止时间 | 1月 | 2月 | 3月 | 4月 | 5月 | 6月 | 7月 | 8月 | 9月 | 10月 | 11月 | 12月 |
|---|---|---|---|---|---|---|---|---|---|---|---|---|---|
| 混合型基金 | 总数 | 2 573.00 | 2 599.00 | 2 656.00 | 2 700.00 | 2 749.00 | 2 816.00 | 2 875.00 | 2 939.00 | 3 029.00 | 3 064.00 | 3 122.00 | 3 202.00 |
| | 占比/% | 41.67 | 41.71 | 41.70 | 41.53 | 41.55 | 41.82 | 41.98 | 41.99 | 42.43 | 42.70 | 42.95 | 43.25 |
| | 份额/亿份 | 17 261.52 | 18 073.15 | 18 701.21 | 19 070.90 | 19 878.33 | 20 590.05 | 23 273.37 | 25 294.61 | 27 819.86 | 29 387.39 | 31 042.63 | 31 589.85 |
| | 占比/% | 12.40 | 12.81 | 11.92 | 12.09 | 12.50 | 13.42 | 14.66 | 15.52 | 17.55 | 18.30 | 18.91 | 18.28 |
| | 资产净值/亿元 | 21 658.84 | 22 470.84 | 23 012.61 | 23 382.14 | 24 192.71 | 29 612.22 | 32 302.95 | 34 324.32 | 40 199.98 | 41 767.44 | 43 423.46 | 49 367.60 |
| | 占比/% | 14.60 | 15.00 | 13.86 | 14.00 | 14.35 | 17.51 | 18.53 | 19.26 | 22.51 | 23.14 | 23.63 | 24.61 |
| 债券型基金 | 总数 | 1 942.00 | 1 962.00 | 2 017.00 | 2 063.00 | 2 105.00 | 2 151.00 | 2 200.00 | 2 264.00 | 2 302.00 | 2 306.00 | 2 333.00 | 2 370.00 |
| | 占比/% | 31.45 | 31.49 | 31.66 | 31.73 | 31.82 | 31.94 | 32.12 | 32.35 | 32.25 | 32.14 | 32.10 | 32.01 |
| | 份额/亿份 | 37 347.54 | 37 609.46 | 41 170.79 | 41 703.42 | 42 216.66 | 43 750.36 | 46 007.84 | 47 937.40 | 44 409.77 | 44 771.21 | 46 055.80 | 46 828.39 |
| | 占比/% | 26.83 | 26.66 | 26.25 | 26.44 | 26.55 | 28.52 | 28.98 | 29.41 | 28.01 | 27.88 | 28.06 | 27.10 |
| | 资产净值/亿元 | 39 766.93 | 39 988.76 | 44 527.68 | 45 065.28 | 45 587.08 | 46 865.51 | 49 062.33 | 50 940.44 | 47 354.57 | 47 722.44 | 48 999.95 | 50 079.04 |
| | 占比/% | 26.80 | 26.69 | 26.83 | 26.99 | 27.04 | 27.71 | 28.15 | 28.58 | 26.52 | 26.44 | 26.67 | 24.96 |
| 货币市场型基金 | 总数 | 373.00 | 372.00 | 368.00 | 366.00 | 365.00 | 360.00 | 354.00 | 349.00 | 346.00 | 343.00 | 343.00 | 333.00 |
| | 占比/% | 6.04 | 5.97 | 5.78 | 5.63 | 5.52 | 5.35 | 5.17 | 4.99 | 4.85 | 4.78 | 4.72 | 4.50 |
| | 份额/亿份 | 74 005.08 | 74 120.50 | 84 448.47 | 84 452.30 | 84 281.05 | 77 161.96 | 77 000.64 | 76 833.68 | 72 813.95 | 72 849.76 | 73 239.67 | 80 533.53 |
| | 占比/% | 53.16 | 52.55 | 53.84 | 53.54 | 52.99 | 50.30 | 48.50 | 47.13 | 45.93 | 45.37 | 44.62 | 46.61 |
| | 资产净值/亿元 | 74 045.93 | 74 026.70 | 84 452.61 | 84 297.31 | 84 215.07 | 77 168.64 | 76 883.25 | 76 567.75 | 72 826.89 | 72 810.40 | 72 810.40 | 80 535.76 |
| | 占比/% | 49.91 | 49.41 | 50.88 | 50.49 | 49.94 | 45.63 | 44.11 | 42.96 | 40.79 | 40.34 | 39.63 | 40.14 |
| QDII基金 | 总数 | 156.00 | 156.00 | 157.00 | 161.00 | 163.00 | 164.00 | 163.00 | 163.00 | 163.00 | 163.00 | 164.00 | 166.00 |
| | 占比/% | 2.53 | 2.50 | 2.46 | 2.48 | 2.46 | 2.44 | 2.38 | 2.33 | 2.28 | 2.27 | 2.26 | 2.24 |
| | 份额/亿份 | 785.92 | 793.18 | 1 040.23 | 1 040.53 | 1 042.05 | 1 015.79 | 1 026.21 | 1 030.45 | 1 010.49 | 1 016.50 | 1 011.94 | 959.53 |
| | 占比/% | 0.56 | 0.56 | 0.66 | 0.66 | 0.66 | 0.66 | 0.65 | 0.63 | 0.64 | 0.63 | 0.62 | 0.56 |
| | 资产净值/亿元 | 885.45 | 885.47 | 979.87 | 993.11 | 995.78 | 1 091.69 | 1 091.54 | 1 091.54 | 1 105.33 | 1 111.99 | 1 112.10 | 1 200.10 |
| | 占比/% | 0.60 | 0.59 | 0.59 | 0.59 | 0.59 | 0.65 | 0.63 | 0.61 | 0.62 | 0.62 | 0.61 | 0.60 |

资料来源：Wind 资讯。

显提升，人民币兑美元汇率下探至7.18，逼近2019年最低位。6月至12月，多重利好因素支撑人民币价格，汇率稳步走升，下半年累计升值约8%。12月31日，人民币兑美元中间价和交易价分别收于6.5249和6.5398，较2019年末分别升值6.9%和6.5%。

人民币汇率实现双向波动，交易行为理性有序。随着市场化汇率形成机制不断深化，人民币双向波动频率增加、幅度扩大；同时，各类主体的交易行为更加成熟，虽然经历疫情、大宗商品价格动荡、美国大选等冲击，但外汇市场全年运行平稳。2020年，人民币兑美元交易价年化波动率为4.4%，较2019年上升0.4个百分点；日均波动范围为250bps，较2019年扩大49bps；波动的极值明显上升，2020年11月4日，人民币兑美元汇率日内振幅为1 638bps。年内仅有7个交易日汇率日内波动小于100bps，日内波动大于500bps的交易日则增加至11个。市场参与者对汇率波动的接受能力提高，零售市场未出现恐慌购/结汇等行为，交易市场始终保持良好的流动性。

外汇市场稳健发展，汇率政策回归中性。人民币汇率自6月以来进入升值通道。10月12日，中国人民银行决定将远期售汇业务的外汇风险准备金率从20%下调至0。10月27日，外汇市场自律机制秘书处公告，人民币中间价报价行基于自身对经济基本面和市场情况的判断，陆续主动将人民币对美元中间价报价模型中的"逆周期因子"淡出使用，调整后的中间价报价透明度、基准性与有效性均提高。调整远期售汇风险准备金率有利于释放合理的外汇资金需求，降低经济主体管理外汇风险的成本；中间价报价向"前一日收盘价＋一篮子货币汇率"的两因素模型转化，体现了根据市场供求状况决定人民币汇率水平的定价意图。至此，两项管理政策回归中性，人民币汇率形成机制市场化改革的窗口再度开启。

人民币对其他国际主要货币汇率走势分化（见图3－11）。2020年末，人民币对欧元、英镑、日元汇率中间价分别为1欧元兑8.0250元人民币、1英镑兑8.8903元人民币、100日元兑6.3236元人民币，分别较2019年末贬值2.61%、升值2.92%和升值1.34%。2006年以来至2020年末，人民币对欧元汇率累计升值19.37%，对日元汇率累计升值8.67%。

2. 外汇市场总成交量实现增长，外币对市场增速较快

2020年，银行间外汇市场实现总成交量同比增长。全年成交250.9万亿元人民币，同比增长1.7%。人民币外汇即期成交8.4万亿美元（见表3－17），同比增长5.55%；人民币外汇掉期交易累计成交金额折合16.3万亿美元，同比减少0.4%左右；人民币外汇远期市场累计成交1 044亿美元，同比增加37.37%。通过机制创新和市场推广，中国外汇交易中心持续培育外币对市场，进一步聚集境内外币交易市场流动性。全年来看，外币对即期共成交1 693.4亿美元，同比增长31%；外币对掉期共成交5 849.0亿美元，同比增长95%；外币对货币掉期共成交1.3亿美元，同比增长16%。

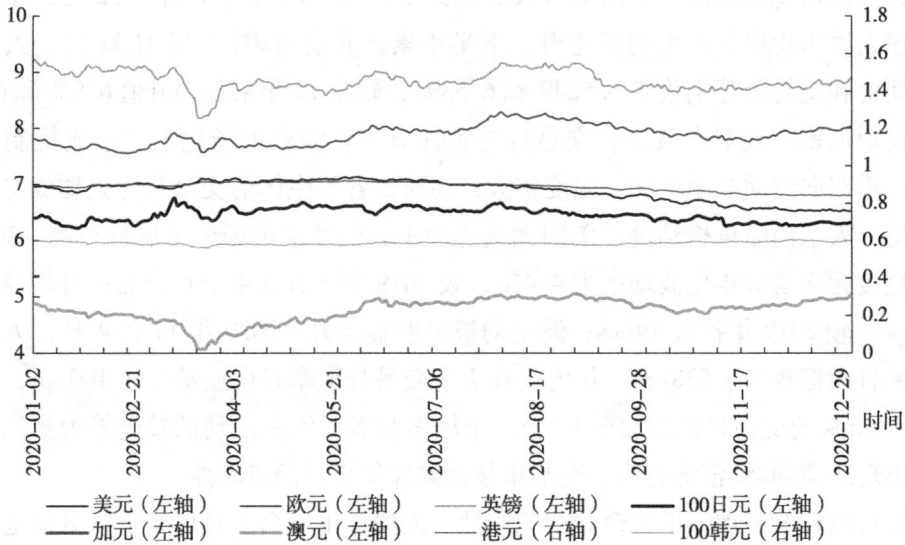

**图 3 - 11　2020 年人民币对外币汇率变化趋势**

（资料来源：Wind 资讯）

表 3 - 17　　　　　　　　　　　**2015—2020 年外汇市场交易情况**　　　　　　　　单位：亿美元

| 交易品种 | 2015 年 | 2016 年 | 2017 年 | 2018 年 | 2019 年 | 2020 年 |
|---|---|---|---|---|---|---|
| 人民币外汇即期 | 48 622.93 | 59 268.82 | 63 951.768 | 76 332 | 79 374 | 83 782 |
| 人民币外汇掉期 | 83 449.78 | 99 959.74 | 133 731.18 | 165 135 | 164 134 | 163 465 |
| 人民币外汇远期 | 372 | 1 529 | 1 019.47 | 875 | 760 | 1 044 |
| 外币对 | 1 202 | 1 159 | 1 188 | 1 867 | 4 756 | 8 074 |

资料来源：国家外汇管理局，http：//www.safe.gov.cn/safe/zgwhscjygk/index.html。

2020 年，外汇市场克服多重不利影响，主要交易品种的成交量均实现增长。外汇即期成交 8.6 万亿美元，同比增长 6.1%；汇率衍生品成交 17.6 万亿美元，同比增长 1.3%。仅有外币货币市场受全球宽松流动性冲击，交易意愿徘徊在低位，全年交易量微降。

2020 年，外汇市场成交量实现增长，银行间外汇即期市场人民币对主要币种交易量情况如表 3 - 18 所示。

表 3 - 18　　　　**2020 年银行间外汇即期市场人民币对主要币种交易量**　　　　单位：亿元人民币

| 币种 | 美元 | 欧元 | 日元 | 港元 | 英镑 | 澳元 | 新西兰元 | 新加坡元 | 瑞士法郎 | 加元 | 林吉特 | 卢布 | 韩元 |
|---|---|---|---|---|---|---|---|---|---|---|---|---|---|
| 交易量 | 553 205.22 | 14 194.94 | 2 733.76 | 1 456.62 | 586.77 | 588.75 | 214.39 | 839.99 | 134.79 | 337.01 | 5.05 | 143.68 | 61.53 |

数据来源：中国货币网，http：//www.chinamoney.com.cn/chinese/mtmoncjgl/。

3. 人民币跨境使用逆势快速增长

2020 年，跨境人民币收付金额合计 28.4 万亿元，同比增长 44%，其中实收 14.1 万亿元，实付 14.3 万亿元；经常项目跨境人民币收付金额合计 6.8 万亿元，同比增长 13%，其中，货物贸易收付金额为 4.8 万亿元，服务贸易及其他经常项目收付金额 2 万亿元；资本项目人民币收付金额合计 21.6 万亿元，同比增长 59%。

（四）疫情及车险综改双重冲击下保险市场保持稳健运行

总体来看，2020 年保险市场经受住了新冠肺炎疫情和车险综改的冲击，继续保持稳步前行的良好态势，主要经营和风险指标都处于合理区间，保险产品结构不断优化，风险控制能力持续增强。同时，市场化改革继续推进，保险业发展的政策环境进一步优化。

1. 保险业务承压发展

一是业务成长压力加大，原保费收入增速下滑。2020 年，受年初新冠肺炎疫情的外部冲击，国内经济曾经一度按下"暂停键"，也使得短期内保费收入增速明显下滑。随着疫情被有效控制以及市场主体加大线上化经营的力度，作为凸显经济韧性的保险业整体仍然延续稳步发展势头，保费收入增速逐步恢复，全年实现正增长。2020 年，中国保险业共实现原保险保费收入 45 257.34 亿元，同比增长 6.12%，但相较于 2019 年增速同比下降 6.05 个百分点，月度保费收入情况如图 3－12 所示。近年来，受保险回归保障本源政策、代理人规模增速放缓、互联网保险竞争激烈、内部改革及外部冲击等多重因素影响，保险业面临转型压力，保费收入增速逐步放缓。伴随着业务重心逐渐从增量市场向存量市场的转移，保险业已告别超高速增长阶段（见图 3－13）。2020 年保险深度为 4.45%，较 2019 年提高 0.15 个百分点；保险密度为 3 233 元，较 2019 年增加 187 元，增长 6.14%。

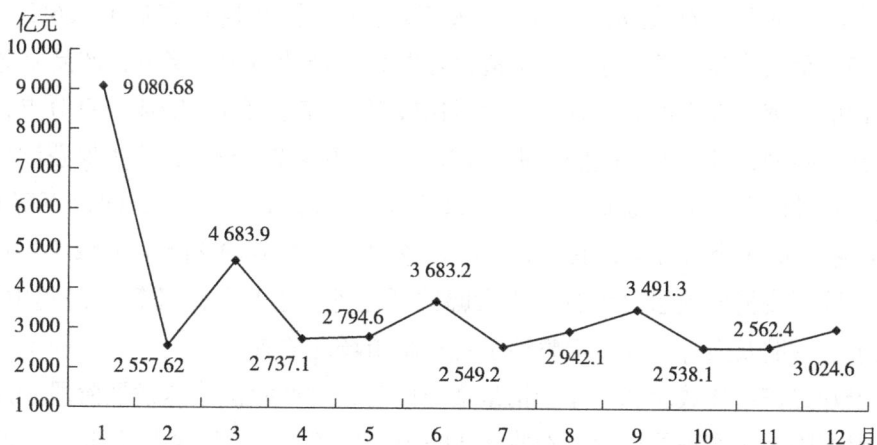

图 3－12　2020 年全国原保险保费收入月度走势

（资料来源：中国银保监会官网）

具体来看，人身险业务保费收入稳步增长。人身险全年实现原保险保费收入

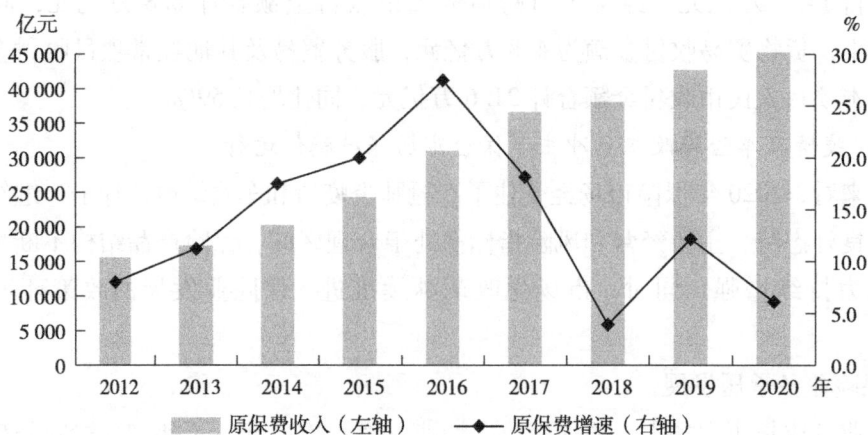

图 3 – 13    2012—2020 年原保险保费收入及其增长趋势

（资料来源：2012—2019 年数据来自《中国保险年鉴 2020》，其他数据来自中国银保监会网站）

33 328.75 亿元，同比增长 7.53%，增速下降 6.23 个百分点。其中，寿险业务原保险保费收入为 23 981.92 亿元，增加 1 227.78 亿元，同比增长 5.40%，增速较 2019 年下降 4.4 个百分点，占人身险的比重由 73.41% 下降至 71.96%。受代理人增速放缓、疫情线下展业困难等影响，加上居民对自身现金流预期趋于保守，叠加其对未来经济恢复有所担忧，寿险新保单数增长乏力，但长期来看，在老龄化带来的养老压力下，我国国民对风险保障和长期储蓄类寿险产品的需求提升，寿险业务依旧有很大的发展空间。随着人们生活水平提高而带来的对医疗健康问题的重视，加之疫情进一步唤醒了居民的健康保险意识，加速了线上销售渠道的普及，健康险业务迎来新的爆发式增长。2020 年健康险实现原保费收入 8 172.71 亿元，增加 1 106.73 亿元，同比增长高达 15.66%，百万医疗、惠民保、重疾险等业务快速铺开，覆盖客群数量合计超过 4 亿人，产品服务形态和生态圈建设取得突破性进展。尽管健康险增速较 2019 年下降了 14.04 个百分点，但仍遥遥领先于其他险种，其占人身险的比重由 22.80% 上升至 24.52%，成为保费增长的重要带动力量。意外险业务原保费收入 1 174.11 亿元，减少 1.05 亿元，同比下降 0.09%，较 2019 年减少 9.33 个百分点，其占人身险业务的比重由 3.79% 降至 3.52%。意外险保费的负增长除了疫情导致居民出行行为大幅减低之外，也与年终监管部门集中从产品、销售、渠道、理赔及内部管理方面整治了意外险市场乱象有关。

随着宏观经济增速放缓和汽车产销量增速回落，财产险由快速发展阶段步入平稳增长阶段。财产险全年实现原保险保费收入 11 928.58 亿元，同比增长 2.40%，增速下降 5.77 个百分点，在复杂多变的环境形势下，保持了稳定增长。其中，机动车辆保险实现原保费收入 8 244.75 亿元，同比增长 0.69%，相比于 2019 年下降 3.83 个百分点，保持低位增长；非车险业务实现原保险保费收入 3 683.83 亿元，同比增长 6.43%，占比达 30.88%，同比上升 1.18 个百分点。财产险业务原保费收入同比增速明显低于人身险业务与保险业整体增速，主要原因是车险综合改革带来的车险保费收入增速下滑以及融资性信保业务继续收缩导致保费增长承压。

二是业务结构调整势头延续。人身险方面，受到疫情停工停产的直接冲击，收入的不确定性增加使得新单业务负增长，储蓄型保险与投资型保险的需求大幅下降，长期保障型产品业务销售一度出现停滞，但业务重心逐步从理财和短期储蓄替代品转向保障与长期储蓄产品、从趸交推动转向期交拉动的方向不变。2020 年，人身险规模保费为39 191 亿元，同比增长 1.23%，增速较 2019 年同期减少 10.83 个百分点。其中，人身险公司未计入合同核算的保户投资和投连险独立账户新增交费 7 517 亿元，同比下降17.28%，增速较 2019 年同期下降 26.94 个百分点，占比 19.18%，同比下降 4.30 个百分点，保障型业务是规模保费增长的主力。寿险业务中，新单保费收入为 8 817.63 亿元，同比下滑 2.67%，续期业务保费收入为 15 164.30 亿元，增长 10.75%，为寿险业务贡献了近 6.5% 的增速，但从寿险新单缴费结构上看，2020 年，寿险新单期交业务保费收入为 4 561.26 亿元，占新单业务的 51.72%，同比上升 2.90 个百分点，尽管业务总体发展受到影响，但期交新业务增长势头依然向好，业务转型成效得以保持。

业务的转型也导致人身险渠道结构分化延续，个人代理渠道继续调整，银邮渠道保持回升，经代渠道增长迅速（见表 3 - 19）。2020 年，个人代理渠道实现保费收入17 965.96 亿元，增长 4.27%，占比 56.72%，较 2019 年下降 1.43 个百分点。银邮代理渠道实现保费收入 10 108.16 亿元，增长 12.61%，占比为 31.91%，较 2019 年增加了1.62 个百分点。基数占比较低的专业代理渠道与保险经纪渠道借助互联网迅速发展，有着相对不错的增幅，保费收入分别增加 39.75% 和 15.11%，占比分别为 1.71% 和1.26%，较 2019 年同期均有所提升。作为最主要的两条人身险业务渠道，个人代理与银邮代理一般呈现出"此消彼长"的态势。疫情导致传统个人代理渠道的展业模式受阻，但由于个险渠道的强激励效果与高价值创造力，传统个人渠道的展业仍保持着不错的增速；而银邮渠道方面，受产品结构改革的影响，其高数字化程度及优秀客户基数大等优势逐渐凸显，受疫情影响也相对较小。

表 3 - 19　　　　　　　　2020 年人身险各业务渠道情况表

| 业务渠道 | 原保险保费收入/亿元 | 同比增长/% | 占比/% | 较 2019 年变动/个百分点 |
|---|---|---|---|---|
| 银邮代理 | 10 108.16 | 12.61 | 31.91 | 1.62 |
| 个人代理 | 17 965.96 | 4.27 | 56.72 | - 1.43 |
| 公司直销 | 2 331.52 | 2.16 | 7.36 | - 0.68 |
| 专业代理 | 540.27 | 39.75 | 1.71 | 0.40 |
| 其他兼业代理 | 329.85 | 7.29 | 1.04 | 0.00 |
| 保险经纪 | 397.89 | 15.11 | 1.26 | 0.09 |
| 其他 | 2 667.19 | - 0.09 | 8.42 | - 0.66 |
| 合计 | 31 673.64 | 6.90 | 100.00 | |

资料来源：中国银保监会网站。

　　财产险方面，行业发展动能发生明显转换，车险业务持续承压、保费增速继续下滑，非车险成为支撑财险业增长的主要因素。车险占比下降来自疫情和车险综合改革的双重冲击。一方面，新车销量在疫情期间受到抑制，家庭用车需求陡然减少，导致汽车行业消费需求无法释放。2020年，我国汽车产销量分别为2 522.5万辆和2 531.1万辆，同比分别下降2%和1.9%。机动车辆保费收入在2020年2月出现同比负增长。随着疫情得到控制，5月以后消费需求得到释放，增速开始明显回调。另一方面，车险综合改革方案于9月中正式实施，受其影响，车险单均保费大幅下降，2020年第四季度车险保费收入由2019年同期增长5.96%转为下降10.43%。全年车险业务保费收入勉强维持正增长，车险业务收入占比也跌落至近十年来的最低水平。

　　鉴于车险业务发展受限，行业纷纷将发展重心向非车险业务转移，非车险保费延续了多个业务线的强劲增长势头。近年来，为助力农业产业发展和乡村振兴，行业重视和投入力度不断加大，农业保险提标、扩面、增品效果明显；交通事故、环境污染、医疗事故等社会问题的频发催生下游保险市场需求增加，加上相关主管部门持续出台利好政策，责任险保费规模逐年增长。2020年，农业保险、责任保险和工程保险分别实现原保费收入815亿元、901亿元、138亿元，同比增速分别为21.28%、19.65%和16.95%，占财产险业务的比重分别为6.04%、6.62%和1.02%，成为财产险市场增量保费的重要贡献者。保证险依旧保持负增长，主要原因是2020年银保监会下发《信用保险和保证保险业务监管办法》，提升了融资性信保业务的门槛，使得各保险公司主动减少保证保险业务，2020年实现原保费收入689亿元，同比下降18.36%。

　　2. 保险保障水平持续提升

　　2020年新冠肺炎疫情发生以来，保险业快速响应，除捐款、捐赠物资外，更立足保险业务本身，充分发挥经济稳定器的作用。一方面，针对疫情进行产品与服务双重升级，在第一时间为客户提供保险保障；另一方面，将销售、服务、运营线上化，降低因疫情导致的承保、理赔及客户运营的不利影响。

　　一是新增保单件数保持增加。2020年，保险业新增保单件数526.34亿件，同比增长6.25%，增速较2019年同期下降64.15个百分点。受新冠肺炎疫情影响，传统代理人线下业务展业受阻，居民个人收入面临的不确定性预期增加使得其对自身现金流更趋于保守，导致新单增长乏力。其中，财产险公司签单517.28亿件，同比增长6.13%；人身险公司累计新增保单9.06亿件，同比增长13.66%。从险种来看，机动车辆保险签单5.40亿件，同比增长8.65%；责任险签单116.30亿件，同比增长24.43%；货运险签单41.07亿件，同比减少16.92%；保证保险签单54.21亿件，同比增长93.07%；寿险累计新增保单0.85亿件，同比减少15.75%，其中普通寿险新增保单0.66亿件，同比减少6.36%；健康险新增保单签单145.80亿件，同比增长29.25%；意外险签单77.48亿件，同比减少42.76%。

二是风险保额快速增长。2020 年，保险业为全社会提供风险保障 8 709.91 万亿元，同比增长 34.62%。其中，财产险公司提供保险金额 7 511.89 万亿元，同比增长 39.92%；人身险公司提供保险金额 1 198.02 万亿元，同比增长 8.79%。从险种来看，机动车辆保险保额为 323.80 万亿元，同比增长 28.32%；责任险保额为 2 767.48 万亿元，同比增长 77.38%；农业保险保额为 4.13 万亿元，同比增长 6.78%；寿险累计新增保额 35.92 万亿元，同比减少 7.65%；健康险保额为 1 833.11 万亿元，同比增长 50.26%；意外伤害险保额为 3 125.65 万亿元，同比增加 10.66%。受小额保险产品大量销售的驱动，件均保额大幅下降至 13.06 万元，同比减少 44.9%，从而造成保险业保费收入增加，而保险金额却不增反降的现象。

三是赔付支出保持增长。2020 年，保险业累计赔款和给付支出 13 907.1 亿元，同比增长 7.86%，增速较 2019 年同期增加 3.01 个百分点，高于保费增速，月度赔付支出如图 3-14 所示。其中，财产险业务赔款支出 6 955 亿元，同比增长 6.97%，增速较 2019 年同期减少 3.29 个百分点；寿险业务给付支出 3 715 亿元，同比下降 0.75%，增速较 2019 年同期增加 13.96 个百分点，主要与产品结构调整后退保及满期给付的减少有关；受业务规模增长较快及部分业务核保政策较为宽松的影响，健康险业务赔付支出 2 921 亿元，同比增长 24.25%，增速较 2019 年同期减少 10.53 个百分点；意外险业务赔付支出 316 亿元，同比增长 6.04%，增速较 2019 年同期减少 5.28 个百分点。除寿险业务外，其余业务赔付支出增速均高于保费增速。保险公司的理赔率均在 96% 以上，且大量保险公司理赔率甚至超过 99%，整个行业基本实现应赔尽赔。2020 年保险业理赔件数及赔付金额均有所增长，赔付效率明显提高，全行业稳妥应对各种风险挑战，在支持疫情防控、复工复产、"六稳""六保"、全力保障社会经济稳健运行等方面发挥了重要作用。

3. 保险资金运用规模平稳增长，投资收益有所提升

一是保险资金运用规模平稳增长。受保险市场回暖及寿险规模保费增加的影响，保险资金运用总量保持平稳增长，增速有所提高。2020 年，保险资金运用余额 216 801.13 亿元，较年初增长 17.02%，增速较 2019 年同期上升 4.1 个百分点，占保险行业总资产的 93.05%，较 2019 年增加 2.94 个百分点。2020 年疫情的发生使我国实体经济遭受严峻的挑战，保险资金利用自身规模大、来源稳定、长期性的特点，通过提供直接融资和投资基金的方式为实体经济建设助力。

二是保险资金运用配置结构有所优化。2020 年，保险资金运用根据市场环境变化和保险发展内在需求不断调整，具体而言，固定收益类投资余额为 89 259.42 亿元，占比 48.18%，较 2019 年下降 1.03 个百分点，其中，银行存款 25 973.45 亿元，占比 11.98%（见表 3-20），比 2019 年下降 1.64 个百分点；债券 79 328.75 亿元，占比 36.59%，比 2019 年增加 2.03 个百分点；股票和证券投资基金 29 821.51 亿元，占比

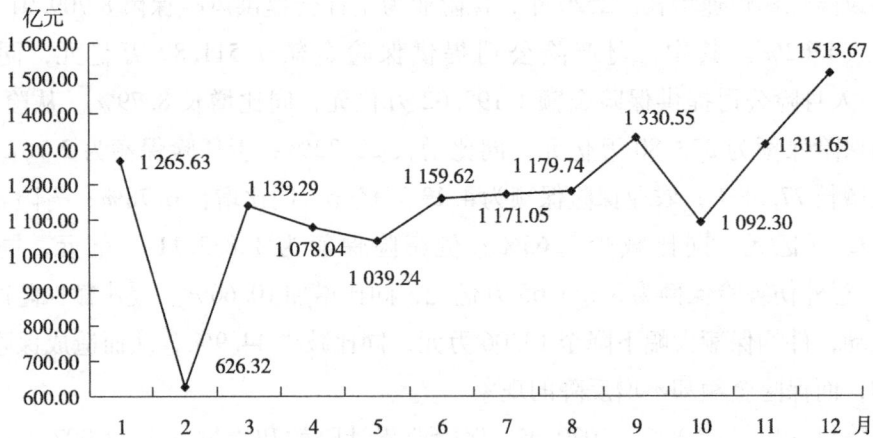

**图3-14　2020年月度保险赔偿和给付走势**

（资料来源：中国银保监会官网）

13.76%，较2019年上升0.60个百分点，其中股票投资占比8.06%，证券投资基金投资占比5.09%；包含另类投资在内的其他投资81 677.42亿元，占比37.67%，较2019年下降1.00个百分点，其中保险资产管理公司产品投资7 979.27亿元，占比为4.31%，长期股权投资1.97万亿元，占比10.65%。银行存款类资产占比略微有所下降，债券、股票和证券投资基金占比都稳中有升，其中债券上升幅度更大，其他投资则成为保险资金运用占比最高的资产。从保险资金资产配置趋势看，另类投资因为涉及股权与债权的非标品种丰富、创新程度高，对接国家产业政策灵活精准，契合投融资体制改革趋势，而成为保险资金对接实体经济、服务民生和社会发展的重要渠道，其占比逐年攀升，已成为保险资金配置的主要方向。

表3-20 　　　　　　　　　　　　**2011—2020年保险资金运用结构**　　　　　　　　　　单位：%

| 年份 | 银行存款 | 债券 | 股票和证券投资基金 | 其他投资 |
|---|---|---|---|---|
| 2011 | 31.97 | 47.09 | 12.11 | 8.83 |
| 2012 | 34.21 | 44.59 | 11.79 | 9.41 |
| 2013 | 29.45 | 43.42 | 10.23 | 16.90 |
| 2014 | 27.12 | 38.15 | 11.06 | 23.67 |
| 2015 | 21.78 | 34.39 | 15.18 | 28.65 |
| 2016 | 18.55 | 32.15 | 13.28 | 36.02 |
| 2017 | 12.92 | 34.59 | 12.30 | 40.19 |
| 2018 | 14.85 | 34.36 | 11.71 | 39.08 |
| 2019 | 13.62 | 34.56 | 13.15 | 38.67 |
| 2020 | 11.98 | 36.59 | 13.76 | 37.67 |

资料来源：2011—2019年数据来自《中国保险年鉴2020》，其他数据来自中国银保监会网站。

三是保险资金运用收益稳步增长。2020 年，由于股市的强劲表现和地方债收益率的回升，保险资金运用实现收益 11 728.94 亿元，较 2019 年增加 2 904.81 亿元，资金运用收益率为 5.41%（见图 3 – 15），同比增加 9.51%，较 2019 年上升 0.47 个百分点。从收益贡献比来看，基金和股票是投资收益率最高的两类资产。其中，配置占比 5.09% 的证券投资基金，投资收益为 1 234.8 亿元，投资收益率达 12.19%；而投资占比 8.66% 的股票，投资收益达 1 866.45 亿元，投资收益率达 10.87%，这两类投资资产的投资收益占总保险资金运用收益的近 30%。此外，值得注意的是，以投连险为代表的独立账户资金运用收益为 471.08 亿元，资金运用平均收益率达 25.81%；非独立账户资金运用收益为 1.05 万亿元，资金运用平均收益率达 5.22%。

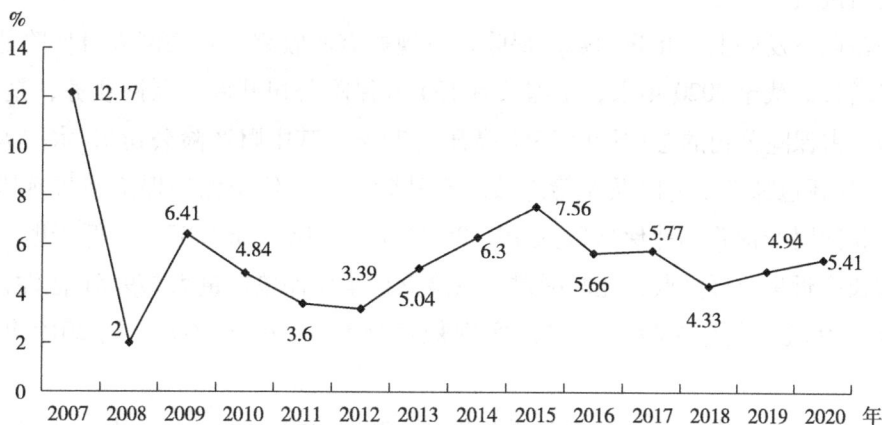

图 3 – 15　2007—2020 年保险资金运用收益率

（资料来源：中国银保监会官网）

四是保险资金运用面临较大压力。一方面，信用风险压力仍存在，影响范围逐渐扩大。利率下行背景下，部分企业信用风险上升，债券违约从个体向行业、区域延伸，影响程度和范围增加，企业信用利差不断压缩，保险资金运用被动信用下沉，信用风险敞口加大。当前保险资金运用以信用类固定收益产品为主，大部分投资品种高度依赖主体信用，无其他增信措施支撑，缺乏成熟的信息披露、技术资产和信用管理等辅助手段，在出现信用风险时，风险处置手段有限。另一方面，资产负债管理难度加大。随着保险资金规模积累、渠道增宽、结构多元以及面临的投资市场日益复杂，资产负债管理的重要性与复杂性程度将进一步加深。保险资金运用在总量匹配、收益成本匹配及资产负债久期匹配上均存在困难，对保险投资能力的要求日渐提高。2020 年，在保险资产规模不断增长的背景下，权益投资为保险机构拓展长期风险管理和保障功能的产品、维护保险消费者合法权益提供了有力支撑。但权益市场的大幅波动也在考验保险投资智慧，短期看市场波动和不确定性较大，且股票结构性分化严重，新会计准则的实施也将为保险资金运用带来更大挑战。此外，受影子银行业务强监管以及资管新规的影响，非标领域

"优质资产荒"形势依然严峻，市场现有产品难以满足匹配需求，合意产品供给不足将是保险资金面临的长期难题。

4. 互联网保险快速发展

当前数字经济蓬勃发展，数字技术不断创新突破，为保险业数字化线上化发展提供了良好的基础。2020年，在疫情影响和监管政策的推动下，保险业加速了线上化转型进程。一方面，疫情的暴发在一定程度上改变了居民投保习惯，倒逼机构提升线上展业水平和数字化能力，提质增效。另一方面，银保监会提出"到2022年，车险、农险、意外险、短期健康险、家财险等业务领域线上化率达到80%以上"，鼓励机构为消费者提供安全便捷的线上保险服务。在疫情影响和监管政策双重推动下，互联网保险市场迎来新的机遇与挑战。

一是在业务发展上，互联网财产保险业务规模有所收缩，互联网人身保险业务继续保持平稳增长。截至2020年末，全国共有134家保险公司开展互联网业务，是2011年的4.8倍，占保险公司的总数量由23%提升至77%，其中财产险公司73家，人身险公司61家。受新冠肺炎疫情以及车险综改、意外险改革、信用保证保险新规等因素综合影响，互联网财产保险累计保费收入797.95亿元，同比下降4.85%，低于财产保险市场同期增长率近9个百分点；互联网财产保险累计承保保单数量为279.51亿件，同比下降0.92%。互联网人身保险全年累计实现规模保费2 110.8亿元，较2019年同比增长13.6%。

二是在险种构成上，业务结构持续调整。互联网财险方面，2020年，互联网车险累计保费收入220.60亿元，延续2019年负增长趋势，同比下降19.64%，占比27.65%，较2019年下降5.09个百分点；互联网非车险业务维持正增长，但同比增速有所回落，累计保费收入577.35亿元，同比增长2.35%，占比72.35%。各类科技应用的飞速发展、各类互联网平台的不断涌现，为互联网非车险产品的服务场景化创新、营销精准触达、用户体验优化提供了机遇，如快速迭代的百万医疗险、电商场景的退货运费险、出行平台的航意航延险、移动支付的账户安全险等。互联网信用保证险累计保费收入62.52亿元，同比下降52.18%，是互联网非车险业务中唯一负增长的业务，鉴于部分网贷平台出现不同程度违约风险的情况，信用保证险迎来新规，导致融资性信用保证险业务纷纷收紧。互联网人身保险方面，寿险仍为主力险种，全年累计实现规模保费1 173.5亿元，同比减少3.2%，在互联网人身保险总规模保费中的占比为55.6%，较2019年同比下降近10个百分点；年金保险累计实现规模保费490.1亿元，同比增长38.8%，占比为23.2%，较2019年同比上升4个百分点，成为第二大险种；健康险累计实现规模保费374.8亿元，同比增长58.8%，占比为17.8%，较2019年上升5个百分点；意外险实现规模保费72.4亿元，增长29.1%，占比与2019年基本保持一致，为3.4%。互联网健康保险继续保持增长态势，实现连续六年稳定增长，且在互联网人身保险中的占比不断提升。究其原因，与互联网健康险紧抓用户需求，产品简单透明、性价比高、投保智能高效，同时疫情下健康保障意识大幅提升、社交图谱集群化效应凸显相关。

三是在渠道发展上，第三方平台仍占主导。互联网保险业务仍然呈现与第三方平台（包含第三方网络平台、保险专业中介机构）合作为主、保险公司自营平台为辅的经营模式。互联网财险业务方面，2020 年，第三方平台业务占比增加到 74.35%，同比上升 5.45 个百分点，其中第三方网络平台占比为 42.02%，保险专业中介机构占比为 32.33%，自营网络平台尽管客户数和活跃度有所提升，但整体业务量继续下滑，占比为 23.54%，销售险种以车险为主。随着互联网车险业务的萎缩，自营网络平台渠道在互联网财产保险业务中的贡献度也在下降。互联网人身保险业务方面，2020 年通过第三方平台累计实现规模保费 1 787.8 亿元，较 2019 年同比增长 10.3%，占互联网人身保险总规模保费的 84.7%，占比下降 2.5 个百分点；通过自营平台累计实现规模保费 323.8 亿元，同比增长 36.1%，占互联网人身保险总规模保费的 15.3%，自营平台规模保费已实现连续六年平稳增长。

四是市场集中度逐步下降，竞争更加充分。2020 年，互联网财产保险保费规模排名前 10 的保险公司分别为众安保险、泰康在线、人保财险、太保财险、国泰财险、大地保险、太平财险、平安产险、京东安联和阳光财险，累计保费收入为 622.12 亿元，占比 77.96%，较 2019 年下降 4.46 个百分点；互联网人身保险规模保费排名前 10 的保险公司分别为中邮人寿、国华人寿、建信人寿、工银安盛人寿、人保健康、平安寿险、中国人寿、太平人寿、平安健康和弘康人寿，累计规模保费收入为 1 681.2 亿元，占比 79.6%，较 2019 年下降 7.9 个百分点。

5. 市场格局呈现多极变化

第一，保险行业市场竞争格局有所变化，"马太效应"仍在延续。

财产险方面，"老三家"市场份额下滑，中型主体效益承压，小主体加速转型。从市场集中度来看，保费收入排名前 10 位的财险公司依次为人保财险、平安产险、太保财险、国寿财险、中华联合、大地财险、阳光财险、太平财险、众安在线和中国信保，除众安在线取代天安保险跻身前 10 外，其他公司的排名没有变化。10 大财产险公司合计实现原保费收入 11 500.17 亿元，市场占有率为 84.63%，较 2019 年微降了 0.30 个百分点。

"老三家"人保财险、平安产险和太保财险原保险保费收入合计 8 645.91 亿元，同比增速 3.69%，占财险公司原保险保费收入的比例为 63.64%（见图 3 - 16），较 2019 年下降 0.49 个百分点，其中，人保财险业务增速仅为 0.09%，主要是由于信保业务踩雷及车险综改后保费负增长所致。尽管市场占比微降，但龙头公司的地位依旧稳固。保费规模在 4 ~ 10 名的财险公司原保险保费收入合计 2 854.26 亿元，同比增速 5.43%，高于"老三家"增速。保费规模排名在 10 名以外的财险公司原保费收入合计为 2 083.53 亿元，同比增速达 5.76%，高于行业平均增速。一些中、小、新财产险公司因处于初创或发展阶段，体量小，原保费基数低，伴随业务拓展，保费增速遥遥领先，其中，泰康在线、汇友互助、京东安联、黄河财险、铁路自保的原保费收入同比增速均超过 40%。在行业增速放缓及新冠肺炎疫情冲击的多重挑战下，行业的线上化进程加快，部分互联网主体依托线上渠道和年轻人群，取得了令人瞩目的发展，众安财险进入市场前 10，泰康在线增速达 90%，排名行业第 1，凭借互联网保险的线上优势以及快速的市场反应能力，实现了健康险业务保费收入的大幅上涨，带动了经营业绩的逆势增长。原保险保费同比下降最快的 5 家财产险公司分别是阳光信保、易安财产、日本兴亚、安心财险、浙商财产。其中，阳光信保原保险保费收入降幅最为严重，2020 年实现原保险保费收入 0.23 亿元，同比下滑 84.63%，除了受信保业务爆雷潮蔓延，银保监会要求行业自查信保业务，公司收缩相关业务规模影响外，也与疫情影响下社会信用风险上升而导致的信保业务整体下滑相关。

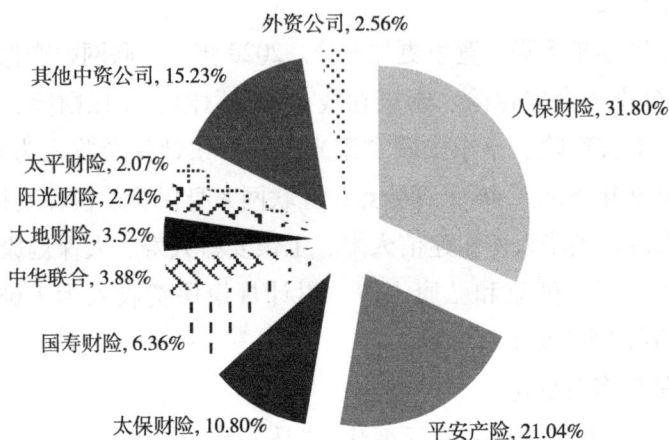

**图 3 - 16　2020 年财产险公司市场份额**

（资料来源：中国银保监会官网）

人身险方面，2020 年，保费收入排名前 10 位的人身险公司依次为国寿股份、平安人寿、太保寿险、新华保险、华夏人寿、太平人寿、泰康人寿、人保寿险、中邮人寿、前海人寿。与 2019 年相比，前 3 位没有变化，新华人寿超过华夏人寿与太平人寿位居第 4，中邮人寿以前 10 中最高的保费增速超越前海人寿上升至第 9 位。新华人寿和中邮人寿的原保险保费收入同比增长分别为 15.48% 和 21.40%，前者主要依托业务提前布局优势，实现了保费的快速增长；而后者作为一家银行系保险公司，受疫情的影响较小，且在互联网健康险上有着出色的发挥，以 380 亿元原保险保费收入规模登顶了网销人身险第一名。排名前 3 的人身险公司中，国寿股份的市场份额从 2019 年的 19.18% 上升为

19.35%（见图 3-17），增加了 0.17 个百分点；平安人寿和太保寿险的市场份额则分别
降低了 1.64 个百分点和 0.59 个百分点。排名前 7 的人身险公司的保费收入在 1 000 亿元
以上，共实现原保费收入 18 924.47 亿元，同比增长 1.37%，其市场份额从 2019 年的
63.01%下降至 2020 年的 59.74%，同比下降 3.27 个百分点。前 10 位的人身保险公司原
保险保费收入合计 21 489.74 亿元，市场份额为 66.84%，较 2019 年同期下降 4.34 个百
分点。大公司市场份额的下降与其发展战略调整及业务转型有关：平安人寿大力加强科
技和队伍建设的内部改革，主动压缩趸交业务，原保费收入同比下降 3.61%；太保人寿
由于其占据主导的个险业务受疫情冲击较大，展业困难，原保费收入同比下降 1.84%；
华夏人寿受到年中被接管的影响，业务发展速度大幅放缓，收入同比下降 19.52%。得
益于近年来的业务结构调整以及渠道建设的不断完善，中小保险公司的市场竞争力有所
提升，市场份额有所上升。

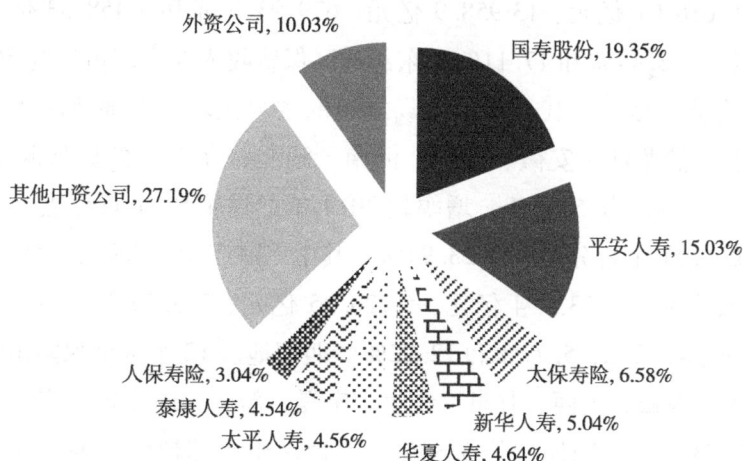

**图 3-17 2020 年人身保险公司市场份额**

（资料来源：中国银保监会官网）

外资保险公司业务稳定增长，市场份额稳步提升。2020 年，外资保险公司实现原保
险保费收入 3 455.15 亿元，市场份额较 2019 年增长 0.46 个百分点，达 7.63%。在北
京、上海、深圳、广东等外资保险公司相对集中的区域保险市场上，外资保险公司的市
场份额均超过 10%。具体来看，外资财产险公司原保险保费收入合计 278.42 亿元，同
比增长 10.35%，高于行业平均 4.36% 的增速，市场份额为 2.05%，较 2019 年上升
0.11 个百分点。外资人身险公司实现原保险保费收入 3 176.73 亿元，同比增长
13.27%，同比增速显著高于中资人身险公司 6.16% 的增速，市场份额为 10.03%，较
2019 年增加 0.56 个百分点。外资保险公司虽然在保费规模上与中资公司相差较远，但
在市场内外部环境急剧变化下，其市场份额却稳步攀升，这主要得益于我国保险业进一
步加快对外开放步伐，新一轮对外开放政策不断落实。2020 年 1 月 1 日正式取消了外资

人身险公司外资比例限制，外资比例可达 100%；2020 年 7 月，友邦保险上海分公司获批改建为友邦人寿保险公司，成为国内首家获得设立批复的外资独资人身保险公司。从放宽准入门槛，到取消内地合资寿险公司外资比例限制，中国保险业对外开放的脚步，并未因新冠肺炎疫情的影响而停歇。在一系列对外开放政策背景下，外资保险公司加速进入中国市场，原有外资保险公司也不断投入更多资本、人才、技术、产品开发等资源，加大了市场开拓的力度。

第二，保险区域间市场差距加大，地区发展水平不均。

2020 年，东部地区 16 个区域保险市场（北京、天津、河北、辽宁、大连、上海、江苏、浙江、宁波、福建、厦门、山东、青岛、广东、深圳、海南）的原保险保费收入为 25 733.16 亿元（见图 3 - 18），同比增加 6.55%，增幅较 2019 年下降 7.29 个百分点，但高于 6.12% 的全国平均增速。其中，财产险、寿险、意外险和健康险的原保险保费收入分别为 6 636.01 亿元、13 958.9 亿元、679.93 亿元和 4 458.33 亿元，同比增长 1.34%、6.39%、-3.14% 和 17.11%。东部地区保费收入在全国占比为 56.86%，同比上升 0.22 个百分点，依然为我国保险市场发展的主力区域。中部地区 8 个区域保险市场（山西、吉林、黑龙江、安徽、江西、河南、湖北、湖南）的原保险保费收入共计 10 834.95 亿元，同比增长 5.67%，增幅较 2019 年下降 4.52 个百分点，原保险保费收入占比同比下降 0.11 个百分点，达 23.94%。其中，财产险、寿险、意外险和健康险的原保险保费收入分别为 2 733.94 亿元、5 726.25 亿元、248.57 亿元和 2 126.22 亿元，同比增长 3.01%、4.42%、5.77% 和 12.92%。西部地区 12 个区域保险市场（重庆、四川、贵州、云南、西藏、陕西、甘肃、青海、宁夏、新疆、内蒙古、广西）的原保险保费收入为 8 627.73 亿元，同比增长 5.80%，增速高于中部地区增速，低于全国平均增

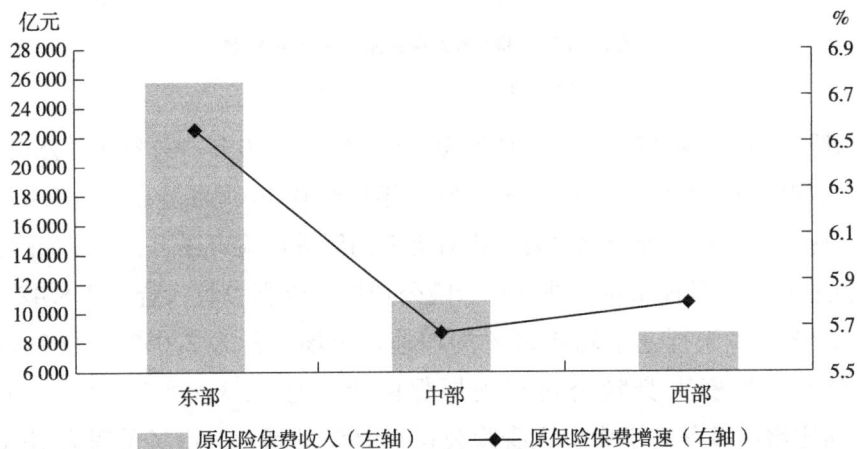

图 3 - 18　2020 年区域保费收入及增长分布

（资料来源：中国银保监会官网）

速，其原保险保费收入在全国占比为 19.06%，同比减少 0.06 个百分点。其中，财产险、寿险、意外险和健康险的原保险保费收入分别为 2 505.88 亿元、4 296.76 亿元、242.31 亿元和 1 582.79 亿元，同比增长 4.50%、3.56%、3.55% 和 15.20%（见图 3 – 18）。整体来看，得益于经济发展水平高和保险机构在东部的占比保持绝对优势，东部地区保险业仍保持较快发展；中部地区原保险保费收入增速保持平稳，保险业对地方经济的保障作用进一步增强；西部地区保险普及率上升，但各省保险业发展水平差异较大。

从各地区保费收入规模来看，2020 年原保险保费收入居于全国前 10 位的地区依次是广东、江苏、山东、河南、浙江、北京、四川、河北、上海、湖北（见表 3 – 21），除名次略有变动外，与 2019 年基本保持一致，其中，7 个位于东部，2 个地处中部，1 个为西部地区。全年保费收入过千亿元的省市达 15 个，比 2019 年增加 1 个。其中，广东省（不含深圳市）实现原保险保费收入 4 199.34 亿元，尽管保费增速仅为 2.12%，低于全国平均增速，但仍保持市场份额第一；江苏省实现保费收入 4 015.1 亿元，居第 2 位；山东省（不含青岛市）实现保费收入 2 971.55 亿元，居第 3 位。原保险保费收入与地区人口数量和人均 GDP 高度相关，人口大省以及一线城市原保险保费收入普遍较高。海南、青海、西藏三省区排在最后，与经济发达地区的保险业发展水平相差较大。

在增速方面，除了大连市较 2019 年原保险保费收入有所下降外，其他各区域均保持正增长态势。其中，高于全国原保险保费收入平均增速的共 15 个地区，前 10 名分别为江西、北京、广西、浙江、甘肃、天津、上海、湖南、山东和重庆。其中，东部地区 5 个，中部地区 2 个，西部地区 3 个。

表 3 – 21　　　　　　　2020 年各省市原保险保费收入情况

| 地区 | 原保险保费收入 | | | | |
| --- | --- | --- | --- | --- | --- |
| | 本年累计/亿元 | 排名 | 同比增长/% | 增速排名 | 占比/% |
| 合计 | 45 257.34 | — | 6.13 | — | 100.00 |
| 集团、总公司本级 | 61.47 | — | 18.21 | — | 0.14 |
| 北　京 | 2 302.91 | 6 | 10.93 | 2 | 5.09 |
| 天　津 | 672.09 | 26 | 8.75 | 6 | 1.49 |
| 河　北 | 2 088.64 | 8 | 5.01 | 22 | 4.62 |
| 辽　宁 | 969.6 | 18 | 5.51 | 21 | 2.14 |
| 大　连 | 368.67 | 31 | -0.63 | 36 | 0.81 |
| 上　海 | 1 864.99 | 9 | 8.43 | 7 | 4.12 |
| 江　苏 | 4 015.1 | 2 | 7.07 | 14 | 8.87 |
| 浙　江 | 2 476.94 | 5 | 10.04 | 4 | 5.47 |
| 宁　波 | 390.72 | 30 | 3.91 | 29 | 0.86 |
| 福　建 | 1 005.79 | 15 | 6.10 | 17 | 2.22 |
| 厦　门 | 236.46 | 32 | 4.17 | 27 | 0.52 |
| 山　东 | 2 971.55 | 3 | 8.02 | 9 | 6.57 |

续表

| 地区 | 原保险保费收入 | | | | |
|---|---|---|---|---|---|
| | 本年累计/亿元 | 排名 | 同比增长/% | 增速排名 | 占比/% |
| 青　岛 | 510.94 | 28 | 4.92 | 23 | 1.13 |
| 广　东 | 4 199.34 | 1 | 2.12 | 32 | 9.28 |
| 深　圳 | 1 453.51 | 12 | 7.35 | 12 | 3.21 |
| 海　南 | 205.91 | 34 | 1.43 | 34 | 0.45 |
| 山　西 | 932.77 | 19 | 5.64 | 20 | 2.06 |
| 吉　林 | 710.09 | 24 | 4.58 | 25 | 1.57 |
| 黑龙江 | 987.26 | 17 | 3.70 | 30 | 2.18 |
| 安　徽 | 1 403.53 | 13 | 4.04 | 28 | 3.10 |
| 江　西 | 927.86 | 20 | 11.12 | 1 | 2.05 |
| 河　南 | 2 506 | 4 | 3.09 | 31 | 5.54 |
| 湖　北 | 1 854.38 | 10 | 7.25 | 13 | 4.10 |
| 湖　南 | 1 513.06 | 11 | 8.39 | 8 | 3.34 |
| 重　庆 | 987.62 | 16 | 7.82 | 10 | 2.18 |
| 四　川 | 2 273.57 | 7 | 5.80 | 18 | 5.02 |
| 贵　州 | 511.77 | 27 | 4.66 | 24 | 1.13 |
| 云　南 | 756.45 | 21 | 1.95 | 33 | 1.67 |
| 西　藏 | 39.81 | 36 | 7.59 | 11 | 0.09 |
| 陕　西 | 1 102.74 | 14 | 6.75 | 15 | 2.44 |
| 甘　肃 | 485.19 | 29 | 9.28 | 5 | 1.07 |
| 青　海 | 103.63 | 35 | 5.74 | 19 | 0.23 |
| 宁　夏 | 210.71 | 33 | 6.42 | 16 | 0.47 |
| 新　疆 | 681.91 | 25 | 4.27 | 26 | 1.51 |
| 内蒙古 | 740 | 22 | 1.37 | 35 | 1.64 |
| 广　西 | 734.33 | 23 | 10.43 | 3 | 1.62 |

注：集团、总公司本级是指集团、总公司开展的业务，不计入任何地区。

资料来源：中国银保监会官网。

### 6. 保险市场化改革继续推进

一是车险综合改革正式实施。2020年9月，银保监会发布《关于实施车险综合改革的指导意见》，正式启动车险综合改革。改革逐步放松对车险产品和定价的管制，有助于解决车险领域高定价、高手续费、经营粗放、数据失真等长期存在的深层次矛盾和问题，激发市场主体的竞争力和创新活力，推动保险公司提高风险细分和定价能力，创新产品，从而更好地满足消费者多样化的需求。

车险综合改革对行业发展和市场主体经营行为的影响也初步体现。一方面，从改革后市场运行看，车险保费充足度快速下降，2020年10—12月单月保费均呈负增长，其中，商业险降幅约为 25%，交强险略有下滑；消费者行为也出现变化，受保费下降和 NCD（无赔款优待）规则变化影响，小额案件报案率明显提升，车险出险率、已报告案均赔款出现上升；另一方面，消费者获得更多优惠，90% 的客户年缴保费下降，车均保费由 3 700 元/辆下降至 2 700 元/辆，其中保费下降幅度超过 30% 的客户达 69%。在强化保障方面，改革实施后，交强险和商业车险的平均保障程度均有所提升。车险综改短期阶段性目标"降价、增保、提质"基本达到预期，但市场主体经营压力进一步加大。

二是财产险产品监管得以改进。银保监会下发《关于进一步加强和改进财产保险公司产品监管有关问题的通知》，将部分产品审批改备案，并实行分类监管和属地监管，有利于进一步激发产品创新的市场活力。

三是保险资金运用市场化改革进一步推进。2020 年，银保监会先后下发《关于优化保险公司权益类资产配置监管有关事项的通知》、《关于优化保险机构投资管理能力监管有关事项的通知》和《关于保险资金财务性股权投资有关事项的通知》，鼓励保险资金入市，促进权益投资比例提升。

四是对部分机构实施市场退出。2020 年 7 月，银保监会依法接管天安财险、华夏人寿、天安人寿、易安财险四家保险机构，强化市场约束。

7. 保险市场发展的政策环境进一步优化

一是促进养老和健康保险发展，提升其在多层次社会保障体系中的地位。中国银保监会等 13 部门联合发布《关于促进社会服务领域商业保险发展的意见》，提出完善健康保险产品和服务，强化商业养老保险保障功能。发布《重大疾病保险的疾病定义使用规范（2020 年修订版）》《中国人身保险业重大疾病经验发生率表（2020）》，进一步夯实了重疾险发展基础；发布《关于规范保险公司城市定制型商业医疗保险业务的通知（征求意见稿）》，规范此类保险业务。

二是促进财产险持续健康发展。发布《推动财产保险业高质量发展三年行动方案（2020—2022 年）》，持续推动财产保险业向高质量发展转变；发布《信用保险和保证保险业务监管办法》，进一步加强信用保险和保证保险业务监管，规范经营行为，防范化解风险，保护保险消费者合法权益；发布《责任保险业务监管办法》，进一步规范责任保险经营行为，促进责任保险业务持续健康发展；发布《关于进一步明确农业保险业务经营条件的通知》，建立完善全流程的农险业务经营条件管理制度体系。成立中国农业再保险公司，完善农业保险大灾风险分散机制；发布《稻谷、小麦、玉米成本保险行业基准纯风险损失率表（2020 版）》，完善农业保险定价机制。发布三大粮食作物成本保险行业示范条款，规范农业保险服务，促进农业保险高质量发展。

三是完善保险中介制度框架。中介是保险市场的重要组成部分，保险市场高质量发展也要求进一步完善中介监管制度框架。《保险代理人监管规定》加强了对保险代理人的相关监管要求，和目前市场主体着重提升代理人品质的发展方向契合，为保险代理人发展模式转型提供了监管支持。《关于发展独立个人保险代理人有关事项的通知》为传统上高度依赖组织发展的代理人制度改革提供了新的选择，尤其是为中小市场主体在人口红利逐步消失背景下探索差异化代理人模式提供了政策支持。《互联网保险业务监管办法》则为互联网保险的持续健康发展奠定了良好的规则基础，将进一步促进保险机构数字化转型，推动保险科技发展，助推行业探索商业模式转型。

（五）黄金市场总体平稳，价格整体上涨

1. 黄金需求和供给均稍有下降

与2019年的4 386.4吨相比，2020年的全球黄金需求下降到了3 759.6吨的水平。黄金投资成为目前黄金需求的主要方向，黄金投资需求从2019年的1 269.2吨（见表3-22和图3-19），上升至2020年的1 773.2吨，增长率为39.71%。2020年的金饰需求水平为1 411.6吨，比起2019年下降幅度较大。2019年科技行业的用金量也有略微下降，由2019年的326吨下降到301.9吨。2020年全球黄金供应同样有所下降，为4 633.1吨，金矿产量小幅下降至3 400.8吨。

表3-22　　　　　　　2013—2020年世界黄金供需状况　　　　　　单位：吨

| 年份 | 2013 | 2014 | 2015 | 2016 | 2017 | 2018 | 2019 | 2020 |
|---|---|---|---|---|---|---|---|---|
| 供应量 | — | — | — | — | — | — | — | — |
| 金矿产量 | 3 127.9 | 3 242.2 | 3 336.3 | 3 459.1 | 3 491.8 | 3 554.2 | 3 531.8 | 3 400.8 |
| 生产商净对冲额 | -27.9 | 104.9 | 12.9 | 37.6 | -25.5 | -12.5 | 6.2 | -65.1 |
| 再生金量 | 1 214.5 | 1 149.1 | 1 086.1 | 1 249.1 | 1 128.1 | 1 147.1 | 1 281.9 | 1 297.4 |
| 总供应量 | 4 314.4 | 4 496.2 | 4 435.3 | 4 745.8 | 4 594.3 | 4 688.8 | 4 819.9 | 4 633.1 |
| 需求量 | — | — | — | — | — | — | — | — |
| 加工品 | — | — | — | — | — | — | — | — |
| 金饰 | 2 736.0 | 2 544.4 | 2 479.2 | 2 018.8 | 2 257.5 | 2 284.6 | 2 136.7 | 1 327.3 |
| 科技 | 355.8 | 348.4 | 331.7 | 323.0 | 332.6 | 334.8 | 326.0 | 301.9 |
| 加工量小计 | 3 091.8 | 2 892.8 | 2 810.9 | 2 341.8 | 2 590.1 | 2 619.4 | 2 462.6 | 1 629.2 |
| 金条和金币总需求量 | 1 730.6 | 1 066.5 | 1 091.4 | 1 073.1 | 1 043.9 | 1 090.3 | 870.9 | 896.1 |
| 黄金ETFs及类似产品 | -887.1 | -149.3 | -129.3 | 541.1 | 271.6 | 70.1 | 398.3 | 877.1 |
| 各国央行和其他机构 | 629.5 | 601.1 | 579.6 | 394.9 | 378.6 | 656.6 | 668.5 | 272.9 |
| 黄金需求（制造基础） | 4 564.7 | 4 411.0 | 4 352.6 | 4 350.8 | 4 284.0 | 4 436.4 | 4 400.3 | 3 675.4 |
| 顺差/逆差 | -250.3 | 85.1 | 82.7 | 395.0 | 310.3 | 252.4 | 419.6 | 957.8 |
| LBMA黄金价格（美元/盎司） | 1 411.23 | 1 266.4 | 1 160.06 | 1 250.8 | 1 257.15 | 1 268.49 | 1 392.6 | 1 769.59 |

注：（1）金饰指最终用户对新制的克拉金金饰和金表的总需求，无论素金或合金材料。不包括二手金饰、其他镀金金属、用作金饰的金币和金条，以及既有克拉金金饰折价换新所购金饰。（2）黄金ETFs和类似产品，包括但不限于：SPDR Gold Shares、iShares Gold Trust、ZKB Gold ETF、ETFS Physical Gold/Jersey、Gold Bullion Securities Ltd、Central Fund of Canada Ltd Xetra - Gold、Julius Baer Precious Metals Fund - JB Physical Gold Fund、Source Physical Gold P - ETC、Sprott Physical Gold Trust。随着时间推移，可能包括新产品。（3）不包括央行期权的任何Delta对冲。

数据来源：世界黄金协会。

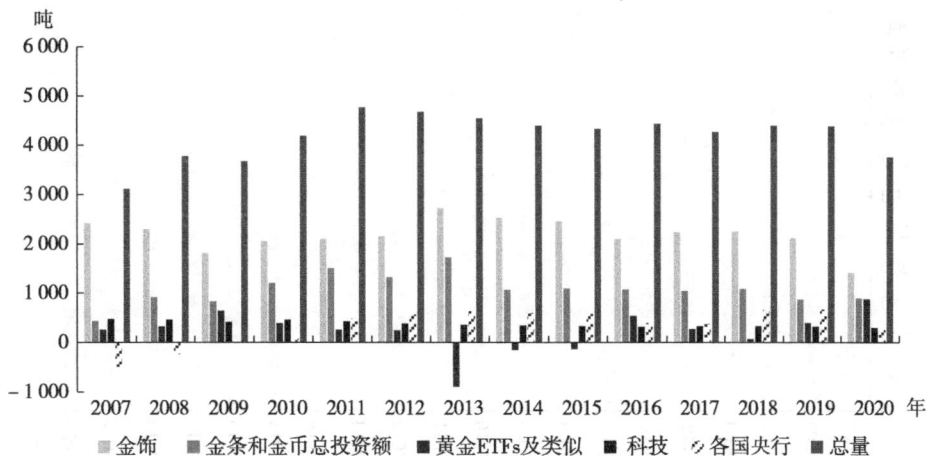

**图 3 − 19　2007—2020 年世界各类黄金需求量变化趋势**

(资料来源：世界黄金协会)

中国黄金协会最新统计数据显示，2020 年，国内原料黄金产量为 365.34 吨（见图 3 − 20），与 2019 年同期相比减产 14.88 吨，同比下降 3.91%。其中，黄金矿产金完成 301.69 吨，有色副产金完成 63.65 吨。2020 年第一季度，受新冠肺炎疫情影响，国内黄金产量同比大幅下降 10.93%，湖北省基本停产，山东、河南等重点产金省也受到较大冲击。随着国内疫情逐渐得到有效控制以及黄金价格的波动上升，黄金行业生产经营情况逐步好转，自第二季度以来，黄金产量环比逐步提高，第四季度环比增长达 10.29%。重点黄金企业（集团）在抓好常态化疫情防控措施的同时，继续优化产业布局，转换增长动力，推进绿色矿山建设，加快"走出去"步伐，中国黄金、山东黄金、紫金矿业、山东招金等大型黄金企业（集团）实现矿产金产量 147.26 吨，占全国矿产金总量的比重达 48.81%，与 2019 年同期持平（增长 0.04%），黄金企业"向高质量发展转变"初显成效。另外，2020 年进口原料产金 114.16 吨，同比下降 5.02%，若加上这部分进口原料产金，全国共生产黄金 479.50 吨，同比下降 4.18%。

2020 年，全国黄金实际消费量为 820.98 吨，与 2019 年同期相比下降 18.13%。其中：黄金首饰为 490.58 吨，同比下降 27.45%；金条及金币为 246.59 吨，同比增长 9.21%；工业及其他用金为 83.81 吨，同比下降 16.81%。[①] 年初新冠肺炎疫情暴发，全国迅速采取严格的防控措施，黄金首饰、金条等生产加工和零售均受到较大影响，第一季度黄金消费量同比下降 48.20%，随着国内疫情防控态势好转和经济持续稳定恢复，黄金消费量稳步回升。特别是部分黄金零售企业在线上打开新市场，销售成绩亮眼，但由于线上销售基数较低，仍旧无法弥补店铺销量的下滑。金价的巨幅波动和宽松的货币

---

① 数据来源于中国黄金协会，http：//www.cngold.org.cn/newsinfo.aspx？ID=3167。

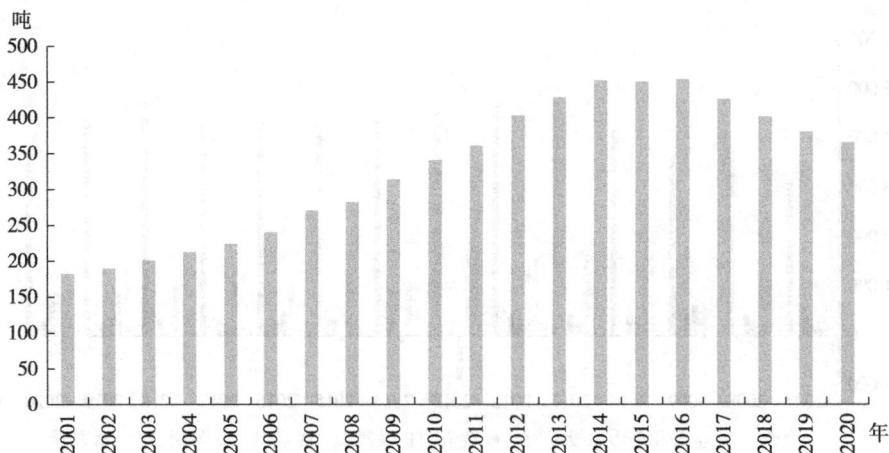

图 3 - 20   2001—2020 年中国黄金产量变化趋势

（资料来源：中国黄金协会）

政策引发了民间投资者对黄金的关注，尤其是下半年金条及金币消费量较 2019 年同期增长 50.91%，进而扭转了全年金条及金币消费趋势。

2020 年，上海黄金交易所全部黄金品种累计成交量双边 5.87 万吨（单边 2.93 万吨），同比下降 14.44%，成交额双边 22.55 万亿元（单边 11.28 万亿元），同比增长 4.91%；上海期货交易所全部黄金品种累计成交量双边 10.95 万吨（单边 5.48 万吨），同比增长 18.39%，成交额双边 41.47 万亿元（单边 20.73 万亿元），同比增长 38.26%。2020 年，国内黄金 ETF 基金由 4 只增加至 11 只，年末持仓量约 60.9 吨，较 2019 年末增持 16.1 吨，增长约 36%。

2. 黄金价格巨幅震荡，整体上涨

2020 年，在新冠肺炎疫情蔓延、全球经济形势恶化及各国货币政策进一步宽松的情形下，黄金价格整体呈上涨并保持巨幅震荡之势。年末收于 1 891.10 美元/盎司，较 2019 年末上涨 24.17%（见图 3 - 21）。

2020 年，受汇率变化的影响，国际金价和国内金价变化趋势有所差异，但均于第三季度刷新了历史新高（见图 3 - 22）。上海黄金交易所早盘基准价最高点为 357.77 元/克，最低点为 254.96 元/克，年末收于 342.88 元/克（见图 3 - 23），较 2019 年末上涨 87.92 元/克，涨幅达 30.95%。

3. 黄金交易规模持续增长

2020 年，全年各类黄金产品累计成交 6.86 万吨，同比减少 14.47%；成交金额为 22.55 万亿元，同比增长 4.93%。上海金累计成交 986.7 吨，成交金额为 3 854 亿元（见表 3 - 23 和表 3 - 24）。

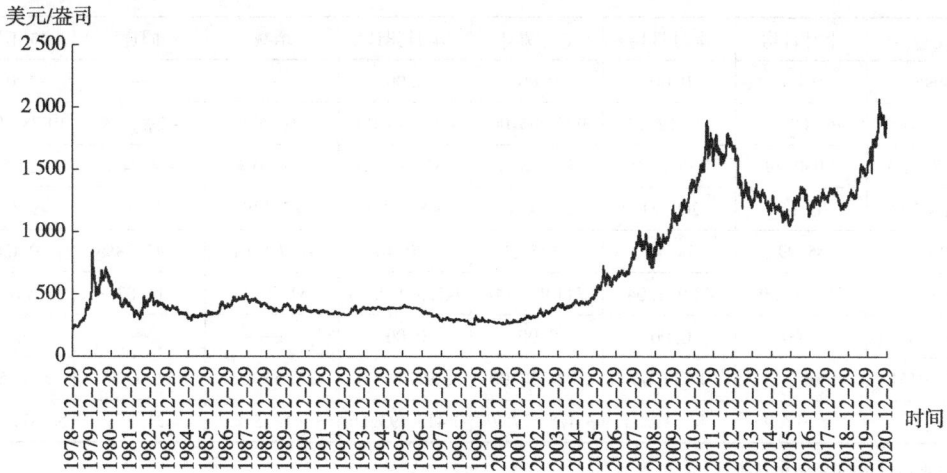

**图 3 – 21　1978—2020 年国际黄金价格走势**

（资料来源：世界黄金协会）

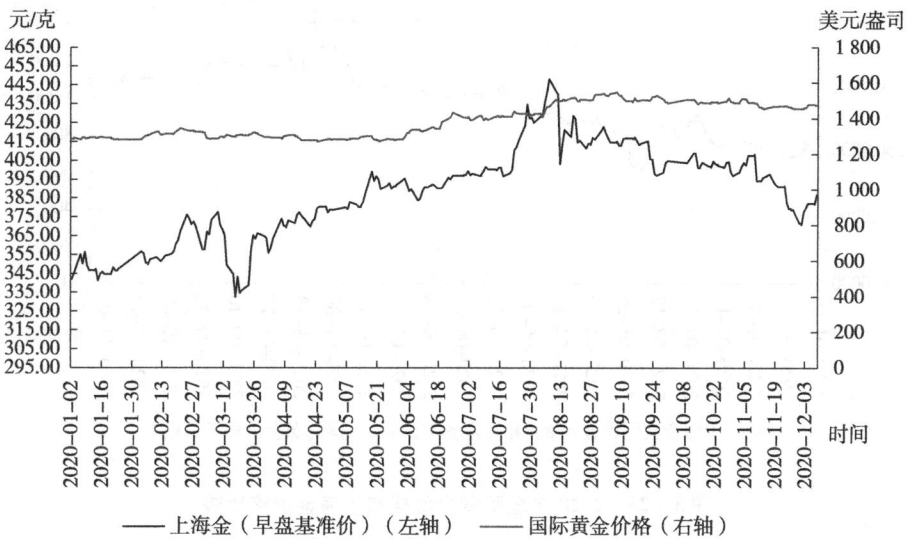

—— 上海金（早盘基准价）（左轴）　—— 国际黄金价格（右轴）

**图 3 – 22　2020 年国际黄金价格和国内黄金价格比较**

（资料来源：伦敦金银协会，Wind 资讯）

| 表 3 – 23 | | | 2020 年及 12 月份中国黄金交易量统计 | | | | 单位：千克 |
|---|---|---|---|---|---|---|---|
| 成交量 | 上月日均 | 本月日均 | 上月累计 | 本月累计 | 增减 | 同比 | 本年累计 |
| Au99.95 | 436.86 | 498.96 | 9 174.00 | 11 476.00 | 25.09% | – 12.78% | 82 064.00 |
| Au99.99 | 12 933.54 | 15 358.70 | 271 604.32 | 353 250.14 | 30.06% | – 12.74% | 3 227 358.62 |
| Au100g | 38.78 | 27.63 | 814.40 | 635.40 | – 21.98% | 20.25% | 10 780.20 |
| iAu9999 | 0.20 | 504.63 | 4.18 | 11 606.50 | 277 567.46% | – 37.31% | 159 686.46 |
| iAu100g | 0.00 | 0.06 | 0.00 | 1.40 | — | — | 61.00 |

续表

| 成交量 | 上月日均 | 本月日均 | 上月累计 | 本月累计 | 增减 | 同比 | 本年累计 |
|---|---|---|---|---|---|---|---|
| iAu995 | 0.00 | 0.00 | 0.00 | 0.00 | — | — | 100.00 |
| Au（T+D） | 46 909.33 | 35 712.17 | 985 096.00 | 821 380.00 | -16.62% | -29.57% | 19 783 814.00 |
| mAu（T+D） | 8 050.89 | 7 064.49 | 169 068.60 | 162 483.20 | -3.90% | -7.94% | 3 132 215.40 |
| Au（T+N1） | 82.61 | 209.21 | 1 734.80 | 4 811.80 | 177.37% | -25.41% | 49 753.20 |
| Au（T+N2） | 55.99 | 11.76 | 1 175.80 | 270.40 | -77.00% | -97.28% | 20 458.40 |
| 询价 PAg99.99 | 35 474.29 | 48 913.04 | 744 960.00 | 1 125 000.00 | 51.01% | -14.83% | 24 186 180.00 |
| 询价 OAg99.99 | 0.00 | 0.00 | 0.00 | 0.00 | — | — | 0.00 |
| 上海金 SHAU | 4 861.43 | 4 773.65 | 102 090.00 | 109 794.00 | 7.55% | 52.03% | 986 654.00 |
| 黄金合计 | 165 517.99 | 148 512.77 | 3 475 877.74 | 3 415 793.66 | -1.73% | -21.35% | 58 671 547.00 |

资料来源：上海黄金交易所。

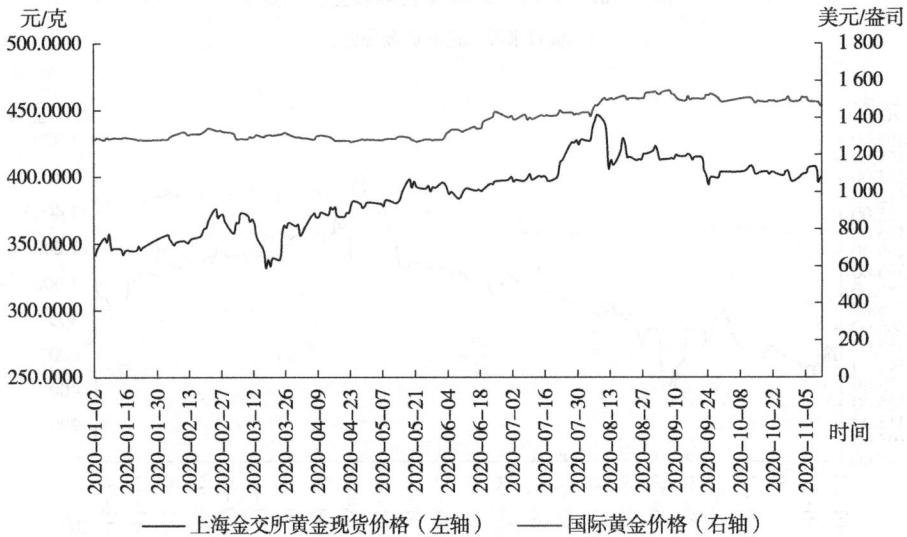

图 3-23　2020 年国际黄金价格和上海金价格比较

（资料来源：伦敦金银协会，Wind 资讯）

表 3-24　　　　　　　　　　　　2020 年及 12 月份中国黄金交易额统计　　　　　　　　　单位：万元

| 成交金额 | 上月日均 | 本月日均 | 上月累计 | 本月累计 | 增减 | 同比 | 本年累计 |
|---|---|---|---|---|---|---|---|
| Au99.95 | 16 930.14 | 19 285.60 | 355 533.01 | 443 568.72 | 24.76% | 0.56% | 3 169 616.72 |
| Au99.99 | 500 315.17 | 585 923.27 | 10 506 618.54 | 13 476 235.12 | 28.26% | 1.86% | 121 137 138.76 |
| Au100g | 1 512.21 | 1 066.56 | 31 756.35 | 24 530.86 | -22.75% | 38.19% | 419 374.80 |
| iAu9999 | 7.82 | 19 630.24 | 164.15 | 451 495.58 | 274 945.05% | -26.87% | 5 882 486.86 |
| iAu100g | 0.00 | 2.29 | 0.00 | 52.77 | — | — | 1 979.81 |
| Au（T+D） | 1 842 337.48 | 1 377 664.50 | 38 689 087.17 | 31 686 283.50 | -18.10% | -18.91% | 762 757 532.96 |
| mAu（T+D） | 316 868.21 | 272 797.07 | 6 654 232.39 | 6 274 332.72 | -5.71% | 6.00% | 119 678 720.68 |

| 成交金额 | 上月日均 | 本月日均 | 上月累计 | 本月累计 | 增减 | 同比 | 本年累计 |
|---|---|---|---|---|---|---|---|
| Au（T+N1） | 3 347.12 | 8 177.93 | 70 289.59 | 188 092.42 | 167.60% | -14.80% | 1 891 411.06 |
| Au（T+N2） | 2 230.96 | 445.71 | 46 850.07 | 10 251.30 | -78.12% | -96.98% | 793 732.31 |
| 询价 Au99.95 | 497 316.30 | 845 708.28 | 10 443 642.23 | 19 451 290.41 | 86.25% | 4172.87% | 86 573 064.49 |
| 询价 Au99.99 | 2 981 768.87 | 2 206 696.54 | 62 617 146.37 | 50 754 020.45 | -18.95% | -29.83% | 955 749 153.41 |
| 询价 iAu99.99 | 108 663.00 | 123 050.19 | 2 281 922.99 | 2 830 154.35 | 24.02% | -55.77% | 130 911 848.13 |
| 上海金 SHAU | 191 122.36 | 184 479.78 | 4 013 569.60 | 4 243 035.04 | 5.72% | 75.49% | 38 542 864.98 |
| 黄金合计 | 6 501 342.90 | 5 728 986.68 | 136 528 200.82 | 131 766 693.55 | -3.49% | -9.03% | 2 255 077 761.48 |

资料来源：上海黄金交易所。

（六）衍生产品市场大幅增长

1. 期货交易量和成交额均有所上升

2020 年，全国期货市场成交量都有所上升（见表 3 - 25）。中国期货业协会最新统计资料表明，全国期货市场累计成交量为 61.53 亿手，累计成交额为 437.53 万亿元，同比分别增长 55.29% 和 50.56%。

在国内四大期货交易所中，从成交额来看，上海期货交易所则成为最大的期货交易所。2020 年，上海期货交易所累计成交量约为 20.72 亿手，累计成交额约为 140.01 万亿元，同比分别上升 46.76% 和 44.42%，分别占全国市场总量的 33.68% 和 32.00%；郑州商品交易所累计成交量约为 17.01 亿手，累计成交额约为 60.08 万亿元，同比分别增长 55.74% 和 51.97%，分别占全国市场总量的 27.65% 和 13.73%；大连商品交易所累计成交量约为 22.07 亿手，累计成交额约为 109.20 万亿元，同比分别增长 62.83% 和 58.43%，分别占全国市场总量的 35.88% 和 24.96%；中国金融期货交易所累计成交量为 1.15 亿手，累计成交额为 115.43 万亿元，同比分别增长 73.59% 和 65.80%，分别占全国市场总量的 1.87% 和 26.38%。

表 3 - 25　　　　　2011—2020 年四大期货交易所成交量和成交金额　　　单位：万手，亿元

| 日期 | 大连商品交易所 | | 上海期货交易所 | | 郑州商品交易所 | | 中国金融期货交易所 | |
|---|---|---|---|---|---|---|---|---|
| | 成交量 | 成交金额 | 成交量 | 成交金额 | 成交量 | 成交金额 | 成交量 | 成交金额 |
| 2011 年 | 28 904.69 | 168 756.22 | 30 823.92 | 434 534.35 | 40 643.92 | 334 213.37 | 5 041.62 | 437 659.55 |
| 2012 年 | 33 131.3 | 194 182.82 | 20 555 | 198 114.59 | 17 962.25 | 83 737.48 | 5 528.68 | 379 985.97 |
| 2013 年 | 70 050.07 | 471 527.27 | 64 247.4 | 604 167.73 | 52 529.9 | 189 000.8 | 19 354.93 | 1 410 066.21 |
| 2014 年 | 76 963.71 | 414 944.32 | 83 745.2 | 632 353.25 | 67 634.33 | 232 414.97 | 21 758.1 | 1 640 169.73 |
| 2015 年 | 111 632.34 | 410 924.87 | 105 049.41 | 635 552.63 | 107 033.56 | 309 829.86 | 34 052.95 | 4 173 852.33 |
| 2016 年 | 153 747.98 | 614 052.99 | 168 071.18 | 849 774.93 | 90 128.53 | 310 320.4 | 1 833.59 | 182 191.1 |
| 2017 年 | 109 766.75 | 520 046.94 | 136 424.35 | 899 310.34 | 58 457.78 | 213 671.53 | 2 459.59 | 245 922.02 |
| 2018 年 | 98 192.74 | 521 956.61 | 117 538.87 | 815 417.14 | 81 782.98 | 382 203.75 | 2 721.01 | 261 222.97 |

续表

| 日期 | 大连商品交易所 | | 上海期货交易所 | | 郑州商品交易所 | | 中国金融期货交易所 | |
|------|------|------|------|------|------|------|------|------|
| | 成交量 | 成交金额 | 成交量 | 成交金额 | 成交量 | 成交金额 | 成交量 | 成交金额 |
| 2019 年 | 135 558.42 | 689 253.16 | 141 200.96 | 969 475.55 | 109 248.60 | 395 389 | 6 641.04 | 696 210 |
| 2020.01 | 10 329.11 | 49 975.46 | 9 188.58 | 66 380.30 | 6 110.29 | 22 599.42 | 524.03 | 56 738.23 |
| 2020.02 | 12 370.96 | 56 571.91 | 9 635.95 | 56 972.88 | 7 261.67 | 28 624.77 | 886.58 | 87 216.77 |
| 2020.03 | 20 022.68 | 84 215.82 | 19 612.31 | 94 482.03 | 11 161.06 | 36 347.72 | 1 174.64 | 113 094.60 |
| 2020.04 | 19 526.61 | 81 367.76 | 19 630.42 | 80 785.14 | 12 724.87 | 38 260.25 | 859.29 | 82 780.75 |
| 2020.05 | 14 239.66 | 63 001.96 | 17 113.61 | 90 552.01 | 11 484.90 | 36 435.41 | 739.11 | 72 379.70 |
| 2020.06 | 16 787.26 | 80 473.83 | 15 674.94 | 93 657.83 | 12 061.71 | 40 199.21 | 826.59 | 80 059.46 |
| 2020.07 | 20 808.27 | 96 844.20 | 18 802.52 | 139 758.79 | 15 235.31 | 54 401.56 | 1 487.20 | 152 431.24 |
| 2020.08 | 16 933.25 | 84 154.15 | 20 935.74 | 184 493.11 | 15 729.91 | 60 458.31 | 1 179.67 | 122 569.91 |
| 2020.09 | 22 306.12 | 112 476.15 | 20 042.59 | 156 198.37 | 18 441.18 | 68 448.35 | 1 107.34 | 112 465.63 |
| 2020.10 | 17 341.14 | 89 186.45 | 13 573.71 | 106 167.67 | 15 307.07 | 55 815.65 | 714.05 | 72 255.48 |
| 2020.11 | 24 830.64 | 138 108.70 | 17 509.93 | 141 634.23 | 19 921.75 | 70 059.39 | 1 016.47 | 101 905.31 |
| 2020.12 | 15 829.81 | 78 855.01 | 13 657.14 | 92 874.16 | 8 299.82 | 28 656.49 | 618.23 | 69 138.27 |
| 2020 年 | 220 732.79 | 1 092 013.14 | 207 228.17 | 1 400 162.07 | 170 140.31 | 600 879.30 | 11 528.14 | 1 154 350.96 |

资料来源：中国期货业协会。

从四大期货交易所各月成交量和成交金额可以看出（见图 3－24 和图 3－25）：
（1）大连商品交易所的成交量和成交金额在 2020 年 5 月和 10 月的下降幅度较大，在 3 月和 7 月的增长幅度较大；（2）郑州商品交易所的交易量和成交金额在 5 月、10 月有所下降，3 月大幅上升；（3）上海期货交易所的交易量和成交金额在 9 月、10 月下降幅度较大，3 月、12 月大幅上升；（4）金融期货交易所的交易量和交易金额在 4 月、10 月下

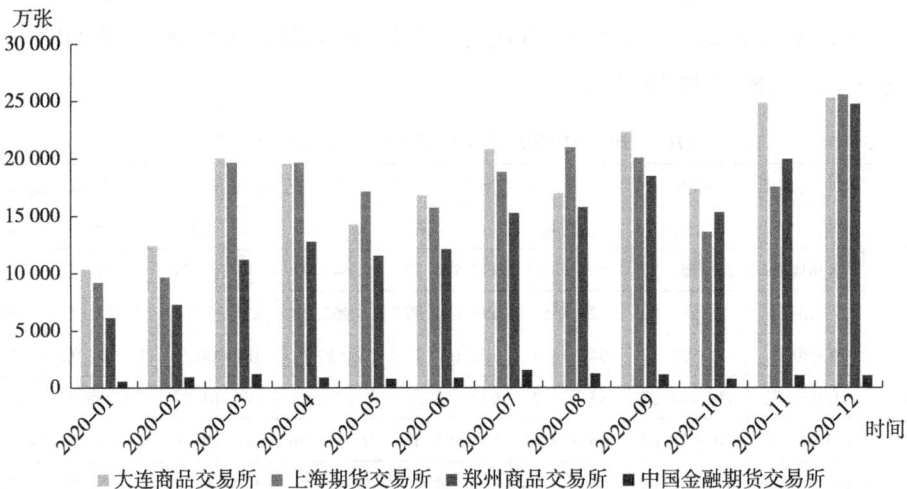

图 3－24　2020 年 1—12 月四大期货交易所成交量

（资料来源：中国期货业协会）

降幅度较大，2 月和 11 月大幅上升。

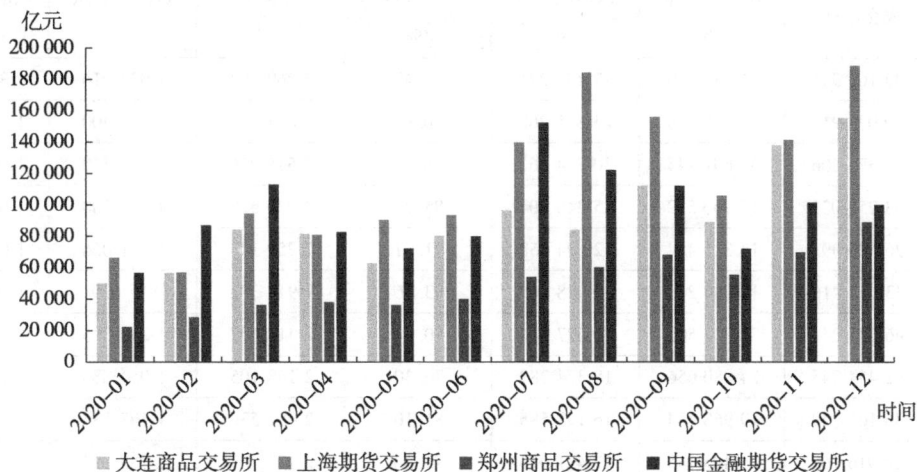

**图 3 – 25 2020 年 1—12 月四大期货交易所成交金额**

（资料来源：中国期货业协会）

2. 期权市场规模持续增长

股票期权是金融市场重要的风险管理工具，在稳定现货市场、提高定价效率等方面具有重要作用。上海证券交易所现有上证 50ETF 期权和沪深 300ETF 期权两只 ETF 期权产品，2020 年，上海证券交易所股票期权市场多标的运行平稳，定价合理，规模稳步增长，经济功能日益凸显。截至 2020 年末，上海证券交易所 ETF 期权合约累计成交 9.82 亿张，其中认购期权 5.38 亿张，认沽期权 4.44 亿张，日均成交 404.32 万张，日均持仓 465.23 万张。累计成交面值 36.83 万亿元，日均成交面值 1 515.43 亿元，累计权利金成交 7 167.08 亿元，日均权利金成交 29.49 亿元。全年，中国波指 iVX ® 及 50VX ®、300VX ® 运行平稳，较好反映了市场风险水平。

目前，上证 50ETF 期权和沪深 300ETF 期权已经成为全球主要的 ETF 期权品种。2020 年，上证 50ETF 期权合约全年累计成交 5.19 亿张，其中认购期权 2.89 亿张，认沽期权 2.29 亿张，日均成交 213.37 万张，单日最大成交 510.12 万张。年末持仓 245.42 万张，日均持仓 278.81 万张，单日最大持仓 412.46 万张。累计成交面值 16.30 万亿元，日均成交面值 670.72 亿元，累计权利金成交 3 187.49 亿元，日均权利金成交 13.12 亿元（见表 3 – 26 和图 3 – 26）。

2020 年，沪深 300ETF 期权合约累计成交 4.64 亿张，其中认购期权 2.49 亿张，认沽期权 2.15 亿张，日均成交 190.94 万张，单日最大成交 429.81 万张。年末持仓 162.12 万张，日均持仓 186.42 万张，单日最大持仓 221.91 万张。累计成交面值 20.53 万亿元，日均成交面值 844.71 亿元，累计权利金成交 3 979.59 亿元，日均权利金成交 16.38 亿元。

表 3 – 26　　　　　　　　2020 年各月上证 50ETF 期权交易情况

| 月份 | 成交量/张 | 认购成交量/张 | 认沽成交量/张 | 认沽/认购/% | 持仓量/张 | 认购持仓量/张 | 认沽持仓量/张 |
|---|---|---|---|---|---|---|---|
| 1 | 39 169 341 | 21 831 070 | 17 338 271 | 79.42 | 3 269 893 | 1 924 916 | 1 344 977 |
| 2 | 50 093 916 | 26 238 648 | 23 855 268 | 90.92 | 2 858 786 | 1 679 400 | 1 179 386 |
| 3 | 66 375 406 | 35 601 145 | 30 774 261 | 86.44 | 2 515 216 | 1 514 340 | 1 000 876 |
| 4 | 33 255 021 | 17 906 517 | 15 348 504 | 85.71 | 2 230 520 | 1 145 300 | 1 085 220 |
| 5 | 26 505 992 | 13 811 434 | 12 694 558 | 91.91 | 2 259 143 | 1 181 066 | 1 078 077 |
| 6 | 33 012 416 | 17 064 210 | 15 948 206 | 93.46 | 1 913 372 | 887 619 | 1 025 753 |
| 7 | 66 985 249 | 39 307 505 | 27 677 744 | 70.41 | 2 413 607 | 1 289 305 | 1 124 302 |
| 8 | 42 454 945 | 24 080 656 | 18 374 289 | 76.30 | 2 168 105 | 1 054 883 | 1 113 222 |
| 9 | 36 161 949 | 19 968 364 | 16 193 585 | 81.10 | 2 092 536 | 1 197 584 | 894 952 |
| 10 | 28 916 160 | 16 495 145 | 12 421 015 | 75.30 | 2 133 707 | 1 185 294 | 948 413 |
| 11 | 41 652 284 | 24 502 935 | 17 149 349 | 69.99 | 2 567 428 | 1 371 263 | 1 196 165 |
| 12 | 53 918 350 | 32 384 278 | 21 534 072 | 66.50 | 2 454 188 | 1 295 484 | 1 158 704 |

资料来源：Wind 资讯。

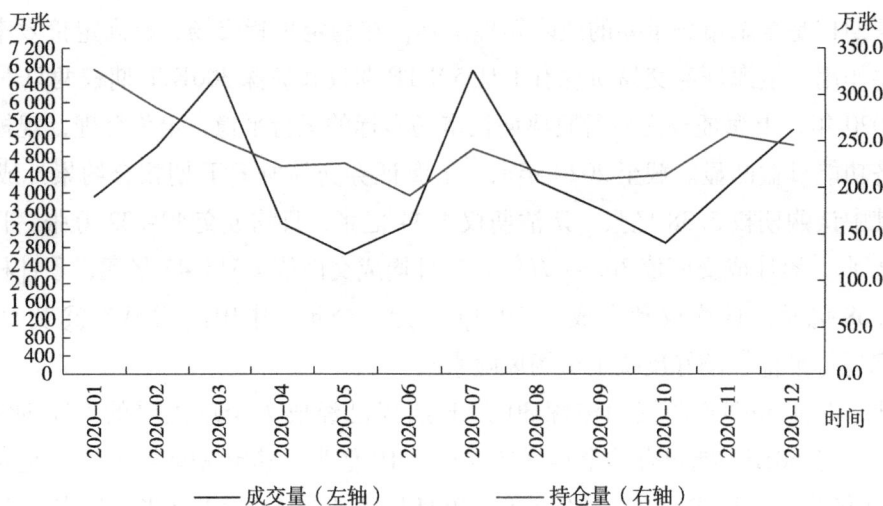

图 3 – 26　2020 年各月 50ETF 期权合约成交量和持仓量

（资料来源：Wind 资讯）

3. 利率衍生品成交量稳步上升

2020 年，利率衍生品市场成交量稳步增长，市场广度和深度继续上升。产品体系更加完善，支持货币政策传导的功能增强，服务实体经济的能力进一步提升。为配合 LPR 形成机制改革，交易中心于 2019 年推出了挂钩 1 年和 5 年 LPR 的利率互换合约，2020 年正式上线挂钩 1 年和 5 年 LPR 的利率期权业务。丰富的 LPR 利率衍生产品为银行管理利率风险提供了有效工具,帮助金融机构更好地服务实体企业。

2020 年,利率衍生品市场成交 20.1 万亿元,同比增长 8%。其中,普通利率互换成交 19.5 万亿元,标准债券远期成交 4 532.3 亿元。普通利率互换的期限结构中,1 年及以下品种成交占比为 63.8%,较 2019 年上升约 2 个百分点;1—5 年品种成交占比 7.6%,较 2019 年下降约 6 个百分点;5 年及以上品种成交占比 28.6%,较 2019 年上升约 4 个百分点。

## 二、极端风险下金融市场"黑天鹅"事件频发

（一）疫情下宏观杠杆率大幅上升

1. 纾困之下我国宏观杠杆率显著提升

宏观杠杆率是经济某部门的总债务占国内生产总值（GDP）的比重,是债务存量与收入流量之比,用来衡量债务可持续性。本报告参考中国社科院国家资产负债表研究中心（CNBS）的定义测算了 2015—2020 年我国宏观杠杆率,采用非金融企业部门（简称企业部门）、政府部门、居民部门的债务余额与 GDP 之比来衡量。

面对企业产能过剩、债务负担沉重、房地产高库存等问题,2015 年 12 月,中央经济工作会议提出"三去一降一补"任务,重点降低企业杠杆率,开启了我国去杠杆的进程。自此至 2019 年末,我国宏观杠杆率基本稳定,于 2019 年末维持在 227.3% 的水平（见图 3-27）。2019 年末,新冠肺炎疫情暴发,为对冲疫情影响,2020 年上半年逆周期调节力度有所加大,2020 年第一季度宏观杠杆率迅猛攀升 13.9 个百分点,创 2009 年以来的最大增幅。我国宏观杠杆率在抗疫的特殊时期出现阶段性上升,主要由于疫情初期 GDP 增速大幅下滑,杠杆率分母端变小,而宽松信贷环境下杠杆率分子端债务大规模增

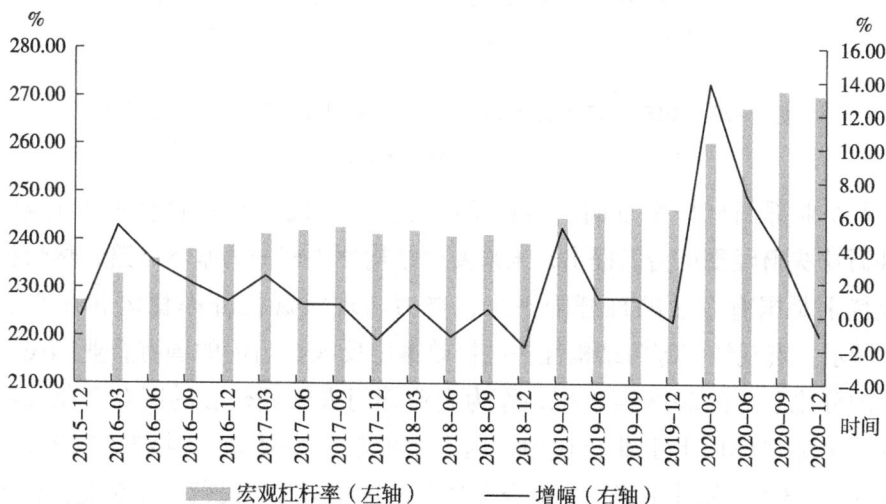

图 3-27 2015 年 12 月至 2020 年 12 月中国宏观杠杆率及增幅（CNBS 测算）

（资料来源：Wind 资讯）

加，迅速推升杠杆率。2020年第三季度末，我国宏观杠杆率达到历史最高水平271.2%，全年宏观杠杆率较2019年上涨23.6个百分点。与此同时，宏观杠杆率的攀升也引发了多重风险，2020年，地方国企信用债违约事件频发，地方政府债务风险高企，商业银行坏账风险抬头，稳杠杆、防风险再次成为社会关注的焦点。

2. 非金融企业部门杠杆率增幅最大

分部门看，非金融企业部门和政府部门杠杆率的提升，为本轮宏观杠杆率上行的主要推动因素。2020年全年我国宏观杠杆率较2019年上涨23.6个百分点，其中，非金融企业杠杆率的上升幅度最大，从2019年末的151.9%上升到2020年末的162.3%（见图3-28），增幅高达10.4个百分点。政府部门杠杆率增幅次之，从2019年末的38.5%上升到2020年末的45.6%，增长了7.1个百分点。居民部门杠杆率增幅最低，从2019年末的56.1%上升到2020年末的62.2%，增幅为6.1个百分点。

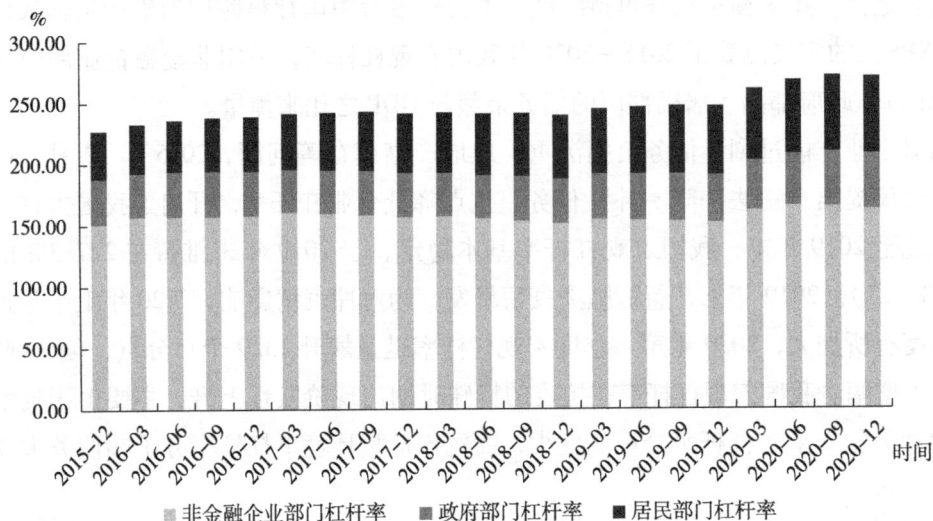

图3-28　2015年12月至2020年12月分部门杠杆率（CNBS测算）
（资料来源：Wind数据库）

非金融企业部门杠杆率方面，相较于国有企业，民营企业杠杆率上升幅度更大。2018年4月中央财经委员会议提出，未来要以结构性去杠杆为基本思路，尽快把地方政府和企业特别是国有企业的杠杆降下来，努力实现宏观杠杆率稳定和逐步下降。如图3-29所示，宏观经济部门结构性去杠杆政策已反映在当前的国有企业和民营企业杠杆率走势的分化上。自2018年以来，作为企业部门去杠杆核心的国有企业成功开启去杠杆周期，全部规模以上工业企业中，国有企业杠杆率从2017年末的60.4%下降到2020年末的57.3%，累计下降了3.1个百分点。与此同时，民营工业企业杠杆率持续攀升，从2017年末的51.6%上升到2020年末的57.4%，累计增加5.8个百分点。在本次疫情冲击下的逆周期调控中，一方面得益于金融让利实体，特别是结构性支持民营企业、小微企业的政策，金融部门在供给端主动减少金融资源配置的"所有制歧视"；另一方面受制于资产负债约束的要求，国有企业在需求端被动地遏制住了非市场化占据金融资源的动机（张瑜，2020）。2020年前半年民营工业企业资产负债率从2019年末的57.4%上升到2020年6月的58.7%，抬升1.3个百分点，而国有工业企业资产负债率稳定维持在58%的水平。

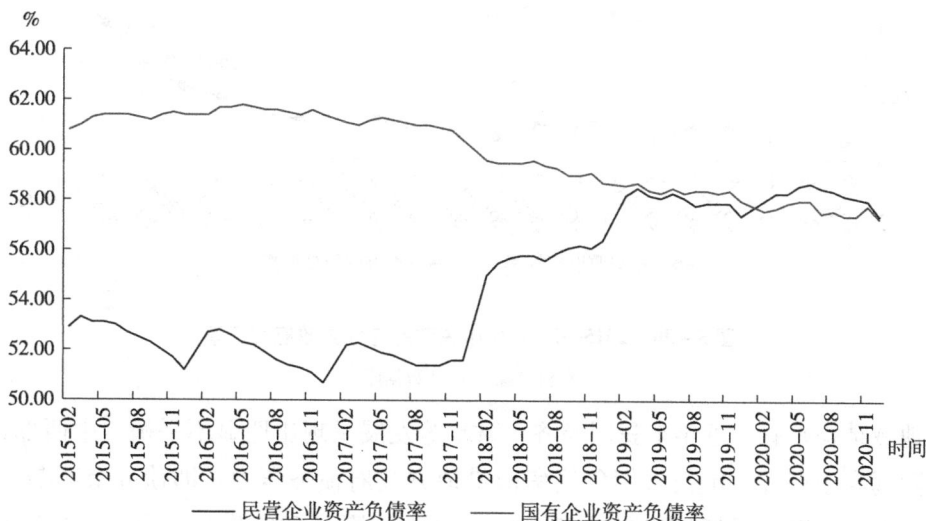

图3-29　2015—2020年国有企业与民营企业资产负债率

（资料来源：Wind数据库）

### 3. 疫情冲击加大了区域间债务风险分化

政府部门杠杆率方面，2021年中央政府和地方政府节奏较为一致。[①] 在2020年政府部门杠杆率增长的7.1个百分点中，中央和地方政府杠杆率分别增长3.4个和3.7个百分点，贡献率分别占比47.9%和52.1%（见图3-30）。2017年以来，地方政府加杠杆的速度明显快于中央政府的速度，但在本轮疫情冲击下的逆周期调控中，中央政府积极承担宏观调控任务。除刺激经济外，中央政府还面临抗击疫情、"六保""六稳"、脱贫攻坚等多方面任务，国家层面的公共卫生支出、脱贫支出大幅增加，中央财政支出负担加重。2020年，疫情冲击和政府落实减税降费使基层财政捉襟见肘。为缓解基层财政困难，化解地方政府债务风险，中央财政积极承担支出责任。财政部在《关于2020年中央和地方预算执行情况与2021年中央和地方预算草案的报告》中指出，2020年中央政府增加财政赤字1万亿元、发行1万亿元抗疫特别国债和调剂1.77万亿元养老保险中央调剂基金，建立特殊转移支付机制，将资金直达市县基层，直接惠企利民。

---

[①] 我国政府杠杆率由两部分构成，一是中央政府杠杆率；二是地方政府杠杆率。根据CNBS的测算，中央政府杠杆率即中央政府债务余额（国债余额）与GDP之比，地方政府杠杆率为地方政府债务余额与GDP之比，其中分子为财政部公布的地方债务余额，未囊括城投债和融资平台贷款。

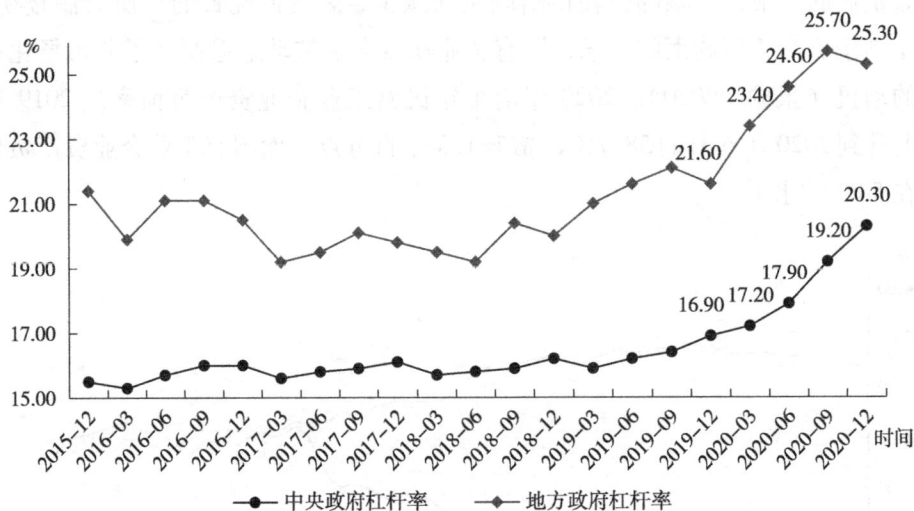

图 3－30　2015—2020 年中央政府与地方政府杠杆率

(资料来源：Wind 数据库)

从地域结构来看，近年来我国经济、财政等发展呈现出明显不平衡，中西部累积的信用风险远高于东部。本报告用负债率衡量地方政府债务压力，即债务余额与 GDP 之比，国际上通常以《马斯特里赫特条约》规定的负债率 60% 作为政府债务风险控制标准参考值。考虑到城投平台无论在职能和财务上都难以和政府做到实质脱离，把城投债务移动到政府部门更有助于我们观测杠杆的构成和变化，因此我们以地方政府债余额和城投债余额之和来衡量地方政府债务水平。图 3－31 展示了 2020 年底我国各行政区地方政府债务负担。负债率最高的五个地区为青海、贵州、天津、宁夏和吉林，地方政府负债率分别为 86.56%、81.26%、79.09%、54.45% 和 54.36%。结合《马斯特里赫特条约》规定的 60% 警戒线水平来看，2020 年青海省、贵州省和天津市负债率均超过了60% 的警戒线，而 2019 年仅青海一省超过 60% 的警戒线水平。西部地区负债率显著高于东部和中部地区，该部分地区缺乏新的经济增长点，转型缓慢，财政能力不足，风险较高。疫情或将加重未来信用风险的区域不平衡。沿海地区由于受益于出口和外需拉动，其财政收入增速抬升，信用风险是在下降的；而西北、东北等内陆地区的债务负担较高，需要特别关注信用风险。

（二）高评级国企信用债违约频发

1. 信用债违约金额继续攀升，创近年来违约规模新高

2014 年 "11 超日债" 违约打破刚性兑付，开启了我国信用债违约[①]的序幕，但当时

---

[①] 本报告所称信用债，只指剔除了金融债之后的信用债，包含短期融资券、超短期融资券、中期票据、企业债、公司债、可转债、可交换债、定向工具、私募债等。违约的范围包含未按时兑付本息、未按时兑付本金、未按时兑付利息、提前到期未兑付、未按时兑付回售款和利息、未按时兑付回售款等。

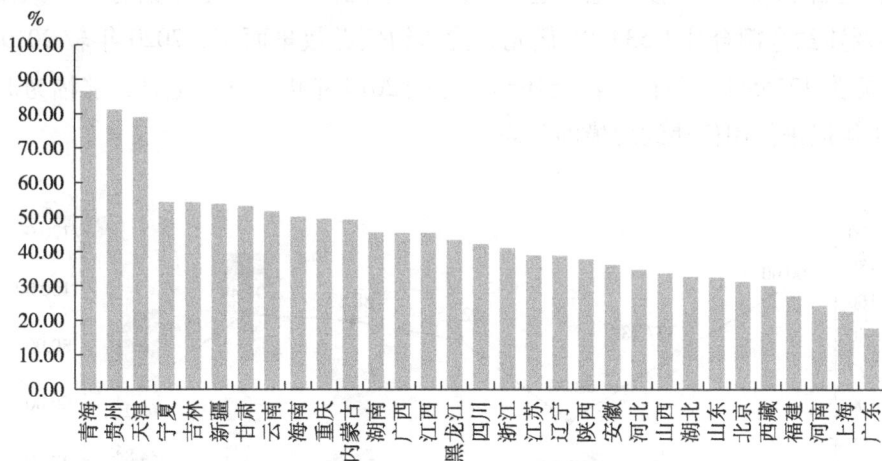

**图 3 - 31  2020 年各地方政府负债率**

（资料来源：Wind 数据库）

的债券违约尚属个案。自 2014 年至今，我国债券市场违约主要经历了三个阶段（卢先兵和崔海花，2021）。如图 3 - 32 所示，第一阶段为 2015—2016 年，经济增速下行、供给侧结构性改革下的过剩产能违约潮。2015 年和 2016 年，违约债券数量相比上一年分别增长 350% 和 100%，涉及违约金额相比上一年增长 808% 和 220%。第二阶段为 2018—2019 年，非标融资收缩下的民营企业违约潮。2018 年和 2019 年，违约债券数量相比上一年分别增长 271% 和 49%，涉及违约金额相比上一年增长 287% 和 27%。第三阶段即 2020 年以来，疫情冲击下国企违约显著增多，进一步打破刚兑预期。

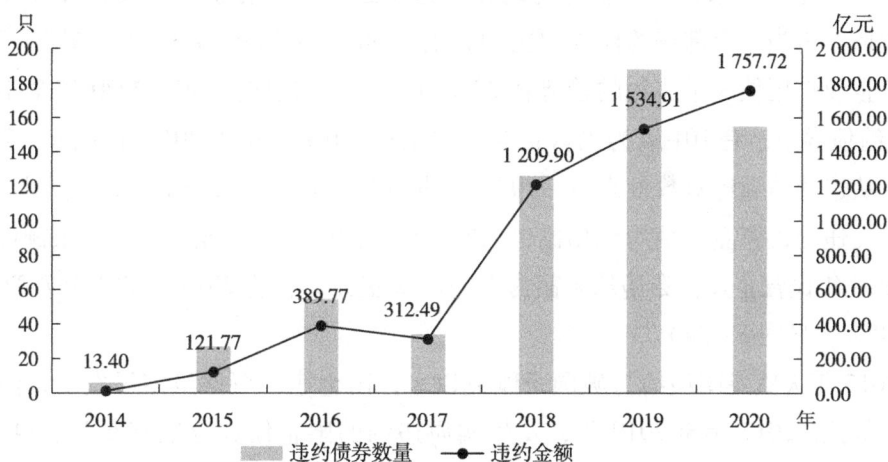

**图 3 - 32  2014—2020 年信用债违约统计**

（资料来源：Wind 数据库）

2020 年我国信用债违约风波仍在持续。2020 年全年我国债券市场已有 155 只债券出现违约（见图 3-33），涉及金额达 1 757.72 亿元；2019 年全年共有 188 只债券出现违约，涉及违约金额合计 1 534.91 亿元。就违约债券数量而言，2020 年较 2019 年有所下降，降幅为 17.55%。然而，涉及违约金额较 2019 年仍在继续上升，涨幅为 14.52%，并创 2014 年以来信用债违约规模的新高。

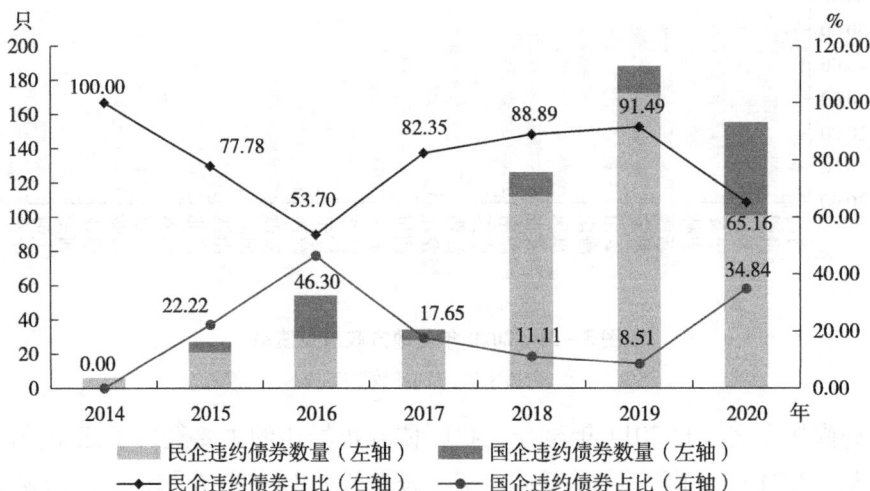

图 3-33　2014—2020 年违约债券主体类型及占比

（资料来源：Wind 数据库）

2. 国企违约债券大幅增加，国企"刚兑信仰"加速破灭

从发债主体看，2020 年之前的信用债违约中民营企业一直占据主导地位。自 2018 年的债券集中违约以来，民营企业违约债券数量远高于国有企业。2018 年至 2019 年，民营企业债券占当年全部违约债券的比例分别为 88.89% 和 91.49%（见图 3-33）。然而，民营企业信用债大量违约的趋势在 2020 年得到了明显的改善。2020 年全年新增的 155 只违约债券中，有 101 家为民营企业，占比 65.16%，相比 2019 年下降了 26.33 个百分点。从违约债券绝对数量来看，2020 年违约的 101 只民营企业信用债，与 2019 年同期 172 支违约民营企业信用债相比也大幅减少。同时民营企业违约债券余额也有较大降幅，2020 年民营企业债券违约余额为 1 031.52 亿元，相比 2019 年的 1 357.87 亿元下降了 24.0%（见图 3-34）。

自 2015 年天威集团违约打破国企刚兑以来，国企违约事件虽零星发生，但违约率仍然处于低位。2017 年至 2019 年，发生实质违约的国企债券分别有 6 只、14 只和 16 只，占当年全部违约债券的比例分别为 17.65%、11.11% 和 8.51%（见图 3-33）。这段时间的国有企业债券违约原因具有特异性，对市场的冲击较为有限，市场对于国企违约预期较低。然而，2020 年以来国企债券违约风险明显提升。2020 年 10 月，辽宁国资控股的华晨集团债券违约；11 月 10 日，拥有 AAA 主体评级的永煤控股旗下债券"20

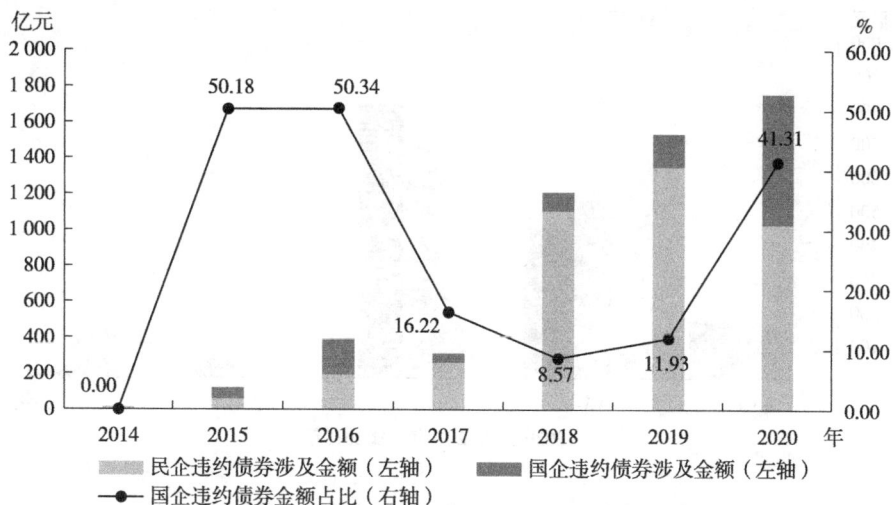

图 3 - 34　2014—2020 年国企违约债券金额占比

（资料来源：Wind 数据库）

永煤 SCP003"10 亿元超短融宣告实质性违约；11 月 16 日，拥有清华大学校企光环、由教育部直接控股的紫光集团有限公司一笔规模为 13 亿元的私募债也发生实质性违约。华晨、永煤、紫光等事件集中爆发，引起了投资机构的担忧。2020 年国企信用债违约数量从 2019 年的 16 只大幅增加到 54 只，国企债券在当年违约债券中的占比从 8.51% 上升到 34.84%（见图 3 - 33）。就违约涉及金额而言，2020 年国企违约债券涉及金额由 2019 年的 183.04 亿元增至 726.2 亿元，增幅达 3 倍之高；国企违约债券涉及金额占比也从 2019 年的 11.93% 大幅上升至 2020 年的 41.31%（见图 3 - 34）。国企债券违约集中爆发，违约债券数量和金额都创下历史新高，挑破了债市投资者们对国企债券的"刚兑信仰"。

3. 违约主体转向高信用等级，评级虚高现象突出

信用评级是债券市场的重要基础性制度安排。信用评级行业伴随着债券市场的发展快速成长，行业已经初具规模，但在 2020 年信用债违约中也暴露出诸多问题。2020 年以来，AAA 评级债券的违约数量和规模明显激增（见图 3 - 35）。2018 年和 2019 年，AAA 评级发债主体的违约债券余额分别为 171 亿元和 155 亿元，占比分别为 9.8% 和 11.3%。然而，2020 年的债券违约金额中，AAA 评级发债主体的违约债券余额激增至 892 亿元，占比高达 44.1%，较前两年有大幅上升。2020 年之前，信用债违约主要发生在 AA 以下评级的发债主体：2019 年，AA + 及以上的高评级发债主体所涉及的债券违约规模占比为 44.7%；2018 年高评级发债主体的债券违约占比为 41%。然而，这一比例在 2020 年也显著上升。2020 年的债券违约金额中，AA + 及以上的高评级发债主体占比已经高达 76.6%。

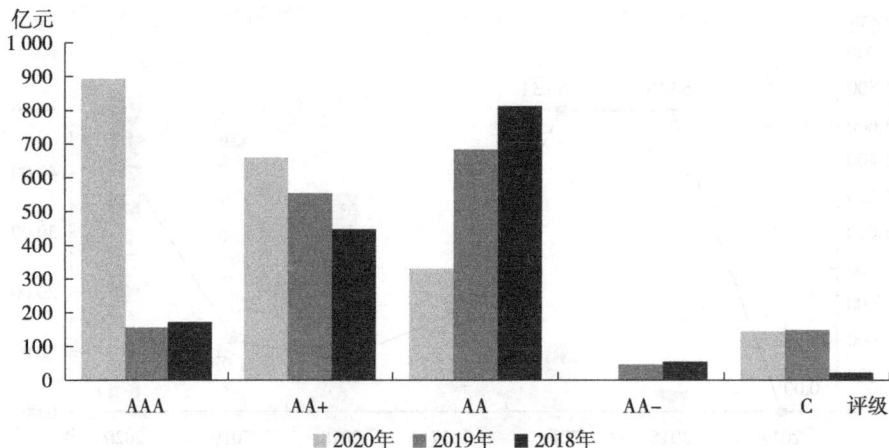

**图 3 – 35　2018—2020 年违约债券主体评级统计**

(资料来源：Wind 数据库)

由此可见，我国信用评级行业评级虚高现象十分突出，发债主体信用评级已经不能真实反映信用状况。中债资信统计显示，国内 AA 及以上企业数量占比接近 90%，AAA 主体占到 20%。相比之下，美国、日本等发达债券市场 AAA 级别企业占比不超过 5%。债券评级虚高，作为投资者重要参考的信用评级结果没有起到应有的预警作用。2020 年华晨汽车、永煤控股、紫光集团三家获得 AAA 评级的国资背景主体债券违约，高信用等级债券风险释放，引发了市场对信用评级机构评级结果的质疑。永煤控股债券违约后，其主体信用级别也迅速从 AAA 调降至 BB。事前预警不足，事后大幅下调也显示出评级结果的准确性和前瞻性不足。

我国评级行业在统一规则、完善监管、对外开放等方面取得长足进步，但也存在评级虚高、评级区分度不足、事前预警功能弱等问题，制约了我国债券市场的高质量发展。信用评级机构作为债券市场的"看门人"，之所以未能充分发挥作用，一是因为我国评级行业发展时间较短，相比于国际评级机构的百年发展历史，我国评级行业的相关数据、技术积累以及专业人才培养的时间不长，发展尚未成熟。二是因为评级行业处于金融产业链末端，话语权不高。在发行人付费模式下，评级机构与发行人之间存在着天然的利益关系，评级机构保持独立性的难度很大（寇宗来等，2015）。三是因为评级机构过于注重追求短期经济利益，漠视声誉积累和品牌建设。

（三）信托资产风险率创历史新高

1. 信托业规模持续压降，信托公司主动管理能力不足

2018 年 4 月，由中国人民银行、中国银保监会等部门联合发布的《资管新规》，从政策上强化了对金融机构资产管理业务的规范性要求，明确了统一资管产品的监管标准。在强监管环境下，以单一信托为主的通道业务受限，信托利用自身制度优势逐步推

进转型。截至 2020 年第四季度末，全国 68 家信托公司受托资产规模为 20.49 万亿元（见图 3-36），较 2019 年末的 21.60 万亿元同比下降 5.14%；较 2017 年末历史最高点（26.25 万亿元）减少 5.76 万亿元，累计压降 21.93%。从 2020 年四个季度的环比变化看，第一季度环比增速为 -1.28%，第二季度和第三季度环比增速分别是 -0.22% 和 -1.97%，第四季度则是 -1.79%。在经历了 2018 年较大幅度的调整后，2019 年和 2020 年信托业资产规模下降幅度明显收窄，进入了波动相对较小的平稳下行阶段。

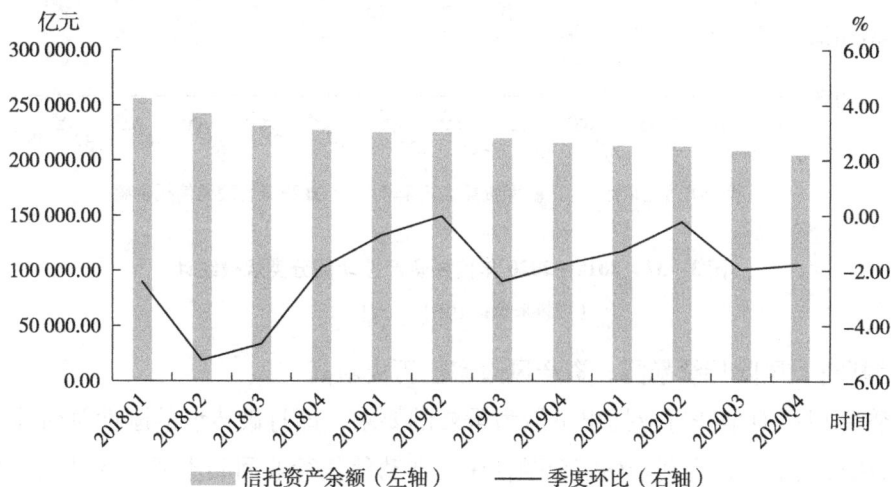

**图 3-36  2018—2020 年信托行业资管规模和增长率**

（资料来源：中国信托业协会）

信托资产规模下降的背后，与行业持续压降融资类和通道类业务有关。但是，2020 年上半年部分信托公司仍然迅猛发展，第一季度和第二季度融资类信托资产分别为 6.18 万亿元和 6.45 万亿元，环比分别增加 3 458.31 亿元和 2 677.58 亿元，占比分别为 28.97% 和 30.29%。对此，2020 年 6 月，银保监会下发《关于信托公司风险资产处置相关工作的通知》，要求信托公司压降违法违规严重或投向不合规的融资类信托业务。通知下达后，2020 年第第三季度和第第四季度融资类信托余额分别为 5.95 万亿元和 4.86 万亿元（见图 3-37），环比减少 4 966.43 亿元和 10 916.31 亿元，2020 年下半年合计压降 15 882.74 亿元。2020 年末，事务管理类信托余额为 9.19 万亿元，占比为 44.84%。2018 年到 2020 年事务管理类信托连续压降 2.4 万亿元、2.6 万亿元和 1.46 万亿元。2020 年末，投资类资产为 6.44 万亿元，同比 2019 年第四季度末的 5.12 万亿元增长 25.84%，环比第三季度末的 5.68 万亿元增长 13.46%。2020 年，信托公司继续向主动管理等业务转型，投资类资金占比从 2019 年末的 23.71% 上升到 31.46%，但在信托资产总规模中占比仍然较低。对大多数信托公司来说，被动管理型信托资产占比较大，主动管理能力不足。

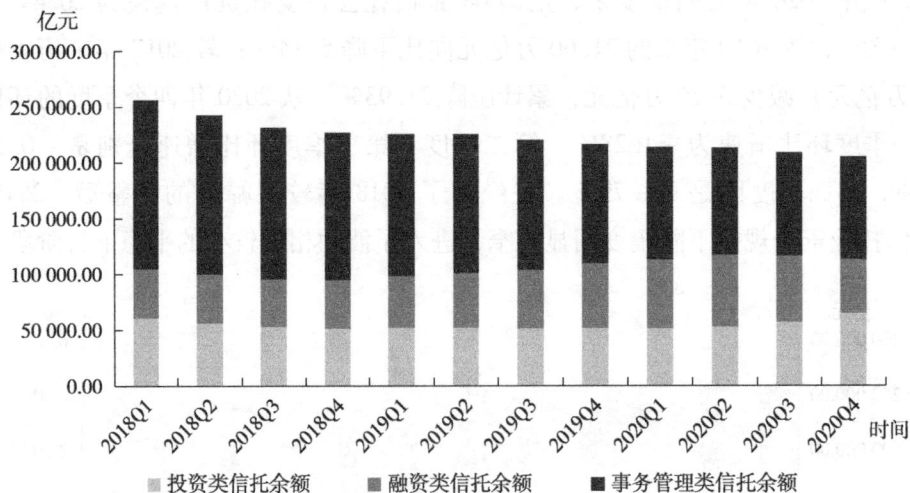

**图 3 - 37　2018—2020 年信托资产按功能分类规模统计**

(资料来源：中国信托业协会)

2. 信托行业风险持续暴露，资产风险率创历史新高

《资管新规》对信托行业提出了最为重要的要求，即打破传统的刚性兑付业务模式。这项要求从长远来看，有利于稳定金融秩序，推动信托行业回归本源，降低道德风险等。但是从短期来看，投资者将对信托业务的长期持有看作具有低风险性的固定资产投资，然而《资管新规》的规定使得信托行业的投资者信心受到强烈打击。对于现有风险管理能力不强、定价能力不强的信托公司而言，正面临新一轮的调整，个别信托公司前期积累的风险爆发，经营状况持续恶化，信托行业加速出清，风险项目规模和数量有所上升。

2018 年以来，信托行业风险项目个数和风险资产规模持续攀升，信托业风险逐年累计。2020 年第一季度后，中国信托业协会停止了对信托行业风险资产相关信息的披露。截至 2020 年第一季度末，信托业风险项目个数为 1 626 个（见图 3 - 38），较 2019 年末增加 79 个，增幅为 5.11%；与 2019 年同期的 1 006 个风险项目相比，同比增幅高达 61.63%。信托行业风险资产规模为 6 431.03 亿元，较 2019 年末增加 660.56 亿元，增幅为 11.45%，较 2019 年同期增幅高达 127.2%。2020 年第一季度末，信托行业资产风险率升至 3.02%，较 2019 年末提升 0.35%，首次突破 3%，创历史新高。

从信托行业风险资产分类来看，2020 年第一季度三类信托的风险仍在提升。风险项目主要来源于集合资金信托（见图 3 - 39）。2020 年第一季度集合信托风险资产规模占全部风险资产规模的比重为 61.40%，较 2019 年末的 59.82% 增加了 1.58 个百分点；集合信托风险资产规模为 3 948.83 亿元，较 2019 年末的 3 451.80 亿元增加了 497.03 亿元，环比增长 14.40%。单一信托风险规模为 2 414.08 亿元，环比增加 150.99 亿元，环比增幅为 6.67%，占全部风险资产规模的比重为 37.54%。财产权信托的风险资产规模

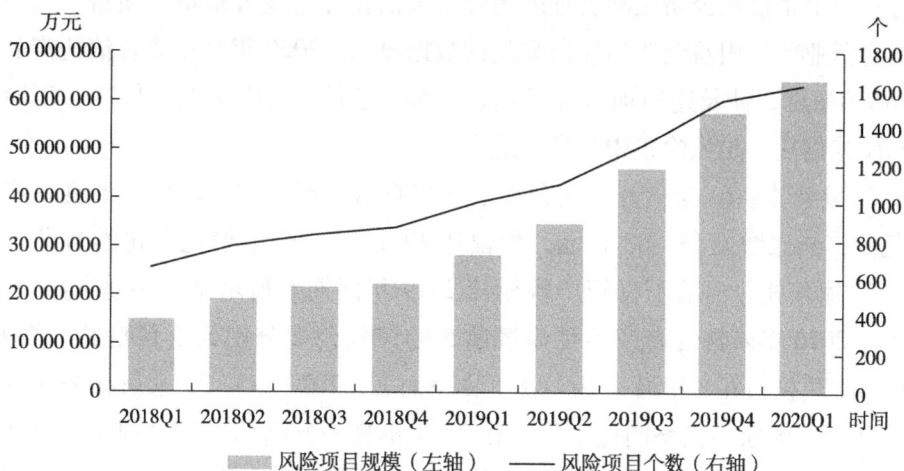

**图 3 - 38　2018—2020 年信托业风险项目与规模统计**

（资料来源：中国信托业协会）

为 68.12 亿元，较 2019 年末的 55.58 亿元增长 12.54 亿元，其风险资产规模及占比都处于较低水平。

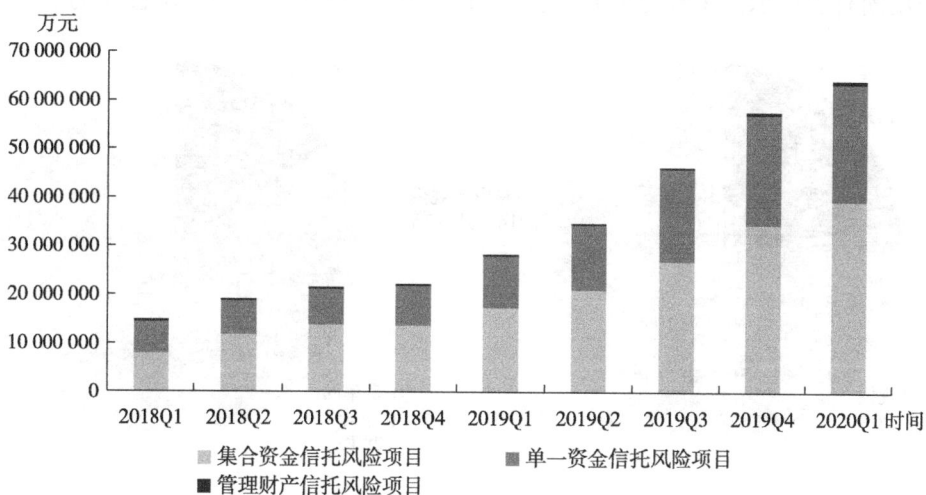

**图 3 - 39　2018—2020 年信托业风险规模分类**

（资料来源：中国信托业协会）

3. 信托公司违约频发，信托业风险加速出清

在去通道、治乱象、防风险的大背景下，监管部门排查与处罚的力度持续加大，信托公司的风险管控能力面临巨大考验。2020 年是信托行业自开展信托业务以来风险事件暴露最多的一年，先后有四家信托公司被监管层托管（管控）或暂停业务，这是自新"一法两规"出台以来，首次出现信托公司被监管停业。信托公司不良资产主要分布在

两个地方：一个是信托公司主动管理的集合资金信托计划或者是单一项目，另一个是信托公司的自营业务。用益金融信托研究院的数据显示，2020 年全年集合信托产品共发生 310 多起违约事件，涉及违约项目金额超过 1 600 亿元。其中房地产信托、工商企业信托和基础设施信托，是风险集中高发的地带。

截至 2020 年末，61 家信托公司公布了年报自营资产数据。其中，不良资产规模为 477.35 亿元，同比增长 157.38 亿元，增幅达 49.18%。61 家信托公司的自营资产数据显示，有 27 家信托公司的不良资产规模较 2019 年同期有所增加，20 家同比下降（见图 3-40）。2020 年末自营资产不良规模前 5 的信托公司分别为安信信托、渤海信托、民生信托、中建投信托、中诚信托。就不良率而言，2020 年有 23 家信托公司的不良率同比有所上升，28 家不良率同比下降。在 23 家不良率升高的信托公司中，有 9 家不良率较 2019 年同期增加了超 5 个百分点，其中，民生信托增加 55.06 个百分点、渤海信托增加 16.14 个百分点、安信信托增加 16.06 个百分点、杭工商信托增加 13.85 个百分点、中建投信托增加 7.55 个百分点、长城新盛信托增加 6.03 个百分点、中铁信托增加 5.86 个百分点、万向信托增加 5.57 个百分点、财信信托增加 5.32 个百分点。固有资产不良率上升，一方面受经济增速下行及疫情影响，使得部分资产加速爆雷；另一方面不少信托公司用固有资产承接了部分风险信托项目，缓解了公司出现的流动性压力。

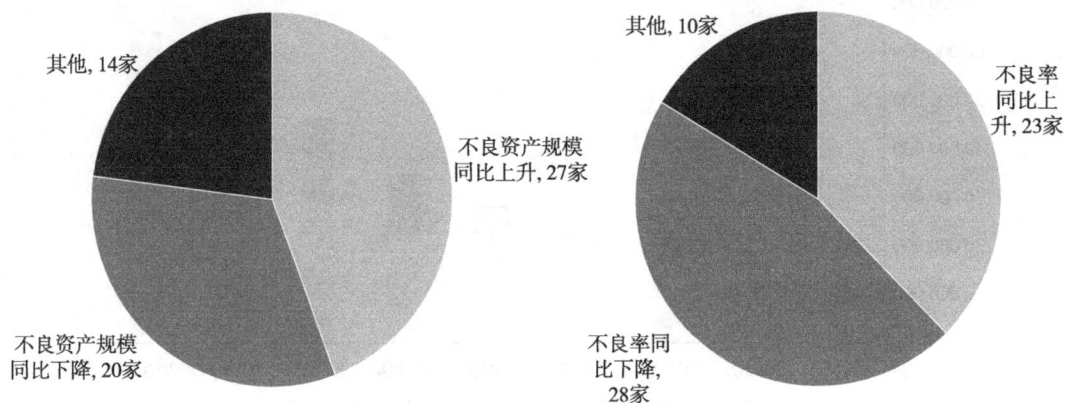

注：其他代表未披露年报或相关信息。

**图 3-40  2020 年信托公司自营资产不良率与不良资产规模**

（资料来源：参照《21 世纪经济报》与公开信息整理）

（四）注册制下询价机构"串谋打新"

1. 注册制下"三低"股频发

自 2019 年 7 月科创板正式开板，注册制落地实施。根据 Wind 数据统计，自 2020 年 8 月创业板首家注册制发行公司锋尚文化（300860.SZ）首发后，年内创业板注册制下共有 63 家企业发行上市（见图 3-41），总募资资金 660.29 亿元。科创板全年共有 145

家企业发行上市，总募资资金 2 226.21 亿元。随着科创板和创业板注册制的推进，证监会取消了新股发行市盈率 23 倍的"窗口指导"，新股定价不再受行政干预和管制，通过机构投资者之间的充分博弈，由市场机制确定 IPO 定价，发掘企业价值。根据 2020 年 6 月 12 日证监会公布的《创业板首次公开发行证券发行与承销特别规定》以及深交所发布的《深圳证券交易所创业板股票上市规则（2020 年修订）》等一系列规则，注册制下 IPO 新股发行定价的主要方式是首先由网下机构投资者以询价方式进行报价，参与询价的投资者需要有底仓，即股票现货持仓；报价完成后由发行人和主承销商剔除 10% 的最高报价，并在此基础上确定最终的发行价格；中签量根据投资者底仓规模平均分配。

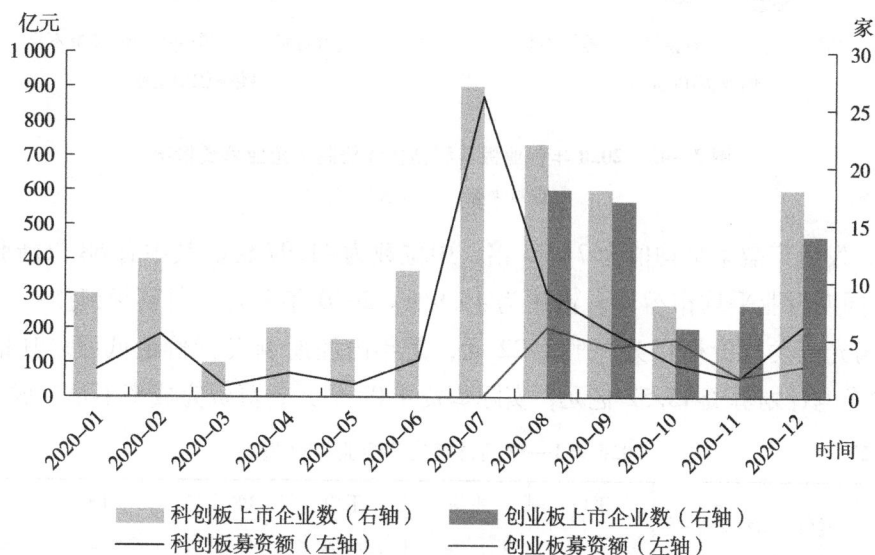

**图 3 - 41 2020 年科创板与创业板注册制下上市企业数目及规模**

（资料来源：Wind 数据库）

自注册制实施以来，有关注册制下 IPO 低发行、低市盈率、低募资额的"三低"现象引发市场高度关注。2020 年注册制下两板 IPO 企业中，超过三成企业的实际募资情况不达预期。如图 3 - 42 所示，创业板 63 家 IPO 企业中，28 家企业募资超预期，13 家企业募资额与预期持平，22 家企业募资额未达预期。募资额不足的企业占比 34.9%。科创板 145 家 IPO 企业中，92 家企业募资超预期，53 家企业募资额未达预期。募资额不足的企业占比 36.6%。

就发行价格而言，注册制下发行价格普遍偏低。如表 3 - 27 所示，63 家创业板企业平均发行价为每股 27.88 元。发行市盈率平均值为 35.34 倍，中位数为 31.12 倍；而其对应的行业市盈率均值为 39.25 倍，中位数为 38.35 倍。有 45 只新股发行市盈率低于同期行业平均市盈率，占比为 71.4%；有 10 只新股发行市盈率在 23 倍以下，占比为 15.87%。科创板新股发行价格高于创业板发行价格，145 家科创企业平均发行价为每股

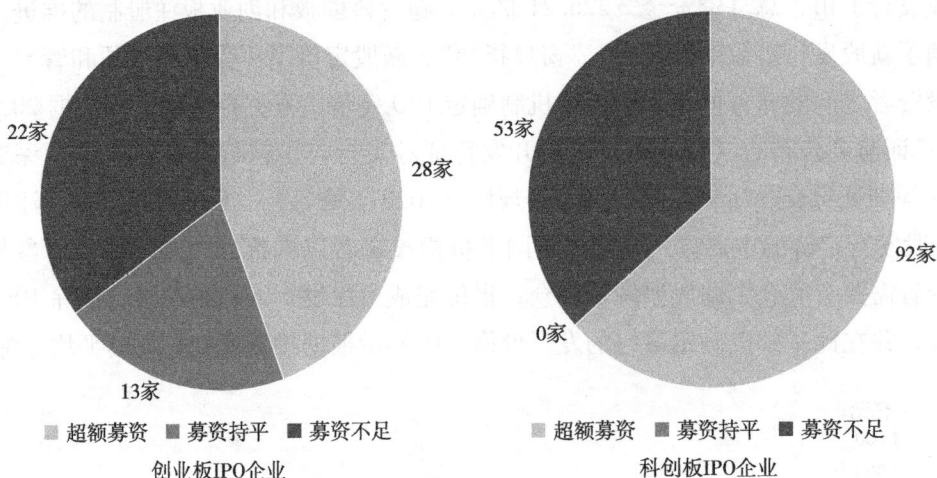

图 3－42　2020 年创业板与科创板注册制下企业募资情况

（资料来源：Wind 数据库）

35.39 元，发行市盈率平均值为 71.75 倍，中位数为 41.97 倍。其中有 68 只新股发行市盈率低于同期行业平均市盈率，占比为 46.9%。2020 年 8 月，科创板诞生一只"一元股"，龙腾光电发行价格仅为每股 1.22 元，是年内注册制发行价最低股。其招股书显示，龙腾光电计划募资 15.52 亿元，实际募资 4.07 亿元，募资完成率不足三成。

表 3－27　　　　　　　　　　2020 年 1—12 月注册制下企业 IPO 情况

| 上市板 | 月份 | IPO 企业/家 | 平均发行价格/元 | 平均发行 PE/名 | 平均行业 PE/名 | PE 小于行业/名 | PE 小于23/只 | 上市首日涨跌幅/% |
|---|---|---|---|---|---|---|---|---|
| 科创板 | 1 | 9 | 24.80 | 79.53 | 36.05 | 2 | 0 | 154.70 |
| 科创板 | 2 | 12 | 50.78 | 43.22 | 34.13 | 5 | 0 | 253.06 |
| 科创板 | 3 | 3 | 48.34 | 48.33 | 58.53 | 2 | 0 | 89.52 |
| 科创板 | 4 | 6 | 29.65 | 57.84 | 59.05 | 4 | 0 | 137.30 |
| 科创板 | 5 | 5 | 26.05 | 40.55 | 36.68 | 2 | 0 | 146.04 |
| 科创板 | 6 | 11 | 19.18 | 36.12 | 36.23 | 4 | 0 | 216.02 |
| 科创板 | 7 | 27 | 29.55 | 145.09 | 43.21 | 10 | 0 | 274.00 |
| 科创板 | 8 | 22 | 48.65 | 82.79 | 42.44 | 10 | 0 | 169.05 |
| 科创板 | 9 | 18 | 52.63 | 59.39 | 44.81 | 6 | 1 | 119.45 |
| 科创板 | 10 | 8 | 41.14 | 34.92 | 65.10 | 6 | 0 | 95.83 |
| 科创板 | 11 | 6 | 21.02 | 47.55 | 44.08 | 3 | 0 | 236.24 |
| 科创板 | 12 | 18 | 32.84 | 52.94 | 43.46 | 14 | 2 | 129.61 |
| 创业板 | 8 | 18 | 40.61 | 39.25 | 40.45 | 10 | 1 | 212.37 |
| 创业板 | 9 | 17 | 26.86 | 28.80 | 35.00 | 12 | 6 | 306.63 |
| 创业板 | 10 | 6 | 17.19 | 31.70 | 42.09 | 5 | 2 | 296.89 |
| 创业板 | 11 | 8 | 28.44 | 36.91 | 44.07 | 7 | 0 | 221.93 |
| 创业板 | 12 | 14 | 26.29 | 38.91 | 38.90 | 11 | 1 | 168.92 |

资料来源：Wind 数据库。

与"发行价低、市盈率低、募资额不足"的一级市场截然不同，注册制下新股二级市场呈现"报复式增长"。63 只创业板新股上市首日涨幅均值为 237.41%，中位数也高达 191.67%，其中涨幅最高的康泰医学（200869.SZ）IPO 首日涨幅高达 1 061.42%。与创业板类似，145 只科创板新股上市首日涨幅均值为 182.15%，中位数也高达 143.61%。由此可见，注册制下部分低发行价并不意味着企业质地不好，更多的是机构投资者在 IPO 询价机制下的利益博弈。打新机构把发行价压得越低，发行人价格在一级市场就越被严重低估，最终在二级市场上呈现报复式增长，上市后股价涨幅越大，这种无风险收益越丰厚。该行为严重干扰新股发行秩序，使得一级市场定价失真，损害了市场的公平与效率。

2. 询价机构投资者串谋报价

自科创板与创业板实施注册制改革以来，新股发行市场频频诞生低发行价、低市盈率、低募资额的"三低"新股，而相关个股在上市首日又无一例外地获得了资金追捧，股价翻番。其背后原因是网下机构投资者重策略轻研究，为博入围串谋报价，干扰询价秩序。以上纬新材（688585.SH）的低价发行为例，如表 3 - 28 所示，在 2020 年 9 月 15 日科创板企业上纬新材的报价环节，共 415 名机构投资者管理的 6 954 个配售对象参与了上纬新材 IPO 询价，有 399 家网下投资者管理的 6 903 个配售对象为本次网下发行的有效报价配售对象，这 6 903 个配售对象整齐划一地报出 2.49 元的价格，报价集中度高达 99.27%。参与询价的 415 家机构包括公募基金、保险公司、证券公司、财务公司、信托公司、私募基金等不同的市场主力投资机构，尽管彼此投资理念和风格各异，然而给出的报价却出奇的一致，很可能彼此之间有过商讨，存在串谋定价嫌疑。

表 3 - 28　　　　　上纬新材（688585.SH）初步询价机构报价明细表

| 序号 | 申报价格/元 | 申报数量/万股 | 是否有效报价 | 序号 | 申报价格/元 | 申报数量/万股 | 是否有效报价 |
|---|---|---|---|---|---|---|---|
| 1 | 118.6 | 190 | 否 | 14 | 4.96 | 1 600 | 否 |
| 2 | 24.9 | 1 600 | 否 | 15 | 4.96 | 1 600 | 否 |
| 3 | 9 | 400 | 否 | 16 | 4.96 | 1 600 | 否 |
| 4 | 6.53 | 1 600 | 否 | 17 | 4.96 | 1 600 | 否 |
| 5 | 6.53 | 1 600 | 否 | 18 | 4.96 | 1 600 | 否 |
| 6 | 5.62 | 1 600 | 否 | 19 | 4.96 | 1 600 | 否 |
| 7 | 5.56 | 1 600 | 否 | 20 | 4.96 | 1 600 | 否 |
| 8 | 5.4 | 1 600 | 否 | 21 | 4.96 | 1 600 | 否 |
| 9 | 5.4 | 1 600 | 否 | 22 | 4.96 | 1 600 | 否 |
| 10 | 5.4 | 1 600 | 否 | 23 | 4.96 | 1 600 | 否 |
| 11 | 5.4 | 1 600 | 否 | 24 | 4.96 | 1 600 | 否 |
| 12 | 4.96 | 1 600 | 否 | 25 | 4.96 | 1 600 | 否 |
| 13 | 4.96 | 1 600 | 否 | 26 | 4.96 | 1 600 | 否 |

续表

| 序号 | 申报价格/元 | 申报数量/万股 | 是否有效报价 | 序号 | 申报价格/元 | 申报数量/万股 | 是否有效报价 |
|---|---|---|---|---|---|---|---|
| 27 | 4.96 | 1 600 | 否 | 41 | 3.14 | 1 600 | 否 |
| 28 | 4.96 | 1 600 | 否 | 42 | 3.14 | 1 600 | 否 |
| 29 | 4.96 | 1 600 | 否 | 43 | 3.03 | 1 600 | 否 |
| 30 | 4.96 | 1 600 | 否 | 44 | 2.79 | 1 600 | 否 |
| 31 | 4.96 | 1 600 | 否 | 45 | 2.79 | 1 600 | 否 |
| 32 | 4.96 | 1 600 | 否 | 46 | 2.79 | 1 600 | 否 |
| 33 | 4.96 | 1 600 | 否 | 47 | 2.79 | 1 600 | 否 |
| 34 | 4.45 | 1 600 | 否 | 48 | 2.79 | 1 600 | 否 |
| 35 | 3.98 | 1 600 | 否 | 49 | 2.6 | 1 600 | 否 |
| 36 | 3.64 | 1 600 | 否 | 50 | 2.6 | 1 600 | 否 |
| 37 | 3.14 | 1 600 | 否 | 51 | 2.5 | 1 600 | 否 |
| 38 | 3.14 | 1 600 | 否 | 52 | 2.49 | 1 600 | 是 |
| 39 | 3.14 | 1 600 | 否 | …… | …… | …… | …… |
| 40 | 3.14 | 1 600 | 否 | 6 954 | 2.49 | 1 600 | 是 |

资料来源：Wind 数据库。

上纬新材确定的发行价是 2.49 元/股，对应的市盈率为 12.83 倍（见表 3－29），不仅显著低于此前的证监会 IPO 定价发行隐形红线 23 倍的市盈率，而且也明显低于可比上市公司。上纬新材所属行业为化学原料和化学制品业，中证指数有限公司发布的该行业最近一个月平均静态市盈率为 28.96 倍。此外，2.49 元的这一发行价也远低于券商投行报告给出的每股 11.24 元的价格下限，相当于打了两折。按照这一发行价，公司预计募资 2.16 亿元，实际募资 1.08 亿元。扣除掉 3 752.53 万元的发行费用后，公司实际募集资金净额为 7 047.47 万元，仅为计划募资的 32.63%，该金额甚至不足该公司 2019 年全年的净利润。然而，上纬新材 9 月 28 日正式登陆科创板，上市首日即遭到投资者爆炒。上纬新材发行价格为 2.49 元/股，开盘报 20.68 元/股，涨 730.52%。上纬新材当前的市盈率已经高达 80.61 倍，远高于行业可比上市公司。换手率为 62.54%，交易异常活跃。

表 3－29　　　　　　　　上纬新材（688585.SH）新股发行信息统计表

| 代码 | | 688585.SH | |
|---|---|---|---|
| 名称 | | 上纬新材 | |
| 上市日期 | | 2020/9/28 | |
| 上市板 | | 科创板 | |
| 发行价格 | 2.49 | 投资者数量/家 | 415 |
| 发行市盈率 | 12.83 | 配售对象数量/个 | 6 954 |

| | | | |
|---|---|---|---|
| 行业 PE | 28.96 | 询价申购数量/万股 | 11 117 480.00 |
| 新股发行数量/万股 | 4 320.00 | 询价认购倍数 | 3 869.91 |
| 网下配售数量 | 3 088.80 | 有效报价配售对象家数 | 6 903 |
| 网上发行数量 | 1 231.20 | 有效报价机构投资者家数 | 399 |
| 预计募资/亿元 | 2.53 | 有效申购配售对象家数 | 6 903 |
| 募资总额/亿元 | 1.08 | 有效申购数量/万股 | 11 038 490.00 |
| 发行费用/万元 | 3 752.53 | 有效申购获配比例/% | 0.03 |
| 募资净额/亿元 | 0.7 | 认购倍数 | 3 842.42 |

资料来源：Wind 数据库。

（五）中行"原油宝"穿仓暴露极端风险

1. 新冠肺炎疫情全球蔓延，负油价时代开启

北京时间 2020 年 4 月 21 日凌晨 2 点，美国 WTI 原油期货 5 月合约价格清零（见图 3-43），跌至 0.01 美元/桶；2 点零 8 分，合约价格跌入负值；2 点 30 分，结算价格收在 -37.63 美元/桶，价格暴跌 300%，并创造原油期货史上第一次负油价。4 月 8 日，美国芝加哥商品交易所临时宣布调整交易系统和定价模型，以支持负价格交易。交易所修改交易规则本质上是为了在买方和卖方之间找到一个真实的交易价格，符合市场机制。本次原油期货出现负油价也并非毫无预兆，早在 3 月 18 日，现货市场怀俄明州沥青酸油价格跌至 -0.19 美元/桶，全球负油价时代已经开启。

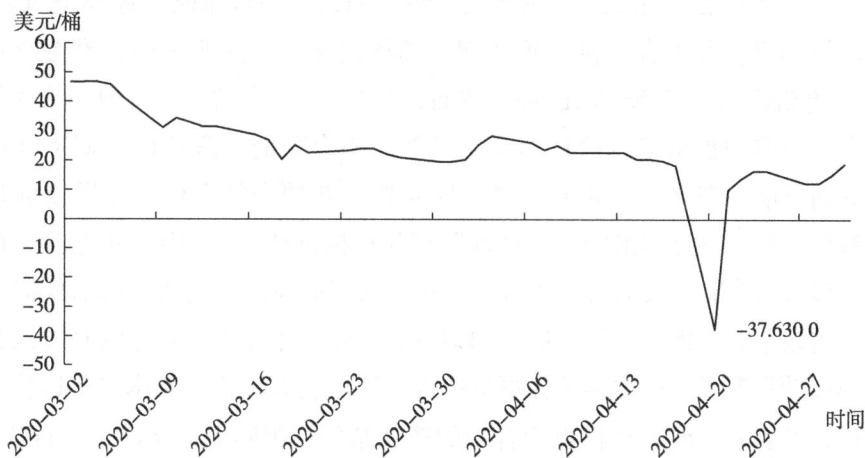

**图 3-43　2020 年 3—4 月 WTI 原油期货价格走势**

（资料来源：Wind 数据库）

原油价格下跌背后的深层原因还是供需均衡。受新冠肺炎疫情全球蔓延影响，原油需求极度萎缩。然而，产油大国不仅没有减产，反而增产降价。3 月 6 日召开的 OPEC + 减产联盟会议，沙特与俄罗斯关于原有减产的谈判破裂；3 月 7 日，沙特随即采取报复

行动，全面调低 4 月原油官方售价；3 月 10 日，沙特宣布将 4 月原油产量提高 27% 至 1 230 万桶/日，导致油价在 3 月份短短十天内从 50 美元/桶下跌至 20 美元/桶，并由此引发大量抄底行为。临近 WTI5 月合约交割日的前一天，4 月 20 日市场上仍有 10 万手持仓，约 1 亿桶原油，远远高于日常同期的 3 000 手。然而，这些持仓的散户并没有实物贸易经验，也没有能力进行实物交割。原油储存需要成本，当海上陆上的仓储设备都存满时，原油反而变成"棘手"物品，因而产生负油价。4 月 21 日之后，美国 WTI 原油期货、现货价格回归正值，但仅维持在 10 ~ 20 美元/桶，低油价将在未来维持较长一段时间。

2. 原油宝产品设计存在缺陷，移仓日期暴露巨大风险敞口

按照中行"原油宝"的产品设计，整个操作流程为：银行对客户进行双边报价，当客户跟银行做了 100% 保证金交易、多空轧差后，银行与一家交易商签订远期合约，对冲手上的头寸。由于银行不直接参与期货交易，银行并不是直接在期货交易所进行场内交易，而是通过交易商进行场外交易。因此，"原油宝"可以视为两个产品的组合：一个是银行与客户的交易，标的物为国内客户与银行签订的衍生品合约；另一个是银行与外盘的交易，标的物是银行与交易商签订的衍生品合约。前者参考期货交易所的 WTI 价格报价，后者依据期货交易所的 WTI 价格报价。根据"原油宝"的客户协议，资金结算日期为合约、交易到期日前的最后一个交易日，即 4 月 21 日。按照芝加哥商品交易所规定的 WTI，当日结算价确实为 – 37.63 美元/桶。按照该结算价估计，中行"原油宝" 6 万余客户的 42 亿元保证金全部损失，还"倒欠"中行保证金逾 58 亿元。

中行"原油宝"并不直接参与 WTI 期货的场内交易，并非是中行没有及时平仓导致 WTI 合约价格跌至 – 37.63 美元/桶。然而，"原油宝"直到交割日前一天才移仓，作为一个不参与交割的投资者，这样的设定显然是不合理的。海外市场期货合约按月交割，临近到期日前，需要平掉现有合约，同时建立新的合约仓位。如果投资者不愿平仓，则需移仓。各大银行推出的"纸原油"产品均提供类似自动移仓的选项，而银行可以从移仓中赚取点差。一般而言，投资者会在交易所提高即将到期合约的保证金前（出于对资金使用效率的考虑），或活跃合约切换时（出于对流动性的考虑）完成移仓。而规模较大的被动投资者，往往会选择更早地进行移仓从而防止交易本身难以执行或者对市场造成过大的影响，或者选择更为合理的持仓结构。国际上的 ETF、银行"纸原油"产品都可以跟客户约定固定的移仓时间。成立于 2006 年的"美国石油基金"（USO）会在合约到期日两周前完成移仓，而"美国 12 月原油基金"（USL）则将持仓分布于连续的 12 个月中，降低需要移仓的头寸。工行与建行的"纸原油"产品则选择在交易日前五天（T – 5）移仓，而中行"原油宝"却设定在交易日前一天（T – 1）移仓。由于期货合约价格随着交割日的临近趋于现货价格，理论上移仓日与结算日距离越近，合约价格与下个月合约价格越贴近，这样的移仓成本也相对更低。然而，当市场流动性出现问

题时，T-1的移仓日暴露出巨大的市场风险。2020年3月初，由于油价暴跌，投资者移仓需要承担高昂成本与较大风险。3月中旬，大部分的机构投资者和散户都已经从WTI的5月合约中撤离，该合约的流动性已经快速枯竭，这让中行的持仓变得格外突兀。从4月20日当天合约具体价格走势来看，中行或是根本找不到交易对手，或是被空头"围猎"。最终在市场流动性极差的情况下，结算价被打压到-37.63美元/桶，中行在结算价位置卖出了绝大多数的持仓。市场上选择在合约到期最后一两日移仓的大多是专业投资者，他们长期跟踪市场，对市场价格、库存等因素有全方位考量，面临极端情况也能灵活改变策略。其他坚持到最后几日移仓的是做好了现货交易准备的机构。在中行"原油宝"产品中，中行作为一个不参与交割的投资者，设置T-1的移仓日显然对流动性风险没有充分考量。对于必须要执行的交易，需要时刻评估可能面临的流动性风险，这是专业投资者必需的素质，特别是在自身市场仓位占比很高的背景下（见表3-30）。

表3-30　　　　　　　　目前各银行"纸原油"产品的相关规则

| 项目 | 中国银行 | 建设银行 | 工商银行 |
|---|---|---|---|
| 移仓日 | 每月20日 | 最后结算日前5日 | 最后结算日前5日 |
| 调整时间（北京时间） | 当日22：00开始冻结至次日 | 当日24：00开始冻结至次日9：00 | 当日24：00开始冻结至次日9：00 |
| 结算价 | 到期结算价+当日23：30的结售汇挂牌价 | 到期结算价+当日23：30的结售汇挂牌价 | 到期结算价+当日23：30的结售汇挂牌价 |
| 交易单位 | 0.1桶 | 0.1桶 | 0.1桶 |
| 移仓规则 | 多头移仓时，先按当前持仓合约的买入价进行多头平仓，同时按目标合约的银行卖出价进行多头开仓；空头移仓反之。提供自动移仓服务 | 多头移仓时，先按当前持仓合约的买入价进行多头平仓，同时按目标合约的银行卖出价进行多头开仓；空头移仓反之。提供自动移仓服务 | 多头移仓时，先按当前持仓合约的银行卖出价进行多头开仓，同时按目标合约的银行卖出价进行多头开仓；空头移仓反之。提供自动移仓服务 |
| 强平规则 | 当投资者的资金不足50%时预警；资金不足仓位的20%时，进行强制平仓 | 保证金不足60%时预警；不足50%时强平 | 20%强平 |

资料来源：根据《财新周刊》和公开资料整理。

3. 银行风险管理不审慎，产品销售管理不合规

尽管负油价是市场上的"黑天鹅"事件，但银行在设计"纸原油"产品时，就应充分考虑极端事件的影响。事实上，早在4月初已经开始关于负油价的讨论。相对于布伦特原油，美国市场需求低迷、库容不足的情况更为严重，而"原油宝"正是在WTI原油上出现了问题。

4月3日，芝加哥商品交易所通知修改了IT系统代码，允许"负油价"申报和成

交,从4月5日生效;4月8日,芝加哥商品交易所跟会员单位进行了测试,公告了结算价调整计划;4月15日,芝加哥商品交易所完成了零价格和负价格的清算模拟测试。在这期间,作为机构投资者和做市商的中国银行应该且有责任及时跟踪期货市场,了解市场环境出现的剧烈变化,并及时采取预警措施。这些变化已经让原有投资协议条款的前提假设(如油价为正、移仓时有足够市场流动性)发生了改变,或者已经影响了客户与产品的"适当性匹配"原则。根据银监会2011年发布的《金融机构衍生产品交易业务管理暂行办法》规定,当市场出现较大波动时,银行业金融机构应当适当提高产品市值重估频率,并及时向客户书面提供市值重估结果;对于自身不具备定价估值能力的衍生产品交易,应当向报价方获取关键的估值参数及相关信息,并通过信件、电子邮件、传真等可记录的方式向客户书面提供此类信息,以提高衍生产品市值重估的透明度。然而,中行并未做到这一点,只是在几天前将投资门槛调整到了"十桶"。

除此之外,银行在纸原油类产品的投资者适当性管理与产品营销方面,也需承担不可推卸的责任。表3-31展示了境内投资者参与原油交易的相关产品及准入门槛,银行"原油宝"这种创新产品,将高风险、高门槛的金融产品通过转换,使风险承受度低、缺乏金融素养的散户投资者大量参与,在投资者适当性管理方面存在明显缺陷。"原油比水还便宜,中行带你去交易""捉住这一波活久见的原油行情机会,收益率超过37%,仅仅用了5天"等中行"原油宝"产品的广告语无不表明鼓励客户抄底的意图,并在产品推介资料中将油价高波动性描述为高收益的故事。中行未对"原油宝"产品宣传销售进行统一管理,部分宣传销售文本内容存在夸大或者片面宣传行为,严重损害客户的合法权益。

表3-31 境内投资者参与原油交易的金融产品汇总

| 项目 | 原油期货交易 | 海外原油期货ETF | 股票ETF(QDII) | 公募FOF(QDII) | 银行"纸原油" |
|---|---|---|---|---|---|
| 资金门槛 | 50万元开户门槛,保证金交易 | 门槛低 | 门槛低,1 000元 | 门槛低,1 000元 | 门槛低,点差大,无杠杆;交易从1桶原油起步,价格约几百元 |
| 相关产品 | — | USO/BON | 华宝油气、诺安油气、广发道琼斯石油 | 南方原油、嘉实原油、易方达原油 | 工行、中行及建行的"纸原油"产品 |
| 投资标的 | 上期所能源交易中心原油期货合约 | 跟踪WTI近月期货合约、追踪Brent原油价格 | 跟踪各类原有指数、一揽子美国油气企业股票 | 海外原油ETF、每股ETF | — |
| 杠杆率 | 5~10倍 | 1倍 | 1倍 | 1倍 | 1倍 |
| 交易费用 | 交易所手续费,20元/手 | 每月展仓存在移仓磨损 | 外汇限额,资金占用率高 | T+0交易,交易费用低 | 购买方便,但手续费高 |

续表

| 项目 | 原油期货交易 | 海外原油期货 ETF | 股票 ETF（QDII） | 公募 FOF（QDII） | 银行"纸原油" |
|---|---|---|---|---|---|
| 特点 | 潜在回报高、风险高 | 存在升贴水问题、被动型、风险低 | 短期跟踪误差大、主动型基金产品 | 短期跟踪误差小、长期可能跑输油价、被动型、风险低 | 追踪效果一般，部分产品设计存在缺陷，交易虚拟盘，非直接参与境外交易盘 |
| 参与者 | 专业投资者 | 有海外证券账户的投资者 | 有国内证券账户的投资者 | 各类散户投资者 | 各类散户投资者 |

资料来源：根据上期所与《财新周刊》资料整理。

（六）保险市场供给水平难以匹配差异化需求

中国保险业经历了快速发展的 40 年，在为社会提供了广泛经济保障的同时，也在资金融通和社会风险管理方面发挥了重要的、不可替代的作用，保险业已成为国民经济体系中发展较快、重要性程度不断提高的行业之一。从 2017 年起，中国的保费收入开始超过日本，成为世界第二大保险国家，但仍不是一个保险强国，人均保费尚不足世界平均水平的 60%，保险深度不足世界平均水平的 70%，人均有效保单数量、保险业人均产能、以 GDP 衡量的保险业对国民经济的贡献等指标均和发达保险市场有较大差距，保险服务的深度和广度还处于较低水平，未来还有很大发展潜力。目前保险行业发展中存在的需求和供给之间的矛盾日益突出，保险市场产品和服务水平和质量不高的问题越发明显。这主要表现在以下几方面。

1. 保险产品供给动能有待提高

保险产品供给动能来自两方面：一是通过创新开发新险种培育保险供给的"新动能"；二是通过推销现有产品以挖掘保险供给的"老动能"。而目前保险产品供给中"新动能"匮乏，"老动能"堪忧。

一是保险产品供给"新动能"相对匮乏。成熟市场的大量实践表明，新产品可以有效刺激保险消费，如在瑞士等已经相对饱和的保险市场上，每年有 300 多个新险种投入市场，是保费增长的主要来源之一。新产品开发可通过多种方式和渠道提高消费者的消费意愿。一方面，创新引起技术进步，使得生产效率提高，进而导致产品成本和市场价格降低，在保证产品质量的前提下，产品价格降低促进了消费者对产品的消费。另一方面，新产品和服务满足了消费者对多样性或实用性的需求，创造新的消费热点和消费动力。因此，产品创新是保险发展永恒的主题之一，新产品带来的新单保费在缓解保险公司赔付风险的同时还能带来稳定的现金收入，极大地提升了保险公司的内涵价值，为公司的持续发展积蓄动能。而我国保险产品创新能力相对不足，近年来，围绕客户需求变化，保险机构加大产品研发和报备，但自主创新的产品不多见，甚至存在部分领域自主创新产品几乎空白的局面。险种方面，寿险大多为对利率敏感的储蓄型产品，保障型业务发展不足；财产险中责任险、家财险、企财险等领域没有得到应有的发展；健康险中，长期护理等领域的保障空白有待深挖。

二是保险产品供给"老动能"仍待挖掘。人身险方面，新业务价值是衡量市场活跃程度和市场动能的重要指标，新业务价值占比越高，意味着业务的持续发展能力越强，市场扩张趋势越明显。近年来人身险行业新业务价值持续下行。2017年之前，人身险业保费增速保持在20%以上，加上新业务价值率的不断提升，行业新业务价值实现了持续高增长。但2018年以后，新业务价值增速显著下降。如，2018—2020年，中国人寿、平安人寿、太平洋人寿、新华人寿的新业务价值复合增速分别为－1.0%、－9.7%、－12.6%、－8.7%，全面持续负增长2%。这预示着人身保险业的公司估值水平、未来利润水平可能继续下滑。此外，人身险行业保费增速也大幅降低，尤其是个险渠道标准保费同比大幅减少。人身险保费收入增长率在2016年、2017年、2018年、2019年、2020年分别为36.5%、20.3%、1.9%、13.8%和7.53%，保费增速从2018年开始大幅下降。尤其值得关注的是，从对新业务价值贡献最大的个险渠道来看，2020年，除个别公司如中国人寿、新华人寿个险新单保费实现了一定程度的正增长外，其他公司均出现了不同程度的下滑，中资人身险公司个险标准保费同比增长率为－17%，外资人身险公司个险标准保费同比增长率为－19%，业务发展不容乐观。新业务价值的下降与个险标准保费的大幅减少，均意味着人身险业务发展动能严重不足，行业发展步入低谷，人身险行业无法通过新单业务产生与之前相同规模的佣金和业务管理费，这也会导致未来利润水平的持续下滑。

财产险方面，传统业务及新兴险种均显露颓势，发展压力逐渐加大。车险综改对行业增长的影响首当其冲，综改后，车险月保费负增长幅度已达两位数水平，出险率、案均赔款却持续上升，车险赔付率进一步走高，车险盈利空间不断压缩，行业性承保亏损成为大概率事件。除车险业务增速下滑外，企财险、货物运输保险以及船舶保险等非车险传统领域存量竞争激烈，增速继续放缓，其费率下降、责任扩大等情况普遍存在，成本问题也逐渐显现出来，且考虑车险改革影响外溢等因素，非车险实现承保盈利的难度也加大。新兴业务如责任保险、信用保险等因风险和费用因素难有盈利空间，农业保险等政策性业务"微利"也成为常态。

2. 保险产品供给结构失衡

保险产品供给最突出的问题还表现在主流产品供给与客户需求趋势错位的矛盾较为明显。保险产品还不能很好地适应市场需求变化，"难买"与"难卖"的结构性矛盾并存。

一方面，保险产品多而不优，产品同质化严重，导致"产能过剩"。各保险市场主体在开发和设计保险产品时，不能根据市场需求及消费者需要量身定做，产品开发的投入不够、深度不足，产品同质化、同构化问题严重。

如车险方面，尽管经历了车险综合改革，但目前所有保险公司使用的车险产品的保险条款均为行业示范条款，产品责任完全同质。从服务上看，监管部门基于整治市场乱象的诉求，对延伸服务的内容和价值都做出了相应的约束，各市场主体提供的车险延伸服务方式有限，且大多从服务供应处采购，缺乏技术和渠道壁垒，主体之间可以轻易模仿，差异也不大。

再如农业险方面，我国农业保险目前的产品虽多，中央财政补贴保费的就有270多种保险产品，地方政府补贴的特色农产品的险种更多，但是千篇一律都是政府补贴的"基本险"，即物化成本保险，"大灾保险"和"完全成本保险"这类保障水平较高的产品只限于"试点"。目前很少有"附加险"，更少有"商业险"。农业险保障水平不高、保障范围单一的问题严重。

人身险方面，尽管经过多年的调整，但产品体系整体仍呈现结构较为单一、风险保障属性不足、理财储蓄成分高的特点。健康险是近年来对保费增速贡献最大的业务，2020年健康险原保费收入为8 173亿元，同比增长达到15.7%，远高于其他险种。尽管目前在售的商业健康险产品数量超过5 000款，但从产品形态来看，其同质化问题较为严重，这不仅表现在健康险的发展过分依赖少量爆款产品如"百万医疗险"和城市定制型商业医疗保险（即"惠民保"）项目上，而且体现在这些爆款产品本身的差异化水平也较为有限上。2016年百万医疗险开始进入市场，通过设定较高的自负金额来扩大杠杆，提高保障额度，加之设计简单、责任清晰且主要通过互联网平台销售等特点，广受消费者欢迎，成为短期健康保险的绝对主力。2020年以来，地方政府联合商业保险公司推出的"惠民保"发展迅速，其针对各城市特点，遵循"一城一策"的原则，价格较低，健康告知较宽松，更具普惠性质，许多产品可通过医保账户直接支付，客观上也助推了短期健康险的下沉。百万医疗险和惠民保产品等大流量产品的爆发式增长，反映出居民潜在保障缺口巨大，但其产品同构程度高、产品价格差异不显著、责任范围也较为类似，客户在选择时核心差异点较少，且均属于低频接触、低价格、低进入门槛、低保障杠杆产品，也都存在对风险无法进行有效分摊、逆选择问题严重等问题，不能很好地满足消费者健康保障的需求，这也是造成健康保险业务竞争维持在低水平的主要原因。

另一方面，消费者的保险需求得不到满足，保险产品供给"产能不足"。随着经济发展、生产和生活方式改变以及人民收入水平的提高，社会对保险的需求已经发生了诸多变化，但总体上看保险业还没有从产品端做出及时、充分的转变，以满足不断增长和变化的保险需求，"想买买不到、买不起"的问题仍然没有得到根本性解决。

具体而言，从企业方面看，需要为其提供更全面的风险管理服务，提供能适应企业生产和经营方式转变的保险产品和服务，如对无形资产风险、网络风险、供应链中断风险、营业中断风险、政治风险等提供保障的产品和服务；从个人方面看，在消费升级、城市中产阶层群体兴起、人口老龄化、年轻一代消费群体形成等背景下，保险需求的主体、内容、特点等均发生了变化，人们对保险的需求不断增长，保障需求也由单一保障向综合需求转变，主动消费、有效交互、良好体验正成为客户实现保险需求过程中的新特征。而保险产品供给还不能深入研究和细分市场需求，真正结合被保险人风险特征量身定制的专属产品少之又少，例如，受老年人风险发生率较高影响，保险产品购买普遍存在投保年龄限制，大多数老年人难以买到适合的产品，保险业在老年人养老、健康方面的服务基础薄弱、对保险风险规律研究不够。此外，此次新冠肺炎疫情也暴露了未被覆盖的风险敞口，如健康保险产品体系中缺乏应对大规模流行性传染病以及由此引发的家庭收入损失、大额医疗支出等的品种，财产保险产品体系中企财险、营业中断险的覆盖面还有待提升。

3. 保险产品供给质量有限

保险产品质量既包括保险产品本身的质量，表现为保障范围、合理定价、理赔和保单服务、投资型产品的投资回报等，也包括保险销售及理赔的服务质量，表现为投保人的购买体验以及供给满足需求的匹配程度等。高质量的保险产品供给，应将适应需求的产品推荐给消费者，并杜绝销售误导和理赔难。但目前保险产品质量与受众的需要尚存在较大的差距。

一是保险产品本身的质量不高。保险产品普遍存在保障范围较窄、保险条款制定随意、承保责任单一、风险补偿金额较低、保险定价不够科学合理的问题。保险产品的保障范围和水平是保险保障效果的集中体现，也是衡量保险产品质量的重要指标。我国保险产品的发展主要依靠提升承保数量驱动，保障范围和深度不够。如财产保险中只保一般风险和直接损失，对于巨灾风险和因营业中断而造成的间接损失保障不足；农业保险中依然以保自然风险和保成本、保产量为主，对于经济风险和收入的保障不足；健康保险中，尚不能为消费者的合理医疗费用支出以及重症阶段的治疗费用提供全面保障；人身保险中，保障范围还不能覆盖生、老、病、死等主要风险，保障水平也不能根据消费者的收入水平、职业差异来灵活调整。从赔付情况来看，在灾害造成的经济损失中，商业保险赔付占比不足5%，远低于30%的国际保险市场平均赔付率水平。即便是在2020年初的新冠肺炎疫情中，大多数险企扩张了保险责任，但患者的治疗费用也基本由社保和财政兜底，商业保险实际负担部分十分有限，保险产品的作用未得到充分发挥。

二是保险服务质量堪忧。一方面，保险服务手段单一、效率不高。在过往保险销售的人海战术持续有效的背景下，保险机构紧盯代理人数量的发展，而忽视了其质量提升，代理人"变现亲情"式的销售无视客户需求，导致其在与客户沟通的过程中，方式少、能力低，销售误导、理赔难等问题大量发生。具体来看，销售咨询服务达不到消费者要求，在销售中夸大产品功能欺骗保险消费者、投保告知不充分、隐瞒承保信息、强制搭售、诱导销售、套路续费等问题频繁发生，用户信息不安全，包括违规收集用户信息、信息安全隐患等问题也客观存在。另一方面，保险服务内容范围较窄、水平较低。

目前的保险服务集中于承保前的销售咨询和灾后的定损理赔，不能满足客户风险管理的需要，更不能挖掘保险产品的衍生功能和附加价值。

保险产品供给质量不高也导致保险投诉案件大幅增加，消费者对保险服务的满意度和认同感逐渐走低，社会对保险行业的声誉评价不高。银保监会消保局发布的数据显示，2020 年第四季度，中国银保监会及其派出机构共接收并转送涉及保险公司的保险消费投诉 26 688 件，同比增长 22.82%。其中涉及财产保险公司 11 993 件，同比增长 13.86%；人身保险公司 14 695 件，同比增长 31.25%。中国保险保障基金有限责任公司发布的《2020 年中国保险消费者信心指数报告》显示，产品功能没达到预期、对保险公司目前的服务不满意、对理赔速度不满意成为受访的保险消费者考虑退保或不再续费的主要原因。2020 年，调查消费者享受保险公司服务时所体会到的友善感知、诚信感知和能力感知的保险行业服务满意度为 68.4，同比下降 1.3。

## 三、深化改革健全现代化金融体系

（一）深化改革保持宏观杠杆率基本稳定

1. 保持宏观政策定力，增强财政可持续性

在疫情冲击下，主要发达经济体均采用扩张性财政政策与货币政策，一方面导致债务占 GDP 比重达到历史高点，另一方面利率水平却跌至历史低点。在应对新冠肺炎疫情冲击的逆周期政策支持下，2020 年我国宏观杆杠率显著提升，金融风险不断积累暴露。随着我国疫情得到有效控制，企业复工复产进程加快，经济逐渐复苏，非常规的货币政策工具应当考虑逐步退出。

在全球主要经济体继续强刺激的情况下，我国宏观调控应保持定力，避免宏观杠杆率的过快攀升和金融风险的快速积累，合理安排赤字率防范财政风险。稳健的货币政策要灵活精准、合理适度，保持货币供应量和社会融资规模增速同名义经济增速基本匹配，保持宏观杠杆率基本稳定，处理好恢复经济和防范风险的关系。与此同时，继续实施积极的财政政策，保持财政支出强度适度，增强财政可持续性。加大力度盘活存量资金，继续保持适度支出强度，增强国家重大战略任务财力保障，发挥财政资金在支持科技创新、加快经济结构调整、调节收入分配等方面的重要作用。

2. 深化金融供给侧改革，激发市场活力

疫情期间的宽松政策延缓了僵尸企业、房地产企业的出清，伴随信贷政策的退出，信用风险可能逐步释放，信贷政策退出后的债务与坏账问题需要提前防范。基于此，应坚持市场化和法制化原则，稳步推进僵尸企业与落后产能企业的破产重组和债务重整，硬化国企与地方政府的预算约束，突出竞争中性，纠正金融体系的体制性偏好。取消政府隐性担保，指导督促地方建立市场化、法治化的债务违约处置机制，积极稳妥化解存量隐性债务。与此同时，还需要持续深化金融供给侧改革以激发市场主体活力，建立一

套服务中小企业的长期市场机制。培育多层次的资本市场，大力发展直接融资渠道，继续推进利率市场化改革，丰富金融工具和金融产品，利用金融科技等技术手段改进中小企业信贷管理流程。综合考虑财政承受能力和实施助企纾困政策需要，保持一定的减税降费力度，继续向小微企业和个体工商户倾斜，努力减轻企业税费负担。同时加大对科技创新的政策扶持，部署实施提高制造业企业研发费用加计扣除比例等政策，用税收优惠机制激励制造业企业加大研发投入，推动企业以创新引领发展，引导制造业企业加大研发投入，不仅有利于企业自身的长远发展，也有利于增强我国经济发展的后劲，促进经济结构优化。

3. 优化地方政府债务结构，积极防范局部债务风险

尽管地方政府债务风险总体可控，但局部风险不容忽视，有的省份债务率已经大大超过警戒线水平，区域债务风险有所暴露。2020年政府债增长较快，目前地方政府新增债务限额中，以专项债务为主，余额已经超过政府性基金年收入，其偿债来源是政府性基金收入和项目收益，能否找到足够多符合专项债要求、有一定收益的项目，成为市场对专项债风险的一大担忧。未来要合理控制地方政府债务杠杆率，根据财政政策逆周期调节的需要以及财政可持续发展的要求，科学分析政府举债空间，合理确定地方政府举债规模。在宏观经济好转后，法定债务特别是专项债务规模要逐步退坡，优化债务结构，提高地方一般债占比，防止形成路径依赖和债务风险持续累积，积极防范地方政府债务风险，建立可持续的债务积累模式。从国家总体安全和经济财政可持续发展出发，坚持防范化解地方政府隐性债务风险。保持高压监管态势，将严禁新增隐性债务作为高压线，严肃打击违法违规举债行为，坚决遏制隐性债务增量。加强部门间信息共享和协同监管，推进数据比对校验，及时发现和有效处置风险，完善长效监管制度框架。审慎应对与化解可能产生的风险调整，避免爆发区域性与系统性金融风险。

（二）市场化出清解决违约国企债务问题

1. 全面推动国企深化改革，有效增强抗风险能力

高评级地方国企债券违约，本质还在于违约企业自身，需要全面推动国企深化改革破解风险难题。国有企业需转变过度依赖举债投资做大规模的发展理念，根据财务承受能力科学确定投资规模，从源头上防范债务风险。对于高杠杆高风险企业，应通过控投资、压负债、增积累、引战投、债转股等方式多措并举降杠杆、减负债，推动高负债企业资产负债率尽快回归合理水平。在经营层面，以完善现代企业制度、提升企业经营绩效、健全企业管理制度为目标，推进市场化用人与激励机制的改革，实现国企"做强做优做大"。

在完善国有资产管理体制方面，国资委由"管企业"向"管资本"方向转变，以增强企业活力、提升国有资本运营效率为目标进行改革，着力推进国有经济布局优化和结构调整，提高资源配置效率。地方政府与国资委通过加强"两金"管控、亏损企业治

理、低效无效资产处置、非主业非优势企业（业务）剥离等措施，提高企业资产质量和运行效率。与此同时，严控低毛利贸易、金融衍生、PPP 等高风险业务，严禁融资性贸易和"空转""走单"等虚假贸易业务，管住生产经营重大风险点。加快推进国有经济布局优化和结构调整，加速数字化、网络化、智能化转型升级，加快发展新技术、新模式、新业态，不断增强自主创新能力、市场核心竞争力和抗风险能力。

2. 明确地方政府与违约主体关系，通过市场化法制化方式出清

经历近几年的经济下行，以及 2020 年以来的疫情冲击，地方财力受损较严重的地区，可能被迫清理辖区内的"僵尸企业"[①]。以永煤为代表的违约潮，在发债市场上可能会出现弱省市地方国企债务违约现象蔓延，导致地区陷入融资困境。债券投资者用脚投票，一旦地方政府在违约国企处置中破坏规则，就会直接影响地方的金融信用，导致一个地区的融资收缩与融资成本上升。

因此，债券违约之后，需要一个能妥善安排债权债务关系的公平体系。建立有效的债券违约处置制度，需要在债券违约处置时能进一步明确政府与融资主体的关系，更多地发挥市场组织的作用，完善相关制度，保障证券市场健康发展（吴晓灵，2020）。中国人民银行在《中国金融稳定报告（2020）》中首次提出要积极化解大型企业风险。其中包括深化企业改革、分类施策化解风险、拓宽不良资产处置渠道和处置方式、建立健全多元化的债券违约处置机制、完善企业破产法律体系等具体举措。中国人民银行明确提出需要注重"大"而"弱"的企业的信用风险，甄别"僵尸企业"，对于已无力化解风险、确需破产的企业，要督促其依法合规履行破产程序，强化信息披露管理，实现市场出清。针对其他已发生债券违约的企业，指导其按照市场化、法治化、国际化原则妥善做好风险处置，通过盘活土地、出售股权等方式补充资金，积极主动与各方债权人沟通协调，努力达成和解方案。同时依法严肃查处欺诈发行、虚假信息披露、恶意转移资产、挪用发行资金等各类违法违规行为，严厉处罚各种"逃废债"行为，保护投资人合法权益，防止发生风险踩踏和外溢。

3. 整治信用评级乱象，压实债市"看门人"责任

作为债券市场的"看门人"，我国信用评级机构存在评级虚高、评级区分度不足、事前预警功能弱等问题，制约了我国债券市场的高质量发展。为充分发挥评级机构债券市场"看门人"的作用，应从以下四个方面着手。

第一，加快健全和完善行业统一规则、统一监管制度。在业务检查、违规惩戒、准入退出等方面加强监管协同和信息共享。强化行业监管，减少监管套利和监管盲区，提升监管效率，加强社会监督。

---

① 国务院对"僵尸企业"的认定为：不符合国家能耗、环保、质量、安全等标准，持续亏损三年以上且不符合结构调整方向的企业。僵尸企业自身盈利能力较弱，却以低于市场利率的成本吸收了大量信贷资源，依靠外界输血而存活（谭语嫣等，2017）。

第二，评级机构需要加强自身建设、提升技术水平与风险预警能力。一方面要完善技术体系、分析评级模型、丰富数据累积；另一方面要加强人才培养，完善梯队建设。与此同时加快补齐公司治理短板，严把信用评级各个流程，压实各主体责任，逐步提升信用评级服务质量。

第三，进一步推动信用评级行业对内和对外开放，允许符合条件的民营评级机构和国际机构参与国内市场，共同营造良性竞争的市场环境。同时，鼓励部分领域采取"双评级"，加强不同付费模式的相互校验，促进评级结果回归常态。

第四，评级机构要切实秉持公正、客观的评级理念，加强自我约束，强化声誉机制对行业发展的促进作用，同时要引导评级机构逐步构建起独立、客观、公正、诚信的行业文化，营造风清气正的行业环境和优胜劣汰的市场机制。

（三）加大对信托风险资产的处置力度

1. 积极推动信托业转型，加快提升主动管理能力

资管新规要求以往以非标债权投资为主的信托公司逐渐转向标准化业务，对业务资金端带来巨大的变化；同时严格规定了非标资产在规模和时间期限上的要求，还禁止银行理财资金投资于信托产品，这极大影响了信托行业的融资渠道。2020年，我国信托业受托资产规模显著下降，但也面临着积极转型的机会。信托业的转型发展主要需提升两个能力：一是勇于主动转型的能力。当前对大多数信托公司来说，被动管理型信托资产规模占比较大，主动管理能力不足。未来信托业要把业务工作重点放到提升主动管理能力上来，改变多年来依靠"通道"与"融资类"业务获取收益的做法，转向坚持受托人定位，培育诚信、专业、尽责的受托理念。压降违规融资类信托业务，可以破除信托公司的路径依赖，迫使信托公司加快转向财富管理、服务信托、慈善信托等信托本源业务，加快形成业务特色和核心竞争力。二是不断探索新的业务模式。不同于其他金融子行业，信托公司有着跨越货币市场、资本市场和实业市场的灵活优势，可以运用债权、股权、股债结合、资产证券化、产业基金等多种方式，充分调动资源，为实体经济部门提供多样化的信托产品和信托金融服务。信托公司不仅具有资金端的募集能力，而且应该拥有资产端的丰富配资能力，才能真正履行本源职责。信托公司要对标准化的金融产品进行配置，涉及对多个专业的驾驭能力，对信托公司主动管理能力提出更高的要求。当然，信托公司可以运用信托制度、信托架构、信托投资的广泛性为客户提供综合解决方案，其核心仍然是信托业务的主动管理能力。

2. 进一步打破刚兑，加大信托风险资产处置力度

信托业在转型过程中出现优劣分化是正常的，个别信托公司因为大股东操纵和公司治理失效，用隐蔽的手段进行违规关联交易，积累了较高风险。对于出现违约的信托公司，需要按市场化、法制化原则，积极配合地方政府推动高风险信托公司的风险处置工作，坚决压实信托公司及其股东责任，保护信托投资者合法权益，维护金融稳定。

资管新规要求信托行业打破传统的刚性兑付业务模式。2020 年 7 月 31 日，中国人民银行发布《优化资管新规过渡期安排 引导资管业务平稳转型》，将资管新规过渡期延长至 2021 年底，为信托公司存量处置提供了喘息的时机，也再次提醒了信托公司对"刚性兑付"信仰的打破。信托中的任何一个参与方，包括投资人，都必须按照市场化方式处置风险资产，并接受市场化处置的结果。对于信托产品发生的损失，信托公司还应区分由自身承担的赔偿责任和由投资者承担的投资损失，并各自承担相应的义务，所以今后再发生投资人因产品无法兑付而维权的情况，监管机构可以有理有据地应对。在信托风险处置的过程中，注重多渠道并重，鼓励多渠道创新，鼓励信托公司与专业机构合作探索多种风险处置模式，助力信托行业风险化解。

3. 完善外部环境，保持行业稳健发展

首先，监管部门将坚持市场化、法治化的原则，压实相关金融机构和相关股东的主体责任。鼓励信托公司积极探索与自身能力相匹配的信托本源业务领域，转型后的信托业发展将更加健康。推动信托公司加强股东管理和公司治理机制建设，加快推进信托公司资本管理、资金信托管理等制度建设，加强风险监管和行为监管，加大风险监测和监管处罚力度，督促信托公司积极转型健康发展。

其次，持续加强风险排查，积极防控风险。在摸清风险底数，充分暴露风险的基础上，督促信托公司及其股东承担主体责任，积极处置风险，增强风险抵御能力。加强资产估值管理、引入市场化竞争机制、明确损失分担机制、承担受托责任以及增强损失抵补能力等，以推动信托风险处置市场化建设，增强市场交易活跃度，更好地促进资产价值发现、提升和实现。

最后，持续推动完善信托法律环境和市场公平竞争环境的建设，为行业回归信托本源创造条件。依法保护投资者的合法权益，保护这些投资者的知情权、公平选择权、财产安全权、求得赔偿权等合法权益。加强投资者教育，帮助投资者树立"收益自享、风险自担"的风险责任意识，准确评估自己的风险承担能力。在产品处理上，要严肃市场纪律，防止道德风险和逆向选择。

（四）持续优化注册制新股发行承销制度

注册制下网下机构投资者"抱团报价"导致新股发行"三低"现象频发，究其根本原因，还在于现行新股发行承销制度中的"高比例剔除""四位数约束""按比例配售"规则存在一些激励问题。发行承销是拟上市企业登陆资本市场的重要环节，为进一步优化注册制新股发行承销制度，需要坚持市场化、法治化改革方向，对现行发行制度进行相应修改与优化，形成询价机构投资者独立报价的激励，促进买卖双方博弈更加均衡，推动市场化发行机制有效发挥作用。与此同时，监管部门和行业自律组织要进一步加强对发行承销过程的监管，加大对发行承销中违规行为的惩处力度，坚决维护股票发行正常秩序。

1. 持续优化注册制下 IPO 发行承销制度，平衡各主体之间的利益关系

在现行注册制新股定价制度与新股赚钱效应下，询价机构中签率并不取决于研究水平与定价能力，于是出现大批机构投资者以"中签"为目标串谋报价，抱团压价。其一，"剔除拟申购总量中最高报价 10% 申购量"的规定本意在于剔除极端报价，抑制机构投资者询价过程中的报高价冲动，避免出现新股高发行价、高发行市盈率、高募集资金的 IPO "三高"问题。然而过去 IPO "三高"问题的产生背景在于供给端受限，市场供求失衡。实施注册制以来，随着发行节奏的加快，市场供给会逐步平衡。剔除高报价制度的存在反而带来新的激励扭曲，询价机构为了保证中签不敢报高价，因而私下打听、集中报价。其二，注册制下新股发行的价格不高于网下投资者剔除最高报价部分后有效报价的中位数和加权平均数，以及公开募集方式设立的证券投资基金和其他偏股型资产管理产品、全国社会保障基金和基本养老保险基金的报价中位数和加权平均数，即业内俗称的"四数约束"。"四数约束"同样加强了询价机构在报价过程中的压价激励。其三，目前新股配售仍采用分类比例配售的模式，即对于同一类别的配售对象按照其申购量的占比进行同比例配售。在目前网下配售对象数目超 1 万个的背景下，单个配售对象获配的金额非常小，降低了投资者价格发现的积极性。网下投资者报价的博弈重点聚焦在提高新股报价入围概率，而不是分析拟发行公司未来的投资价值并根据投资价值报价，这不利于合理市场价格的形成。

为解决现行注册制下存在的问题，还需继续推进注册制改革，持续优化 IPO 发行承销制度，构建起发行承销行为的市场化约束机制，建立规范、理性的价格形成机制，避免非理性价格扰动和不规范报价、申购行为。具体而言，可采取以下措施：

第一，完善询价报价机制，从根源上提升询价机构对新股报价的独立性和积极性。为使询价机构投资者专注发行人质地本身，而非担心报高价被剔除，可以将"剔除拟申购总量中最高报价 10% 申购量"中的比例进行适当下调，或者将该规定修改为"将全部报价中位数与加权平均数低值一倍标准差之外的报价所对应的申购全部剔除"，即将"按量划线剔除"改为"极端报价剔除"。

第二，放开"四数约束"区间下限，增加博弈空间，减少报价集中度。取消新股发行定价与申购安排、投资者风险特别公告次数挂钩的要求，平衡好发行人、承销机构、报价机构和投资者之间的利益关系，促进博弈均衡，提高发行效率，推动市场化发行机制更有效发挥作用。

第三，在新股发行定价的网下配售环节，对于了解公司价值的投资者，应建立相应的补偿和激励机制，比如同价格时给予更多配售量，减少具有专业定价水平的投资者隐瞒自身对于公司实际看法的可能。同时增加保荐机构、主承销商的配售权。

2. 加大发行承销中违法违规行为的惩罚力度，坚决维护股票发行正常秩序

为进一步规范对承销商和网下投资者在新股发行承销过程中的自律管理，中国证券

业协会发布的《科创板首次公开发行股票网下投资者管理细则》明令禁止抱团压价行为。其第15条规定了网下投资者及其相关工作人员在参与科创板股票网下询价时不得存在的13种行为，其中关于报价的禁止性行为有：投资者之间协商报价；与发行人或承销商串通报价；委托他人报价；利用内幕消息、未公开信息报价；无真实申购意图进行人情报价；故意压价或抬价；没有严格履行报价评估和决策程序、未能审慎报价；无定价依据、未在充分研究的基础上理性报价。网下机构投资者若出现上述违规行为，将被中国证券业协会列入IPO网下投资者黑名单，据情节严重程度，限制打新6~12个月。2020年9月25日，中国证券业协会、上海证券交易所和深圳证券交易所联合发布了《关于就网下机构投资者询价合规情况全面自查的通知》，要求参与科创板和创业板询价的网下机构投资者就询价合规情况进行全面自查；敦促新股发行过程中的中介机构和市场主体认真落实各项业务规则要求，充分发挥专业的价格发现和资源配置能力，遵循独立、客观、诚信原则合理报价，以价值投资为导向形成合作博弈，促进市场机制有效发挥作用，切实维护新股发行秩序。

在相关法规陆续实施之后，监管部门下一步将加强检查监督、强化行为监管、完善自律规则，明确网下机构投资者询价报价规范性要求，并将可能出现的违规情形纳入自律监管范围，督促报价机构完善内控机制，提高发行承销监管的针对性和有效性。未来监管重点将会放在对于违法违规行为的侦测和打击方面，进一步加强与沪深证券交易所等部门的监管协作，加大对网下投资者违规行为的处罚力度，坚决维护股票发行正常秩序。及时出清不专业、不负责任的机构，在发行承销业务或者询价报价过程中涉嫌违法违规的，上报证监会查处；对涉嫌构成犯罪的，由司法机关依法追究刑事责任。构建良好的网下投资者生态环境，切实维护市场化发行定价秩序。

（五）建立金融衍生品一体化监管机制

1. 审视类似产品的真正价值，建立投资者"适当性匹配"指引

任何产品的设立，都应考虑其对社会和用户的价值。"原油宝"严格意义上属于一个"搭桥平台"，对标的是WTI原油和布伦特原油，设定100%保证金，并且做市商确定交易标的，相当于通过限制投资者的选择来满足监管和确保自身安全性的需要。这类产品对于普通个人投资者并没有投资意义，由于换月价差支出已经消耗了长期价格上升的预期，投资者既不能对冲通胀风险，也难以利用产品达到优化资产配置的目的，只是让中行这样的金融机构通过降低交易门槛将原本无能力以及不熟悉国际市场的交易者带到国际能源市场的博弈中去。

现有银行大多将"原油宝"等产品放进理财区销售，风险定义为R3级，即"平衡型"。该级别属于理财产品五级风险分类中的中等风险水平，即"不保证本金的偿付，有一定的本金风险，收益浮动并有一定的波动。投资于股票、商品、外汇等高波动性金融产品的比例原则上不超过30%，结构性产品的本金保障比例在90%以上"。然而，该

产品的投资者却要承担本金全部亏损，甚至倒欠银行巨额保证金的风险，明显与该产品风险测评描述不符。中行等多家大行将如此高风险的交易品种，推介给广大散户投资者，存在产品管理不规范、风险管理不审慎、内控管理不健全、销售管理不合规的问题。此外，银行为境内投资者提供参与（挂钩）境外证券期货交易的服务时，应该遵守境内投资者适当性门槛。原油作为最重要的大宗商品，国内原油期货在 2018 年 3 月才上市，参与原油期货交易需要投资者连续五个交易日保证金账户可用资金不低于人民币 50 万元等。监管部门应加大监督力度，限制相关产品的持仓，界定合格投资人的边界，提供明确且严格的投资者"适当性匹配"原则指引，规范相关产品的发行与推广，在此类市场中保护中小投资人的利益。

2. 改进期货产品设计，对现有产品进行风险压力测试

"原油宝"等产品并非真正的代客理财类产品，而是模拟准期货市场交易，具有一定的虚拟交易的色彩。在这个模拟交易盘中，银行向个人投资者提供了变相的对国际期货交易的拆细交易。例如工行、民生银行规定客户买卖"纸原油"的单笔交易起点与递增数量单位均为 0.1 桶；建行、中行的交易起点数量为 1 桶，递增单位数量为 0.1 桶。银行将最低交易单位为 1 000 桶的原油期货，通过产品设计拆细为 0.1 桶的交易单位进行投资，这种金融产品创新实际上将高风险、高门槛的产品通过转换出售给低风险容忍度、低门槛的客户，大幅增加了金融系统的风险。"原油宝"产品管理不规范，保证金相关条款不清晰，产品后评价工作不独立，并且未对产品开展风险压力测试。没有一个产品在设计的时候就已经充分考虑了所有潜在风险与市场环境变化，对产品进行定期/不定期的风险测试可以确保产品细节能适应当前的市场环境。一种有效的做法是在产品设计时明确其假设前提并提供清单，包括市场环境（包括价格体系、波动性等）、适当性投资者的确定以及其他监管规则。产品压力测试可以分为定期和条件触发两类，后者设定的假设前提发生改变时就需要马上启动压力测试。压力测试后可能需要对产品设计和执行做出改变，例如对投资者进行新的风险提示；如果涉及合同条款的修改，在确保保护投资者利益的前提下，可以利用原始条款的权限与投资者协商，或者启动风险防控预案（由金融机构支付成本）来确保产品的稳定。

3. 建立投资产品全生命周期、跨部门的监管和处置机制

《国务院关于清理整顿各类交易场所　切实防范金融风险的决定》特别强调，证券和期货交易具有特殊的金融属性和风险属性，直接关系到经济金融安全和社会稳定，必须在经批准的特定交易场所，遵循严格的管理制度规范进行。境内单位或者个人从事境外期货交易的办法，需要由国务院期货监督管理机构会同国务院商务主管部门、国有资产监督管理机构、银行业监督管理机构、外汇管理部门等有关部门制定，报国务院批准

后施行。① 商业银行的纸原油业务既是商业银行理财产品的一种，又涉及期货交易业务，多头监管下该类产品实际处于监管空白，亟须对界定权责，完善相关监管法规。原油宝等纸原油是挂钩境外原油期货的交易产品，采取类似期货交易的操作，本质上此类产品均属于期货，应属于证监会监管范畴。然而，由于采取全额保证金制度，原油宝是否属于期货，是否需要经过期货监管机构审批，银行开办此类产品又是否需要经过银行监管机构审批或备案等问题仍未厘清。银行工作人员倾向把原油宝归类为"理财产品"，那么应属于银保监会管理范畴。对于原油宝产品存在规则条款含糊不清、规则执行存在争议的部分，监管部门尽可能地考虑保护投资者的利益。对于机构投资者显然的失职和能力低下，应依法依规全面梳理相关人员责任并严肃问责，切实做到有权必有责、失职必问责、问责必到位。监管部门需督促相关银行机构加强合规建设，持续提高业务经营的专业性、审慎性，切实维护金融消费者合法权益，守住不发生系统性金融风险的底线。

（六）全方面多领域提高保险市场供给水平

1. 积极开发和挖掘保险产品供给动能

一是要积极开发保险供给的"新动能"。要强化保险产品创新，建立敏捷高效的产品创新机制和市场反应机制，要有效把握社会成员的保障需求，为消费者提供丰富、优质、便宜、适销对路的保险新产品，用供给推动潜在需求向现实需求转变。

财产保险方面，2020 年 10 月，国务院发布《新能源汽车产业发展规划（2021—2035 年）》，为新能源汽车发展提供了方向引导和政策支持，车险综合改革为 UBI 车险打开窗口，车险业务应追随国家战略，抓住产品创新的机遇期，加快对新能源车、智能汽车产品及 UBI 类产品的研发。非车险产品应持续在服务基础设施建设、服务实体经济"走出去"战略、助力国家风险管理水平优化、提升国家治理能力现代化方面发力，更好服务"双循环"发展格局。如，针对交通一体化、产业转型升级等领域在项目实施过程中存在的风险，设计开发定制式工程险、企财险、责任险等保险产品，为基建项目提供全方位的风险保障；面对全球新一轮科技革命与产业变革的加速推进，也应针对 5G 网络、特高压、城际高速铁路和城市轨道交通、新能源汽车充电桩、大数据中心、人工智能、工业互联网等"新基建"项目开发新业务、推出新产品，为"新基建"的落实保驾护航；保险产品应助力我国实体企业"走出去"，为中小企业提供信用保险、贷款保证保险等，增强中小企业在开放环境中的韧性；作为风险管理的现代化工具，保险产品应在我国新发展格局构建中持续发挥风险管理作用，运用保险科技开发普惠保险产品，进一步开拓下沉市场，更多发挥保险作为社会"减震器""稳定器"和"放大器"的作用。

人身保险方面，在养老保险、健康保险等领域，保险产品创新也必须把握住机会，坚持政策性业务和商业性业务并重，风险管理和财富管理并重，大中城市业务发展和县

---

① 资料来源：《期货交易管理条例》（2017 年 3 月 1 日国务院令 676 号）。

域乡镇业务开发并重。如应要大力发展真正具备养老功能的专业养老保险产品，解决群众的养老储备不足的严重问题；积极开发失能保险，由于疾病、自然灾害和意外事故的客观存在，永久性和短期失能所致收入补偿需求一直存在，这次疫情就显示了这一风险暴露，但在现行健康保障体系中这类保障却相对缺乏。要大力探索长期护理保险，可探索采取定额给付的办法，设计和开发多年期储蓄型照护保险产品，以商业保险的方式面向社会各阶层提供保险服务。再如，随着我国取得脱贫攻坚战的全面胜利，在接下来全面推进乡村振兴的过程中，针对乡村人口在健康、养老等方面的需求，保险业还可积极开发投保门槛较低、价格实惠、保障责任简单明确的普惠保险产品。

二是继续巩固和挖掘保险产品供给的"老动能"。保险产品供给的老动能对于促进保险消费的作用不容忽视。

要进一步丰富保障内容，延展产品外延。要通过产品体系化建设以满足不同客群需求，以提升产品溢价和竞争力、加强客户黏性、推动保单销售。如车险方面，车险产品的焦点应从"汽车"转向"车主"，可以设计开发囊括涉车和涉车主的多样化保险产品，如驾乘意外险、个人健康险、家庭成员意外险和健康险、家庭财产险、个人责任险等。产品保障和服务的多元化和差异化，可以给消费者提供更多、更好的选择，同时也会把原有的车险市场"蛋糕"做大，使行业竞争主体不再单一地在车险这个固有的模式中拉锯，缓解产能过剩、车险市场增速放缓和竞争主体规模扩张之间的矛盾。

要提高保险保障水平，拓展保险保障边界。良好的保障水平源于对细分市场目标客群的专注，要将保障程度与市场发展趋势、客户需求发展趋势相结合，促进产品保障范围和保障额度与市场动态发展趋势的良性互动。如健康保险方面，应将医保目录外的合理医疗费用纳入保障范围，积极发展费用报销型医疗保险业务，在满足消费者需求的同时挖掘保险产品发展动能。

要关注客户需求，提高产品精准性。要关注购买行为的价格弹性和客户画像，客户的信用情况、风险偏好、购买行为和需要的服务都可以通过精准的量化模型进行刻画，要充分考虑不同客户群体行为习惯的差异性和需求的异质性，从而提高服务的精准性、价格的针对性和销售成功率。

此外，还可以通过拓展营销渠道、简化理赔流程来提升保险功能。业务人员通过创新拓展网上销售平台等营销渠道，缩短了消费者与生产企业的时空距离，消费者在消费对象的选择范围上大大拓宽，各种保险产品对消费者来说触手可及，交易方式也随之发生了革命性变化，这些便利化的营销手段扩大了保险消费。同时，提高保险理赔服务质量，特别是理赔中的沟通水平，让消费者切身体会到安心和保障，也可以促进保险消费。

2. 继续优化保险产品供给结构

随着消费群体的变化和社会环境的发展，企业以及居民的需求变得更加多元化，差异化的消费者本应适配差异化产品。因此，应以市场需求为导向调整完善保险产品及生态结构，要把市场需求作为"导航灯"，增强保险产品的适应性和灵活性。

一是以填补细分市场空白为重点，完善产品体系。行业需要转变当前过度筛选被保险人，承保人群年轻化、健康化的产品策略，更多地通过扩大承保范围、加强续保管理、运用费率机制来破除逆选择困境，既要解决保险产品"买不起"的问题，也要解决"买不到"的问题。例如，随着我国老龄化程度加剧，行业可探索进一步提高投保年龄上限，加快满足70岁及以上高龄老年人保险保障需求，积极开发适应广大老年人群需求和支付能力的医疗保险和老年人意外伤害保险产品，加快开发老年人特定疾病保险等。要适当放宽投保条件，对老年人群给予合理保障。此外，某些弱势、特殊行业和群体，如高污染行业、低收入群体、失业群体、残疾人群体、有既往症和慢性病的人群等以及新产业、新业态从业人员和各种灵活就业人员、特殊职业群体，也有较大的保障需求，保险产品在其风险保障上也应有所作为，以解决其原有保障空白，为客户创造价值。再如，相比于一、二线城市，占人口比例超70%的三线及以下城市保险密度和深度较为不足，其市场增长潜力有待释放，近年来地区政策性保险的全面铺开和不断升级，使得这些地区人们的保险意识和观念快速提升，商业保险也应顺势而为，在政策性保险业务的基础上，为其提供更具个性化和针对性的保险产品。

二是以扩大有效和中高端产品供给为契机，优化产品结构。要适应市场需求，调优、调高、调精保险产品结构，提升产品保障层次。人身保险方面，在品种上，重点是调减理财类和中短存续期产品，淘汰无产能、难以满足消费者需求的无效和低端产品供给，增加风险保障类和长期储蓄类产品供给，鼓励差异化和个性化产品的开发和供给。如，针对我国经济发达地区和高收入人群居民家庭储蓄逐步提高及个人偏好日益差异化、多元化的状况，应以消费者需求为导向，提供涵盖养老、医疗、护理等相关责任的综合性人身保险产品，提高保障程度，增强其保险配置意愿。同时，保险业应借力大数据、云计算、移动互联、物联网、人工智能、区块链等信息技术，推动保险产品升级，在细分市场的基础上提高多样化、定制化的产品设计能力，增加优质保险产品供给。

3. 有效提升保险产品供给质量

一是要提升保险产品质量。一方面，要补齐短板，在现有保险产品基础上，通过修改承保条件、丰富保障内容、提高保障程度、改变赔付机制来提高产品价值。如，农业保险中，要增加种、养殖业承保品类，同时逐步从保成本过渡到保收入，从补充保障、基本保障逐步向全面保障升级；医疗保险中，从实际出发，将合理医疗费用纳入保障范围，以降低人民群众的实际医疗费用负担；健康保险中，要满足特大疾病发生后的健康保障需求；保险保障要既能满足高收入群体和城市人群的需求，又满足欠发达地区、农村和偏远地区、低收入人群的需求。另一方面，要大力推进产品的标准化、通俗化、简单化，健全和提升保险产品基本服务标准，完善行业服务评价，建立健全产品质量监管和追溯体系，打造和培育一批高产能的保险产品。

二是要提升保险服务质量。一方面，要升级保险服务效率，应通过引入先进技术，简化承保和理赔手续和流程，提升客户满意度。要进一步提高保险从业人员素质，促进保险服务的专业化和规范化。另一方面，丰富保险服务内容。优质的服务内容和水平源于在价值链上下游不断拓展保险产品精细化服务的边界，也源于数字化手段的应用和推广缩短了与用户时间和空间的距离。因此，保险机构可充分发挥保险联系上下游产业链相关机构的独特地位作用，通过对上下游产业的资本投资和战略合作，构建涵盖"事前预防—事中干预—事后赔付"、实现"保险＋"的整合型风险管理服务体系，有效延伸保险的保障空间、服务空间和投资空间，成为相关产业快速发展的有力促进者。此外，还应运用科技助力服务升级。移动互联、AI、物联网、大数据在承保、防灾防损和理赔服务中的应用将深刻改变保险公司与客户的交互方式。承保、理赔流程的线上化、智能化和自动化有助于控制及降低服务成本，加强风险事中控制和风险筛查，促进保险服务管理模式变革，从而有效改善客户服务体验。

# 第四章　金融国际化稳审推进，逆势前行

2020 年，突如其来的新冠肺炎疫情给全球经济带来了前所未有的挑战与冲击，世界经济普遍出现严重下滑，国际金融市场波动剧烈。我国在党中央的坚强领导下，对疫情加以科学有效的防控，使得在控制疫情不扩大的前提下国内经济也得到了稳定发展，中国经济在全球一枝独秀，高水平双向开放稳步推进，人民币汇率弹性加强，外汇市场基本保持平稳。

全球经济遭遇了二战以来最严重衰退（见图 4-1）。尤其是第二季度各国普遍实行封锁政策，制造业和服务业停摆、失业率飙升，多国 GDP 跌幅创下历史纪录；第三季度以后伴随各国逐渐解封，经济有所回暖，但由此导致的疫情扩散再度引发经济封锁政策，经济复苏势头有所削弱。据国际货币基金组织（IMF）数据，2020 年全球经济萎缩 3.2%。国际贸易和投资出现大幅萎缩，联合国贸发会议（UNCTAD）报告指出，2020 年全球货物贸易额同比下降 5.6%，这是自 2008 年国际金融危机以来货物贸易的最大同比降幅。据 UNCTAD 统计，2020 年上半年全球外商直接投资（FDI）同比减少 42%。全球金融市场也出现剧烈波动，以美股为代表的多国股市呈现先触底再反弹态势，尤其是上半年美股多次熔断，引发全球金融市场震荡，但随着各国推出救市政策，股市逐步反弹，美股甚至屡创新高。全球大宗商品也出现反弹，原油价格受需求萎缩影响曾暴跌至二十年来历史低位，随后逐步回升，铁矿石、铜等其他大宗商品价格则已超过年初水平。

主要国家除中国外经济下滑严重，美欧日等发达国家经济增速大幅下滑，经济复苏前景堪忧。受疫情影响，美国等发达经济体出台封锁政策，制造业和服务业大面积停摆，严重拖累经济增长。2020 年美国前三季度 GDP 同比增速分别为 0.6%、-9% 和 -2.8%，前三季度美国 GDP 同比下降 3.8%，虽然采取了宽松的货币政策，但是复苏依然困难。主要发达经济体央行均大幅降息，一些经济体已将政策利率降至零利率或负利率区间，并扩大货币政策操作规模，美联储、加拿大央行和日本央行增加回购协议规模并延长期限。此外，部分发达经济体央行在 2020 年陆续开展货币政策框架评估，其中美联储在 8 月完成评估后宣布修订货币政策框架，实施平均 2% 的通胀目标。

全球产业链和价值链加速重组。受疫情及封锁政策影响，部分跨国产业链受到冲击

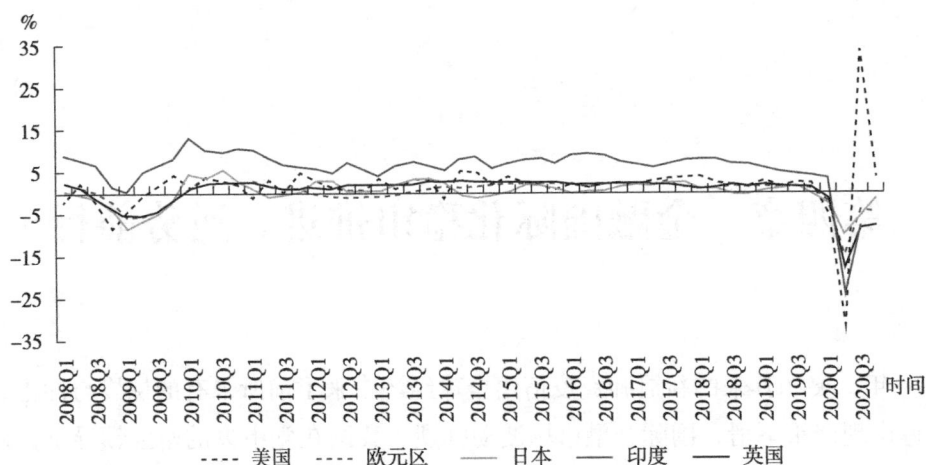

图4-1　2008—2020年主要经济体经济增长率

（数据来源：环亚经济数据库）

被迫暂停。疫情全球扩散造成制造业生产停摆、国际国内需求锐减、国际贸易和人员流动不畅、全球资本市场剧烈震荡，部分依赖跨国产业链的企业和国家面临困境。

数字经济成为复苏新动能。伴随新一轮科技革命和产业变革深入发展，以互联网、大数据、人工智能等为代表的数字技术日新月异，全球经济数字化转型已是大势所趋。2020年受疫情影响，数字技术在在线医疗、疫情监测、线上消费、复工复产等方面得到深度应用，各国经济数字化转型步伐显著加快，数字经济将成为推动后疫情时代世界经济复苏和新旧动能转换的关键动力。

我国经济发展成为世界经济最突出的亮点。由于中国采取了严格的疫情防控措施，得以率先控制疫情、率先复工复产、率先实现经济正增长，2020年四个季度中国GDP增速分别为-6.8%、3.2%和4.9%、6.5%，我国的"十三五"规划主要目标也顺利完成，GDP较2019年增长2.3%，居民消费价格指数波动不大。IMF表示，在2020年全球经济萎缩3.2%的情况下，中国将是全球唯一实现正增长的主要经济体。此外，中国外贸表现格外亮眼，在政府稳外贸等政策措施支持下，中国外贸快速恢复，中国经济运行不断改善、逐步恢复常态，也为世界经济复苏注入新动力。

## 一、中国金融国际化继续稳审推进

2020年，我国国际收支延续基本平衡，体现了较强的稳健性和适应能力。国际收支账户从2019年的"双顺差"扭转为"一逆一顺"（见表4-1）。首先，经常账户顺差持续处于合理区间，自2016年以来顺差规模与GDP之比维持在2%以下，2020年这一比值为1.9%。其次，非储备性质金融账户运行三年以来首次出现逆差，与GDP之比仅为-0.5%。最后，外汇储备规模保持稳定，为3.2亿美元，较2019年末增长1 086亿美元。2020 年整体上经济处于合理区间，跨境资本流动有进有出，总体上保持均衡状态，我国经济在疫情冲击下仍然向好，更有利于构建以国内大循环为主体、国内国际双循环相互促进的新发展格局。

表4-1　　　　　　　　　2014—2020 年国际收支顺差结构　　　　　　单位：亿美元

| 项目 | 2014 年 | 2015 年 | 2016 年 | 2017 年 | 2018 年 | 2019 年 | 2020 年 |
|---|---|---|---|---|---|---|---|
| 经常账户差额 | 2 360 | 2 930 | 1 913 | 1 887 | 241 | 1 029 | 2 740 |
| 与 GDP 之比 | 2.3% | 2.6% | 1.7% | 1.5% | 0.2% | 0.7% | 1.9% |
| 非储备性质的金融账户差额 | −514 | −4345 | −4161 | 1095 | 1727 | 73 | −778 |
| 与 GDP 之比 | −0.5% | −3.9% | −3.7% | 0.9% | 1.2% | 0.1% | −0.5% |

资料来源：国家外汇管理局，国家统计局。

（一）经常账户顺差规模创近 5 年历史新高

2020 年，我国经常账户顺差为 2 740 亿美元（见图 4-2），是 2019 年的 2.7 倍，增加幅度依然在可控范围内，经常账户差额与 GDP 之比为 1.9%，较 2019 年上升 1.2%。如表 4-2 所示，其中，货物贸易顺差 5 150 亿美元，增长 31%，可见受疫情对国外产能的影响，国内货物出口大幅增加；服务贸易逆差 1 453 亿美元，下降 44%，其中，运输项目逆差 381 亿美元，下降 35%；旅行项目逆差 1 163 亿美元，下降 47%，出现这种现象也是由于疫情冲击，旅游业萎靡；初次收入逆差 1 052 亿美元，增加 2.2 倍，其中，雇员报酬顺差变化不大，主要的变化来自投资收益逆差 1 071 亿美元，逆差大幅扩大；二次收入顺差 95 亿美元，小幅下降。

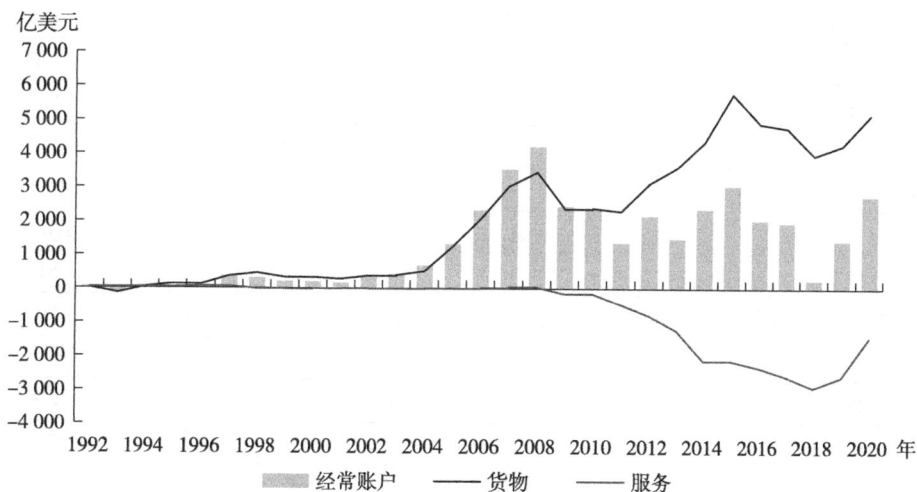

图 4-2　1992—2020 年中国货物与服务走势图

（数据来源：根据国家外汇管理局数据整理）

表4-2 2020年国际收支平衡表 单位：亿美元

| 项目 | 行次 | 2020年 |
|---|---|---|
| 1. 经常账户 | 1 | 2 740 |
| 贷方 | 2 | 30 117 |
| 借方 | 3 | -27 377 |
| 1.A 货物和服务 | 4 | 3 697 |
| 贷方 | 5 | 27 324 |
| 借方 | 6 | -23 627 |
| 1.A.a 货物 | 7 | 5 150 |
| 贷方 | 8 | 24 972 |
| 借方 | 9 | -19 822 |
| 1.A.b 服务 | 10 | -1 453 |
| 贷方 | 11 | 2 352 |
| 借方 | 12 | -3 805 |
| 1.A.b.1 加工服务 | 13 | 127 |
| 贷方 | 14 | 132 |
| 借方 | 15 | -5 |
| 1.A.b.2 维护和维修服务 | 16 | 43 |
| 贷方 | 17 | 77 |
| 借方 | 18 | -34 |
| 1.A.b.3 运输 | 19 | -381 |
| 贷方 | 20 | 566 |
| 借方 | 21 | -947 |
| 1.A.b.4 旅行 | 22 | -1 163 |
| 贷方 | 23 | 142 |
| 借方 | 24 | -1 305 |
| 1.A.b.5 建设 | 25 | 46 |
| 贷方 | 26 | 126 |
| 借方 | 27 | -81 |
| 1.A.b.6 保险和养老金服务 | 28 | -70 |
| 贷方 | 29 | 54 |
| 借方 | 30 | -123 |
| 1.A.b.7 金融服务 | 31 | 10 |
| 贷方 | 32 | 43 |
| 借方 | 33 | -33 |
| 1.A.b.8 知识产权使用费 | 34 | -292 |
| 贷方 | 35 | 86 |
| 借方 | 36 | -378 |

续表

| 项目 | 行次 | 2020 年 |
|---|---|---|
| 1. A. b. 9 电信、计算机和信息服务 | 37 | 59 |
| 贷方 | 38 | 389 |
| 借方 | 39 | −330 |
| 1. A. b. 10 其他商业服务 | 40 | 198 |
| 贷方 | 41 | 702 |
| 借方 | 42 | −504 |
| 1. A. b. 11 个人、文化和娱乐服务 | 43 | −20 |
| 贷方 | 44 | 10 |
| 借方 | 45 | −30 |
| 1. A. b. 12 别处未提及的政府服务 | 46 | −11 |
| 贷方 | 47 | 25 |
| 借方 | 48 | −36 |
| 1. B 初次收入 | 49 | −1 052 |
| 贷方 | 50 | 2 417 |
| 借方 | 51 | −3 469 |
| 1. B. 1 雇员报酬 | 52 | 4 |
| 贷方 | 53 | 147 |
| 借方 | 54 | −144 |
| 1. B. 2 投资收益 | 55 | −1 071 |
| 贷方 | 56 | 2 244 |
| 借方 | 57 | −3 315 |
| 1. B. 3 其他初次收入 | 58 | 16 |
| 贷方 | 59 | 26 |
| 借方 | 60 | −10 |
| 1. C 二次收入 | 61 | 95 |
| 贷方 | 62 | 376 |
| 借方 | 63 | −281 |
| 1. C. 1 个人转移 | 64 | 4 |
| 贷方 | 65 | 42 |
| 借方 | 66 | −38 |
| 1. C. 2 其他二次收入 | 67 | 91 |
| 贷方 | 68 | 334 |
| 借方 | 69 | −244 |
| 2. 资本和金融账户 | 70 | −1 058 |
| 2.1 资本账户 | 71 | −1 |
| 贷方 | 72 | 2 |

续表

| 项目 | 行次 | 2020 年 |
|---|---|---|
| 借方 | 73 | -2 |
| 2.2 金融账户 | 74 | -1 058 |
| 资产 | 75 | -6 263 |
| 负债 | 76 | 5 206 |
| 2.2.1 非储备性质的金融账户 | 77 | -778 |
| 资产 | 78 | -5 983 |
| 负债 | 79 | 5 206 |
| 2.2.1.1 直接投资 | 80 | 1 026 |
| 2.2.1.1.1 直接投资资产 | 81 | -1 099 |
| 2.2.1.1.1.1 股权 | 82 | -836 |
| 2.2.1.1.1.2 关联企业债务 | 83 | -263 |
| 2.2.1.1.1.a 金融部门 | 84 | -200 |
| 2.2.1.1.1.1.a 股权 | 85 | -215 |
| 2.2.1.1.1.2.a 关联企业债务 | 86 | 14 |
| 2.2.1.1.1.b 非金融部门 | 87 | -899 |
| 2.2.1.1.1.1.b 股权 | 88 | -622 |
| 2.2.1.1.1.2.b 关联企业债务 | 89 | -277 |
| 2.2.1.1.2 直接投资负债 | 90 | 2 125 |
| 2.2.1.1.2.1 股权 | 91 | 1 700 |
| 2.2.1.1.2.2 关联企业债务 | 92 | 425 |
| 2.2.1.1.2.a 金融部门 | 93 | 200 |
| 2.2.1.1.2.1.a 股权 | 94 | 123 |
| 2.2.1.1.2.2.a 关联企业债务 | 95 | 76 |
| 2.2.1.1.2.b 非金融部门 | 96 | 1 925 |
| 2.2.1.1.2.1.b 股权 | 97 | 1 577 |
| 2.2.1.1.2.2.b 关联企业债务 | 98 | 348 |
| 2.2.1.2 证券投资 | 99 | 873 |
| 2.2.1.2.1 资产 | 100 | -1 673 |
| 2.2.1.2.1.1 股权 | 101 | -1 310 |
| 2.2.1.2.1.2 债券 | 102 | -363 |
| 2.2.1.2.2 负债 | 103 | 2 547 |
| 2.2.1.2.2.1 股权 | 104 | 641 |
| 2.2.1.2.2.2 债券 | 105 | 1 905 |
| 2.2.1.3 金融衍生工具 | 106 | -114 |
| 2.2.1.3.1 资产 | 107 | -69 |
| 2.2.1.3.2 负债 | 108 | -45 |

| 项目 | 行次 | 2020 年 |
|---|---|---|
| 2.2.1.4 其他投资 | 109 | -2 562 |
| 2.2.1.4.1 资产 | 110 | -3 142 |
| 2.2.1.4.1.1 其他股权 | 111 | -5 |
| 2.2.1.4.1.2 货币和存款 | 112 | -1 304 |
| 2.2.1.4.1.3 贷款 | 113 | -1 282 |
| 2.2.1.4.1.4 保险和养老金 | 114 | -33 |
| 2.2.1.4.1.5 贸易信贷 | 115 | -369 |
| 2.2.1.4.1.6 其他 | 116 | -149 |
| 2.2.1.4.2 负债 | 117 | 579 |
| 2.2.1.4.2.1 其他股权 | 118 | 0 |
| 2.2.1.4.2.2 货币和存款 | 119 | 774 |
| 2.2.1.4.2.3 贷款 | 120 | -354 |
| 2.2.1.4.2.4 保险和养老金 | 121 | 33 |
| 2.2.1.4.2.5 贸易信贷 | 122 | 76 |
| 2.2.1.4.2.6 其他 | 123 | 51 |
| 2.2.1.4.2.7 特别提款权 | 124 | 0 |
| 2.2.2 储备资产 | 125 | -280 |
| 2.2.2.1 货币黄金 | 126 | 0 |
| 2.2.2.2 特别提款权 | 127 | 1 |
| 2.2.2.3 在国际货币基金组织的储备头寸 | 128 | -19 |
| 2.2.2.4 外汇储备 | 129 | -262 |
| 2.2.2.5 其他储备资产 | 130 | 0 |
| 3. 净误差与遗漏 | 131 | -1 681 |

注：1. 本表依据《国际收支和国际投资头寸手册》（第六版）编制。

2. "贷方"按正值列示，"借方"按负值列示，差额等于"贷方"加上"借方"。资料来源：国家外汇管理局。

**（二）资本与金融账户以及储备资产均呈现逆差**

**1. 跨境资本流动比较活跃**

非储备性金融账户出现逆差，逆差为 778 亿美元，一方面，外国来华各类投资（主要包括直接投资、证券投资、存贷款等其他投资）为 5 206 亿美元，较 2019 年增长 81%。其中，来华直接投资增长 14%，体现了疫情背景下我国经济稳步恢复、营商环境不断优化，对外资保持长期吸引力。来华证券投资增长 73%，主要是因为金融市场开放稳步推进、中国债券逐步被纳入全球主要债券指数，人民币资产更受青睐，境外投资者持有的境内债券快速增长。另一方面，我国对外各类投资为 5 983 亿美元，增长 1.1 倍。其中，对外直接投资下降 20%，下半年走势趋稳；对外证券投资增长 87%，说明境内主体境外投资渠道不断拓宽，有效满足居民多元化配置境外资产的需求；跨境存贷款、同业拆借等对境外其他投资为 3 142 亿美元，起到了平衡跨境资本流入的作用。

2. 国际投资净头寸有所下降

2020 年末，我国对外金融资产为 87 039 亿美元，较 2019 年末（下同）增长 11%；对外负债为 65 536 亿美元，增长 18%；对外净资产为 21 503 亿美元，略有上涨。

对外资产中储备资产继续居首位，民间部门持有资产占比进一步增长。2020 年末，我国对外金融资产中，国际储备资产余额为 33 565 亿美元，较 2019 年末增长 4%。储备资产占我国对外金融资产总额的 39%，继续占据对外资产首位，不过比重较 2019 年末下降 2.5 个百分点；直接投资资产为 24 134 亿美元，占资产总额的比重为 28%，下降 0.8 个百分点；证券投资资产为 8 999 亿美元，占比 10%，提高 2 个百分点；金融衍生工具资产为 191 亿美元，占比 0.2%；存贷款、贸易信贷等其他投资资产为 20 149 亿美元，占比 23%，提高 1.2 个百分点。

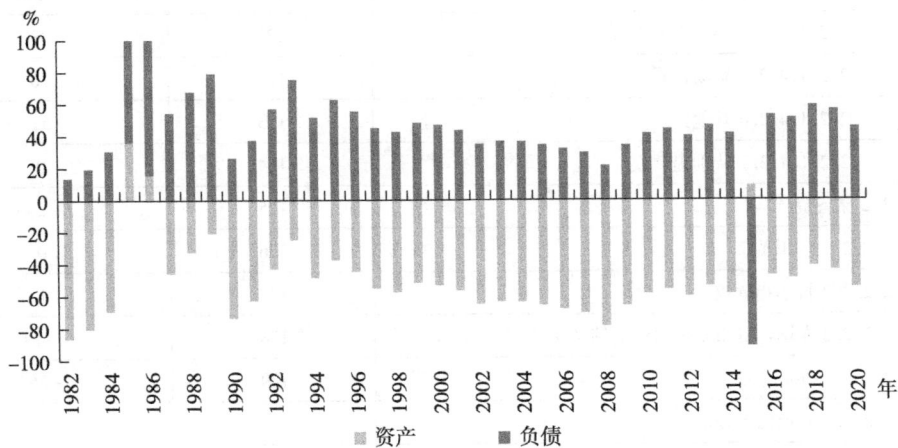

注：金融账户下，对外金融资产的净增加用负值列示，净减少用正值列示。对外负债的净增加用正值列示，净减少用负值列示。

**图 4 - 3  1982—2020 年我国金融账户资产负债走势图**
（数据来源：国家外汇管理局）

对外负债以外国来华直接投资为主，境内股票和债券市场外资占比提升。2020 年末，我国对外负债中，外国来华直接投资为 31 793 亿美元（见表 4 - 3），较 2019 年末增长 14%，规模继续位列对外负债首位，占比较 2019 年末下降 2 个百分点至 49%。外国来华证券投资为 19 545 亿美元，占比 30%。境外对我国境内证券市场投资规模不断上升，2020 年末持仓市值为 10 542 亿美元，其中股票持仓量占 A 股流通总市值的 5.3%，债券持仓量占境内债券托管总量的 3%，分别较 2019 年末提高 1 个和 0.7 个百分点。存贷款等其他投资负债为 14 076 亿美元，占比 21%，下降 1.8 个百分点。

### 3. 直接投资延续净流入

2020年，我国国际收支口径的直接投资净流入为1 026亿美元，较2019年增长1倍。对外直接投资下降，2020年，我国对外直接投资（资产净增加）为1 099亿美元，较2019年下降20%，主要是上半年受境外疫情快速蔓延影响，对外投资受阻，下半年以来逐步恢复。

从投资形式看，以对外股权投资为主，对境外关联企业贷款为辅。一是对外股权投资为836亿美元，较2019年下降23%，其中上半年同比下降35%，下半年降幅收窄至10%。二是对境外关联公司贷款净流出为263亿美元，下降6%。2020年上半年和下半年分别净流出90亿美元和173亿美元，境内主体跨境借贷投资总体保持稳定。

分部门看，我国非金融部门和金融部门对外直接投资"一降一升"。一是非金融部门对外直接投资为899亿美元，较2019年下降25%，主要是利润再投资下降。境内企业"走出去"的首站目的地集中于中国香港。在"走出去"的行业中，制造业占比为39%，保持首位。二是金融部门对外直接投资为200亿美元，增长14%，近六成来自银行部门。

### 4. 外国来华直接投资增长

2020年，外国来华直接投资（负债净增加）为2 125亿美元，较2019年增长14%。根据联合国贸发会议报告，2020年我国成为全球最大的外资流入国，国内经济率先恢复、"稳外资"政策措施积极推进，发挥了稳定外商投资预期和信心的作用。

### 5. 证券双向投资净额均创历史新高

2020年，我国证券投资项下净流入为7 873亿美元。其中，对外证券投资净流出为1 673亿美元，来华证券投资净流入为2 547亿美元，均为1982年有国际收支统计以来的年度最高值，证券投资项下跨境资金双向流动活跃。

对外证券投资以股权投资为主。2020年，我国对外证券投资净流出（资产净增加）为1 673亿美元，较2019年增长87%。其中，股权投资为1 310亿美元，增长3.5倍。分季度看，四个季度对外证券投资净流出虽有波动，但均维持在较高水平，净流出分别为515亿美元、236亿美元、357亿美元和566亿美元。

来华证券投资以债券投资为主。2020年，境外对我国证券投资净流入（负债净增加）为2 547亿美元，较2019年增长73%。其中，境外对我国债券投资净流入为1 905亿美元，增长86%；股权投资净流入为641亿美元，增长43%。分季度看，第一季度来华证券投资受疫情影响净流出为17亿美元；第二至第四季度转为净流入且规模逐季攀升，净流入分别为660亿美元、796亿美元和1 108亿美元。

### 6. 其他投资呈现逆差

2020年，我国其他投资项下净流出（净资产增加）为2 562亿美元，其中，货币和存款净流出为530亿美元，贷款净流出为1 636亿美元，贸易信贷净流出为294亿美元，其他应收应付表现为净流出 98 亿美元。

对境外其他投资增加。2020 年，我国对境外其他投资净流出（资产净增加）为 3 142亿美元。其中，存款净流出为 1 304 亿美元，增长 28%，主要是流动性宽松背景下，银行增加了对境外的拆借，以及企业存放境外存款增加；贷款资产净增加 1 282 亿美元。

**表 4 - 3**　　　　　　　　**2020 年末中国国际投资头寸表**　　　　　　　单位：亿美元

| 项目 | 行次 | 2020 年末 |
|---|---|---|
| 净头寸 | 1 | 21 503 |
| 资产 | 2 | 87 039 |
| 1 直接投资 | 3 | 24 134 |
| 1.1 股权 | 4 | 20 844 |
| 1.2 关联企业债务 | 5 | 3 290 |
| 1.a 金融部门 | 6 | 3 077 |
| 1.1.a 股权 | 7 | 2 990 |
| 1.2.a 关联企业债务 | 8 | 87 |
| 1.b 非金融部门 | 9 | 21 057 |
| 1.1.b 股权 | 10 | 17 854 |
| 1.2.b 关联企业债务 | 11 | 3 203 |
| 2 证券投资 | 12 | 8 999 |
| 2.1 股权 | 13 | 6 043 |
| 2.2 债券 | 14 | 2 955 |
| 3 金融衍生工具 | 15 | 191 |
| 4 其他投资 | 16 | 20 149 |
| 4.1 其他股权 | 17 | 89 |
| 4.2 货币和存款 | 18 | 4 865 |
| 4.3 贷款 | 19 | 8 389 |
| 4.4 保险和养老金 | 20 | 166 |
| 4.5 贸易信贷 | 21 | 5 972 |
| 4.6 其他应收款 | 22 | 668 |
| 5 储备资产 | 23 | 33 565 |
| 5.1 货币黄金 | 24 | 1 182 |
| 5.2 特别提款权 | 25 | 115 |
| 5.3 在国际货币基金组织的储备头寸 | 26 | 108 |
| 5.4 外汇储备 | 27 | 32 165 |
| 5.5 其他储备 | 28 | - 5 |
| 负债 | 29 | 65 536 |
| 1 直接投资 | 30 | 31 793 |

续表

| 项目 | 行次 | 2020 年末 |
|---|---|---|
| 1.1 股权 | 31 | 28 814 |
| 1.2 关联企业债务 | 32 | 2 979 |
| 1.a 金融部门 | 33 | 1 826 |
| 1.1.a 股权 | 34 | 1 627 |
| 1.2.a 关联企业债务 | 35 | 199 |
| 1.b 非金融部门 | 36 | 29 967 |
| 1.1.b 股权 | 37 | 27 187 |
| 1.2.b 关联企业债务 | 38 | 2 780 |
| 2 证券投资 | 39 | 19 545 |
| 2.1 股权 | 40 | 12 543 |
| 2.2 债券 | 41 | 7 002 |
| 3 金融衍生工具 | 42 | 122 |
| 4 其他投资 | 43 | 14 076 |
| 4.1 其他股权 | 44 | 0 |
| 4.2 货币和存款 | 45 | 5 266 |
| 4.3 贷款 | 46 | 4 555 |
| 4.4 保险和养老金 | 47 | 167 |
| 4.5 贸易信贷 | 48 | 3 719 |
| 4.6 其他应付款 | 49 | 267 |
| 4.7 特别提款权 | 50 | 101 |

数据来源：国家外汇管理局。

（三）人民币国际化指数创历史新高

1. 完全取消境外投资者投资额度限制，进一步便利境外投资者参与我国金融市场

2020 年，我国加速金融业双向开放，QFII 以及 RQFII 继 2019 年提出后今年完全取消额度限制，更多外资金融机构来华设立分支机构、开展人民币业务。同时，金融市场加速与国际接轨，中国国债相继纳入国际主流指数，带动外资跑步进场，增持人民币金融资产。截至 2020 年末，境外主体持有人民币股票达到 3.4 万亿元，债券 3.3 万亿元，同比分别增长 62%、47%。金融开放向纵深推进，为境外人民币回流投融资提供了更多便利，为境外市场主体提供了更加畅通的投融资渠道。中国金融开放发展进一步提升了人民币可自由交易的程度与使用范围，强化了人民币的国际金融计价交易职能，为人民币国际化深化发展提供了支持。

2020 年 3 月，中共中央、国务院颁布《关于构建更加完善的要素市场化配置体制机制的意见》，主动有序扩大金融业对外开放，简化境外机构投资者境内证券期货投资资金管理要求，完善熊猫债信息披露与发行规则，中国国债相继纳入摩根大通全球新兴市

场政府债券指数、富时世界国债指数，带动更多国际资金增持人民币金融资产。截至
2020年末，境外机构和个人持有境内人民币金融资产近9万亿元，同比增长40%。此
外，金融机构创新推出"跨境理财通""人民币国际投贷基金"等业务和平台，进一步
提高人民币资产的竞争力。

具体来讲，2020年的改革主要有六点内容：一是落实取消合格境外机构投资者和人
民币合格境外机构投资者（以下简称合格投资者）境内证券投资额度管理要求，对合格
投资者跨境资金汇出入和兑换实行登记管理。二是实施本外币一体化管理，允许合格投
资者自主选择汇入资金币种和时机。三是大幅简化合格投资者境内证券投资收益汇出手
续，取消中国注册会计师出具的投资收益专项审计报告和税务备案表等材料要求，改以
完税承诺函替代。四是取消托管人数量限制，允许单家合格投资者委托多家境内托管
人，并实施主报告人制度。五是完善合格投资者境内证券投资外汇风险及投资风险管理
要求。六是人民银行、外汇局加强事中事后监管。

合格境外投资者制度是中国金融市场开放最重要的制度之一。自2002年实施QFII
制度、2011年实施RQFII制度以来，来自全球31个国家和地区的超过400家机构投资
者通过此渠道投资中国金融市场，在分享中国改革开放和经济增长成果的同时，也积极
促进了中国金融市场健康发展。此外，2020年人民币合格境外机构投资者（RQFII）试
点地区扩大至爱尔兰。

2. 人民币国际化指数继续稳中上升

在疫情冲击下，中国经济金融体系彰显韧性，人民币国际化逆势前行。2020年，人
民币国际贸易计价结算功能不断夯实，国际金融计价交易功能持续深化，国际储备货币
地位稳中有进。人民币国际化指数（RII）为5.02，同比大幅增长54.20%，创下历史新
高。人民币使用程度超过日元和英镑，成为第三大国际货币。2020年四个季度，RII分
别为4.10、5.19、5.14、5.02，呈现出大幅攀升、高位震荡的特点。国际金融计价交易
已取代贸易收支成为RII增长的最大动力。2020年，人民币国际金融计价交易表现出高
速增长、大幅波动的特征。人民币国际金融计价交易综合占比为9.89%，同比增长
84.23%，成为RII攀升的主要驱动力。

十年前，人民币的国际使用几乎空白，RII只有0.02。目前，人民币成为全球第五
大支付货币，也是国际贸易、国际投融资的主要计价货币和重要的国际储备货币之一。
同时，人民币国际化指数较过往稳步上升的态势呈现出更多波动、更大调整。

十年来，中国资本账户开放取得了突出进展，资本金融项下人民币使用更加活跃。
一方面，国际金融计价交易成为RII增长的重要动力；另一方面，国际金融计价交易对
于市场反应敏感，也成为RII波动的主要来源。随着中国加快融入全球经济体系，人民
币直接投资快速增长，主要有六个方面的提升：一是人民币的结算货币职能增强；二是
人民币的计价货币职能提升；三是人民币的融资货币职能基本稳定；四是人民币的投资

货币职能显现；五是境外金融机构积极持有人民币计价资产；六是开展本币结算合作是大多数境内外市场主体的共同诉求。

人民币国际金融计价交易继续担当 RII 增长的重要推动力。尤其是新冠肺炎疫情暴发后，国际金融市场动荡，国际投资者很难找到相对安全且回报率较高的资产。此时，人民币越来越多地体现出安全资产的特性。2020 年 1—8 月，境外投资者增持的人民币资产规模突破 1 万亿元，仅 2020 年 7 月当月，增持规模就超过 5 600 亿元。

3. 跨境人民币业务保持增长，收支基本平衡

人民币贸易计价结算职能巩固回升。2020 年，跨境人民币收付金额合计 28.4 万亿元，同比增长 44%，其中实收 14.1 万亿元，实付 14.3 万亿元；经常项目跨境人民币收付金额合计 6.8 万亿元，同比增长 13%，其中，货物贸易收付金额为 4.8 万亿元，服务贸易及其他经常项目收付金额为 2 万亿元；资本项目人民币收付金额合计 21.6 万亿元，同比增长 59%。

十年来，中国经济社会快速发展，中国已成为世界第二大经济体和第一贸易大国，利用外资规模稳居世界前三，对外投资规模跃居世界第二。与此同时，人民币已发展成为全球第五大支付货币、第三大贸易融资货币和第五大外汇交易货币。

4. 人民币金融项目交易保持稳定

2020 年中国实际外商直接投资（FDI）为 1 630 亿美元，同比增长 18%，居全球第一；境外直接投资（ODI）为 1 100 亿美元，略有 1% 的下降，但仍保持世界第一的地位。另外，2020 年，中国企业在"一带一路"沿线对 58 个国家非金融类境外直接投资（ODI）177.9 亿美元，同比增长 18.3%，占同期总额的 16.2%，主要投向新加坡、印尼、越南、老挝、马来西亚、柬埔寨、泰国、阿联酋、哈萨克斯坦和以色列等国家。

受新冠肺炎疫情影响，对外承包工程方面，中国企业在"一带一路"沿线的 61 个国家新签对外承包工程项目合同 5 611 份，新签合同额为 1 414.6 亿美元，完成额为 911.2 亿美元。

股票市场指数大幅上升。2020 年末，上证综指收于 3 473.07 点，涨幅为 13.9%；深证成指收于 14 470.68 点，较 2019 年末上涨 4 039.91 点，涨幅为 38.7%。两市全年成交额为 206.83 万亿元，同比增长 62.3%，创业板指数年涨 64.96%，收于 2 966.26 点，为创业板开板以来年收盘点位最高值。在全球主要市场指数排名中，创业板指数涨幅第一，领先排名第二的美国纳斯达克指数 21.32 个百分点。

2020 年我国沪深交易所 A 股累计筹资 15 417 亿元，比 2019 年增加 1 883 亿元。首次公开发行上市 A 股 394 只，筹资 4 742 亿元，比 2019 年增加 2 252 亿元；外资持有中国 A 股股票余额已达到 26 044.92 亿元，比 2019 年大幅增加。2020 年《合格境外机构投资者和人民币合格境外机构投资者境内证券期货投资管理办法》实施前后两融余额已经续创历史新高。12 月 25 日，沪深两市融资余额为 1.62 万亿元，较年初增加 58.47%；

融资余额为1.49万亿元,较年初增加47.77%;融券余额为1 294.81亿元,较年初增加839.61%。而伴随着外资进一步参与A股市场,其引入的增量资金不可小觑。

沪深股通开通以来,持股市值占比不断提高,而QFII/RQFII持股市值占比不断走低。截至2020年9月末,外资机构通过陆股配置A股的市值占比最高,达88.73%,通过QFII/RQFII和外资私募配置A股的市值占比分别为11.25%和0.01%。截至2020年第三季度末,QFII持有的545只个股整体市值突破2 000亿元,持仓市值较2019年末增加37.48%,较2010年末增加近3倍,持股数量5年来呈上升趋势。QFII客户参与融资融券交易,有助于扩充两融市场规模、提高交易活跃度、完善多空平衡机制,提升我国资本市场国际化程度。随着QFII机构的增多,外资持有A股比例将进一步抬升,目前外资持有A股市值的4%,但外资持有日本股票的比例大于70%,外资持有韩国股票的比例大于30%,进一步推动市场机构化;此外,会推动融券余额进一步提升,QFII参与证券的出借将使市场券源更加丰富,进一步提升融券余额;能促进衍生品业务的发展,衍生品是外资投资者重要的对冲工具,同时加快更多种类衍生品的推出;新三板市场的参与者和流动性将得到提升,目前跟其他板块相比仍然有很大差距;债券回购能提升QFII闲散资金的收益。

我国扩大金融市场对外开放,境内债券纳入彭博巴克莱等主要国际指数,债券形式的人民币资产成为境外投资者配置的重要标的。2020年全年外资净增持境内市场债券1 861亿美元,境外央行等稳健型投资者仍是持有境内债券的主力。2020年全年,境外央行类的投资者净增持境内债券471亿美元,近五年平均值为411亿美元。从存量看,到2020年底,境外央行类的投资者持有境内债券余额为2 637亿美元,占比为51%。截至2020年末,外资持有境内市场债券余额达到5 122亿美元;2020年,外资净增持我国国债936亿美元,年末余额为2 910亿美元;净增持境内银行债783亿美元,年末余额为1 846亿美元,二者存量的合计占外资持有我国债券总量的93%。

外汇衍生品市场发展迅猛。1994年我国开始以有管理的浮动制为目标的人民币汇率制度改革,汇率避险保值需求逐步产生,1997年试点远期结售汇业务,2005年,汇改后外汇衍生品市场加快发展。随着银行间外汇市场的发展,外汇市场交易量稳步增长,交易金额也随之上涨。截至2020年底,中国外汇市场交易总额为206万亿元,较2019年增加5.0万亿元,同比增长2.73%。外汇衍生品市场已基本涵盖国际市场成熟产品,目前已有即期、远期、外汇掉期、货币掉期和期权(普通欧式期权及其组合)产品。

即期外汇市场无论在总交易额上还是在每笔交易的平均交易额上都远远超过外汇市场的其他交易方式。截至2020年底,中国即期外汇市场交易额为82.1万亿元,较2019年增加4.0万亿元,同比增长4.78%。在即期外汇市场中,银行对客户市场交易额为24.6万亿元,占即期外汇市场交易额的29.96%,其中,买入外汇交易额为12.1万亿元,占比49.1%,卖出外汇交易额为12.5万亿元,占比50.9%;银行间外汇市场交易额为 57.5 万亿元，占即期外汇市场交易额的 70.04%；远期外汇交易是指交易双方在成交后并不立即办理交割，而是事先约定币种、金额、汇率、交割时间等交易条件，到期才进行实际交割的外汇交易。截至 2020 年底，中国远期外汇市场交易额为 3.8 万亿元，较 2019 年增加 1.3 万亿元，同比增长 47.06%。在远期外汇市场中，银行对客户市场交易额为 3.2 万亿元，占远期外汇市场交易额的 81.39%，其中，买入外汇交易额为 1.1 万亿元，占比 34.33%，卖出外汇交易额为 2.1 万亿元，占比 65.63%；银行间外汇市场交易额为 0.7 亿元，占远期外汇市场交易额的 18.61%；截至 2020 年底，中国外汇和货币掉期市场交易额为 114.4 万亿元，较 2019 年增加 0.5 万亿元，同比增长 0.5%。在外汇和货币掉期市场中，银行间外汇市场交易额为 112.7 万亿元，占外汇和货币掉期市场交易额的 98.60%；银行对客户市场交易额为 1.7 万亿元，占外汇和货币掉期市场交易额的 1.44%，其中，近端换入外汇交易额为 0.4 万亿元，占比为 23.53%，近端换出外汇交易额为 1.3 万亿元，占比 76.47%。截至 2020 年底，中国外汇期权市场交易额为 5.8 万亿元，较 2019 年减少 0.1 万亿元，同比下降 1.23%。在外汇期权市场中，银行间外汇市场交易额为 3.9 万亿元，占外汇期权市场交易额的 67.24%；银行对客户市场交易额为 1.9 万亿元，占外汇期权市场交易额的 32.76%，其中，买入外汇交易额为 0.9 万亿元，占比为 47.37%，卖出外汇交易额为 1.0 万亿元，占比为 52.63%。

2020 年中国期货市场高速发展，成交量创历史新高，连续两年大幅增长（见图 4－4）。在全球场内衍生品市场中，中国四家期货交易所的成交量排名稳中有升：在农产品、金属和能源三类品种的成交量排名中，中国期货品种包揽农产品前十名、金属前四名；期货期权品种加速推出，衍生品体系更加完善；期货公司资本实力增强，经纪业务收入大幅增长。

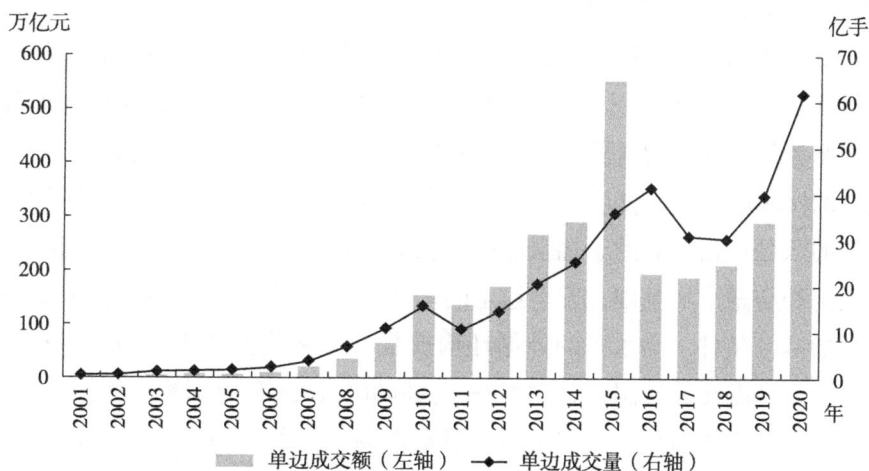

图 4－4　2001—2020 年中国期货市场成交量和成交额

（数据来源：中国期货业协会）

商品品种方面，上期所上市了4个品种，包括低硫燃料油、国际铜期货和铝、锌期权；郑商所上市了3个品种，包括短纤期货和菜籽粕、动力煤期权；大商所上市了5个品种，包括液化石油气期货和液化石油气、聚丙烯、聚氯乙烯、线型低密度聚乙烯期权。2020年，银行间人民币利率衍生品市场累计成交额为19.9万亿元，较2019年增加1.3万亿元，同比增长6.99%；银行间人民币利率互换名义本金总额为19.4万亿元，较2019年增加1.2万亿元，同比增长6.59%；标准债券远期成交额为4 532.3亿元，较2019年增加164.3亿元；信用风险缓释凭证的创设名义本金为149.3亿元，较2019年增加15.8亿元，同比增长11.84%；信用违约互换名义本金为12亿元，较2019年增加9.2亿元。

人民币金融资产受国际投资者青睐，储备货币功能逐步提升。2020年末，境外机构和个人持有境内人民币金融资产余额增至8.98万亿元，同比增长40.1%，延续了2016年以来的增长势头。在非居民所持人民币资产中，规模最大的是股票，其次是债券、存款及贷款，A股持股出现超车现象。人民币金融资产受国际投资者青睐。随着中国经济总量占世界经济总量份额显著增加，人民币资产愈加受到各国央行青睐。人民币在全球外汇储备中的占比不断走高，全球外汇储备管理机构持有人民币资产的意愿增加。

积极推动国际货币合作与双边本币结算，强化人民币使用空间。2020年1月，人民银行与老挝央行签署双边本币合作协议，允许两国在国际收支交易中直接使用双方本币结算；9月，人民银行与印尼央行签署《关于建立促进经常账户交易和直接投资本币结算合作框架的谅解备忘录》，成为两国金融合作的重要里程碑。截至2020年底，人民币货币互换的有效协议为30份，总金额为3.6万亿元人民币。双边本币互换体系功能更加多元化，有助于促进贸易投资便利化，保障人民币流动性供给。

5. 双循环新发展格局引领金融业高质量发展

2020年5月14日，中共中央政治局常委会会议首次提出"构建国内国际双循环相互促进的新发展格局"。党的十九届五中全会明确提出要加快构建以国内大循环为主体、国内国际双循环相互促进的新发展格局，并做出重大工作部署。面对百年未有之大变局及纷乱复杂的国际政治经济博弈，双循环新发展格局为金融业未来发展指明了方向。

高水平的双循环格局有助于加强商品、服务、资本流动。高水平的内循环可提供雄厚的实体经济和金融市场基础、安全稳定的发展环境和强有力的科技竞争力，从而奠定货币国际化的基础条件。高水平的外循环构成货币国际化的实现手段，包括对外贸易、跨国投资、国际金融交易、国际金融服务、国际间经济政策协调等多种渠道。

国内大循环占主体地位，决定了国内消费市场、投资市场的规模和结构。畅通的国际大循环可以保障人民币资产的盈利性和安全性，不断提升人民币吸引力，从根本上创造居民和非居民持续旺盛的对人民币需求。国际大循环是我国坚持多边主义、国际合作的载体，有利于促进各国互利共赢和包容性发展，稳固国际产业链和供应链，有效降低我国经济金融风险，提高发展过程中的效率性和稳健性。畅通的国际大循环可以满足人民币流动性的充分供给，不断提高人民币资产的可获得性和使用便利性。构建国内大循环与国际大循环相互促进的经济发展格局，可以大大增加人民币国际使用的场景和黏性，让广大居民和非居民使用和持有人民币成为一种习惯。

6. 注册制推行为资本市场改革奠定制度基础

2020 年 4 月 27 日，中央全面深化改革委员会第十三次会议审议通过了《创业板改革并试点注册制总体实施方案》。6 月 12 日，证监会发布《创业板首次公开发行股票注册管理办法（试行）》《创业板上市公司证券发行注册管理办法（试行）》《创业板上市公司持续监管办法（试行）》和《证券发行上市保荐业务管理办法》。与此同时，证监会、深圳证券交易所、中国证券登记结算公司、中国证券业协会等发布了相关配套规则，创业板改革和注册制试点启动。注册制的推行为新三板推出转板机制奠定了制度基础。6 月 3 日，证监会发布《关于全国中小企业股份转让系统挂牌公司转板上市的指导意见》，明确符合条件的新三板挂牌公司可以申请转板到上海证券交易所科创板或深圳证券交易所创业板上市。7 月 27 日，新三板精选层设立暨首批企业晋层仪式在北京举行，多层次资本市场之间的联系更加顺畅。注册制及新三板转板机制有利于提升市场活跃度，强化市场约束，充分发挥市场调节和市场价值发现功能。

注册制改革是资本市场基础制度改革的重要一环，它不仅仅是股票发行制度自身的变化，更是"牵一发而动全身"的改革。以注册制改革为龙头，统筹推进交易、退市、再融资和并购重组等关键制度创新，改进各领域各环节的监管，着力提升上市公司质量，对于夯实市场平稳健康发展的基础具有重大意义。

7. "一带一路"倡议在疫情挑战下顽强前行

2020 年，全球遭遇百年未遇的疫情大流行，各方面都受到了严重冲击。"一带一路"建设也不例外，但"一带一路"建设并没有因此而停滞，而是从实际出发，积极主动作为，表现出了很强的韧性与活力，为全球抗疫和稳定经济做出了巨大贡献。

中国与"一带一路"伙伴国家充分发挥"一带一路"国际合作平台作用，中欧班列在这方面表现十分突出，2020 年全年开行的班列就超过了 1 万列，将中国与欧洲的 20 多个国家、90 多个城市联通起来，其中运送的紧急医疗物资到 2020 年 11 月底就已超过了 800 万件。此外，中国也通过与相关国家共建"空中丝绸之路"，给世界各国运送援助医疗物资近 2 000 吨，包括大量口罩、防护服、检测试剂盒等。

中国与伙伴国家通过共建"一带一路"促进共同的经济发展就显得尤为重要。过去的一年，经过中国与伙伴国的共同努力，这方面也取得了许多重要成果。2020 年前三季度，中国企业对"一带一路"沿线国家非金融类直接投资 130.2 亿美元，同比增长 29.7%。这说明即使是在十分严峻的疫情形势下，中国对"一带一路"主要相关国家的投资不仅没有减少，反而大幅增长；2020 年前三季度，中国与"一带一路"沿线国家的货物贸易额为 6.75 万亿元，同比增长 1.5%，高于整体的外贸增幅 0.8 个百分点。在全球供应链出现比较严重断裂的情况下，中国与"一带一路"沿线国家之间的贸易增长仍然保持正增长，这对于稳定相互之间的经济发展与保障民生具有十分重要的积极意义。通过增强跨境电商合作以及促进更加紧密的投资合作，加上中国与东盟国家的疫情防控工作做得相对较好，东盟从 2020 年第一季度开始就历史性地成为中国第一大贸易伙伴，此前中国早已是东盟第一大贸易伙伴，因此双方目前互为最大贸易伙伴，实现了贸易方面很好的互利共赢发展。

2020 年前三季度，全国网络零售额同比增长了 9.7%。在"一带一路"国际合作框架下，中国过去几年与"一带一路"沿线国家和地区积极开展"丝路电商"建设，截至 2019 年底，中国的跨境电商贸易实现了对"一带一路"沿线国家和地区的全覆盖，这对促进中国和相关国家的电商发展都发挥了积极影响。中国努力维护全球供应链基本稳定。中国同很多"一带一路"伙伴国家建立了畅通货物流动的"绿色通道"并努力改善陆、海、空多式联运方式，保障国际大通道运输的正常运营并力争提高运输效率和质量，同时也建立了便利人员往来的"快捷通道"，这对保障中国与相关国家的经济增长都起到了重要的积极作用。

区域全面经济伙伴关系协定正式签署。2020 年 11 月 15 日，《区域全面经济伙伴关系协定》（RCEP）签署，全球最大规模的自由贸易协定正式达成。RCEP 成员国区域内贸易占全球贸易量的 30% 左右，RCEP 旨在通过削减关税及非关税壁垒，建立统一的区域内市场，是目前全球体量最大的自贸区。RCEP 于 2012 年由东盟十国发起，历时 8 年终于签署。RCEP 自贸区的建成意味着全球约三分之一的经济体量将形成一体化大市场。通过加快高标准自贸区网络全球战略布局，坚持"多边贸易体制和区域贸易安排"双轮驱动，不仅有助于促进亚太大市场、亚欧大市场的形成，而且也有助于推动"一带一路"国际合作高质量发展。

东盟首次成为中国第一大贸易伙伴，中国外贸格局发生历史性变化。在新冠肺炎疫情对全球贸易格局带来巨大破坏性冲击的背景下，中国的外贸伙伴格局也发生着重大变化。欧美等西方国家经济因受疫情冲击而需求萎缩，与中国的贸易额存在不同程度的下滑；东盟自 2020 年 2 月以来取代欧盟成为中国第一大贸易伙伴，且其地位持续巩固。伴随着中国—东盟贸易关系的深化，本年度中国对东南亚的经济外交也取得丰硕成果。具体包括：中国与柬埔寨签署自贸协定，这是继新加坡之后中国与东南亚国家达成的第二个双边自贸协定；澜湄合作第三次领导人会议召开，强化中国与中南半岛国家的水资源合作，加速"国际陆海贸易新通道"建设；基建外交成效显著，中泰铁路签署 109 亿元人民币合作项目，中老铁路建设顺利，老挝境内万象至琅勃拉邦段完成铺轨、国内段隧道工程完成 99.4%，由中国企业承建的越南首条城市轻轨全线完工，中菲签署马尼拉三座桥项目；等等。

（四）人民币对美元汇率双向波动，外汇市场基本稳定

1. 人民币对美元汇率双向波动

2020年末，人民币对美元汇率中间价为6.5249，全年243个交易日中有140个交易日升值、103个交易日贬值，日均隔日波幅由2019年的0.12%上升至0.18%，境内市场（CNY）和境外市场（CNH）维持窄幅价差。2020年，尽管国际金融市场剧烈震荡，人民币对美元汇率在合理均衡水平上保持基本稳定，在全球货币中表现稳健。

人民币对国际主要货币汇率有升有贬。2020年末，人民币对欧元、日元、英镑、澳元、加元、瑞士法郎汇率中间价分别为8.0250元/欧元，较2019年贬值2.6%；6.3236元/100日元，升值1.3%；8.8903元/英镑，升值2.9%；5.0163元/澳元，贬值2.6%；5.1161元/加元，升值4.4%；7.4006元/瑞士法郎，贬值2.7%。

2. 人民币汇率对一篮子货币基本稳定

根据中国外汇交易中心数据，2020年末CFETS人民币汇率指数、参考BIS货币篮子和SDR货币篮子的人民币汇率指数分别为94.84、98.68、94.23，较2019年末分别升值3.8%、3.8%和2.6%。根据国际清算银行（BIS）数据，2020年人民币名义有效汇率累计升值4.0%，扣除通货膨胀因素的实际有效汇率升值3.4%。

3. 人民币汇率弹性继续增强

2020年末，境内外市场人民币对美元汇率1年期历史波动率分别为4.2%和5.1%，较年初分别上升0.5个和0.6个百分点，处于历史较高水平；期权市场隐含波动率分别为4.7%和6.4%，较年初分别上升0.9个和1.7个百分点，有弹性的人民币汇率发挥了调节宏观经济和国际收支自动稳定器的作用，有效释放了外部冲击的压力。

4. 人民币汇率预期稳定

2020年，境内外期权市场风险逆转指标（看涨美元/看跌人民币期权与看跌美元/看涨人民币期权的波动率之差）先升后降，总体保持稳定，年末分别为0.7%和1.3%，显示市场对人民币没有明显的升值或贬值预期。

5. 外汇市场交易保持基本稳定增长

2020年，境内人民币外汇市场累计成交30.0万亿美元（日均成交1 234亿美元），较2019年增长3.0%，其中银行对客户市场和银行间外汇市场分别成交4.6万亿美元和25.4万亿美元；即期和衍生产品分别成交12.0万亿美元和18.0万亿美元（见图4-5），衍生产品交易量在外汇市场交易总量中的比重为60%。

即期外汇交易平稳增长。2020年，即期市场累计成交12.0万亿美元，较2019年增长5.6%。在市场分布上，银行对客户即期结售汇（含银行自身，不含远期履约）累计成交3.6万亿美元，较2019年增长5.8%；银行间即期外汇市场累计成交8.4万亿美元，增长5.6%，其中美元交易份额为96%。

远期外汇交易大幅增长。2020年，远期市场累计成交5 644亿美元，较2019年增长

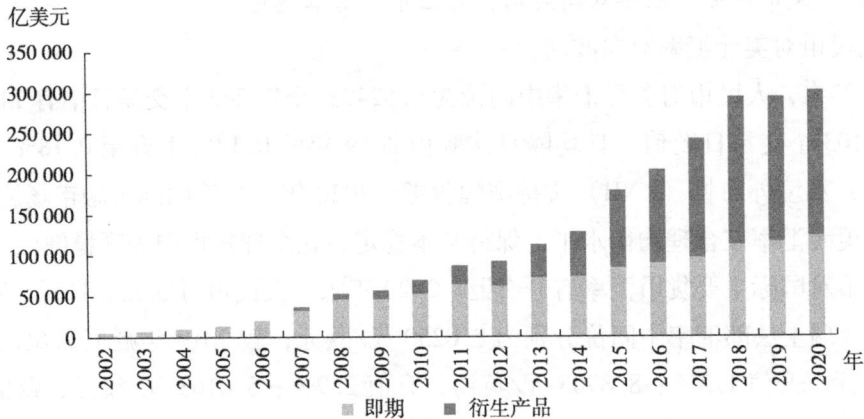

图 4 - 5　2002—2020 年即期和衍生产品成交情况

48%。在市场分布上，银行对客户远期结售汇累计签约 4 600 亿美元，其中结汇和售汇分别为 3 053 亿美元和 1 547 亿美元，分别增长 51%、36% 和 94%，6 个月以内的短期交易占 69%，较 2019 年下降 1 个百分点；银行间远期外汇市场累计成交 1 044 亿美元，增长 37%。

掉期交易小幅增长。2020 年，外汇和货币掉期市场累计成交 16.6 万亿美元，较 2019 年增长 0.3%。在市场分布上，银行对客户外汇和货币掉期累计签约 2 395 亿美元，增长 100.4%，其中近端结汇/远端购汇和近端购汇/远端结汇的交易量分别为 1 816 亿美元和 579 亿美元，分别增长 76.4% 和 250.6%；银行间外汇和货币掉期市场累计成交 16.4 万亿美元，下降 0.4%，掉期交易在银行本外币流动性管理中发挥了重要作用。

外汇期权交易小幅下降。2020 年，期权市场累计成交 8 413 亿美元（见表 4 - 4），较 2019 年下降 1.0%。在市场分布上，银行对客户期权市场累计成交 2 746 亿美元，增长 2.1%；银行间外汇期权市场累计成交 5 667 亿美元，下降 2.5%。

表 4 - 4　　　　　　　　　　2020 年境内人民币外汇市场交易概况

| 交易品种 | 交易量/亿美元 |
|---|---|
| 即期 | 119 958 |
| 银行对客户市场 | 36 177 |
| 银行间外汇市场 | 83 782 |
| 远期 | 5 643 |
| 银行对客户市场 | 4 600 |
| 其中：3 个月（含）以下 | 2 120 |
| 3 个月至 1 年（含） | 2 072 |
| 1 年以上 | 408 |

续表

| 交易品种 | 交易量/亿美元 |
|---|---|
| 银行间外汇市场 | 1044 |
| 　其中：3 个月（含）以下 | 819 |
| 　　3 个月至 1 年（含） | 173 |
| 　　1 年以上 | 51 |
| 外汇和货币掉期 | 165 860 |
| 　银行对客户市场 | 2 395 |
| 　银行间外汇市场 | 163 465 |
| 　其中：3 个月（含）以下 | 142 473 |
| 　　3 个月至 1 年（含） | 20 339 |
| 　　1 年以上 | 653 |
| 期权 | 8 412 |
| 　银行对客户市场 | 2 746 |
| 　其中：买入期权 | 1 291 |
| 　　卖出期权 | 1 455 |
| 　其中：3 个月（含）以下 | 1 218 |
| 　　3 个月至 1 年（含） | 1 274 |
| 　　1 年以上 | 253 |
| 　银行间外汇市场 | 5 667 |
| 　其中：3 个月（含）以下 | 3 975 |
| 　　3 个月至 1 年（含） | 1 682 |
| 　　1 年以上 | 9 |
| 合计 | 299 874 |
| 　其中：银行对客户市场 | 45 917 |
| 　　银行间外汇市场 | 253 957 |
| 　其中：即期 | 119 958 |
| 　　远期 | 5 643 |
| 　　外汇和货币掉期 | 165 860 |
| 　　期权 | 8412 |

注：数据均为单边交易额，采用四舍五入原则。

数据来源：国家外汇管理局，中国外汇交易中心。

　　企业外汇套保率上升。随着人民币汇率双向波动弹性增强，企业积极采用人民币计价结算、外汇衍生品交易、进出口自然平衡等多种方法管理汇率风险。据测算，2020 年外汇套保率较 2019 年提高 3 个百分点至 17.1%，外汇衍生品市场服务实体经济的作用进一步增强。

　　外汇市场参与者结构基本稳定。银行自营交易延续主导地位，2020 年，银行间交易占整个外汇市场的比重从 2019 年的 85.9% 小幅下降至 84.7%；非金融客户交易的比重从 14.0% 上升至 14.8%；非银行金融机构交易的市场份额从 2019 年的 0.8% 小幅上升为 1.1%。

（五）中国数字货币的平稳推进

截至 2020 年末，全球 65 家央行中积极从事 CBDC 工作的占比已达到 86%，比四年前的水平增长了 30% 以上。不仅如此，各国央行对 CBDC 的研发也逐步迈向更高阶段，约 60% 的央行正在进行概念验证或实验，这一占比在 2019 年末尚为 42%，并且 14% 的央行已经在推进试点工作了。

2020 年 10 月 20 日，全球第一个在其全境范围内落地的 CBDC——巴哈马中央银行发行的"沙元"（SandDollar）正式推出。巴哈马"沙元"试点采用持有量上限规则，以防止对传统银行产生大量的存款替代。2021 年 3 月 31 日，东加勒比中央银行（EC-CB）启用其央行数字货币 DCash，从而成为首个发行 CBDC 的货币联盟中央银行。

除了小型经济体以外，世界主要央行也在探索自己的选择。中国人民银行发行的数字人民币（e-CNY）在其中走在前列。2020 年 10 月，深圳首次开展数字人民币红包试点，随后苏州、北京冬奥会会场、成都等地先后加入，累计发放数字人民币红包金额超过 1.5 亿元，场景覆盖逐步拓展。根据 2020 年的各项公开官方资料，树立目标的欧美、日本将会在 2021 年初进行项目启动。而中国已经走在世界前列。

老牌巨头与新兴国家也加快发展数字货币。10 月柬埔寨央行处长谢亚·塞雷（Chia Serey）宣布，巴孔计划完成试运行，已发行数字货币"Bakong 币"。早在 2016 年 11 月，新加坡金融管理局（MAS）引入了 Ubin 项目，并与 R3 公司展开合作，建立了一个概念验证项目，利用区块链技术进行银行间支付；摩根大通区块链部门负责人 Christine Moy10 月在推特表示，摩根也在考虑发行 JPMCoin，并且很有可能在落地实验；而日本国内，数字货币交易所 GMO 母公司的稳定币上市获批，作为第一个也是唯一一个对标日元的数字货币，没有在母国日本上市，却获得了美国的上市批准，杀回马枪也是箭在弦上。

我国央行数字货币的强大功能对整个体系起到了巨大的支撑作用。CBDC 可能会提升银行和整个支付体系的安全性，并且 CBDC 也许能够缓解金融服务领域长期存在的业务创新与数据权益保护的"两难"问题，CBDC 为利率调控打开了更大空间，有助于改变货币的投放效率。数字人民币的跨境兼容将可能脱离 SWIFT 账户体系独立实现跨境支付。比如，可以借助粤港澳大湾区和"一带一路"建设，在境外铺设 DC/EP 数字钱包基础设施，我国居民和企业开立 DC/EP 数字钱包后，可以在境外方便快捷地使用人民币进行交易；同理，进入我国境内的非居民也可以在未拥有我国银行账户的情况下，直接获取 DC/EP 数字钱包，从而获取便捷、高效的支付服务，由此能够显著增强人民币在全球范围内的交易结算功能，助力人民币国际化。

## 二、中国金融国际化面临新冠肺炎疫情的外生冲击

（一）新冠肺炎疫情是我国需要应对的最大冲击

从出口结构上看，当前我国主要出口产品为工业品，工业品出口额占比高达94%。由于疫情是春节期间向全国各地蔓延，受其影响，各地工业企业春节复工时间延后，交通、物流、仓储等配套行业受限，检验检疫工作更加严格。这些因素将在短期内降低出口企业的生产效率，增加交易成本与风险。

新冠肺炎疫情冲击下，服务业特别是线下服务业受到较大打击。从各项统计数据和调研报告可以看到，交通运输业、旅游业、餐饮业及电影业等服务业的营业额及利润利率与去年同期相比大幅度下降，因此部分代表性观点认为本次疫情对我国经济的冲击远大于"非典"疫情。但部分乐观性观点认为服务业主要是需求端受到冲击，按照"非典"疫情的后期服务业复苏的经验，可以看出需求端的冲击有滞后性，甚至可能出现服务业报复性增长。总体来看，疫情对服务业的冲击是短期的，会呈现先强后弱的态势，甚至线上服务业和新兴服务业有机会获得意外的发展。

本次疫情对工业生产活动的用工、库存、生产及运输产生了明显冲击。工业生产在需求端和供给端的双重冲击，供给与需求矛盾比较突出。特别是接下来复工潮的来临，还需做足准备严阵以待。整体来看，工业恢复生产还面临以下突出困难：一方面是复产中的防护标准还不明确和物质条件准备还不充分，各工业生产单位在复产初期要遵循怎样的复产申请流程，不同企业执行何种防护标准，突发群体感染怎样处理，口罩等防护工具是否充分。这些现实问题都存在一定的不确定性，特别是在一些劳动密集型的大企业更为突出。另一方面，订单因为交通、物流的堵塞面临延迟。为控制疫情，地方政府对部分关键道路进行体温检测和道路管控，甚至有部分地区出现关闭道路的情况。与此同时，物流公司普遍延期上班，物流运力受到较大影响，进一步延迟了生产企业的交货时间。生产企业或面临违约赔款，或采取加急、空运等提高运输成本的方式亏本交货。

疫情冲击下金融风险或出现共振现象。疫情冲击下的第三产业，特别是其中的中小微企业现金流快速枯竭、资产负债表出现恶化，产生债务风险的可能性加大，并进一步传导到金融体系中。具体来看，部分中小微企业在疫情冲击下的利润率大幅度下降，生产成本进一步抬升和可能面临被抽贷、断贷、压贷的问题，加上受到自身资源和规模的限制，容易陷入经营困境，从而导致债券违约、不良贷款频发，这将进一步波及金融市场的预期。

疫情对国际贸易的影响巨大，可能加剧后期贸易保护主义现象。从全球看，国际贸易受到严重冲击，全球跨境投资陷入低谷，债务风险（特别是新兴经济体）明显上升。一是全球贸易陷入萎缩。2020年2月以来疫情蔓延速度快、波及范围广，对供给与需求造成双重破坏，全球贸易体系受到系统性打击，进出口规模显著下滑。二是疫情加剧全

球直接投资发展的疲软态势。在全球需求及 GDP 大幅下降背景下，需求端的冲击是 FDI 下滑的主因。疫情下的国际政治和政策不确定性增加，FDI 政策风险加大，形成进一步限制。后疫情时期，全球投资保护主义预计进一步升温，多国进一步收紧外资审查政策，预计我国企业走出去仍将面临较大挑战。

（二）"双循环"格局下中国内外均衡目标选择仍是难题

中国经常账户与贸易账户余额均创近十年来的历史新高。中国经常账户顺差规模与中国贸易差额顺差规模分别为 2 740 亿美元与 5 150 亿美元。一方面体现出中国对外贸易在全球有着较强的竞争力，特别是在新冠肺炎疫情全球蔓延的大背景下，中国率先控制住疫情，中国经济与贸易得以快速恢复，为全球各国提供了巨大产品供给。另一方面，中国的大幅顺差如果继续持续，可能加剧部分国家与中国的贸易摩擦，如何实现中国外部均衡的目标是未来中国经济的一大难题。

宏观经济稳中有忧。尤其是消费市场潜力巨大，虽无远虑，但有近忧。2020 年全年最终消费出现了改革开放以来首次负增长，主要归咎于疫情冲击产生的影响。各国央行为应对疫情释放大量流动性，一国在增发大量货币后势必会引发通货膨胀预期，拥有核心资产的富裕人群更加富有，极端情况下可能引发社会矛盾。我国央行保持了定力，货币政策相对克制，根本上还是居民可支配收入对消费产生了约束。实际上，居民可支配收入增速已从 2012 年的 10.6% 下降到 2019 年的 5.8%，呈持续下滑态势。如何扭转居民收入增速下滑的长期趋势才是我们提振消费要面对的根本问题。要提高居民可支配收入，一是要扩大就业，二是继续深化收入分配体制改革，努力把更多的中低收入者转化为中等收入群体。此外，还要多措并举刺激居民的消费倾向。

老龄化与低生育率问题严重。我们现在的社会经济格局是以当前 14 亿人为基础创造的，当人口突然大幅度下降，社会经济必然会受到冲击，很多原本为密集劳动力设置的工作岗位，由于缺乏人口支撑，就被迫取消，这部分财富可能会消失。国家经济正处在向高新技术领域发展的阶段，而社会转型却非一朝一夕之事，短期内必然是一部分岗位消失，而另一部分岗位则可以获取高薪，社会贫富差距进一步拉大。

在"双循环"新发展格局下，核心技术领域仍存在"卡脖子"问题。目前虽然中国经济已全面融入全球价值链，成为全球经济大循环的重要组成部分。然而，在全球化的"中心—外围格局"下，中国只是全球经济循环的一个外围环节。虽然由于中国经济体量巨大，中国一旦加入世界经济循环就具有重要影响，发挥重要功能，但毕竟中国只是世界经济循环中的一个角色，离不开这一循环而独立存在，而世界经济循环离开中国虽然损失效率但不影响生存。也就是说，中国与外部的经济关系是不对等的：中国依赖外部的技术、资金和市场，外部借助中国的规模和效率。随着中国经济不断进步，资本短缺已根本改变，中国在国际分工中的地位从中低端迈向中高端，并且日益成为东亚产业链的中心和系统集成者，但中国仍然只是全球产业分工的一个局部，是全球价值链的一个环节，离开其他环节，整个产业循环和经济循环就无法运行。其中，特别重要的是核心技术、关键零部件以及最终产品市场。新冠肺炎疫情令中国深刻地意识到"卡脖子"给我国带来的重大威胁。比如高端集成芯片行业，它是现代信息社会的心脏，如果这一环节受到遏制，社会诸多行业都会受到波及。因为芯片不仅应用于手机，还涉及我们生活的各个领域，比如汽车没有芯片支持，就会非常落后，无法做到智能化。在高科技领域，中国一旦被"卡脖子"，中国制造业的产业链就会受到严重冲击。

（三）中美贸易摩擦的后遗症短期不会消失

1. 随着中美签署第一阶段经贸协议，中美贸易激烈冲突暂告一段落

中国与世界经济面临的不确定性短期内有一定程度的减少，这对中美和全球都有利。然而，对美国来说，该协议更像是权宜之计。单就双边贸易逆差而言，美国以提高关税为手段，通过贸易谈判使中国增加从美国的进口，以期缩小对中国的贸易逆差。长远来看，这一目标很难实现，因为中美贸易逆差是由两国不同的经济结构、发展阶段以及在全球产业链上的分工决定的。美国有很大一部分经济需求自身无法供给，从中国减少的这部分进口也只能转移到其他国家，无法从根本上改变美国对整个世界贸易总逆差的现实。随着美国国内局势或世界政治经济形势的变化，中美贸易有可能硝烟再起。

2. 中美在高科技及与之相关的贸易、投资、知识产权等领域的博弈才刚开始

因此，在第一阶段经贸协议这一年窗口期内，中国需要未雨绸缪，及时做好外贸投资风险分散转移。借此机会增加对美国的出口有助于减少疫情对中国经济的短期冲击，但更重要的是中国应加快关键核心技术的自主创新，积极拓展其他外贸投资市场，包括"一带一路"沿线国家和新兴经济体，以有效降低对美国外贸投资集中的风险。在这方面中国需制定长期性政策，有效引导出口企业，尽快培育一些地缘政治风险较小的外贸投资市场。中美之间更深层次的冲突来自技术竞争、国际秩序和意识形态，但两国也有很强的互补性，合作对全球都有益，希望中美能在建立新型大国关系方面走出一条共赢的新路。

（四）中国资本市场开放任重道远

中国资本市场在全球范围内配置与管理资产的能力还有待加强。2020年中国国际投资头寸表数据显示，中国净国际投资头寸规模为21 503亿美元，相较于2019年净国际投资头寸规模22 996亿美元，下降1 493亿美元。结合2020年中国经常账户顺差2 740亿美元来考虑，这意味着中国经常账户余额完全没有转化为中国的净国际投资头寸，一方面可能是由于估值效应所致，另一方面说明中国金融体系还有待进一步完善，如此大规模的顺差无法转化为中国的金融资产，侧面说明中国金融市场的开放应加快节奏。

2020年在资本市场有效扩大开放的同时加强跨境金融风险的防范。在当前复杂的经济金融背景下，相关的制度完善尤为重要。金融体制的改革，不仅是金融机构体系的改革，更主要的是金融制度体系的改革。要吸引外资银行进入，降低准入门槛不是主要

的，关键是金融制度体系的清晰与相对稳定，制度如果不完善，外资就会对中国金融市场丧失信心，因此，下一步要完善好相关制度体系。

我国经济已经转向高质量发展阶段，我国资本市场对外开放步伐明显加快，开放程度也在不断加深，未来我国需持续有序推动资本市场制度型对外开放。一是持续放宽对外资的准入限制。目前，外资流入规模逐步增加，但持股市值与业务规模占比并不高，我们要继续坚定不移地推进对外开放。这既可以引入更多的竞争，促进国际资本分享中国经济成果，也有利于提升资本市场发展质量，服务实体经济发展。二是健全境外投资者制度，深化不同领域金融市场对外开放，促进境内外资本市场互联互通。三是加强监管，防范金融风险。国际形势复杂多变，在扩大对外开放的同时，要将风险防范放在突出位置，坚持"零容忍"原则，进行穿透式监管，从严打击违法违规行为；增进跨境监管合作，建立健全国际市场秩序，提高全球金融治理能力；进行跨境资本流动的宏观审慎管理，进行全流程管理，建立动态风险预警机制、信息披露机制以及事后处置机制。

注册制下，资本市场将面临估值的分化和市场秩序的全面重塑，长期来看将有利于资本市场健康可持续发展。注册制下，审核效率将会大幅度提升，新股上市数量将会增加，市场上新股红利将会高涨，市场会出现估值分化，退市企业也将迎来高峰增长期。中长期来看，各项基础制度将趋于科学与合理化，市场"入口"与"出口"数量趋于平衡态势，上市企业数量维持在一定范围内，市场信息披露更加高效透明，市场估值得到了重塑。此外，机构投资者比重也将上升，股票市场定价更加向着市场化的方向发展，机构投资者将更能发挥其专业优势，赚钱效应将更加凸显。随着市场的逐渐成熟，企业上市、退市也将趋于常态化，投资者权益保护机制将更加健全，健康的资本市场生态体系将得以建立。

（五）主要经济体逆全球化倾向还将持续

当前的逆全球化有鲜明的特征。一是存在利益之争。西方国家推出的逆全球化措施不在于抛弃全球化，而是要进行利益再分配，实现他们"赢者通吃"的目的，维护其经济霸主地位，阻止中国等发展中国家经济发展。二是根源具有多重性。当前世界经济增长的整体动能不足、治理体系不适应经济发展形势是其主要原因，此外，西方国家及其内部贫富差距加大和阶层分化严重导致反全球化，生产力和生产关系问题也导致逆全球化。三是主导者为发达国家。由美方挑起的逆全球化，对中国实施全面对外开放战略，特别是对外向型经济和对外贸易发展构成重大挑战，并带来一系列不确定性风险。在经济上，贸易摩擦增加了对外开放的风险与成本，使中美贸易面临不确定性风险，损害了进出口利益，降低了企业对世界贸易发展的预期，甚至出现悲观情绪，对外贸、跨国投资、产业规划等都形成负面影响，不利于长期的相关决策。进出口关税与非关税的大幅上升增大了对外开放的成本与阻力，不仅损害了进出口行业发展，还可能诱发市场萎缩、通货膨胀、价格扭曲，损害宏观经济稳定性和结构优化，阻碍中国通过对外开放全面融入国际经济体系。贸易摩擦还带来一系列政策困扰，制度摩擦对中国经济和产业发展趋势造成严重影响，降低了企业竞争力。我们必须根据贸易战的发展不断调整对外开放政策，而政策的不确定性和不稳定性往往导致调整和协调的难度增加。在政治上，"中国威胁论"不断被翻炒，中国成为逆全球化的最主要矛头指向。少数国家认为中国的发展削弱了他们的国际地位、抢夺了他们的财路，因此恶意制造各式各样的"中国威胁论"来抹黑中国，也有的国家要求中国承担更多国际责任、分担更多国际事务费用。在许多国际事务中，如巴黎气候变化协定、联合国教科文组织、全球移民协议、联合国人权理事会、维也纳外交关系公约、万国邮政联盟、世界贸易组织（WTO）等，由于美国的退出或阻挠，经费和各种事务协调更加艰难，中国作为世界经济第二大国势必要承担更多的国际责任。

（六）全球价值链重构使中国经济结构转型升级面临双重竞争夹击

加入 WTO 以来，中国主要依靠低成本优势参与国际分工，并逐步嵌入全球价值链的加工环节，进而成为世界制造工厂。2009 年，以美国为首的发达国家提出"再工业化战略"，建立其自身内部产业链。该策略引起全球价值链重构，其带来的产业转移沿着两个方向演进：一方面是发达国家的核心技术竞争优势引起的高技术产业回流；另一方面是低端制造业转移至生产成本更低的国家或地区，如东南亚等新兴经济体。据联合国商品贸易统计数据库（UNComtrade）数据计算，2015 年，全球 FDI 同比增长 36.99%，达到 17 621.55 亿美元。其中美国流入 3 798.94 亿美元，占全球 FDI 总额的 21.56%；中国香港地区流入 1 748.92 亿美元，占比为 9.92%；欧盟国家流入 4 258.61 亿美元，仅荷兰就高达 726.49 亿美元，流入德国的 FDI 同比上涨了 35 倍；缅甸、泰国的涨幅均为 200% 左右；其他新兴经济体也大多呈现出两位数的增速。而流入中国的仅为 1 356.1 亿美元，同比上升 5.53%。

就 2010 年以来的 FDI 流入的平均增速而言，2010—2015 年中国的 FDI 流入平均增速仅为 6.34%，处于新兴经济体国家中的最低水平；孟加拉国、东南亚国家等均是至少两位数的增速；美国、中国香港、法国、德国、意大利等发达国家（地区）也均保持着高速增长。中国的纺织服装等劳动密集型企业也开始向外转移。2012—2016 年是中国纺织服装行业对外直接投资的加速阶段，中国企业在海外设立纺织服装生产、贸易和产品设计企业超过 3 000 家，分布在 100 多个国家和地区，涵盖东南亚、北美、欧洲、澳大利亚、非洲等重点区域。中国由于传统竞争优势逐渐消失，而新的竞争优势正在培育，因此全球价值链的重构可能使中国同时面临产业空心化和落入"中等收入陷阱"的风险增加。

（七）人民币国际化水平进一步提升面临瓶颈

1. 面临美元、欧元的激烈竞争

人民币国际化面临更加严峻的外部环境、更加激烈的国际货币竞争。2020 年，美国对中国的打压升级，有关疫情的"中国源头论""中国责任论"不绝于耳，实质上损害中国的国际形象和人民币的国际接纳度。美国还在涉港、涉疆等问题上频繁越界，使用金融制裁大棒，对华金融竞争与脱钩意向开始显现。此外，疫情造成的供应链中断、经济下行压力越大，国际金融市场越恐慌，作为主要避险货币，美元的网络外部性就越强。美元指数时隔4年后再次攀升至103的高位，在一定程度上抑制了人民币的国际使用。欧元也在抓住机遇巩固自身的货币地位。欧盟退出数字链，加快数字欧元建设，旨在未来5年内提升欧元国际化程度。

2. 加快资本项目可兑换与守住风险底线

国际货币对自由使用有很高的要求。人民币国际化初期侧重于跨境贸易结算，对资本项目可兑换要求相对较低。虽然货币国际化并不必然以资本项目完全可兑换为前提，但是目前金融交易已成为人民币国际化的主要驱动力，有必要解决利弊取舍、项目匹配、政策协调的问题，加速开放金融市场，进一步减少资本项目管制。立足"十四五"时期我国新发展格局和国家经济金融安全目标，亟须探讨与之相匹配的资本项目可兑换目标、次序、风险和路线，重新评估金融管理框架，针对跨境资本流动，建立常态化管理体系与应急处置机制。

3. 人民币流入流出以及投资融资功能失衡

2020年，在疫情境外蔓延叠加全球货币"大放水"的情形下，巨额外资单向流入我国，大量增持人民币金融资产。尽管外资大规模流入短期内有助于稳外资、稳汇率、稳信心，但此类资金流动具有短期性、波动性，来得快去得也快。如果出现外部环境恶化，或者遭遇国际政治经济博弈的特殊时点，大规模集中性资本外逃必然会冲击人民币汇率、危害经济金融稳定、打击人民币国际化信心。与人民币资产备受国际投资青睐以及全球债务规模快速膨胀形成鲜明对比，人民币在国际融资领域遇阻。根据BIS统计，2020年人民币计价国际债券余额较2015年高位萎缩了约30%。人民币资金流向以及功能的非平衡发展，对人民币国际化的中长期发展不利。

## 三、中国金融国际化坚持引领全球对外开放

（一）借力数字人民币，进一步提升人民币国际化水平

1. 畅通国内国际大循环，为货币国际化提供有力支撑

畅通国内循环，重点是释放消费增长潜力，建设超大规模国内市场。一是加大收入分配调节力度，扩大中等收入群体；二是财政支出应更多向民生和公共领域倾斜，起到普惠性、基础性、兜底性作用，为第三产业发展和消费增长创造条件；三是实行稳健的货币政策，保持流动性合理充裕，维护国内物价水平基本稳定，提升消费者信心；四是积极建设以质量为导向、以诚信为基础、统一开放、竞争有序的国内市场，以内需促外需。

畅通国际循环，多渠道、多平台增强人民币的国际货币职能。发挥我国在数字货币、移动支付、人工智能技术方面的领先优势，打造各类撮合与交易平台，增强人民币支付功能。将东盟、中亚、中东、非洲地区作为畅通国际循环、提升人民币使用水平的重点区域。通过对外直接投资拉动贸易融资和设备、劳工、技术出口，通过进口构建对外投资与国内循环相互连接机制。用稳定市场份额、简化支付流程、规避汇率风险等市场手段来激励企业更多使用人民币计价结算，构建人民币资金流和贸易流的双闭环。

2. 提高科技创新能力，打通双循环堵点，提升国家治理水平

完善科技创新体制机制，优化科研资助评价机制，完善科技创新相关税收优惠和补助政策细则，营造公平有序的竞争环境。紧扣扩大内需和国内大循环，组织建设一批相关领域国家实验室，增强基础领域研究，补齐生产制造领域"短板"；同时紧扣国际国内双循环布局，重视产业链的国际合作，相互促进，提升有效供给的技术保障能力。

以商品市场、劳动力市场以及资本市场为抓手，打通国内大循环的堵点痛点，加速推动市场一体化。第一，加快建设安全高效的物流网络，推动流通体系智能化、现代化，提高农村和边境地区交通通达深度。减少地方保护引起的贸易壁垒，共享市场监管信息、优化区域间市场准入，加强各地区之间的企业商品、生产要素、生产技术等的协作与交流，促进各类市场主体公平竞争。第二，加快农业转移人口市民化，健全劳动力信息共享服务平台，增加劳动人员跨区域就业机会。多维度降低劳动力成本，进一步推行住房分类供应制度，对高收入者供应商品房，对中低收入者供应含有一定住房社会保障的经济适用住房，对最低收入者供应含有较多住房社会保障的廉租屋，合理降低房价。第三，继续深化金融供给侧改革，发展普惠金融，推动金融机构数字化转型，为供给创造需求提供重要驱动力与催化剂。大力发展多层次资本市场，提高直接融资比重，合理建设不同层次资本市场之间的转换机制，保障金融资源稀缺地区多层次资本市场有效联动，实现区域经济平衡协调发展，构建市场主体与金融机构互利共赢的"金融生态圈"。

提高国家治理水平，推动内循环健康稳定发展，为人民币国际化提供坚实稳定的政治基础。第一，以优化税制结构和减税降费为重点，取消部分税收贡献较小的种类，增强所得税、财产税的税收贡献度，推动减税降费政策红利直达市场主体。第二，继续缩短负面清单，促进更大范围、更宽领域和更深层次的对外开放。积极参与全球、区域国际组织治理活动，推动数字经济、绿色发展等新兴领域经济治理机制、规则、标准制定，推动完善更加公正合理的全球治理体系。第三，准确界定市场边界，进一步简政放权，从制度上保障市场在资源配置中发挥主要作用。保持政策连续性、稳定性和可持续性，稳定市场预期，更好发挥市场机制的调节作用。第四，建立一套由政府、行业协会、企业和学校共同组织、共同参与的知识产权宣传体系，让知识产权保护理念深入人心。积极修订专利法实施细则，加快《地理标志产品保护规定》的修订，提高知识产权

保护工作法治化水平。加强部门间的协同配合，强化知识产权全链条保护。

3. 以贸易创新引领高水平开放，夯实人民币国际化根基

将服务贸易作为贸易创新的关键，扩大服务贸易示范区，打造差异化的服务贸易创新发展平台。广泛运用数字技术，提升信息、金融保险、知识产权、管理咨询、医疗教育等重点服务贸易领域的数字化交付能力，促进新兴服务贸易领域发展。

从对外增强投资拉动、对内强化区域联动两个方向着手，加大自贸区改革开放先行先试力度。在企业服务、知识产权保护、商事纠纷处理等领域提供良好的制度保障，减少不必要的投资限制，形成可复制可推广的经验，发挥自贸区的示范作用，形成由沿海向内陆、由自贸区向非自贸区的改革红利传导途径，发挥创新成果的辐射效应，促进区域经济协调快速发展。

RCEP 协议为区域扩大贸易、降低贸易成本提供了制度保障，建议我国针对区域贸易中主要大宗商品开发更多人民币计价结算的期货产品，提供更加便利的交易机制，降低交易成本，突出与欧美交易所的比较优势，鼓励我国的跨国公司、国企更多参与大宗商品期货市场。应放宽实需交易限制，允许企业将大宗商品期货市场作为综合风险管理工具。此外，借鉴欧美大宗商品期货市场做法，适当扩大金融机构、私募、对冲基金参与期货市场，提高市场的国际化程度，增加交易活跃度和定价影响力。

4. 高质量建设"一带一路"，与人民币国际化相互促进

应畅通六大实施路径，推动"一带一路"高质量建设、"双循环"新格局和人民币国际化三者之间的相互促进、相辅相成。通过高质量的政策规则标准联通夯实人民币国际化的规则基础；通过高质量的设施联通带动人民币跨境基础设施投融资，将海外工程项目"投融建营一体化"作为推动境外基础设施项目人民币融资的重要手段；通过高质量贸易畅通夯实人民币贸易结算的基础；通过高质量资金融通夯实人民币国际使用的载体，有效构筑人民币国际使用的载体和网络体系；通过高质量的国际产业合作提升我国在"一带一路"国际循环中的主导地位，夯实人民币资产计价的基础；通过高质量的民心相通夯实人民币国际使用的民意基础。

5. 构建高效的离岸在岸市场联动机制，增强人民币金融交易功能

实现离岸市场与在岸市场之间的有效联动、协调发展和持续融合，是推动人民币国际化进程的关键。应根据加速形成"双循环"新格局的要求，在重要节点国家和地区实现人民币离岸中心布局全覆盖，以方便国外企业、个人、机构和政府使用人民币。建立离岸在岸市场价格联动机制和防火墙制度，建立离岸人民币专用的账户体系，为阻挡外部风险快速传染、维护国内金融安全提供必要的缓冲地带。

为了在"双循环"格局中促进人民币国际化，还需采取以下措施：一是加强在岸金融市场建设，深化汇率、汇率市场化改革，健全金融市场运行机制。二是推动金融市场对外开放，自主把握资本账户开放节奏，完善相关配套制度，运用金融科技手段，防范

化解"双循环"新格局中的潜在风险。三是构建政策驱动与市场牵引的人民币国际化模式，为人民币国际化增添数字属性。

（二）"双循环"格局下，中国内外均衡目标需协同发力

在"双循环"新发展格局下，适时调整中国内外均衡的目标。以双边、区域及跨区域经济合作形式建立与周边和区域国家的紧密经贸联系，参与区域国际分工、发挥比较优势、获取开放利益。不难想象，未来相当长时间内，在大国博弈趋势未改、百年变局格局未定的情况下，一元的全球多边贸易体系未必能够形成，也不必追求理想化的全球一体化体系。然而，分工与交换这些经济学的基本原理不会过时，各国发挥比较优势的需要永远存在。在全球一体化破局的情况下，各种双边、诸边、区域以及跨区域的经济合作机制、贸易投资自由化安排、经济一体化组织就成为必然选择。

中国也是一样。虽然我国地大物博、产业链完整、人口众多、市场潜力巨大，但终究不能成为大而全、小而全的独立王国。客观上，我国与周边国家的经济发展和比较优势差异明显，文化相通、文明相近，具有良好的合作基础。事实上，我国与东盟、日韩、澳新等国家和地区都已经有双边或诸边的经济合作安排，从双边自贸协定到自贸区，从贸易投资便利化安排到次区域经济合作框架，"一带一路"成为跨区域重大国际经济合作倡议。此次 RCEP 签署再次表明区域经济合作的良好前景。

以主动、平等、对等互惠的形式发展与美欧等发达国家的经济关系与经济循环。以往与发达国家的经济关系中，中国主要作为一个从属、被动的生产制造者发挥功能，中国本身的产业发展，在核心技术、关键零部件和最终产品市场对美欧发达国家有着较强的依赖。这使得在双方发生矛盾冲突的时候，对方可以利用切断技术、断供零部件、商品加税等手段加以胁迫，导致中国一些重要产业和产品生产上受到较大冲击。在走向内循环为主的"双循环"格局过程中，中国在关键技术、核心零部件以及最终产品市场上会逐步摆脱对发达国家的单向依赖，在自主创新、核心技术、内需市场方面不断取得进展。当然不是说中国可以独立掌握所有关键技术和核心零部件，而是说在这些方面形成互有领先、各有所长、互有需求的局面。在最终产品市场上，中国固然在一般制成品上仍然需要发达国家的市场，发达国家同样需要中国巨大的内需市场，形成相互依赖的局面。这样，中国与发达国家的经济循环就形成技术互换、市场互换、相互依赖、规则相容的格局。这就是未来均衡、互惠、可持续的对外经济循环形式。

加强资本市场的发展。持续推进贸易投资便利化改革，推动金融市场开放，不断加强外汇市场建设，服务实体经济发展。一是继续推进资本项目双向开放，包括开展跨国公司本外币一体化资金池试点；推进私募股权投资基金跨境投资（QDLP/QFLP）试点，扩大 QDLP 试点范围，完善 QDLP 投资报告制度，健全常态化合格境内机构投资者（QDII）额度发放机制；持续推进外债登记管理改革；完善境外机构境内发行股票、债券资金管理。二是扩大贸易外汇收支便利化试点，支持跨境电商、市场采购、外贸综合

服务等贸易新业态发展，完善服务贸易付汇税务备案信息网上核验。三是支持北京"两区"建设，支持上海国际金融中心、粤港澳大湾区和海南自由贸易港等区域改革开放，支持自由贸易试验区外汇管理的改革创新。四是建设开放多元、功能健全的外汇市场，支持金融机构推出更多适应市场需求的外汇衍生品。

（三）坚持扩大开放，应对部分国家的逆全球化态势

1. 进一步深化改革开放，提升综合国力

统筹大局深化改革开放，进一步融入国际经贸规则，提升开放水平，推进自由贸易试验区和自由贸易港的建设。继续坚持以经济建设为中心，加快建设现代化经济体系，发展新一轮工业化，完成产业结构的优化升级，提升中国在国际产业链中的地位和价值。抢占前沿技术、核心技术高地，在新材料、新工艺、新能源等方面尽快取得突破，抓住智能革命弯道超车的机会。构建创新型社会，大力鼓励技术创新、产品创新和服务创新，全面激发改革创新的内生动力，促进经济社会转型升级，实现真正的高质量发展。

2. 继续推进全球化，引领建立全球治理再平衡

全球化是生产力、社会经济和科学技术发展到一定程度的必然产物，是不可违背的历史方向。中国要借助和延续全球化和自由贸易带来的优势，推进人类命运共同体的构建，邀请其他国家一起做全球化的受益者，坚决反对狭隘的国家主义、民族主义和民粹主义等，用中国方案弥补全球化进程中出现的不足，解决全球化进程中出现的经济、政治、文化不平衡等现象。积极推进全球治理，引领全世界对全球治理的理性认知，分享全球化带来的红利，推动建立共商、共治、共享的全球治理体系，实现全球治理再平衡。

3. 坚持和平发展，提高引领国际秩序能力

新中国成立七十多年来，中国一直坚持并倡导和平发展，一直探索在和平发展中实现民族复兴的道路，现在和未来中国要继续坚持自身的和平与发展，做维护世界和平稳定的坚定拥护者。处理好与周边国家的外交关系，进一步巩固与俄罗斯的全面战略协作伙伴关系，稳定中欧多边对话，灵活处理中美关系，避免冷战和"修昔底德陷阱"。中国必须抓住并延长战略机遇期，支持以联合国为核心的世界规则体系，增强国际话语权，积极参与全球治理，成为新世纪全球共同价值体系、利益体系和新国际秩序体系建设的引领者。

4. 提升国家治理水平，增强道路自信

不懈地坚持从严治党，加强党组织自身建设，增强党在群众中的权威性、威信力和影响力，夯实中华民族伟大复兴的根本保证。加强对中国特色社会主义制度体系的建设、完善和创新，建设现代化国家治理体系，提升国家治理能力和水平，深层次展示中国特色社会主义制度的内涵和优越性。进一步推进全面依法治国，将党的领导与社会创

新、民众自治结合，推动现代国家治理的形成和巩固，筑牢国家长久安全稳定的根基，抵抗外来的有形和无形的各种风险。

（四）竞争中合作是未来中美经贸关系的主旋律

1. 理性应对中美战略竞争

在中美战略竞争时代下，如何在缓和中美紧张局势的同时更好地推动国际秩序改革进程，是中国政府未来对外战略制定和实施的核心议题。一方面，中国应该"做大蛋糕"，通过强调中美之间在经贸、应对全球性问题等方面的共有利益来对冲双方的分歧和矛盾。历史经验表明，若想避免新兴国与守成国之间结构性矛盾转化为冲突或战争，很重要的一点是通过紧密的经济相互依赖增加冲突的成本，以此抬高两国选择相互冲突的门槛，从而降低一国单方面挑起冲突的可能性。

另一方面，中美竞争加剧将使得共同利益在维系两国关系中的作用减弱。在中美战略竞争背景下，共同利益对维持中美双方合作的黏性下降，以协调为主的相处模式将有可能被以威胁退出合作的模式所取代。面对这些变化，我们要对以竞争甚至对抗性为特征的中美关系有清醒的认识和心理准备，积极尝试改善和加深与欧盟、日本、东盟等其他主要国家和国家集团的关系，推动与上述国家在全球治理中的合作，避免出现西方国家倒向美国形成遏制中国的"反华联盟"。

2. 立足国内发展提升国家实力

当前大国竞争的实质是科学技术竞争，核心技术竞争已经超越意识形态竞争成为当前大国竞争的主要手段。在中美战略竞争中，掌握核心技术的一方能够抢得先机，避免在关键领域被对手扼住要害。核心技术是保障国家安全的重要基石。中国在加快推进全面深化改革的同时，要致力于增强核心技术的开发和创新能力。中兴在中美贸易摩擦中的不堪一击，暴露了中国在核心技术方面的薄弱与差距。中国必须把握新技术革命的战略机遇，加速技术追赶，加强前沿技术研发，尽快缩小与美国的技术差距，减少对美国等西方发达国家的技术依赖。

3. 提升中国在国际秩序中的规则制定能力

未来中国应当继续以"一带一路"为抓手，通过完善现有的以及构建新型双边和多边合作机制，向国际社会提供地区性和国际性公共产品。尤其在美国参与国际事务的意愿和力度下降的情况下，中国应适时加强多边机制的创建。这既有助于降低少数国家对全球经济规则从制定到实施的"垄断"，使规则向更为合理均衡的方向发展，也可以利用全球治理领导权缺失的契机提升中国在国际事务中的制度性话语权。应该看到，除了美国及其少数盟友对中国心存疑虑外，全球大多数国家均期待同中国深化国际合作。如果中国能主动发起倡议并为此提供必要的补充性和替代性制度类公共产品，构建包容开放、公正合理、互利共赢的新型合作网络，将有利于从制度层面化解美国在全球范围内的国际规制垄断和对华制度制衡，以获得更多国际道义支持。

4. 提升中国国际秩序理念国际认同度

在"人类命运共同体"国际秩序理念海外传播和认同构建过程中，中国需要重视和应对"以本土文化为基础构建的国际秩序观在海外传播中能否真正获得国际社会接受和认同"这一现实问题。在海外传播路径上，中国国际秩序理念不能仅停留在政府外宣层面，而应借助学界、智库、媒体、民众多元传播主体的力量，以政府外交、公共外交（媒体和智库）、民间交流等多维路径推动"人类命运共同体"国际秩序理念的海外传播和认同构建。

（五）对内防范系统性金融风险，对外实施宏观审慎的跨境资本流动管理

资本市场建设需要成熟健全的资本市场法治建设作为保障。坚持法治原则，完善资本市场法律制度体系，提高立法效率，健全民事赔偿制度，完善诉讼代表人制度，加强法律适用性；加强信息披露机制，完善事前预判、事中监督、事后处置的风险防范机制，加强机构监管力度；统筹立法、司法、政府、监管部门、市场主体等共同参与推进，加强投资者保护机制；厘清政府与市场的定位，充分发挥市场的资源配置能力，有效发挥政府的引导作用，做到政府与市场"两只手"的良性协同；坚持"零容忍"，对违法犯罪行为进行严监管，提高违法犯罪成本；完善资本市场执法司法体系，使资本市场在制度和法律的框架内有效运行，加强司法机构建设，提高队伍专业化水平，加强执法部门和地方合作，加强协调机制建设；加强跨境监管合作，提高国际合作水平，推进法律域外互认和执法境外合作，推进涉外裁决工作。

防范跨境资金流动风险，维护国家经济金融安全。一是坚持市场化原则，发挥汇率调节宏观经济和国际收支的自动稳定器作用。二是完善外汇市场"宏观审慎＋微观监管"两位一体的管理框架，强化跨境资金流动和外汇市场双向监测与风险评估，以加强宏观审慎为核心改善跨境资本流动管理，以转变监管方式为核心完善外汇市场微观监管，以"零容忍"态度打击地下钱庄、跨境赌博等外汇领域违法违规活动。三是加强市场预期管理，引导金融机构和企业树立"风险中性"原则。四是完善外汇储备经营管理，坚持市场化原则，前瞻性做好战略配置，动态优化投资组合，努力保障外汇储备资产安全、流动和保值增值。

# 第五章　金融监管张弛有度，守正出新

2020 年，国内金融监管机构在以习近平同志为核心的党中央领导下，认真贯彻落实党中央、国务院决策部署，在全力做好抗疫维稳的基础上，继续提升服务实体经济力度，严格把控金融风险并继续推行金融改革的深化工作。在严格遵守"六稳""六保"要求的基础上，积极实施对外开放，并在疫情后经济恢复中，有的放矢重点服务小微企业，全力以赴促进经济社会恢复正常循环，坚定不移推动经济高质量发展。

## 一、金融监管精准施策以弹性应对变局

### （一）银行监管辨证施治维持弹性活力

2020 年，面对严峻复杂的国内外形势，中国银保监会和整个银行业系统，在以习近平同志为核心的党中央坚强领导下，以政治建设为统领，增强"四个意识"，坚定"四个自信"，做到"两个维护"，坚决贯彻党中央、国务院决策部署，在国务院金融委统筹指挥下，迎难而上，主动作为，坚持稳中求进的工作总基调，以深化供给侧结构性改革为主线，坚决打赢防范化解金融风险攻坚战，努力推进金融治理体系和治理能力现代化，各项工作迈出坚实步伐。

1. 发挥银行主体作用，防范疫情衍生风险

（1）维持监管加强服务，保障银行系统稳健运行

新冠肺炎疫情发生后，党中央高度重视，习近平总书记亲自部署、亲自指挥，多次召开会议、多次听取汇报，做出一系列重要指示批示，为做好疫情防控和经济社会发展工作提供了根本遵循。银保监会党委坚决贯彻落实习近平总书记重要批示指示精神和中央决策部署要求，切实把疫情防控作为当前最重要最紧迫的政治任务来抓，积极采取了一系列措施。

银保监会于 2020 年 1 月 26 日发布了《关于加强银行业保险业金融服务　配合做好新型冠状病毒感染的肺炎疫情防控工作的通知》，要求各级部门坚决贯彻落实党中央、国务院决策部署，全力配合做好新冠肺炎疫情防控工作，内容主要包括：

一是落实疫情防控需求。各银行保险机构要全力协助有关部门和地方政府做好新冠肺炎疫情防控，坚决落实各项工作要求。加大员工疫情排查力度，做好员工防疫安排。

定期对柜台、自助服务机具等设施进行清洁消毒，强化营业网点、办公场所的卫生防疫管理。适当调整工作计划和考核要求，减少人员聚集和客户集中拜访。

二是保障金融服务顺畅。各银行保险机构要根据疫情防控工作需要，合理安排营业网点及时间，保障基本金融服务和关键基础设施稳定运行。对受疫情影响临时停业或调整营业时间的网点，要主动做好解释说明，提供替代解决方案。鼓励积极运用技术手段，在全国范围特别是疫情较严重的地区，加强线上业务服务，提升服务便捷性和可得性。

三是开辟金融服务绿色通道。各银行保险机构要进一步加大对疫区的支持，减免手续费、简化业务流程、开辟快速通道。要充分发挥银行信贷、保险保障、融资担保等多方合力，加强对社会民生重点领域金融支持。对受疫情影响暂时失去收入来源的人群，要在信贷政策上予以适当倾斜，灵活调整住房按揭、信用卡等个人信贷还款安排，合理延后还款期限。对感染新型冠状病毒的出险理赔客户要优先处理，适当扩展责任范围，应赔尽赔。

四是强化疫情防控金融支持。各银行保险机构要主动加强与有关医院、医疗科研单位及企业的服务对接，积极满足卫生防疫、医药产品制造及采购、公共卫生基础设施建设、科研攻关等方面的合理融资需求。要按照特事特办、急事急办原则，切实提高业务办理效率，提供优质高效的疫情防控综合金融服务。鼓励向疫情防控一线的相关单位和工作者提供更加优惠的金融服务。不得借疫情渲染炒作金融产品。

五是做好受困企业金融服务。各银行保险机构要通过调整区域融资政策、内部资金转移定价、绩效考核办法等措施，提升受疫情影响严重地区的金融供给能力。对于受疫情影响较大的批发零售、住宿餐饮、物流运输、文化旅游等行业，以及有发展前景但暂时受困的企业，不得盲目抽贷、断贷、压贷。鼓励通过适当下调贷款利率、完善续贷政策安排、增加信用贷款和中长期贷款等方式，支持相关企业战胜疫情灾害影响。

2020年1月31日，人民银行会同财政部、银保监会、证监会、外汇局联合发布《关于进一步强化金融支持防控新型冠状病毒感染肺炎疫情的通知》（以下简称《通知》），就加大货币信贷支持力度，合理调度金融资源，保障金融服务，维护金融市场平稳有序运行等做了进一步强调。这是金融系统贯彻落实党中央、国务院决策部署，主动作为，扎实工作的重要举措。银保监会根据《通知》的要求，进一步指导银行保险机构持续加大对疫情防控相关领域的金融支持，重点包括：

一是保障信贷资源供给。全力满足卫生防疫、医药用品制造及采购、公共卫生基础设施建设、科研攻关、技术改造等方面的合理融资需求。

二是开辟业务快速审批通道。建立、启动快速审批通道，简化业务流程，切实提高业务办理效率。

三是减费让利降成本。通过适当下调贷款利率、减免手续费、完善续贷政策安排、增加信用贷款和中长期贷款等方式，提供更优惠高效的金融服务。

四是发挥金融租赁特色优势。对疫情防控相关医疗设备的金融租赁业务，鼓励缓收或减收相关租金和利息。

五是积极支持生产防疫用品的小微企业。保持贷款增速，切实落实综合融资成本压降要求。对因疫情影响正常经营、遇到暂时困难的，要稳贷、增贷，不得盲目抽贷、断贷、压贷。

六是发挥保险保障功能。优先处理感染新冠肺炎客户的出险理赔，适当扩展责任范围，应赔尽赔。

（2）实时精准监管，助力企业复工复产

2020 年 2 月 14 日，中国银保监会办公厅发布《关于进一步做好疫情防控金融服务的通知》，推动银行业做好新冠肺炎疫情防控金融服务，助力打赢疫情防控的人民战争、总体战、阻击战，更好地支持实体经济发展，主要内容如下：

一是全力支持疫情防控企业扩大产能。紧紧围绕疫情防控需求，全力做好治疗药物、疫苗研发等卫生医疗重点领域，以及重要物资生产、运输物流等相关企业的融资支持。用足用好中央政策，专设机制、充分授权、主动对接，降低融资成本，提供优惠利率和优质金融服务，支持企业恢复产能和扩大生产。鼓励保险机构结合自身情况，为身处疫情防控一线的工作人员提供意外、健康、养老、医疗等优惠保险服务。

二是全面服务受疫情影响企业复工复产。各银行机构要提早谋划、及时掌握企业信息，优化信贷流程，合理延长贷款期限，有效减费降息，支持受影响企业有序高效恢复生产经营。鼓励保险机构通过减费让利、适度延后保费缴纳时间等方式，支持受疫情影响较重企业渡过暂时难关。鼓励银行保险机构积极拓展服务领域，在支付结算、融资规划、产销支持等更多领域，发挥机构自身优势，提供特色产品、专业咨询、财务管理、信息科技支持等增值服务。围绕国家重大战略，精准支持对宏观经济和区域发展具有重要带动作用的项目工程。加大制造业贷款投放力度，加强供应链金融服务。

三是积极帮扶遇困小微企业、个体工商户。做好辖内小微企业和个体工商户的服务对接和需求调查，对受疫情影响暂时遇到困难、仍有良好发展前景的小微客户，积极通过调整还款付息安排、适度降低贷款利率、完善展期续贷衔接等措施进行纾困帮扶。加大对普惠金融领域的内部资源倾斜，提高小微企业"首贷率"和信用贷款占比，进一步降低小微企业综合融资成本。加大企业财产保险、安全生产责任保险、出口信用保险等业务拓展力度，为小微企业生产经营提供更多保障。

四是加大春耕春种金融支持。针对农村地区疫情防控特点，积极通过线上线下多种方式有效满足农村地区基础金融服务需求。加大涉农贷款投放力度，全力保障农副产品生产和春耕备耕农资供应信贷资金需求。鼓励地方银行机构建立农产品应急生产资金需求快速响应机制，支持疫情期间农产品保供稳价。支持保险机构稳步拓展农业保险品种，扩大农业保险覆盖面，稳定农业种养殖户和农民生产经营预期。

为深入贯彻落实党中央、国务院关于统筹推进新冠肺炎疫情防控和经济社会发展工作的决策部署，进一步加大金融服务实体经济力度，推动产业链协同复工复产，银保监会于2020年3月26日印发了《关于加强产业链协同复工复产金融服务的通知》。针对企业复工复产以来，产业链上下游部分企业面临的现金流压力问题，就引导银行保险机构增强金融支持和服务，畅通产业链资金流，提升产业链协同复工复产整体效应等方面提出了具体措施，主要内容如下：

一是加大产业链核心企业金融支持力度。支持核心企业通过信贷、债券等方式融资后，以适当方式减少对上下游企业的资金占用，帮助产业链上下游中小微企业解决流动资金紧张等问题。

二是优化产业链上下游企业金融服务。通过应收账款融资、订单融资、预付款融资、存货与仓单质押融资等方式加大对产业链上下游中小微企业的信贷支持。

三是加强金融支持全球产业链协同发展。要强化银行业金融机构金融支持"稳外贸"作用，增加外贸信贷投放，落实好中小微企业贷款临时性延期还本付息等政策。鼓励保险机构进一步拓宽短期出口信用保险覆盖面。

四是提升产业链金融服务科技水平。通过线上线下相结合的方式，为企业提供方便快捷的供应链融资服务。鼓励大中型银行、政策性银行按照市场化、法治化原则加强与主要依靠互联网运营的银行的业务合作。

五是完善银行业金融机构考核激励和风险控制。对产业链协同复工复产相关授信予以差别化安排，完善激励机制。明确核心企业准入标准，认真审核核心企业融资需求和贷款用途，严格审核供应链交易背景。

六是加大保险和担保服务支持力度。在风险可控的前提下，鼓励保险机构和政策性担保机构为产业链上下游中小微企业获取融资提供增信措施，人身保险公司在风险可控的前提下可适度延长保单质押贷款期限，提升贷款额度。

（3）纾解中小微企业困境，强化监管防范风险

为深入贯彻落实党中央、国务院关于新冠肺炎疫情防控和应对工作的决策部署，进一步缓解中小微企业困难，推动企业有序复工复产，提高金融服务的针对性、有效性，经国务院同意，银保监会、人民银行、发展改革委、工业和信息化部、财政部于2020年3月1日联合印发《关于对中小微企业贷款实施临时性延期还本付息的通知》，主要内容如下：

一是对于2020年1月25日以来到期的困难中小微企业（含小微企业主、个体工商户）贷款本金，以及2020年1月25日至6月30日中小微企业需支付的贷款利息，银行业金融机构应根据企业申请，给予企业一定期限的临时性延期还本付息安排。还本付息日期最长可延至2020年6月30日，免收罚息。对于少数受疫情影响严重、恢复周期较

长且发展前景良好的中小微企业，银行业金融机构可根据实际情况与企业协商确定另外的延期安排。

二是银行业金融机构为湖北地区配备专项信贷规模，实施内部资金转移定价优惠，力争 2020 年普惠型小微企业综合融资成本较 2019 年平均水平降低 1 个百分点以上。

三是银行业金融机构开通线下和线上等多种渠道，为企业延期还本付息申请提供便利。要及时受理企业申请，限时回复办理。要对临时性延期还本付息贷款进行专门统计、密切监测。

四是从监管政策、货币政策和财税政策等方面给予配套支持。对于实施临时性延期还本付息的贷款，应坚持实质性风险判断，不因疫情因素下调贷款风险分类，不影响企业征信记录。

据统计，2020 年全年累计为中小微企业和外贸企业实施延期还本付息 6.6 万亿元，发放应急贷款 242.7 亿元。

（4）税银联合精准发力，有的放矢高效监管

为深入贯彻落实党中央、国务院关于统筹抓好新冠肺炎疫情防控和经济社会发展的决策部署，2020 年 4 月 7 日，税务总局与银保监会联合印发《关于发挥"银税互动"作用助力小微企业复工复产的通知》，要求在已实施"银税互动"支持政策框架下，针对疫情期间小微企业更加迫切的资金需求，加大税收信用贷款支持力度，努力帮助小微企业复工复产渡过难关。具体措施如下：

一是实施重点帮扶。各省税务机关加强与银保监部门和银行业金融机构的协作，及时梳理受疫情影响较大的批发零售、住宿餐饮、物流运输、文化旅游等行业的小微企业名单，按照国家社会信用体系建设要求依法推送相关企业名称、注册地址、经营地址、联系方式、法定代表人、纳税信用评价结果信息；在依法合规、企业授权的前提下，可向银行业金融机构提供企业纳税信息。各地税务、银保监部门充分利用"银税互动"联席会议机制和"百行进万企"等平台，帮助银行业金融机构主动对接企业需求、精准提供金融服务。

二是创新信贷产品。根据小微企业贷款需求急、金额小、周转快的特点，银行业金融机构要创新"银税互动"信贷产品，及时推出适合小微企业特点的信用信贷产品。进一步优化信贷审批流程，提高贷款需求响应速度，适当增加信用贷款额度，延长贷款期限，加大对此前在银行业金融机构无贷款记录的"首贷户"的信贷投放力度。认真落实《关于对中小微企业贷款实施临时性延期还本付息的通知》（银保监发〔2020〕6 号）要求，帮助小微企业缓解资金困难尽快复工复产。

三是落实扩围要求。税务、银保监部门和银行业金融机构紧密合作，认真落实《国家税务总局　中国银行保险监督管理委员会关于深化和规范"银税互动"工作的通知》（税总发〔2019〕113 号）关于扩大"银税互动"受惠企业范围至纳税信用 M 级的要

求，对湖北等受疫情影响严重的地区，银行业金融机构结合自身风险防控要求，可逐步将申请"银税互动"贷款的企业范围扩大至纳税信用 C 级企业；纳入各省税务机关纳税信用评价试点的个体工商户可参照实行。

四是提高服务质效。税务部门和合作的银行业金融机构要积极发挥网上渠道优势，提供安全便捷的"非接触式"服务，确保疫情防控期间"银税互动"平台运行、信息推送、申请受理业务不中断，并在 2020 年 9 月底前实现"银税互动"数据直连工作模式。

（5）切中肯綮加强服务，全面支持小微企业

为进一步做好"六稳"工作，落实"六保"任务，更加有效地运用监管政策手段，引导和督促商业银行全面提升小微企业金融服务能力和水平，缓解小微企业融资难融资贵问题，银保监会 2020 年 6 月 29 日发布了《商业银行小微企业金融服务监管评价办法（试行）》，着眼于小微企业信贷供给"增量扩面"，提高"首贷户"、续贷、信用贷款数量，进一步健全完善敢贷、愿贷、能贷机制等要求，设置专门指标，发挥监管评价"指挥棒"作用，督促商业银行优化业务结构，完善内部激励约束机制，畅通政策传导渠道，确保疫情以来各项稳企惠企的金融支持政策落地见效。主要内容如下：

一是明确评价内容，设置标准化指标。提出以信贷服务为主、覆盖小微企业金融服务工作全流程的评价指标，对商业银行小微企业信贷投放情况、体制机制建设情况、重点监管政策落实情况、产品及服务创新情况、监督检查情况进行综合评价。

二是确定评价机制，规范评价组织方式及流程。按照法人为主、上下联动的原则建立监管评价组织机制，按年度实施评价。评价工作分为银行自评、监管信息收集、监管初评、监管复审、评价结果通报、档案归集六个环节，各环节均有具体职责分工要求。

三是加强评价结果运用，充分发挥激励引导作用。明确评价结果的运用方式，突出与相关政策措施的协同联动，强化监管评价对商业银行服务小微企业的导向作用。

2. 严防死守提防风险，加强监管维持稳定

（1）规范问题企业分类，完善融资租赁监管框架

为贯彻落实第五次全国金融工作会议精神、完善我国融资租赁行业监管制度、促进融资租赁行业规范发展，2020 年 1 月 8 日，中国银保监会起草了《融资租赁公司监督管理暂行办法（征求意见稿）》。这一举措有利于统一融资租赁业务监管规则，补齐监管制度短板，强化事中事后监管；有利于深化金融供给侧结构性改革，发挥融资租赁行业融资便利、期限灵活、财务优化的优势，积极推动产业升级和经济结构转型，带动新兴产业发展。主要内容如下：

一是弥补短板，完善经营规则。明确融资租赁公司的业务范围、融资行为、租赁物范围以及禁止从事的业务或活动。完善融资租赁公司的公司治理、内部控制、风险管理、关联交易、计提准备金等制度，同时明确融资租赁物购置、登记、取回、价值管理

等其他业务规则。

二是从严监管，落实指标约束。为引导融资租赁公司专注主业，加强对融资租赁公司的合规监管约束，设置了部分审慎监管指标内容。包括融资租赁资产比重、固定收益类证券投资业务比例、杠杆倍数、业务集中度等。

三是积极稳妥，推进分类处置。针对行业现存的"空壳""失联"企业较多等问题，提出了清理规范要求。按照经营风险、违法违规情形，将融资租赁公司划分为正常经营、非正常经营和违法违规经营三类，具体明确三类公司的认定标准，指导地方稳妥实施分类处置。

四是明确职责，加强监督管理。明确银保监会和地方政府的职责分工，并对地方金融监管部门的日常监管提出了具体要求，完善监管协作机制、非现场监管、现场检查、监管谈话等内容。

除此之外，为了加强对融资租赁活动的有效监管，中国银保监会还有针对性地出台了相关政策，以加强融资租赁业务的监管质效，前瞻性防范可能产生的风险。

2020年5月26日，中国银保监会印发了《融资租赁公司监督管理暂行办法》，主要内容如下：

一是完善业务经营规则。明确融资租赁公司的业务范围、租赁物范围以及禁止从事的业务或活动。完善融资租赁公司的公司治理、内部控制、风险管理、关联交易等制度，同时明确融资租赁物购置、登记、取回、价值管理等其他业务规则。

二是加强监管指标约束。新设了部分审慎监管指标内容，包括融资租赁资产比重、固定收益类证券投资业务比例、业务集中度和关联度等，推动融资租赁公司专注主业，提升风险防控能力。

三是厘清监管职责分工。按照2017年全国金融工作会议精神，明确银保监会和地方政府的职责分工，并对地方金融监管部门的日常监管提出具体要求，建立分级监管和专职监管员制度，完善监管协作机制、非现场监管、现场检查、监管谈话等内容。

（2）减量遏增，防范处置非法集资

2020年4月20日，2020年处置非法集资部际联席会议在京召开。会议全面总结防范和处置非法集资工作，深入分析形势，研究部署下一阶段重点任务。主要工作如下：

一是加快推动《防范和处置非法集资条例》（以下简称《条例》）出台。做好贯彻落实《条例》各项准备工作，充分运用行政手段加强源头治理。不断健全执法机制，加快构建行政处置与司法打击并重并举、有机衔接的新格局。

二是审慎稳妥处置风险。完善涉非突发事件应急响应机制，稳妥有序打击处置网络借贷、私募股权等重点领域非法集资活动。深入推进存案攻坚，争取大幅削减存案数量。

三是持续完善监测预警体系。抓紧编制全国非法集资监测预警体系建设三年规划。

健全完善国家平台，改造提升地方平台，加快实现互联互通。充分运用反洗钱等手段，更好发挥金融机构"前哨"作用。深入开展涉非广告信息和风险排查整治，建成网上网下、群防群治的风险防控"天罗地网"。

四是推进形成大宣传格局。制定防非宣传教育五年规划，精心组织防非宣传月等品牌活动。进一步发挥主流媒体作用，积极拓展新媒体渠道，推动形成政府全面行动、社会广泛参与、持续协调发力的宣传工作局面。

（3）补短板堵漏洞，应急突发抗风险

为贯彻支持实体经济和维护金融体系稳健相结合、提供便利金融服务和有效防范风险相结合、坚持审慎监管底线和灵活应对突发情况相结合的基本理念，银保监会制定了《银行保险机构应对突发事件金融服务管理办法》（以下简称《办法》），《办法》坚持框架性、包容性和原则性的导向，为监管部门和银行保险机构应对突发事件提供全面指引，主要内容如下：

一是明确突发事件定义、应对基本原则和组织管理制度安排。《办法》注重与《中华人民共和国突发事件应对法》相衔接，明确规定仅适用于符合法律规定的自然灾害、事故灾难、公共卫生事件和社会安全事件，将法律授权县级以上人民政府及法定授权部门发布的有关决定、命令以及监管要求作为触发条件。明确了常态管理、及时处置、最小影响和社会责任四条基本应对原则。明确了突发事件应对的组织管理制度，要求与业务连续性管理等制度有效结合，强调了职责分工、预案演练、协调配合、信息报告等基本要求。

二是既要求做好基本金融服务，又鼓励提供金融支持措施。规定银行保险机构应当在突发事件应对中保证金融服务的持续性，包括公告营业变更、采取多种服务形式、提供金融便民服务和应急处置金融服务、为受影响借款人提供灵活支持等内容。保险公司应当开发针对性的保险产品，增加业务供给，积极发挥保险的风险防范作用。同时，进一步倡导和支持银行保险机构积极履行社会责任，分别规定了银行机构和保险机构可以主动提供的具体金融支持措施，明确应重点支持的领域。

三是强调提供金融服务和金融支持的同时要守住风险底线。强调加强贷前审查和贷后管理，防范客户不正当获取、使用融资便利或优惠条件，防范多头授信、过度授信，防止挪用融资等行为。要求及时进行业务回溯和后评估，严格防范侵害客户合法权利的行为，加强舆情监测、管理和应对。

四是规定有针对性地调整监管方式和要求。要求保持监管工作连续性、有效性、灵活性，对银行保险机构突发事件应对机制、行动和效果加强指导和监督检查。规定监管部门可以调整市场准入、非现场监管、现场检查和现场调查等工作安排，以支持银行保险机构提供金融服务和金融支持。《办法》特别规定银保监会可以主动调整监管指标，可以临时性对银行保险机构豁免采取监管措施或实施行政处罚。强调银行保险机构不得借机进行分红、分配或提高"董监高"的薪酬待遇。

（4）防范风险跨期传播，构建逆周期资本缓冲机制

为贯彻落实党中央、国务院关于构建宏观审慎政策框架的决策部署，中国人民银行、银保监会发布《关于建立逆周期资本缓冲机制的通知》，自 2020 年 9 月 30 日起实施。

《关于建立逆周期资本缓冲机制的通知》从我国实际出发，参考国际惯例及巴塞尔银行监管委员会的有关要求，明确了我国逆周期资本缓冲的计提方式、覆盖范围及评估机制。同时，根据当前系统性金融风险评估状况和疫情防控需要，明确逆周期资本缓冲比率初始设定为 0，不增加银行业金融机构的资本管理要求。中国人民银行、银保监会将综合考虑宏观经济金融形势、杠杆率水平、银行体系稳健性等因素，定期评估和调整逆周期资本缓冲要求，防范系统性金融风险。

建立逆周期资本缓冲机制，是健全宏观审慎政策框架、丰富宏观审慎政策工具箱的重要举措，有助于进一步促进银行业金融机构稳健经营，提升宏观审慎政策的逆周期调节能力，缓解金融风险顺周期波动和突发性冲击导致的负面影响，维护我国金融体系稳定运行。

（5）打击非法小贷，严控市场风险

为规范小额贷款公司网络小额贷款业务，统一监管规则和经营规则，促进网络小额贷款业务规范健康发展，2020 年 11 月 2 日，中国银保监会会同中国人民银行等部门起草了《网络小额贷款业务管理暂行办法（征求意见稿）》，重点内容包括：

一是厘清网络小额贷款业务的定义和监管体制，明确网络小额贷款业务应当主要在注册地所属省级行政区域内开展，未经银保监会批准，不得跨省级行政区域开展网络小额贷款业务。

二是明确经营网络小额贷款业务在注册资本、控股股东、互联网平台等方面应符合的条件。

三是规范业务经营规则，提出网络小额贷款金额、贷款用途、联合贷款、贷款登记等方面的有关要求。

四是督促经营网络小额贷款业务的小额贷款公司加强经营管理，规范股权管理、资金管理、消费者权益保护工作等，依法收集和使用客户信息，不得诱导借款人过度负债。

五是明确监管规则和措施，促使监管部门提高监管有效性，对违法违规行为依法追究法律责任。

六是明确存量业务整改和过渡期等安排。

（6）数字货币助力发展，从严监管成效显著

2020 年，中国人民银行对支付机构共开出 68 张罚单，其中，一次性处罚最高金额

达 1.16 亿元人民币，刷新了支付处罚金额的最高纪录。在第三方支付兴盛的趋势下，央行在加强对第三方支付平台监管力度的同时，积极开发数字人民币以从根源上化解第三方支付带来的风险。

在 2020 年，中国人民银行对数字人民币进行了较为成熟的应用场景试点测试，并且出台了一系列方案为数字人民币的正式发行做充分准备。2020 年 8 月，商务部印发《全面深化服务贸易创新发展试点总体方案》，正式提出将在京津冀、长三角、粤港澳大湾区及中西部具备条件的地区开展数字人民币试点。同时，在 2020 年 10 月 23 日，中国人民银行公开发布《中华人民共和国中国人民银行法（修订草案征求意见稿）》，在法律上明确规定人民币包括实物形式与数字形式，进一步为数字人民币的正式发行奠定法律基础。

在法律条款更新与对数字货币的监管新架构推行之下，数字人民币的发展蓬勃向上。官方披露的统计数据显示，中国数字经济规模于 2020 年已高达 35.8 万亿元，占 GDP 比重为 36.2%。2020 年 4 月在苏州开展数字人民币试点后，先后将试点扩展到上海、深圳、成都、青岛、长沙等城市，收效甚广。据央行统计，截至 2020 年底，中国数字人民币试点场景已经覆盖了交通、购物、政府服务等多个领域，共计超过 6 700 个试点场景，个人钱包和对公钱包分别开设 11.33 万个和 8 859 个，交易金额逾 11 亿元。

3. 优化银行管理制度，迈出坚实改革步伐

（1）完善公司治理，推动银企监管架构改革

金融机构大多数具有外部性强、财务杠杆率高、信息不对称严重的特征。只有规范的公司治理结构，才能使之形成有效自我约束，进而树立良好市场形象，获得社会公众信任，实现健康可持续发展。党的十八大以来，金融系统坚持以习近平新时代中国特色社会主义思想为指导，持续推进全面从严治党，把加强党的领导与建设现代企业制度紧密结合起来，将强化公司治理作为转变体制机制的重要着力点，取得了长足进步。

一是股权结构实现多元化。银行保险机构通过股份制改造和境内外上市等多种途径，引入社会资本，推动形成由国有股东、机构投资者和社会公众共同持股的多元化股权结构。国有大型银行较早开始探索海内外上市，改变了单一型股权结构。股份制银行、城商行、农商行的股权结构也逐步多元化。境外商业银行在我国设立 41 家外资法人银行和 115 家外国银行分行。

二是公司治理组织架构基本形成。普遍建立了以股东大会、董事会、监事会和高级管理层为主体的公司治理组织架构，"三会一层"各司其职、有效制衡、协调运作的公司治理结构初步形成。国有控股银行保险机构在公司章程中明确了党组织在公司治理中的地位，并通过"双向进入、交叉任职"、党内监督与企业内控结合等机制安排，确保党组织真正发挥把方向、管大局、保落实的作用。

三是公司治理运作机制趋向规范。通过设立董事会专门委员会、优化董事会结构、

提高董事独立性和专业性等措施，董事会的地位和职能逐步得到强化。董事、监事和高管人员的履职评价和激励约束机制初步形成。推进收益与风险兼顾、长期与短期激励相结合的绩效考核机制，加大风险合规类指标在绩效考核中的权重，引入绩效薪酬延期支付和追索扣回制度。内部审计的独立性和有效性得到提升。

四是经营发展模式不断优化。银行业基本树立资本约束的现代经营理念，经济资本、经济增加值和经风险调整后的资本回报率在主要机构得到重视和应用，有力促进了资本配置、风险覆盖和激励考核机制的市场化和规范化。

五是风险管理和内部控制机制持续健全。绝大多数银行机构实行了全面风险管理策略，设立了独立的风险管理部门。从风险识别、计量、监测、控制等方面，完善制度框架，实行统一管理。相互制约的前中后台"三道防线"运行模式初步建立，各类风险纳入全面风险管理体系。

（2）深化农村金融改革，健全中小银行监管框架

银保监会坚持以习近平新时代中国特色社会主义思想为指导，持续推动农村中小银行（包括农村商业银行、农村合作银行、农村信用社等）建立现代金融企业制度，深化体制机制改革，着力提升公司治理的规范性和有效性，促进农村中小银行高质量发展。经过多年努力，农村中小银行以产权改革为核心，改革发展各项工作稳步向前推进。截至2020年12月31日，全国已组建农村商业银行1 545家，农村合作银行27家，现存农村信用社694家。通过改革募集股本超过1万亿元，资产规模达到38.1万亿元，机构资本和经营实力得到增强，为建立良好的公司治理机制奠定了较好基础。

一是现代公司治理架构从无到有。指导农村中小银行大力规范股权结构，引进合格企业股东，法人股占比由改革前不足5%提高至57.5%，初步解决了所有者缺位问题。根据资产规模、业务结构等，按需搭建了"三会一层"组织架构，平均配备董事10人、监事7人，千余家机构引进了独立董事和外部监事。

二是党的领导逐步融入公司治理。推动农村中小银行按照"治行先治党"原则，将党的领导融入公司治理全过程。绝大部分省联社和99%以上的农村商业银行已将党建工作要求写入公司章程，明确了党组织在公司治理中的法定地位。在此基础上，积极探索党组织有效发挥作用的方式方法和机制安排，大部分农村商业银行建立了"双向进入、交叉任职"的领导体制，对重大事项形成党委会研究讨论、党委成员沟通、董事充分发表意见、事后向党委会报告的工作流程。

三是支农支小的公司治理特色日益鲜明。制定出台《关于推进农村商业银行坚守定位　强化治理　提升金融服务能力的意见》，引领农村中小银行完善支农支小导向的公司治理机制，并建立了一整套坚守定位特色的考核指标体系，实现定位与服务可监测、可考核、可评价。目前，90%以上的农村中小银行引入了涉农股东，平均持股比例超过40%。80%以上的机构在董事会下设置了"三农"专业委员会，并由董事长任主任委

员。近年来，农村中小银行贷款占总资产比重持续上升至53.7%，以占银行业13.4%的资产贡献了28.9%的涉农贷款和26.5%的小微企业贷款。

四是逐步形成审慎合规发展机制。农村中小银行持续推进全面风险管理、资本管理和流程银行建设，内部控制和审计体系不断健全，形成前中后台相互制约的"三道防线"。越来越多的机构借助科技手段，科学测算风险与收益，资源配置精细化程度不断提升。全面开展绩效考核监管评估，坚决纠正偏离定位、经营短视的考核体系，引导树立审慎合规经营导向。

五是股东行为持续得到规范。深入开展2018—2020年农村中小银行股东股权三年专项排查整治行动。目前已累计排查1 800余家、占比80%的机构，排查持股1%及以上的股东4.7万个、股东关联人近10万个。针对股东违规持股、操控经营、利用关联交易不当获利等严重违规问题，累计依法限制2 000余名股东的表决权，责令转让股权33.4亿股，让违法违规股东切实承担责任。在排查整治基础上，出台强化农村中小银行关联交易管理制度，重点弥补股东违规关联交易等制度短板。目前监管部门已建立机构全覆盖的股东股权和关联交易问题台账，依法公开重大违法违规股东，加强社会监督，形成市场约束。

（3）步稳蹄疾对外开放，深化金融领域改革

2020年以来，面对错综复杂的经济形势，特别是新冠肺炎疫情带来的严峻考验，中国银保监会坚持以习近平新时代中国特色社会主义思想为指导，深入贯彻党中央、国务院决策部署，坚决打赢疫情防控阻击战，全力支持经济社会恢复发展，持续深化改革扩大开放，牢牢守住不发生系统性金融风险的底线。即将采取的几项重点举措包括：

一是大力支持直接融资，促进融资结构优化。引导信托、理财和保险公司等机构树立价值投资理念，做真正的专业投资、价值投资，成为促进资本市场发展、维护资本市场稳定的中坚力量。

二是以加快中小银行改革为突破口，提升金融机构体系稳健性。拓宽风险处置和资本补充资金来源，加快补充资本，因地制宜、分类施策，把深化改革与化解风险、完善治理结合起来。

三是以公司治理为抓手，完善现代金融企业制度。积极探索中国特色公司治理模式，推动把党的领导融入公司治理各环节。调整优化股权结构，严格股东资质管理，规范股东行为和关联交易，严防大股东操纵和内部人控制，强化履职监督和信息披露。

四是促进实现更大范围、更宽领域和更深层次的金融双向开放。鼓励中外机构在产品、股权、管理和人才等方面开展合作，拓展开放广度和深度。完善配套制度和基础设施建设，营造更加市场化、法治化、国际化的营商环境。稳步推进人民币国际化，逐步拓展计价结算、交易和储备功能，提高人民币可自由使用程度。深化与港澳金融合作，坚决维护香港金融稳定。

特别是在公司治理方面，下一步要对银行、保险、信托机构股权结构进行调整优化。其中，要坚持社会资本在中小金融机构中为主的格局不变；也要坚持农信社、农商行县域法人的地位总体不变，服务县域经济、服务"三农"、服务小微企业的定位不变。但对于大股东操纵，将金融机构变为"提款机"的行为，对于股权过于分散、内部人控制的行为要坚决矫正。

（4）化解历史痼疾，规范股份制银行治理制度

近年来，银保监会认真落实习近平总书记重要指示精神，把完善银行保险机构公司治理作为金融改革的重中之重，多次组织召开会议研究公司治理工作，成立专门负责公司治理监管的功能监管部门，出台一系列公司治理监管制度文件，着力化解部分风险机构公司治理历史痼疾，全面规范各治理主体行为，多措并举引导推动银行保险机构完善公司治理。在监管机构和市场主体共同努力下，股份制银行公司治理建设取得长足进步。

一是公司治理架构逐步健全。股份制银行已普遍修订公司章程，明确党组织在公司治理中的地位，确保党组织真正发挥把方向、管大局、保落实作用；已初步建立适合自身特点的公司治理架构，股东大会、董事会、监事会和高管层相互制衡监督。大部分全国性股份制商业银行已成功上市，建立较完备的信息披露和市场化监督体系。相对来说，股份制银行公司治理规范性和透明度在银行业中处于较好水平。

二是股权结构多元化格局基本形成。在持续发挥国有资本作用的同时，股份制银行也注重调动包括民间资本在内的各类社会资本的积极性，构建多元股权结构体系。目前在股份制银行中，有中央财政或地方财政控股的机构，有大型国有企业或金融企业控股的机构，也有国有股权和民营股权相对分散均衡的机构，还有以民营资本为主要股东的机构，为探索不同公司治理模式提供了有益参考。

三是经营发展模式不断优化。股份制银行日益注重通过优化公司战略规划，实现回归本源、专注主业、防范风险。总体来看，股份制银行资产负债结构持续优化，通道类业务规模持续下降，净值化理财产品占比提升，经济资本、经济增加值和经风险调整后的资本回报率得到重视和运用。高质量发展已逐渐成为股份制银行的普遍共识和选择。

四是风险管理能力持续提升。股份制银行基本建立相对独立的风险管理组织架构，相互制约的前中后台"三道防线"运行模式趋于形成，初步实现向全面风险管理转型。以深入实施巴塞尔协议为契机，有效提升风险管理技术和手段，有的银行已实施资本计量高级方法。内部控制体系初步建立，业务流程不断完善，管理制度执行日趋规范，重点领域风险得到有力防控。通过加大存量风险处置和有效补充资本，股份制银行风险抵御能力显著提升。近两年来，全国性股份制商业银行累计处置不良贷款金额近 1.5 万亿元，不良贷款率保持在 1.63% 左右，以内源和外源等多种方式累计补充资本约 1 万亿元，守住了不发生系统性风险的底线。

五是少数银行治理顽疾得到化解。把完善公司治理同打赢防范化解金融风险攻坚战紧密结合起来，在风险处置过程中不仅打破原有"治理僵局"，更推动形成有利于可持续发展的治理结构。例如恒丰银行是一家全国性股份制商业银行，一段时期以来违法违规问题频繁出现，并且发生了重大案件。按照党中央、国务院决策部署，金融管理部门和地方党委政府密切配合，采取果断措施处置风险，全面加强党的领导，完善治理结构，调整充实领导班子，全面撤换董事会、监事会和高管层人员。坚决清退违法违规股权股东，按照司法程序惩治违法犯罪分子。通过剥离不良资产、老股东缩股、地方政府注资、引入新的战略投资者，稳妥化解风险，完成市场化改革重组。

（5）规范商业银行活动，促进理财业务健康发展

为规范商业银行理财子公司理财产品销售业务活动，保护投资者合法权益，促进理财业务健康发展，银保监会起草了《商业银行理财子公司理财产品销售管理暂行办法（征求意见稿）》（以下简称《办法》）。

《办法》是《商业银行理财子公司管理办法》的配套监管制度。开展商业银行理财子公司（以下简称银行理财子公司）产品销售业务活动需要同时遵守资管新规、理财新规、《商业银行理财子公司管理办法》和《办法》等制度规定。《办法》共8章69条，分别为总则、理财产品销售机构、风险管理与内部控制、理财产品销售管理、销售人员管理、投资者合法权益保护、监督管理与法律责任以及附则。

《办法》主动顺应理财产品销售中法律关系新变化，充分借鉴同类资管机构产品销售的监管规定，并根据银行理财子公司特点进行了适当调整。

一是合理界定销售的概念，结合国内外实践，合理界定销售内涵，包括宣传推介理财产品、提供理财产品投资建议，以及为投资者办理认（申）购和赎回。

二是划定理财产品销售机构范围，理财产品销售机构包括销售本公司发行理财产品的银行理财子公司和代理销售机构。代理销售机构现阶段为其他银行理财子公司和吸收公众存款的银行业金融机构。

三是厘清产品发行方和销售方责任，《办法》注重厘清银行理财子公司（产品发行方）与代理销售机构（产品销售方）之间的责任，要求双方在各自责任范围内，共同承担理财产品的合规销售和投资者合法权益保护义务。

四是明确销售机构风险管控责任，明确理财产品销售机构董事会和高级管理层责任，要求指定专门部门和人员对销售业务活动的合法合规性进行管理。

五是强化理财产品销售流程管理，对宣传销售文本、认赎安排、资金交付与管理、对账制度、持续信息服务等主要环节提出要求。

六是全方位加强销售人员管理，从机构和员工两个层面分别提出管理要求。

七是切实保护投资者合法权益，要求建立健全投资者权益保护管理体系，持续加强投资者适当性管理，把合适的理财产品销售给合适的投资者。

八是要求信息全面登记，要求代理销售合作协议、销售结算资金的交易情况以及销售人员信息依规进行登记。

（二）证券监管宽严互补保障稳健发展

2020年，面对疫情全球流行和复杂形势带来的严峻考验，中国证监会认真贯彻党中央、国务院决策部署，在国务院金融委的统一指挥协调下，始终坚持稳中求进工作总基调，贯彻新发展理念，落实中央"六稳""六保"方针，坚持"建制度、不干预、零容忍"，全面加强党的建设，统筹推进防控疫情、深化改革、防范风险和支持经济社会发展各项工作，资本市场总体保持了稳健发展势头。

1. 贯彻落实新《证券法》精神，促进资本市场立法体制机制建设

（1）调整再融资制度，提升资本市场作用

为深化金融供给侧结构性改革，完善再融资市场化约束机制，增强资本市场服务实体经济的能力，助力上市公司抗击疫情、恢复生产，2020年2月14日，证监会发布《关于修改〈上市公司证券发行管理办法〉的决定》《关于修改〈创业板上市公司证券发行管理暂行办法〉的决定》《关于修改〈上市公司非公开发行股票实施细则〉的决定》，自发布之日起施行。此次部分条款调整的内容主要包括：

一是精简发行条件，拓宽创业板再融资服务覆盖面。取消创业板公开发行证券最近一期末资产负债率高于45%的条件；取消创业板非公开发行股票连续2年盈利的条件；将创业板前次募集资金基本使用完毕，且使用进度和效果与披露情况基本一致由发行条件调整为信息披露要求。

二是优化非公开制度安排，支持上市公司引入战略投资者。上市公司董事会决议提前确定全部发行对象且为战略投资者等的，定价基准日可以为关于本次非公开发行股票的董事会决议公告日、股东大会决议公告日或者发行期首日；调整非公开发行股票定价和锁定机制，将发行价格由不得低于定价基准日前20个交易日公司股票均价的9折改为8折；将锁定期由36个月和12个月分别缩短至18个月和6个月，且不适用减持规则的相关限制；将主板（中小板）、创业板非公开发行股票发行对象数量由分别不超过10名和5名，统一调整为不超过35名。

三是适当延长批文有效期，方便上市公司选择发行窗口。将再融资批文有效期从6个月延长至12个月。

（2）推进证券期货立法建设，完善资本市场监管制度

证监会高度重视证券期货立法体制机制建设，早在2003年就印发了《证券期货规章制定程序规定（试行）》，试行之后，于2008年制定了《证券期货规章制定程序规定》（以下简称《规定》）。此后，证监会又先后印发了《证券期货规章草案公开征求意见试行规则》和《关于进一步完善规章规范性文件起草审查制定工作机制的通知》等文件。《规定》实施至今十余年来，《中华人民共和国立法法》（以下简称《立法法》）

和《规章制定程序条例》（以下简称《条例》）已在近几年进行了修改，同时，资本市场也发生了很大变化，对相关规章制定修改等立法工作提出了新的要求。为此，证监会落实《立法法》《条例》相关规定，在认真总结经验的基础上，结合资本市场立法工作特点，开展了对《规定》的修订完善，并于 2019 年 10 月 25 日至 11 月 24 日向社会公开征求意见。

2020 年 3 月 13 日，证监会发布修订后的《证券期货规章制定程序规定》，自 2020 年 4 月 13 日起施行。本次修改的主要内容包括：

一是加强对立法工作的领导。如制定规章应当贯彻落实党的路线方针政策和决策部署；年度规章制订工作计划要经批准，对临时补加规章立项进行规范等。

二是按照《条例》要求修改补充新的规定。如强调制定规章应当符合上位法规定；年度规章制订工作计划要向社会公布；起草部门要向社会公开征求意见；规章涉及重大利益调整事项的，应当进行论证咨询，必要时进行听证；法制机构审查规章时，可以向社会公开征求意见；对有重大意见分歧的，法制机构应当组织进行论证研究；等等。

三是结合实践经验，改进证监会立法程序机制。如规定重要的或者综合性的规章，可以由法制机构起草或者组织成立专门的工作小组共同负责起草；将公平竞争审查制度上升至规章层面；明确法制机构在规章审查中的职责，进一步丰富审查措施手段；等等。

《规定》作为"规章"中的"规章"，对证券期货规章的立改废释程序进行了系统的修改与完善，是完善资本市场基础制度的重要组成部分。《规定》的施行，有助于深入贯彻民主立法与科学立法的原则要求，进一步规范规章制定修改等立法活动，保障规章起草、审查质量，提高证券期货规章立法水平。

（3）系统性清理证券监管规章制度，为资本市场提供坚实的法治保障

2020 年 3 月 20 日，为做好新《证券法》的贯彻落实工作，证监会发布了《关于修改部分证券期货规章的决定》和《关于修改部分证券期货规范性文件的决定》，对 13 部规章、29 部规范性文件的部分条款予以修改。

本次《证券法》修订，系统总结了多年来我国证券市场改革发展、监管执法、风险防控的实践经验，改革完善了一系列新的制度。新《证券法》修改幅度大，新增了两章，修改了 160 多个条款，相应的配套规章、规范性文件也要进行系统性的修改更新。证监会高度重视新《证券法》配套规章、规范性文件的完善工作，本着"成熟一批、及时修改一批"的原则，进行了系统性的专项清理。本次"打包"修改规章、规范性文件部分条款，是按新《证券法》有关规定，对相关规章、规范性文件内容的直接、对应性文字、内容调整，主要涉及并购重组、信息披露、证券交易所管理、行政许可事项取消、证券基金经营机构监管、证券服务机构监管、监管执法措施、诚信监管等制度中的相应条款。本次修改部分证券期货规章、规范性文件，是证监会继前期集中废止 18 部

规范性文件后，对有关规章、规范性文件进行修改完善的又一重要举措，既是证监会证券期货规章制度系统性清理工作的一部分，也是证监会贯彻落实新《证券法》的一次阶段性制度更新。

2020年10月30日，证监会发布《关于修改、废止部分证券期货规章的决定》《关于修改、废止部分证券期货制度文件的决定》，对5项规章、27件规范性文件、38件其他制度文件进行集中"打包"修改、废止。

本次集中修改、废止的主要内容包括：一是对20项规章、规范性文件的部分条款予以修改，主要是按照新《证券法》的要求对相关法规的内容进行相应调整，按照"放管服"改革要求取消部分备案事项及提交文件材料要求等；二是对50件制度文件予以废止，主要是因为新《证券法》取消了有关行政许可事项、与监管实践变化情况不符合、所规范的事项已不存在或已由新的规则予以规范等。本次修改、废止70项证券期货规章制度，是继前期集中废止18件规范性文件、修改13项规章、29件规范性文件后，对有关规章制度再次进行阶段性清理更新，清理范围更广、清理力度更大、清理文件数量更多。其中，除对规章、规范性文件进行清理外，还着力清理监管问答、部函、通报、监管动态等制度文件，如本次废止了38件监管问答等文件，涉及证券公司、基金管理公司、会计师事务所、债券发行人、资信评级机构等监管领域。

2020年来，证监会持续开展证券期货规章制度系统性清理，不断把相关工作向纵深推进。证监会高度重视清理监管问答等制度文件工作，在科学评估的基础上，除了进行集中废止之外，还综合运用各种方式进行整合清理，有的将相关内容提升至规章或规范性文件，有的以"监管规则适用指引"的形式统一公开发布，如前期将40余件上市公司监管问答整合为1项监管规则适用指引予以发布。通过综合清理监管问答等制度文件，增强规则系统性，提高规则透明度，构建起更加科学合理的资本市场法规体系。

2. 监管制度与时俱进，为资本市场改革创新保驾护航

（1）出台创业板配套规则，落实创业板改革并试点注册制

2020年6月12日，证监会发布了《创业板首次公开发行股票注册管理办法（试行）》（以下简称《创业板首发办法》）、《创业板上市公司证券发行注册管理办法（试行）》（以下简称《创业板再融资办法》）、《创业板上市公司持续监管办法（试行）》（以下简称《创业板持续监管办法》）和《证券发行上市保荐业务管理办法》（以下简称《保荐办法》），自公布之日起施行。与此同时，证监会、深交所、中国证券登记结算有限责任公司（以下简称中国结算）、中国证券业协会等发布了相关配套规则。

证监会出台的《创业板首发办法》共七章、七十五条。主要内容包括：

一是精简优化创业板首次公开发行股票的条件，将发行条件中可以由投资者判断的事项转化为更加严格的信息披露要求，强调按照重大性原则把握企业的法律合规性和财务规范性问题。

二是对注册程序做出制度安排，实现受理和审核全流程电子化和全流程公开，减轻企业负担，提高审核透明度。

三是强化信息披露要求，严格落实发行人等相关主体在信息披露方面的责任，制定针对创业板企业特点的差异化信息披露规则。

四是明确市场化发行承销的基本规则，并规定定价方式、投资者报价要求、最高报价剔除比例等事项应同时遵守深交所相关规定。

五是强化监督管理和法律责任，加大对发行人、中介机构等市场主体违法违规行为的追责力度。

同时，证监会出台了《创业板再融资办法》，共七章、九十三条。主要内容包括：

一是明确适用范围，上市公司发行股票、可转换公司债券、存托凭证等证券品种的，适用《创业板再融资办法》。

二是精简优化发行条件，区分向不特定对象发行和向特定对象发行，差异化设置各类证券品种的再融资条件。

三是明确发行上市审核和注册程序，深交所审核期限为两个月，证监会注册期限为十五个工作日。同时，针对"小额快速"融资设置简易程序。

四是强化信息披露要求，要求有针对性地披露业务模式、公司治理、发展战略等信息，充分揭示可能对公司核心竞争力、经营稳定性以及未来发展产生重大不利影响的风险因素。

五是对发行承销做出特别规定，就发行价格、定价基准日、锁定期，以及可转债的转股期限、转股价格、交易方式等做出专门安排。

六是强化监督管理和法律责任，加大对上市公司、中介机构等市场主体违法违规行为的追责力度。

同时出台的配套规则还有《创业板持续监管办法》，共三十五条。主要内容包括：

一是明确适用原则，创业板公司应遵守上市公司持续监管的一般规定，但《创业板持续监管办法》另有规定的除外。

二是明确公司治理相关要求，并针对存在特别表决权股份的公司做出专门安排。

三是建立具有针对性的信息披露制度，强化行业定位和风险因素的披露，突出控股股东、实际控制人等关键少数的信息披露责任。

四是明确股份减持要求，适当延长未盈利企业控股股东、实际控制人、董监高的持股锁定期。

五是完善重大资产重组制度，明确创业板上市公司并购重组涉及发行股票的实行注册制，并规定重组标的资产要求等。

六是调整股权激励制度，扩展可以成为激励对象的人员范围，放宽限制性股票的价格限制，并进一步简化限制性股票的授予程序。

此外，证监会对证券发行上市保荐业务的管理规则进行修订，《保荐办法》修订的主要内容有：

一是与新《证券法》保持协调衔接，调整审核程序相关条款，完善保荐代表人管理。

二是落实创业板注册制改革要求，明确发行人及其控股股东、实际控制人配合保荐工作的相关要求，细化中介机构执业要求，督促中介机构各尽其责、合力把关，提高保荐业务质量。

三是强化保荐机构内部控制要求，将保荐业务纳入公司整体合规管理和全面风险管理范围，推动行业自发形成合规发展、履职尽责的内生动力和自我约束力。

四是加大问责力度，丰富监管措施类型，提高违法违规成本。

为做好创业板改革并试点注册制具体实施工作，证监会配套制定、修订了《创业板首次公开发行证券发行与承销特别规定》《公开发行证券的公司信息披露内容与格式准则第 28 号——创业板公司招股说明书（2020 年修订）》等六部规范性文件，与《创业板首发办法》《创业板再融资办法》一并发布。深交所制定、修订了业务规则，主要涉及上市条件、审核标准、股份减持制度、持续督导等方面。证券业协会制定了有关创业板发行承销的自律规则。中国结算制定、修订了登记结算、转融通等方面的业务规则。

此外，为进一步规范创业板相关市场主体行为，营造市场诚信生态，证监会将按照《证券法》《证券期货市场诚信监督管理办法》《关于对违法失信上市公司相关责任主体实施联合惩戒的合作备忘录》的有关规定，及时把相关主体的违法失信信息纳入证券市场诚信档案，接受社会公众查询，开展严重违法失信专项公示，并推送全国信用信息共享平台。

2020 年 6 月 15 日起，深交所将开始受理创业板在审企业的首次公开发行股票、再融资、并购重组申请。下一步，证监会将组织深交所、中国结算等单位扎实推进审核注册、市场组织、技术准备等工作，落实好创业板改革并试点注册制工作。

（2）制定科创板管理办法，落实科创板改革并试点注册制

2020 年 7 月 3 日，为贯彻落实党中央、国务院关于设立科创板并试点注册制的重大决策部署，按照《证券法》和《关于在上海证券交易所设立科创板并试点注册制的实施意见》，证监会在充分调研的基础上，立足我国资本市场实际制定了《科创板上市公司证券发行注册管理办法（试行）》（以下简称《科创板再融资办法》），自公布之日起施行。

出台的《科创板再融资办法》共七章、九十三条，主要包括以下内容：

一是明确适用范围，上市公司发行股票、可转换公司债券、存托凭证等证券品种的，适用《科创板再融资办法》。

二是精简优化发行条件。区分向不特定对象发行和向特定对象发行，差异化设置各

类证券品种的再融资条件。

三是明确发行上市审核和注册程序。上交所审核期限为两个月，证监会注册期限为十五个工作日。同时，针对"小额快速"融资设置简易程序。

四是强化信息披露要求，要求有针对性地披露行业特点、业务模式、公司治理等内容，充分披露科研水平、科研人员、科研资金投入等信息。

五是对发行承销做出特别规定，就发行价格、定价基准日、锁定期，以及可转债的转股期限、转股价格、交易方式等做出专门安排。

六是强化监督管理和法律责任，加大对上市公司、中介机构等市场主体违法违规行为的追责力度。

（3）明确基础设施 REITs 监管规则，落实基础设施 REITs 试点

为落实《中国证监会、国家发展改革委关于推进基础设施领域不动产投资信托基金（REITs）试点相关工作的通知》（证监发〔2020〕40 号），2020 年 8 月 7 日，证监会发布《公开募集基础设施证券投资基金指引（试行)》（以下简称《指引》），自公布之日起施行。

《指引》共五十一条，主要包括以下内容：

一是明确产品定义与运作模式。公开募集基础设施证券投资基金（简称基础设施基金）属上市交易的封闭式公募基金，应具备以下条件：80% 以上基金资产投资于基础设施资产支持证券，通过资产支持证券和项目公司等特殊目的载体取得基础设施项目完全所有权或经营权利；基金管理人主动运营管理基础设施项目以获取稳定现金流，并将90% 以上合并后基金年度可供分配金额按要求分配给投资者。

二是压实机构主体责任，严控基础设施项目质量。强化基金管理人与托管人的专业胜任要求和诚实守信、谨慎勤勉的受托职责。聚焦优质基础设施资产，严把项目质量关。发挥外部管理机构、会计师事务所、评估机构等专业作用。

三是明确基金份额发售方式，采取网下询价的方式确定基金份额认购价格，公众投资者以询价确定的认购价格参与基金份额认购。

四是规范基金投资运作，加强风险管控，夯实投资者保护机制。明确基金投资限制、关联交易管理、借款安排、基金扩募、信息披露等要求，全面落实"以信息披露为中心"，确保投资者的充分知情权。

五是明确证监会监督管理和相关自律组织管理职责，强化违规行为约束。

基础设施房地产信托投资基金（REITs）试点对于深化金融供给侧结构性改革、提升资本市场服务实体经济能力、丰富资本市场投融资工具等具有重要意义。下一步，证监会将按照《指引》以及相关法律法规要求，坚持"稳中求进"总基调，推动基础设施 REITs 平稳落地，并及时总结试点经验，不断完善监管制度。

（4）贯彻新三板改革方案，补齐市场短板

在整个金融供给侧结构性改革和资本市场全面深化改革中，要补齐的一个短板就是中小企业、民营企业的融资需求缺口大且结构不合理问题。而在资本市场体系中，新三板无论从政策定位还是市场实践，都以服务中小企业、民营企业为主。但与实体经济需求、各方期待有所差距的是，2017年以来，由于市场规模、结构和需求多元等因素影响，新三板出现了一些新的情况和问题，如融资额下降、交易不活跃、申请挂牌公司减少、主动摘牌公司增加等。对此，经过深入研究论证，证监会在资本市场全面深化改革的总体框架下制定了全面深化新三板改革方案，旨在提升市场功能，激发市场活力，补齐服务中小企业的市场"短板"。

按照新三板改革的总体思路，有五个方面的改革新举措：

一是优化发行融资制度。引入向不特定合格投资者公开发行制度，降低企业与投资者的对接成本，提升融资效率；优化定向发行制度，取消单次融资新增投资者35人限制；允许挂牌同时发行、自办发行，优化授权发行，增加制度灵活性；借鉴科创板注册制经验，进一步简政放权，对公开发行、200人以上定向发行等相关行政许可事项，证监会在全国股转公司自律监管意见的基础上履行核准程序，证监会不设发审委。

二是完善市场内部层次结构。通过增设精选层，打造"基础层—创新层—精选层"三个层次的市场结构，形成新三板内部不同层次间能进能出的局面，并配套形成交易、投资者适当性、信息披露、监督管理等差异化制度体系。

三是建立挂牌公司转板上市机制。改革后将允许在精选层挂牌满一年、符合《证券法》上市条件和交易所相关规定的企业，可以不再走传统的首次公开发行并上市（IPO）的路径，直接向交易所申请转板上市。

四是加强监督管理，实施分类监管，研究提高违法成本，切实提升挂牌公司质量。

五是健全市场退出机制，完善摘牌制度，推动市场出清，促进形成良性的市场进退生态，切实保护投资者合法权益。

为推动新三板各项改革措施平稳落地，2020年1月13日，依据《非上市公众公司监督管理办法》（以下简称《公众公司办法》）、《非上市公众公司信息披露管理办法》（以下简称《信息披露办法》），证监会对《非上市公众公司信息披露内容与格式准则第3号——定向发行说明书和发行情况报告书》《非上市公众公司信息披露内容与格式准则第4号——定向发行申请文件》（以下统称定向发行格式准则）进行修订，同时制定《非上市公众公司信息披露内容与格式准则第9号——创新层挂牌公司年度报告》和《非上市公众公司信息披露内容与格式准则第10号——基础层挂牌公司年度报告》（以下统称创新层、基础层年报格式准则），自发布之日起实施。

本次修订定向发行格式准则，主要依据《公众公司办法》，调整了以下几方面内容：一是统一定向发行的要求，将信息披露及申报文件要求的适用范围扩大至全体公众公司；二是完善信息披露内容，明确了发行股份购买资产等方面的披露要求，细化了募集资金用途等披露要求；三是督促中介机构勤勉尽责，补充了对中介机构发表意见的要求；四是继续推进简政放权，明确挂牌公司申请定向发行需要履行行政许可的，由全国股转公司先行出具自律监管意见，作为申请行政许可的必备文件。

本次制定创新层、基础层年报格式准则，主要依据《信息披露办法》，细化创新层、基础层挂牌公司的年度报告披露要求：一是明确创新层、基础层年报的差异化披露要求，同时对披露内容进行适当简化；二是借鉴科创板改革成果，以投资者需求为核心，提升年报信息披露的可读性、有用性；三是从中小企业特点出发，强化对创新层、基础层公司经营业绩影响较大的风险因素的披露。

2020年7月22日，按照证监会党委关于深化新三板改革工作的统一部署，证监会发布《非上市公众公司监管指引第5号——精选层挂牌公司持续监管指引（试行）》（以下简称《监管指引》）及五项挂牌公司定期报告格式准则，自发布之日起实施。

制定《监管指引》，主要有三个方面的考虑：一是从新三板市场实际情况出发，建立适合精选层公司特点的持续监管制度；二是以行政规范性文件的形式对精选层公司的监管要求进行强化，为加强精选层公司行政监管、结合市场分层实施分类监管奠定制度基础；三是借鉴上市公司监管经验，针对精选层公司构建证监会、派出机构和全国股转公司"三点一线"的工作机制，提高监管效能。

本次制定的五项挂牌公司定期报告格式准则，包括精选层年报、中报及季报格式准则，创新层、基础层中报格式准则。制定过程坚持以下原则：一是精选层、创新层、基础层三个层次之间的披露要求呈梯度化，依次降低；二是注重层次内部规则衔接，中期报告披露要求低于年度报告，高于季度报告；三是以现有新三板监管规则为基础，借鉴上市公司制度理念，充分体现挂牌公司特点。

3. 证券监管精准从严，促进资本市场健康发展

（1）加强基金托管业务监管，切实保护投资者合法权益

为了加强对基金托管人及基金托管业务的日常监管，2020年7月10日，中国证监会和中国银保监会联合发布了修订后的《证券投资基金托管业务管理办法》（以下简称《托管办法》）。

《托管办法》修订内容主要涉及以下几个方面：

一是按照国家金融业对外开放的统一安排，允许外国银行在华分行申请证券投资基金（以下简称基金）托管业务资格，净资产等财务指标可按境外总行计算，并明确境外总行应承担的责任，强化配套风险管控安排。执行中，外国银行在华子行一体适用。

二是结合监管实践完善监管要求，适当调整基金托管人净资产准入标准，强化基金托管业务集中统一管理，完善基金托管人持续合规要求，进一步丰富行政监管措施，强化实施有效监管。

三是持续推进简政放权，简化申请材料，优化审批程序，实行"先批后筹"。

四是统一商业银行及其他金融机构的准入标准与监管要求，将非银行金融机构开展基金托管业务的有关规定整合并入《托管办法》。

《托管办法》出台后，证监会相应更新基金托管资格相关行政许可事项的服务指南，包括外国银行在华分行在内符合条件的金融机构均可依法报送相关申请。证监会将会同银保监会加强对基金托管人及基金托管业务的日常监管，持续强化执法力度，惩处违法违规行为，切实保护投资者合法权益。

（2）实施分类监管制度，提高对证券行业的监管水平

为有效实施证券公司审慎监管，促进证券公司的业务活动与其治理结构、内部控制、合规管理、风险管理等情况相适应，实现持续规范发展，2020年7月10日，证监会发布了《关于修改〈证券公司分类监管规定〉的决定》（以下简称《规定》），自发布之日起实施。

本次修改维持分类监管制度总体框架不变，适应证券行业发展状况和审慎监管需要，重点优化分类评价指标体系，集中解决实践中遇到的突出问题。主要修改内容包括：

一是进一步强化合规、审慎经营导向。为更加准确反映证券公司的合规风控状况，完善对证券公司及其相关人员被采取行政监管措施、自律管理措施的扣分规则，明确对公司治理与内部控制严重失效等情形予以调降分类级别的依据，完善证券公司风险管理能力评价指标和标准。优化风险管理能力加分指标，促进证券公司强化资本约束，提高全面风险管理的有效性，切实实现风险管理全覆盖。

二是进一步适应专业化、差异化发展需要。适应证券行业发展变化，从投资银行、资产管理、机构客户服务及交易、财富管理、盈利能力、信息技术投入等方面，优化调整业务发展状况评价指标，体现监管支持证券公司突出主业、做优做强，差异化、特色化发展的导向。

修改后的《规定》再次强调，分类评价结果主要供证监会及其派出机构使用。证监会按照审慎监管、分类监管原则，对不同类别证券公司规定不同的风控指标标准和风险资本准备计算比例，进行针对性监管资源配置。证券公司不得将分类结果用于广告、宣传、营销等商业目的。

（3）规范基金销售行为，加强对基金销售机构的监管

为了进一步完善基金销售行为规范、加强基金销售机构合规内控，强化投资者权益保护、优化基金市场生态、促进基金行业良性发展，2020年8月28日，证监会发布《公开募集证券投资基金销售机构监督管理办法》（以下简称《销售办法》）及配套规则，自2020年10月1日起施行。

本次《销售办法》及配套规则修订主要涉及以下内容：

一是强化基金销售活动的持牌准入要求，厘清基金销售机构及相关基金服务机构职责边界。明晰基金销售业务的内涵外延，厘清基金销售机构与互联网平台合作的业务边界和底线要求，支持基金管理人、基金销售机构规范利用互联网平台拓展客户。

二是优化基金销售机构准入、退出机制，着力构建进退有序、良性发展的基金销售行业生态。调整优化资格注册程序，实行"先批后筹"；整合各类金融机构注册条件，进一步完善独立基金销售机构及其股东准入要求；引入基金销售业务许可证有效期延续制度，强化停止业务、吊销牌照等制度安排。

三是夯实业务规范与机构管控，推动构建以投资者利益为核心的体制机制。突出强调基金销售行为的底线要求，细化完善投资者保护与服务安排；推动基金销售机构构建以投资者利益为核心、促进长期理性投资的考核体系；强化私募基金销售业务规范；增设"内部控制与风险管理"专章，要求各类基金销售机构健全与基金销售业务匹配的内部制度。

四是完善独立基金销售机构监管，促进独立基金销售机构专业合规稳健发展。完善对独立基金销售机构股权管理与内部治理的要求，强调展业独立性，并在合规风控、分支机构管理、展业范围等方面提出针对性要求。

证监会将不断加强对基金销售机构及基金销售业务的监管，着力培育以投资者利益为核心、以长期理性投资为导向的市场环境，进一步发挥基金行业增强居民财富效应、支持实体经济发展的功能作用。

（4）完善境外投资管理，推进资本市场对外开放

为切实提高资本市场对外开放水平，2020年9月25日，经国务院批准，中国证监会、中国人民银行、国家外汇管理局发布《合格境外机构投资者和人民币合格境外机构投资者境内证券期货投资管理办法》（以下简称《QFII、RQFII办法》），中国证监会同步发布配套规则《关于实施〈合格境外机构投资者和人民币合格境外机构投资者境内证券期货投资管理办法〉有关问题的规定》。《QFII、RQFII办法》及配套规则自2020年11月1日起施行。

《QFII、RQFII办法》及配套规则修订内容主要涉及以下方面：

一是降低准入门槛，便利投资运作。将QFII、RQFII资格和制度规则合二为一，放宽准入条件，简化申请文件，缩短审批时限，实施行政许可简易程序；取消委托中介机构数量限制，优化备案事项管理，减少数据报送要求。

二是稳步有序扩大投资范围。新增允许QFII、RQFII投资全国中小企业股份转让系统挂牌证券、私募投资基金、金融期货、商品期货、期权等，允许参与债券回购、证券交易所融资融券、转融通证券出借交易。QFII、RQFII可参与金融衍生品等的具体交易品种和交易方式，将本着稳妥有序的原则逐步开放，由中国证监会商中国人民银行、国家外汇管理局同意后公布。

三是加强持续监管。加强跨市场监管、跨境监管和穿透式监管，强化违规惩处，细化具体违规情形适用的监管措施等。

后续，中国证监会将继续秉持开放理念，加快推进资本市场高水平双向开放。

（5）防范化解金融风险，促进可转债市场规范发展

为完善可转换公司债券（以下简称可转债）各项制度，防范风险，保护投资者合法权益，2020 年 12 月 31 日，证监会发布《可转换公司债券管理办法》（以下简称《管理办法》）。

可转债作为一种兼具"股性"和"债性"的混合证券品种，为企业募集资金提供了多样化的选择，在提高直接融资比重、优化融资结构、增强金融服务实体经济能力等方面发挥了积极作用。近期个别可转债被过分炒作，暴露出制度规则与产品属性不完全匹配的问题，有必要尽快出台专门规范可转债的规章，对其进行系统规制。

《管理办法》坚持以下原则：

一是问题导向。针对可转债市场存在的问题，通过加强顶层设计，完善交易转让、投资者适当性、监测监控等制度安排，防范交易风险，加强投资者保护。

二是公开公平公正。遵循"三公"原则，建立和完善信息披露、赎回回售、受托管理等各项制度，保护投资者合法权益，促进市场健康发展。

三是预留空间。将新三板一并纳入调整范围，为未来市场的改革发展提供制度依据，同时对交易制度、投资者适当性等提出原则性要求，为证券交易场所完善配套规则预留空间。

《管理办法》共二十三条，涵盖交易转让、信息披露、转股、赎回、回售、受托管理、监管处罚、规则衔接等内容，具体如下：

一是关于交易制度。要求证券交易场所根据可转债的风险和特点，完善现行交易规则，防范和抑制过度投机，同时要根据正股所属板块的投资者适当性要求，制定相应的投资者适当性管理规则；明确强制赎回条款触发前后发行人的信息披露要求；明确证券交易场所的风险监测职责等。

二是关于信息披露。以《证券法》第八十条、第八十一条关于信息披露的规定为基础，结合可转债的特点以及交易所实际监管经验，对临时披露重大事件进行了完善。

三是关于转股价格。按照兼顾发行人、股东与可转债持有人权益的原则，结合现行再融资办法，对上市公司发行可转债转股价格的确定、修正及调整进行了完善。

四是关于受托管理制度。依照《证券法》第九十二条规定建立可转债受托管理制度，明确受托管理人职责要求等。

五是关于监管处罚。对于违反本办法规定的行为，证监会将采取相关监管措施；依法应予行政处罚的，依照有关规定进行处罚；情节严重的，对有关责任人员采取证券市场禁入措施；涉嫌犯罪的，依法移送司法机关追究刑事责任。

六是关于规则衔接。《管理办法》不改变可转债现有发行规则，同时为上市公司向特定对象发行可转债购买资产预留一定的制度空间。

七是关于新老划断。《管理办法》施行日及施行日以后发行申请被受理的可转债适用本办法，但是本办法有关交易规则、投资者适当性、信息披露、赎回回售等交易环节的要求，一体适用于已经发行和尚未发行的可转债。

4. 积极履行监管职能，加强资本市场法治建设

（1）践行"不干预"理念，切实履行法定职责

一是深化行政审批制度改革，高效履行行政许可职责。推进核准制向注册制平稳过渡，做好相关制度规则的制定实施、存量企业平移、审核注册机制优化等工作；优化并购重组审核安排，进一步拓宽"小额快审"通道；优化新三板行政许可机制，简化行政许可申报文件；会同有关部门制定《证券服务机构从事证券服务业务备案管理规定》，强化备案管理和与外部委的信息共享；加快推进政务服务"一网通办"，启动行政许可电子公章，实现许可受理及审查全流程网上办理。高效开展行政许可受理工作，全年共接收行政许可申请 3 669 件，发出受理、补正、反馈等通知 5 585 件；依法依规履行股票发行审核职责和发行注册程序，全年核准或同意注册 IPO 企业共 409 家，新上市企业合计融资 4 699.64 亿元；443 家企业完成再融资（含核准和同意注册），融资 8 115.55 亿元；核准 48 家境外上市行政许可申请，30 家企业完成境外发行，合计融资 1 714.44 亿港元。

二是大力推行权力清单、责任清单、负面清单制度。制定证监会行政许可事项清单，修订随机抽查事项清单。统筹推进清理备案事项，切实解决"名为备案、实为审批"的问题。组织编制权责清单，全面梳理包括行政处罚等在内的百余项权责事项。配合有关部委做好深化"证照分离"、市场准入负面清单、企业登记前置审批事项目录等文件的修订。

三是深化市场产品创新，提升服务实体经济能力。指导期货交易所完善规则体系，制定、修改期货期权合约及业务规则，新上市 12 个期货期权品种，有力支持实体企业稳产保供。指导期货交易所创新一线监管制度机制，首推国内期货品种境外结算价授权。

（2）落实"零容忍"要求，依法全面从严治市

一是从严打击证券违法犯罪，净化资本市场生态。提请中央全面深化改革委员会审议通过关于依法从严打击证券违法活动的意见，围绕夯实资本市场法治和诚信基础，建立健全证券执法司法体制机制，强化重大违法案件惩治和重点领域执法，在加强跨境监管执法司法协作等方面，做了系统性、有针对性的部署安排。坚持"零容忍"，打击资本市场违法活动，全年做出处罚决定 349 项，罚没金额为 53.11 亿元，市场禁入 100 人次。从严高效审结康得新、康美药业、獐子岛等市场高度关注的财务造假案件。

二是强化日常监管，推进监管规范化标准化建设。强化交易所股票市场监管，修订《证券交易所管理办法》、沪深交易所交易规则、股票上市规则；加强上市公司财务信息披露监管，全面启动上市公司专项治理行动，修订发布《公开发行证券的公司信息披露编报规则第 24 号——注册制下创新试点红筹企业财务报告信息特别规定》；加强机构监管，推动出台《证券发行上市保荐业务管理办法》等 16 项机构监管制度；完善非上市公众公司分类监管制度，针对不同市场层次分别制定年报、中报内容格式准则 7 项，指导全国中小企业股份转让系统有限公司制定完善市场分层、公司治理等自律规则。

三是依法从严规范市场主体运作。全年对上市公司、非上市公众公司分别采取行政监管措施 612 家次、159 次；针对债券交易、股票质押、私募资管业务等高风险领域的违法违规行为，加大线索核查和违规查处力度，同时严肃落实责任人员追责制。加强证券基金经营机构监管，全年对证券基金经营机构采取行政监管措施 267 家次，对责任人员采取行政监管措施 282 人次，对私募机构采取行政监管措施 144 家次。

（3）坚持严格规范公正文明高效执法

一是加强稽查执法规范化建设，提升行政处罚工作透明度。完善稽查执法规范体系。坚持开门办案，加大听证公开力度，提高行政处罚工作的透明度，全年共召开听证会 149 场。

二是完善诚信建设制度机制，推进资本市场诚信约束和激励。修改《证券期货市场诚信监督管理办法》，稳步推进资本市场诚信数据库升级建设，收录主体信息 100.95 万余条，行政许可信息 3.28 万余条，监管执法信息 3.46 万余条，部际共享信息 2 371 万余条。加强严重违法失信主体专项公示工作，互联网证券期货市场诚信信息查询平台总查询量达 1 287.37 万余次。持续组织完善"限乘限飞"市场化惩戒工作。

（4）强化对行政权力的监督和制约，切实防范权力滥用

一是加强行政权力的日常监督。建立系统的监督保障措施，把关键部门纳入监督重点，建立廉政制度源头把关等机制。严格落实《中国证监会工作人员回避规定》，完善廉政高风险岗位人员的日常监督。开发运行干部廉政监督管理系统，提高权力监督的科技化水平。把党员干部廉政教育作为党风廉政建设的重要内容，开展警示教育及经常性教育。

二是主动接受人大、政协监督，不断提升依法行政水平。把办理建议提案与推进资本市场改革发展稳定工作结合起来，加强组织领导，推动办理工作提质增效，全年共承办人大代表建议（含议案）211 件、全国政协委员提案 117 件。

三是积极接受司法监督，扎实做好行政应诉工作。加强统筹协调指导，保障应诉工作成效。共办理行政应诉案件 208 件（含往年结转 51 件），通过出庭应诉进一步巩固和确认证监会监管执法原则和标准。

四是推进政务公开，不断提高监管透明度。全年召开现场新闻发布会 7 场，出席国

新办新闻发布会 3 场，参加其他部委新闻发布会 1 场，主动发布新闻 203 条，累计回应公众关注热点和重大舆情 70 余次；会同国家新闻出版署发布了《关于证券市场信息披露媒体条件的规定》，督促从事信息披露业务媒体合法经营；严格依法办理政府信息依申请公开，全年共办理依申请公开政府信息事项 1 959 件。

（5）健全多元化纠纷解决机制，保护投资者合法权益

一是高标准做好投资者诉求处理工作。平稳实施热线投诉直转范围扩大到全国各辖区，效率大幅提高，平均办结时间由以前 2 ~ 3 个月下降至 15 个交易日。12386 热线全年共接收投资者有效诉求 10 万余件，为投资者挽回损失 7 200 余万元，收到投资者感谢信 66 件。

二是推进纠纷多元化解工作，进一步完善证券期货专业调解体系机制。制定《证券期货纠纷调解工作指引》，修订《证券期货投资者适当性管理办法》等制度。设立全国性证券期货专业调解组织，中证资本市场法律服务中心正式揭牌。积极推进小额速调机制，目前已覆盖全国所有辖区，签约市场经营机构总数 210 余家。优化调整中国投资者网"在线调解"相关栏目，为投资者提供优质便捷在线调解服务。各调解组织全年共受理调解案件 6 100 余件，调解成功 4 900 余件，涉及金额超过 8 亿元。

三是加强行政复议工作，有效化解监管矛盾。全年共办理行政复议案件 501 件（含往年结转 43 件），已办结 469 件。其中，驳回或维持 436 件，撤销、变更或确认违法 5 件，出具行政复议意见建议书 3 份，督促规范执法。妥善化解行政争议，30 件案件当事人主动撤回复议申请。

四是积极推动投资者赔偿救济实践。指导相关调解组织成功开展方正科技、祥源文化、京天利等"示范判决 + 专业调解"案例实践，共涉及 2 千余名投资者、8 家上市公司，为投资者挽回损失 1.4 亿余元。加大证券支持诉讼工作力度，中证中小投资者服务中心累计提起证券支持诉讼 31 起，股东诉讼 1 起，获赔总人数为 618 人，获赔总金额达 5 500 多万元。

（三）保险监管主动作为，筑牢高质量发展制度保障

2020 年，面对严峻复杂的国内外形势，特别是新冠肺炎疫情的严重冲击，银保监会着重抓好补齐监管制度短板工作，进一步完善保险监管制度体系，全力构建风险防控的长效机制，持续引领保险业高质量发展。

1. 积极服务疫情防控，助力推动复工复产

针对新冠肺炎疫情影响，银保监会单独或会同相关部委出台了多项加强保险服务、做好疫情防控及支持复工复产的系列措施。

（1）强化疫情防控保险支持

2020 年 1 月底，银保监会发布《关于加强银行业保险业金融服务 配合做好新型冠状病毒感染的肺炎疫情防控工作的通知》，要求各银行保险机构落实疫情防控要求，保

障金融服务顺畅，开辟金融服务绿色通道，强化疫情防控金融支持，做好受困企业金融服务。

2020 年 2 月，银保监会接连下发《关于做好财产保险业新型冠状病毒感染肺炎疫情保险理赔服务和保险产品开发有关工作的通知》《关于做好新型冠状病毒感染肺炎疫情防控人身保险服务工作的通知》《关于保险中介从业人员队伍积极配合做好新型冠状病毒感染肺炎疫情防控工作的通知》等文件，对保险公司的理赔服务、适当扩展保险责任、保险产品开发等多个方面做出规范，要求其在疫情防控关键期发挥保险保障作用。

（2）引导保险机构助力产业链协同复工复产

2020 年 3 月，银保监会发布《关于加强产业链协同复工复产金融服务的通知》，针对企业复工复产以来，产业链上下游部分企业面临的现金流压力问题，就引导银行保险机构增强金融支持和服务，畅通产业链资金流，提升产业链协同复工复产整体效应等方面提出了具体措施：一是加大产业链核心企业金融支持力度；二是优化产业链上下游企业金融服务；三是加强金融支持全球产业链协同发展；四是提升产业链金融服务科技水平；五是完善银行业金融机构考核激励和风险控制；六是加大保险和担保服务支持力度。在风险可控的前提下，鼓励保险机构和政策性担保机构为产业链上下游中小微企业获取融资提供增信措施，人身保险公司可适度延长保单质押贷款期限，提升贷款额度。

（3）指引保险机构应对突发事件

2020 年 9 月，银保监会发布《银行保险机构应对突发事件金融服务管理办法》，贯彻支持实体经济和维护金融体系稳健相结合、提供便利金融服务和有效防范风险相结合、坚持审慎监管底线和灵活应对突发情况相结合的基本理念，坚持框架性、包容性和原则性的导向，为监管部门和银行保险机构应对突发事件提供全面指引。

2. 加强普惠金融支持力度，提升保险服务实体经济质效

（1）促进社会服务领域商业保险发展

2020 年 1 月，银保监会等 13 部门联合发布《关于促进社会服务领域商业保险发展的意见》，明确指出要促进社会服务领域商业保险发展，提高相关领域风险保障水平，增加长期资金供给，重点做好以下五个方面工作：一是完善健康保险产品和服务；二是强化商业养老保险保障功能；三是大力发展教育、育幼、家政、文化、旅游、体育等领域商业保险，积极开发专属保险产品；四是支持保险资金投资健康、养老等社会服务领域；五是完善保险市场体系。

（2）加大保险业扶贫工作力度

2020 年 3 月，银保监会印发《关于进一步加大"三区三州"深度贫困地区银行业保险业扶贫工作力度的通知》，对进一步做好"三区三州"深度贫困地区银行业保险业扶贫工作做出安排部署。其中，强调要聚焦稳定脱贫长效机制，充分发挥保险的风险保障作用，努力防止因病、因灾致贫返贫；要实现"三区三州"深度贫困县保险机构全覆

盖，进一步完善以农业保险＋大病保险为核心的保险扶贫体系，努力提高保险深度和密度；保险机构对疫情相关的出险理赔要简化理赔流程，提高服务时效，及时足额赔付。

（3）推动"三农"保险服务创新

2020年4月，银保监会发布《关于做好2020年银行业保险业服务"三农"领域重点工作的通知》，从明确2020年"三农"领域金融服务重点工作、优化"三农"金融产品和服务模式、推进金融扶贫工作、加强监管政策引领、推进基础金融服务基本全覆盖、推进农村普惠金融改革试验区建设和加强农村金融风险防控七个方面提出工作要求。该通知提出，要推动涉农保险产品创新，保险业要实现扶贫专属农业保险产品持续增加、贫困户农业风险保障金额持续增长的考核要求。

（4）规范"惠民保"类业务发展

2020年，"惠民保"凭借低保费、低门槛、高保额的特点在全国迅速发展。截至2020年底，惠民保产品已覆盖全国60多个城市，上线70余款产品。一方面，惠民保是全面建成多层次医疗保障体系的创新性尝试；另一方面，惠民保市场竞争激烈，甚至出现"一城多保"的情况。2020年11月，银保监会人身险部下发《关于规范保险公司城市定制型商业医疗保险业务的通知（征求意见稿）》，拟全面规范"惠民保"类业务发展，针对"惠民保"给出官方定义——"城市定制型商业医疗保险"，并对保险公司经营该类业务应遵循的基本规范做出明确规定。要求属地银行保险监管部门应加强定制医疗保险项目的统筹，重点查处以下违规行为：保障方案缺乏必要的数据基础；未按规定使用备案产品或未及时报告保障方案；参与恶意压价竞争；违规支付手续费；夸大宣传、虚假承诺、误导消费者；拖赔惜赔；利用不正当手段套取、骗取医疗保险基金；冒用政府名义进行虚假宣传；泄露参保人信息或擅自用于其他用途；等等。

3. 聚焦重点领域风险管控，牢牢守住风险底线

（1）加强高风险融资性信保业务监管

近年来，信用保证保险发展迅速，其保费规模从2010年的119亿元增长至2019年的1 044亿元，近3年复合增长率高达39%，远超财险业整体增速。在其快速发展的同时，存在违规承保P2P平台保证保险业务、强制搭售等突出问题。2020年第一季度，受疫情影响经济下滑，行业整体违约率上升，信保赔付率显著上升，业务风险显露。针对信用保证保险领域存在的风险，银保监会聚焦高风险融资性信保业务监管，规范信保业务经营行为、防范业务风险。

2020年5月，银保监会正式公布《信用保险和保证保险业务监管办法》，相比2017年原保监会印发的《信用保证保险业务监管暂行办法》，本次修订主要体现在三大方面：一是进一步明确融资性信保业务的经营要求；二是进一步强化保护保险消费者权益；三是通过制度引导保险公司服务实体经济。此次修订的一大亮点是将融资性和非融资性信保业务进行区分，重点聚焦高风险融资性信保业务监管，提高对融资性信保业务在经营

资质、承保限额、基础建设等方面的监管要求。2020 年 6 月，银保监会下发监管提示函，要求各财险公司谨慎开展融资性信保新增业务。

2020 年 9 月，银保监会印发《融资性信保业务保前管理操作指引》和《融资性信保业务保后管理操作指引》，重点对融资性信保业务保前风险管理和保后监测管理两大环节建立标准化操作规范。"两个指引"细化了《信用保险和保证保险业务监管办法》的有关要求，主要包括以下内容：一是强化销售环节透明性；二是强化风险审核独立性；三是强化合作方管理；四是建立保后监控指标和标准；五是明确追偿方式及管理要求。

（2）加强互联网保险业务监管

为规范互联网保险销售行为，维护消费者合法权益，2020 年 6 月，银保监会发布《关于规范互联网保险销售行为可回溯管理的通知》，主要包括以下五方面内容：一是明确互联网保险销售行为可回溯管理的定义和范围；二是明确销售页面和销售页面管理的定义；三是对保险机构互联网销售过程管理做出要求；四是明确可回溯内控管理；五是明确对融合业务和自助终端业务的管理要求，以及相关法律责任和实施时间。

2020 年 12 月，银保监会发布实施《互联网保险业务监管办法》。《互联网保险业务监管办法》共五章八十三条，具体包括总则、基本业务规则、特别业务规则、监督管理和附则。重点规范内容包括：厘清互联网保险业务本质，明确制度适用和衔接政策；规定互联网保险业务经营要求，强化持牌经营原则，定义持牌机构自营网络平台，规定持牌机构经营条件，明确非持牌机构禁止行为；规范保险营销宣传行为，规定管理要求和业务行为标准；全流程规范售后服务，改善消费体验；按经营主体分类监管，在规定"基本业务规则"的基础上，针对互联网保险公司、保险公司、保险中介机构、互联网企业代理保险业务，分别规定了"特别业务规则"；创新完善监管政策和制度措施，做好政策实施过渡安排。

（3）加强保险中介市场监管

银保监会加强了对保险中介市场乱象的整治。2020 年 5 月，银保监会发布《关于落实保险公司主体责任 加强保险销售人员管理的通知》《关于切实加强保险专业中介机构从业人员管理的通知》。其主旨都是强调保险机构对保险销售服务等保险从业人员依法承担从业人员相应业务活动的法律责任，强调保险机构在法律责任前提下所产生的对这些从业人员的管理主体责任，强调保险机构对这些从业人员的全过程、全环节管理要求。2020 年 5 月，银保监会向各银保监局下发了《2020 年保险中介市场乱象整治工作方案》，明确了 2020 年保险中介市场在七个方面的乱象整治要点，将保险中介市场各参与主体业务、内控、营销及风险等情况均纳入整治工作中。其中，重点严厉打击保险专业中介机构和保险兼业代理机构扰乱市场秩序，侵害消费者权益等行为，查处保险公司落实管控责任不到位，利用中介渠道套取费用等问题。

银保监会对保险代理人队伍加强规范管理，并推进独立保险代理人制度落地。2020年11月，银保监会发布《保险代理人监管规定》，主要从以下几方面做出规范：一是理顺法律关系，根据《保险法》对保险代理人的定义，把保险专业代理机构、保险兼业代理机构和个人保险代理人纳入同一部门规章中规范调整，与《保险法》保持了一致。二是统一适用规则，对各类保险代理人在经营规则、市场退出和法律责任等方面建立了相对统一的基本监管标准和规则，进一步维护了市场公平。三是强化事中事后监管，理顺了"先照后证"的流程，做出一系列制度安排，完善准入退出管理，加强事中事后监管。强化保险机构主体责任，优化分支机构管理，强化机构自我管控，进一步整肃市场秩序。四是完善保险中介监管制度体系，以《保险代理人监管规定》《保险经纪人监管规定》《保险公估人监管规定》三部规章共同构建的保险中介制度框架基本建立完成。

（4）稳妥处置高风险机构

一是依法接管6家保险、信托机构。2020年7月，银保监会发布公告，鉴于华夏人寿保险股份有限公司、天安财产保险股份有限公司、天安人寿保险股份有限公司、易安财产保险股份有限公司触发了《中华人民共和国保险法》第一百四十四条规定的接管条件，新时代信托股份有限公司、新华信托股份有限公司触发了《中华人民共和国银行业监督管理法》第三十八条和《信托公司管理办法》第五十五条规定的接管条件，为保护保险活动当事人、信托当事人合法权益，维护社会公共利益，银保监会决定对上述六家机构实施接管。接管期限为一年，从2020年7月17日至2021年7月16日。如接管工作未达到预期效果，接管期限依法延长。

二是结束对安邦集团的接管。2018年2月23日，保监会发布公告，鉴于安邦集团存在违反《保险法》规定的经营行为，可能严重危及公司偿付能力，依照《保险法》第一百四十四条规定，决定对安邦集团实施接管，接管期限为一年。2019年2月22日，银保监会决定将安邦集团接管期限延长一年。2020年2月22日，银保监会发布公告，根据《保险法》第一百四十七条规定，从安邦集团拆分新设的大家保险集团有限责任公司已基本具备正常经营能力，银保监会依法结束对安邦集团的接管。

4. 深化保险供给侧结构性改革，提升保险业双向开放质量

（1）定调保险业高质量发展方向

2020年1月，银保监会发布《关于推动银行业和保险业高质量发展的指导意见》，从金融体系重构、治理水平提升、金融产品创新、系统风险防控、监管能力建设五个方面，全面部署未来五年银行业和保险业高质量发展工作目标。《关于推动银行业和保险业高质量发展的指导意见》提出"到2025年，实现金融结构更加优化，形成多层次、广覆盖、有差异的银行保险机构体系。公司治理水平持续提升，基本建立中国特色现代金融企业制度。个性化、差异化、定制化产品开发能力明显增强，形成有效满足市场需求的金融产品体系。信贷市场、保险市场、信托市场、金融租赁市场和不良资产市场进

一步健全完善。重点领域金融风险得到有效处置，银行保险监管体系和监管能力现代化建设取得显著成效"。这标志着监管层对银行保险行业监管理念的重大转变，对银行保险行业结构体系的重要优化，对银行保险行业发展趋势的重新定位。

2020年8月银保监会印发了《推动财产保险业高质量发展三年行动方案（2020—2022年）》。这是银保监会成立以来首次对财产保险业发展和监管出台规划，具有重要指导意义。该方案共六部分：一是总体要求，包括指导思想、基本原则和总体目标。二是推动行业向精细化、科技化、现代化转型发展，改进业态模式，深耕细分市场，推动服务创新，提升数字科技水平，完善公司治理体系。三是推动增强保险服务国民经济和社会民生能力，引导保险公司服务国家重大战略实施，支持社会治理体系建设，保障国民经济产业发展。四是提升行业对外开放水平和国际影响力，落实金融业对外开放重大举措，支持财产保险公司"走出去"，加快再保险市场发展。五是形成聚焦高质量发展的监管政策和体制机制，从深入推进改革、防范化解风险、加强市场监管、补齐制度短板、提升监管质效等方面对未来三年的财产保险监管做出部署安排。六是抓好组织实施，要求强化各银保监局和各财产保险公司主体责任，强化沟通协调。

（2）推动保险机构改革

一是推动保险机构提升公司治理质效。2020年8月，中国银保监会在监管系统内印发《健全银行业保险业公司治理三年行动方案（2020—2022年）》，突出强调以习近平新时代中国特色社会主义思想为指导，坚持加强党的领导，坚持完善现代金融企业制度。明确要坚持问题导向、标本兼治、分类施策、统筹推进的原则，聚焦主要问题、弥补制度短板、强化差异化监管、注重工作整体性和协同性。力争通过三年努力，初步构建起中国特色银行业保险业公司治理机制。

二是推动保险机构提高投资管理能力。2020年5月，保监会发布《关于保险资金投资银行资本补充债券有关事项的通知》，放宽了保险资金投资的资本补充债券发行人条件，取消了可投债券的外部信用等级要求。2020年7月，为支持保险资金参与国债期货交易，银保监会发布了《保险资金参与国债期货交易规定》，并同步修订了《保险资金参与金融衍生产品交易办法》和《保险资金参与股指期货交易规定》。2020年7月，银保监会发布了《关于优化保险公司权益类资产配置监管有关事项的通知》。2020年9月，银保监会研究制定并发布了《组合类保险资产管理产品实施细则》《债权投资计划实施细则》和《股权投资计划实施细则》三个细则，针对不同类别保险资产管理产品的特点实施差异化监管。2020年9月，银保监会制定了《关于优化保险机构投资管理能力监管有关事项的通知》，规定了保险机构投资管理能力自评估、管理和信息披露的基本要求。2020年11月，银保监会发布《关于保险资金财务性股权投资有关事项的通知》，取消保险资金财务性股权投资的行业限制。这些监管政策的发布实施，提升了保险公司资金运用的自主决策空间，有利于深化保险资金运用的市场化改革，有利于推进保险机构持续、全面强化投资管理能力建设，有利于激发保险资金投资活力，更好地支持实体经济和资本市场发展。

（3）推进保险市场化建设

一是全面实施车险综合改革。2020 年 9 月，银保监会发布了《关于实施车险综合改革的指导意见》，以"保护消费者权益"为主要目标，具体包括：市场化条款费率形成机制建立、保障责任优化、产品服务丰富、附加费用合理、市场体系健全、市场竞争有序、经营效益提升、车险高质量发展等。短期内将"降价、增保、提质"作为阶段性目标。2020 年 9 月，银保监会还发布了《示范型商车险精算规定》。一方面，建立费率回溯和产品纠偏机制，解决公司车险产品费率备案及后续执行过程中的不规范问题；另一方面，明确保费不足准备金的评估标准，通过要求公司将亏损及时反映在财务报表和偿付能力指标中，倒逼公司理性经营。

二是推进再保险市场建设。2020 年 8 月，银保监会批复同意财政部等 9 家①单位共同发起筹建中国农业再保险股份有限公司，注册资本为 161 亿元人民币，注册地为北京市。

三是完善农业保险准入退出机制。2020 年 6 月，银保监会发布《关于进一步明确农业保险业务经营条件的通知》，针对反映较为集中的农业保险市场准入问题和经营乱象，从准入和退出机制等方面做出规定，建立完善全流程的农险业务经营条件管理制度体系。

（4）优化保险产品体系

一是加强和改进财产保险产品监管。2020 年 2 月，银保监会发布了《关于进一步加强和改进财产保险公司产品监管有关问题的通知》，改进和完善产品监管机制，规范产品备案流程。

二是加快推进意外险改革。2020 年 1 月，银保监会印发《关于加快推进意外险改革的意见》，明确了加快推进意外险改革的主要任务：到 2020 年底，意外险费率市场化形成机制基本建立，发展环境持续优化，产品供给更加丰富；到 2021 年底，意外险费率市场化形成机制基本健全，标准化水平明显提升，市场格局更加规范有序，服务领域更加广泛，广大群众更加认可。

三是丰富健康保险产品内涵。2020 年 3 月，银保监会发布《关于长期医疗保险产品费率调整有关问题的通知》，通过引入费率调整机制，解决了困扰医疗保险发展的制度障碍，明确传达了鼓励发展长期医疗保险的积极信号。2020 年 9 月，银保监会发布《关于规范保险公司健康管理服务的通知》，明确健康管理服务的概念和目的，提出健康管

---

① 这 9 家发起单位分别为财政部、中国再保险（集团）股份有限公司、中国农业发展银行、中华联合财产保险股份有限公司、中国人寿财产保险股份有限公司、北大荒投资控股有限公司、中国太平洋财产保险股份有限公司、中国平安财产保险股份有限公司、中国人民财产保险股份有限公司。

理服务应遵循的原则和要求，完善健康管理服务的运行规则，强化健康管理服务的监督管理。

四是完善保险产品精算监管。2020年2月，银保监会印发了《普通型人身保险精算规定》，与之前颁布的《分红保险精算规定》《万能保险精算规定》《投资连结保险精算规定》等共同构建涵盖各类产品形态的、基本健全完善的精算制度体系。

五是规范责任保险经营行为。2020年12月，银保监会发布《责任保险业务监管办法》，主要内容包括：规范责任保险承保边界；规范市场经营行为；规范保险服务；强化内控管理。

（5）推动保险业高水平对外开放

银保监会积极贯彻落实党中央、国务院关于推动形成全面开放新格局的决策部署，推动银行业保险业高水平对外开放，支持外资再保险机构参与我国再保险市场建设，促进外资再保险公司在华业务健康发展，提高我国保险业的市场化、国际化和对外开放程度。外资再保险公司数量稳步增加，在华资本实力和持续发展能力显著增强。2019年12月，大韩再保险公司上海分公司开业，境内外资再保险公司达到7家，超过中资再保险机构的数量。2020年4月，银保监会批准瑞士再保险公司北京分公司注册资本由3亿元增加至13.55亿元。2020年5月，银保监会批准德国汉诺威再保险股份公司上海分公司增加注册资本15.60亿元，增资后该公司注册资本由25.45亿元增加至41.05亿元。

5. 完善监管行为规则，提高监管能力和水平

（1）规范统一银行业保险业行政许可实施程序

2020年6月，银保监会发布《行政许可实施程序规定》（银保监会令〔2020〕7号，以下简称《程序规定》）。《程序规定》对行政许可全流程涉及的主要程序问题做出了规定，主要着眼于持续推进简政放权、进一步完善行政许可流程、提升行政审批工作科学性和规范性，同时保障申请人合法权利。

（2）规范统一银行业保险业行政处罚程序

2020年6月，银保监会印发《中国银保监会行政处罚办法》，着眼于规范行政处罚程序，提升行政处罚效能，提高执法公信力，对银行业保险业行政处罚程序做了全面规范，重点包括：整合优化行政处罚工作机制，完善行政处罚工作流程，依法加大行政处罚力度，充分保障当事人合法权益。

（3）实施监管主体职责改革

2020年7月，银保监会发布《关于印发〈财产保险公司、再保险公司监管主体职责改革方案〉的通知》，对财产保险公司、再保险公司的监管主体职责进行了划分，厘清了银保监会和属地监管局的监管职责分工，明确了监管横向、纵向联动的主要工作内容。从监管对象划分来看，除中国出口信用保险公司外，87家财产保险公司和13家再保险公司被划分为银保监会直接监管和银保监局属地监管两类。其中，银保监会直接监

管公司 36 家，银保监局属地监管公司 64 家。

（四）涉外金融监管松紧结合，开放与维稳并举

2020 年，面对新冠肺炎疫情的严重冲击和错综复杂的国际形势，外汇管理部门坚决贯彻落实党中央、国务院决策部署，结合疫情防控更加突出服务实体经济、推进改革开放和防范化解风险，全力做好"六稳""六保"工作，维护了外汇市场平稳运行和国际收支基本平衡。2020 年，国际收支延续基本平衡的发展格局，外汇储备规模稳定在 3.2 万亿美元左右。经常账户顺差增加，与国内生产总值（GDP）之比为 1.9%，继续处于合理均衡区间。其中，货物贸易顺差较 2019 年增长 31%，呈现先抑后扬走势；服务贸易逆差收窄 44%，主要是旅行支出萎缩。跨境双向投融资活跃：一方面，外资投资国内市场的信心依然较强，各类投资合计 5 206 亿美元，较 2019 年增长 81%；另一方面，居民多元化配置境外资产的需求增加，我国对外各类投资 5 983 亿美元，增长 1.1 倍。2020 年末，我国对外金融资产和负债较 2019 年末分别增长 11% 和 18%，对外净资产为 2.2 万亿美元。[①]

1. 统筹支持疫情防控，经济社会发展取得积极成效

（1）快速反应建立防疫外汇"绿色通道"

为贯彻落实党中央、国务院工作部署，全力配合做好新冠肺炎疫情防控工作。2020 年 1 月 27 日，国家外汇管理局发布《国家外汇管理局关于建立外汇政策绿色通道 支持新型冠状病毒感染的肺炎疫情防控工作的通知》（汇综发〔2020〕2 号），就疫情防控期间建立外汇政策绿色通道做出工作部署。

该通知的主要内容包括：一是各外汇分支机构要启动应急处置机制，对于有关部门和地方政府所需的疫情防控物资进口，按照特事特办原则，指导辖内银行简化进口购付汇业务流程与材料，切实提高办理效率。二是对于境内外因支援此次疫情汇入的外汇捐赠资金，银行可直接通过受赠单位已有的经常项目外汇结算账户，便捷办理资金入账和结汇手续。暂停实施需开立捐赠外汇账户的要求。三是企业办理与疫情防控相关的资本项目收入结汇支付时，无须事前、逐笔提交单证材料，由银行加强对企业资金使用真实性的事后抽查。四是疫情防控确有需要的，企业借用外债限额等可取消，并可通过"国家外汇管理局政务服务网上办理系统"（http：//zwfw.safe.gov.cn/asone/）线上申请外债登记，便利企业开展跨境融资。五是银行应当密切关注个人用汇需求，鼓励通过手机银行等线上渠道办理个人外汇业务。六是与疫情防控有关的其他特殊外汇业务，银行可先行办理，并向所在地外汇局报备。[②]

---

① 国家外汇管理局国际收支分析小组.2020 年中国国际收支报告［EB/OL］.（2021 – 03 – 26）.http：//www.safe.gov.cn/safe/2021/0326/18626.html.

② 国家外汇管理局关于建立外汇政策绿色通道 支持新型冠状病毒感染的肺炎疫情防控工作的通知［EB/OL］.（2020 – 01 – 27）.http：//www.safe.gov.cn/safe/2020/0127/15259.html.

（2）调整全口径跨境融资宏观审慎调节参数

为落实党中央、国务院决策部署，强化金融支持新冠肺炎疫情防控和经济社会发展工作，进一步扩大利用外资，降低实体经济融资成本。2020 年 3 月 12 日，中国人民银行、国家外汇管理局联合发布《关于调整全口径跨境融资宏观审慎调节参数的通知》（银发〔2020〕64 号），将全口径跨境融资宏观审慎调节参数由 1 上调至 1.25。政策调整后跨境融资风险加权余额上限相应提高，这将有助于便利境内机构特别是中小企业、民营企业充分利用国际国内两种资源、两个市场，多渠道筹集资金，缓解融资难、融资贵等问题，推动企业复工复产，服务实体经济发展。[①]

2. 深化外汇领域改革开放，服务全面开放新格局

（1）扩展外债便利化试点

为鼓励创新，支持中小微高新技术企业健康发展，2018 年国家外汇管理局在北京市中关村国家自主创新示范区开展外债便利化试点，允许符合一定条件的中小微高新技术企业在一定额度内自主借用外债。此项试点政策较好地满足了中关村部分中小微高新技术企业的境外融资需求，降低了企业财务成本。

为深入落实党的十九大关于加快构建更高水平开放型经济新体制，推动经济高质量发展的要求，进一步便利中小微高新技术企业充分利用境内境外两个市场、两种资源，2020 年 3 月 19 日，国家外汇管理局决定，将上述外债便利化试点范围扩大至上海（自由贸易试验区）、湖北（自由贸易试验区及武汉东湖新技术开发区）、广东及深圳（粤港澳大湾区）等省、市。同时，进一步提高北京市中关村科学城海淀园区的外债便利化水平。[②]

（2）优化外汇管理，完善外汇服务

为了进一步优化外汇业务管理，提升跨境贸易投资便利化水平，2020 年 4 月 14 日，国家外汇管理局发布《关于优化外汇管理 支持涉外业务发展的通知》（汇发〔2020〕8 号）。

该通知的主要内容包括：一是全国推广资本项目收入支付便利化改革。在确保资金使用真实合规并符合现行资本项目收入使用管理规定的前提下，允许符合条件的企业将资本金、外债和境外上市等资本项目收入用于境内支付时，无须事前向银行逐笔提供真实性证明材料。二是取消特殊退汇业务登记。货物贸易外汇收支企业名录分类为 A 类的企业，办理单笔等值 5 万美元（含）以下的退汇日期与原收、付款日期间隔在 180 天（不含）以上或由于特殊情况无法原路退汇的业务，无须事前到外汇局办理登记手续，

---

① 中国人民银行　国家外汇管理局关于调整全口径跨境融资宏观审慎调节参数的通知［EB/OL］. （2020 - 03 - 12）. http：//www. safe. gov. cn/safe/2020/0312/15681. html.

② 国家外汇管理局扩展外债便利化试点 支持高新技术企业跨境融资［EB/OL］. （2020 - 03 - 19）. http：//www. safe. gov. cn/safe/2020/0319/15746. html.

可直接在金融机构办理。三是简化部分资本项目业务登记管理。将符合条件的内保外贷和境外放款注销登记下放至银行办理。四是放宽具有出口背景的国内外汇贷款购汇偿还。出口押汇等国内外汇贷款按规定进入经常项目外汇结算账户并办理结汇的，企业原则上应以自有外汇或货物贸易出口收汇资金偿还。五是便利外汇业务使用电子单证。银行按规定以审核电子单证方式办理货物贸易外汇收支的，取消企业分类为 A 类以及成立满 2 年的条件。银行按规定以审核电子单证方式办理服务贸易、初次收入和二次收入外汇收支的，可不打印电子交易单证。六是优化银行跨境电商外汇结算在满足交易信息采集、真实性审核等条件下，凭交易电子信息为跨境电子商务市场主体提供结售汇及相关资金收付服务。七是放宽业务审核签注手续。金融机构按规定审核经常项目外汇收支时，可根据内控要求和实际业务需要，按照实质合规原则，自主决定是否在单证正本上签注收付汇金额、日期并加盖业务印章。八是支持银行创新金融服务。支持银行利用数字外管平台开放的企业资信、收付汇率等信息，开展合规经营和业务创新，做好对中小微涉外企业的金融服务。[①]

（3）取消境外机构投资者额度限制

为贯彻落实党中央、国务院决策部署，进一步扩大金融业对外开放，2020 年 5 月 7 日，中国人民银行、国家外汇管理局发布《境外机构投资者境内证券期货投资资金管理规定》（中国人民银行 国家外汇管理局公告〔2020〕第 2 号），明确并简化境外机构投资者境内证券期货投资资金管理要求，进一步便利境外投资者参与我国金融市场。

该规定的主要内容包括：一是落实取消合格境外机构投资者和人民币合格境外机构投资者（以下简称合格投资者）境内证券投资额度管理要求，对合格投资者跨境资金汇出入和兑换实行登记管理。二是实施本外币一体化管理，允许合格投资者自主选择汇入资金币种和时机。三是大幅简化合格投资者境内证券投资收益汇出手续，取消中国注册会计师出具的投资收益专项审计报告和税务备案表等材料要求，改以完税承诺函替代。四是取消托管人数量限制，允许单家合格投资者委托多家境内托管人，并实施主报告人制度。五是完善合格投资者境内证券投资外汇风险及投资风险管理要求。六是人民银行、外汇局加强事中事后监管。[②]

（4）优化贸易新业态外汇政策

为更好支持贸易新业态发展，促进外贸提质增效，扎实做好"六稳"工作，全面落实"六保"任务，2020 年 5 月 20 日，国家外汇管理局发布《国家外汇管理局关于支持贸易新业态发展的通知》（汇发〔2020〕11 号），便利相关外汇业务办理。

---

① 国家外汇管理局关于优化外汇管理 支持涉外业务发展的通知［EB/OL］.（2020 - 04 - 14）. http：//www. safe. gov. cn/safe/2020/0414/15970. html.

② 取消境外机构投资者额度限制 推动金融市场进一步开放［EB/OL］.（2020 - 05 - 07）. http：//www. safe. gov. cn/safe/2020/0507/16132. html.

第一部分　主题报告

该通知的主要内容包括：一是拓宽贸易新业态结算渠道。支持符合条件的银行凭交易电子信息办理外汇业务。二是便利跨境电商出口业务资金结算。跨境电商可将境外仓储、物流、税收等费用与出口货款轧差结算。三是优化跨境电商相关税费的跨境代垫。企业可为客户跨境代垫相关的仓储、物流、税费等。四是满足个人对外贸易结算需求。个人可通过外汇账户办理跨境电商和市场采购贸易项下外汇结算。五是完善市场采购贸易资金结算。经市场采购贸易平台备案的主体，银行可凭平台信息为其办理委托第三方报关的收结汇业务。六是支持外贸综合服务企业代办出口收汇。符合技术条件的外贸综合服务企业，可通过具备审核交易电子信息能力的银行，为其服务的客户代办出口收汇手续。七是便利企业远程办理外汇业务。企业可与外汇局系统直连，实现更多外汇业务网上办理。八是优化小额交易涉外收付款申报。支持企业以自身名义汇总申报小额涉外收支，满足其出口退税、融资的申报需求。九是持续跟踪贸易新业态的创新发展。按照"服务实体、便利开放、交易留痕、风险可控"的原则，主动回应市场主体外汇业务的新诉求。

此外，外汇局将加强事中事后监管，并指导银行和支付机构完善内控，强化风险防范。[1]

（5）印发《经常项目外汇业务指引（2020年版）》

为进一步深化"放管服"改革，提升外汇服务质量，2020年8月31日，国家外汇管理局发布《国家外汇管理局关于印发〈经常项目外汇业务指引（2020年版）〉的通知》（汇发〔2020〕14号，以下简称《指引》）。《指引》自发布之日起实施。

《指引》按照简洁清晰、便利使用的原则，全面整合经常项目外汇业务现有法规，精简部分业务流程和办理业务所需材料，同步废止法规29件，实现经常项目外汇业务办理"一本通"，进一步便利市场主体办理外汇相关业务。《指引》不涉及现有政策实质改动和重大调整。下一步，国家外汇管理局将继续深化外汇领域改革开放，不断提升贸易投资便利化水平，并根据外汇管理改革进展及时修订更新《指引》内容，持续优化营商环境，激发市场主体活力，推动经济高质量发展。[2]

（6）发布《通过银行进行国际收支统计申报业务实施细则》

为进一步规范申报主体通过境内银行进行涉外收付款国际收支统计申报，2020年9月27日，国家外汇管理局修订发布《通过银行进行国际收支统计申报业务实施细则》（汇发〔2020〕16号）。

主要修订内容包括：一是放松对银行印制涉外收付凭证的要求，明确银行可使用电

① 国家外汇管理局优化贸易新业态外汇政策 推进贸易高质量发展［EB/OL］.（2020-05-20）. http：//www. safe. gov. cn/safe/2020/0520/16233. html.

② 国家外汇管理局印发《经常项目外汇业务指引（2020年版）》［EB/OL］.（2020-08-31）. http：//www. safe. gov. cn/safe/2020/0831/17000. html.

子形式《组织机构基本情况表》和电子凭证。二是银行可自主在"数字外管"平台修改《组织机构基本情况表》。三是进一步明确退款的申报原则和1年以上历史数据的修改方法。四是顺应代码编码变化，相应修改《组织机构基本情况表》。[①]

3. 防范外部冲击风险，维护国家经济金融安全

（1）便利银行间债券市场外汇风险管理

为推动外汇市场对外开放，进一步便利银行间债券市场境外机构投资者管理外汇风险，2020年1月13日，国家外汇管理局发布《关于完善银行间债券市场境外机构投资者外汇风险管理有关问题的通知》（汇发〔2020〕2号），进一步便利银行间债券市场境外机构投资者管理外汇风险。该通知的主要内容是为银行间债券市场境外机构投资者提供更多外汇对冲渠道。境外非银行类投资者可以选择多家境内金融机构柜台交易或以主经纪业务模式间接进入银行间外汇市场；境外银行类投资者除上述两种渠道外，也可以直接进入银行间外汇市场。同时，简化境外机构投资者开展外汇衍生品交易的展业流程，进一步完善外汇衍生品交易机制，优化外汇交易信息采集，降低市场主体交易成本。[②]

（2）完善个人本外币兑换特许业务试点

为加强对辖内兑换特许业务经营机构的监管，坚持便捷准入与严格监管相结合，加强事中事后管理，有效履行属地金融监管职责，防范金融风险，促进个人本外币兑换特许业务合规、有序发展，2020年2月13日，国家外汇管理局修订并发布《个人本外币兑换特许业务试点管理办法》（汇发〔2020〕6号），在保持现有个人本外币兑换特许业务许可范围与个人结售汇管理原则不变的基础上，完善相关管理政策，便利个人本外币兑换。

该管理办法的主要内容包括：一是简化行政审批。将特许机构的全国经营资格审批权下放至其注册地外汇分局，取消特许机构外汇备付金账户开立审批和分支机构市场准入"筹备"环节审批，取消营业执照、无异议函等市场准入相关证明文件。二是优化办事流程。允许特许机构通过事前报告的方式，开办电子渠道个人兑换业务、电子旅支代售及兑回业务、办理营业场所变更等事项。三是推动业务创新。允许特许机构在为境内个人办理外币兑出业务时，接受客户支付的本人名下的非现钞类人民币资金。四是完善市场准入和退出机制。适当优化市场准入的业务量标准、技术条件、企业及管理人员资信状况等要求。五是加强事中事后监管。要求特许机构建立有效风险控制制度，加强真实性、合规性审核。[③]

---

① 国家外汇管理局发布《通过银行进行国际收支统计申报业务实施细则》［EB/OL］.（2020 - 09 - 27）. http：//www. safe. gov. cn/safe/2020/0927/17231. html.

② 国家外汇管理局进一步便利银行间债券市场外汇风险管理［EB/OL］.（2020 - 01 - 13）. http：//www. safe. gov. cn/safe/2020/0113/15141. html.

③ 国家外汇管理局关于修订《个人本外币兑换特许业务试点管理办法》的通知［EB/OL］.（2020 - 02 - 19）. http：//www. safe. gov. cn/safe/2020/0219/15475. html.

（3）规范境内银行涉外及境内收付凭证的管理

为适应银行业务发展，规范境内银行涉外及境内收付凭证的管理，2020年10月23日，国家外汇管理局修订发布《境内银行涉外及境内收付凭证管理规定》（汇发〔2020〕17号），主要修订内容为：一是取消对涉外及境内收付凭证印制纸张材质及颜色的要求，二是明确对境内银行电子凭证申报的要求，三是微调境内银行涉外及境内收付凭证的要素名称与填报说明，四是境内银行可根据自身业务对涉外及境内收付凭证的内容和格式进行适当调整。[①]

4. 完善中国特色外汇储备经营管理，提升运营管理现代化水平

（1）印发《银行外汇业务合规与审慎经营评估内容及评分标准（2020年）》

根据外汇管理规定变化和调整情况，2020年5月13日，国家外汇管理局制定了《银行外汇业务合规与审慎经营评估内容及评分标准（2020年）》（汇综发〔2020〕35号，以下简称《评估标准》）。

主要内容包括：一是2020评估年度（2019年10月1日至2020年9月30日，下同）银行外汇业务合规与审慎经营评估工作依照《评估标准》执行。二是银行总行最终评估得分的计算公式为：银行总行最终评估得分=（一般性评估指标得分×65%+总行单独评估指标得分）×（100–本期评估最终确定的审慎经营评估指标分值)%+审慎经营评估指标得分。三是国家外汇管理局各分局、外汇管理部接到本通知后，应立即转发辖内中心支局、支局、城市商业银行、农村商业银行、外商独资银行、中外合资银行、外国银行分行以及农村合作金融机构，并依据《评估标准》，公平、公正地对辖内银行进行评估。四是各全国中资性银行接到本通知后，应尽快转发所辖分支机构，依法合规办理各项外汇业务。[②]

（2）清理整合部分外汇账户

为进一步深化外汇管理改革，简化相关业务操作流程，便利银行、企业等市场主体真实合规办理外汇业务，2020年9月25日，国家外汇管理局发布《国家外汇管理局综合司关于清理整合部分外汇账户的通知》（汇综发〔2020〕73号），决定对部分外汇账户进行清理整合，进一步减少账户种类。

该通知的主要内容包括：一是清理整合工作涉及账户。此次清理整合工作涉及8类外汇账户。经常项目–外汇结算账户（1000）、保险机构外汇经营账户（1601）、资本项目–外汇资本金账户（2102）、资本项目–资产变现账户（2103）、资本项目–保证金专用账户（2104）、资本项目–环境权益交易外汇账户（2107）、资本项目–境内公司境外

---

① 国家外汇管理局关于印发《境内银行涉外及境内收付凭证管理规定》的通知［EB/OL］.（2020–10–29）. http：//www. safe. gov. cn/safe/2020/1029/17437. html.

② 国家外汇管理局综合司关于印发《银行外汇业务合规与审慎经营评估内容及评分标准（2020年）》的通知［EB/OL］.（2020–05–13）. http：//www. safe. gov. cn/safe/2020/0513/16182. html.

上市专户（2404）、特殊交易保证金外汇账户（3500）。二是账户整合规则。将"保险机构外汇经营账户（1601）"并入"经常项目-外汇结算账户（1000）"、将"资本项目-环境权益交易外汇账户（2107）"并入"资本项目-资产变现账户（2103）"、将"资本项目-境内公司境外上市专户（2404）"并入"资本项目-外汇资本金账户（2102）"、将"特殊交易保证金外汇账户（3500）"并入"资本项目-保证金专用账户（2104）"。三是银行应于2021年1月29日20：00至1月31日20：00，完成刷新历史数据、更新账户类型代码表、对业务系统和数据报送接口进行升级、1月29日20：00以后，银行应按新的账户类型代码报送账户数据。①

（3）发布《国家外汇管理局信息系统代码标准管理规定》

为进一步规范信息系统代码标准化工作，提高外汇管理和统计分析水平。2020年12月9日，国家外汇管理局发布《国家外汇管理局信息系统代码标准管理规定》（汇综发〔2020〕91号）。

主要修订内容包括：一是整合相关制度，明确外汇信息系统代码标准的管理原则、职责分工及起草流程等。二是简化相关业务办理流程和凭证，明确可使用扫描件、电子证照等电子凭证。三是增加全球法人识别编码（LEI）的相关内容，在《金融机构代码申领/维护表》和《组织机构档案标准要素》中加入LEI采集字段。②

（4）印发《对外金融资产负债及交易统计核查规则（2020年版）》

为进一步提高对外金融资产负债及交易统计数据质量，便利银行、企业等主体更好开展数据核查与自查工作，2020年12月21日，国家外汇管理局根据《国际收支统计申报办法》（中华人民共和国国务院令第642号）和《对外金融资产负债及交易统计制度》（汇发〔2018〕24号），修订形成《对外金融资产负债及交易统计核查规则（2020年版）》（汇综发〔2020〕94号）。

主要修订内容如下。一是新增的主要内容包括：新增关于上下期余额衔接的多维度校验规则，新增关于数值型要素间逻辑关系的校验规则，新增关于名称要素项及相应所属部门和所属国家/地区要素项间一致性的校验规则，新增各业务报表与Z02表和Z03表之间关联性的校验，根据各表特点新增针对性校验规则。二是删除的主要内容包括：《金融机构外汇业务数据采集规范（1.2版）》（汇发〔2019〕1号印发）中的校验规则，在申报主体填报时已通过对外金融资产负债及交易统计申报系统（以下简称系统）前端强校验实现，《核查规则（2020年版）》不再重复体现。三是补充、调整的主要内容包括：按核查规则的系统校验实现程度进行备注，明确部分数值型要素的校验规则，扩大

---

① 国家外汇管理局综合司关于清理整合部分外汇账户的通知［EB/OL］.（2020-09-25）. http：//www.safe.gov.cn/safe/2020/0925/17213.html.

② 国家外汇管理局发布《国家外汇管理局信息系统代码标准管理规定》的通知［EB/OL］.（2020-12-09）. http：//www.safe.gov.cn/safe/2020/1209/17776.html.

对"ZZZ 其他国家和地区"和"XXX 未包括的交易币种代码"的校验范围，细化部分核查规则。四是其他调整。对于通过接口申报的数据，原规定每月 20 日系统自动锁定三个月以前报告期申报主体的所有数据，现调整为每月 25 日系统自动锁定上一报告期申报主体的所有数据。①

5. 深入推进依法行政，依法履职

（1）发布《国家外汇管理局行政处罚办法》

为贯彻落实中央有关加快建设法治政府的有关要求，深入推进依法行政，规范国家外汇管理局及其分支局行政处罚程序，保障和监督外汇局依法履行职责，保护公民、法人和其他组织的合法权益，2020 年 9 月 23 日，国家外汇管理局印发《国家外汇管理局行政处罚办法》（国家外汇管理局公告 2020 年第 1 号）。

主要内容如下：一是规范外汇行政处罚工作程序。依据《中华人民共和国行政处罚法》等法律法规，结合外汇管理部门执法实践，细化从案件管辖、立案、调查取证到听证、处罚决定、送达执行等行政处罚实施程序，保障执法行为合法规范有序。二是强化对行政处罚权力的约束和监督。贯彻落实国务院有关要求，规范案件集体审议、重大执法决定法制审核、执法过程记录等程序，强化执法监督。三是充分保障当事人的合法权益。规定行政处罚决定前应履行告知程序，告知当事人享有的陈述、申辩权利；细化听证程序，明确公民、法人和其他组织的听证标准，对于符合听证情形的，告知当事人有听证的权利；明确不得因当事人申辩而加重处罚；规定当事人对行政处罚决定不服的，可依法申请行政复议，对行政复议决定仍然不服的，可以依法向人民法院提起诉讼等。②

（2）发布《国家外汇管理局行政复议程序》

为贯彻落实中央关于加快建设法治政府的有关要求，深入推进依法行政，2020 年 10 月 28 日，国家外汇管理局修订发布《国家外汇管理局行政复议程序》（国家外汇管理局公告〔2020〕第 2 号）。

修订重点包括以下内容：一是规范外汇行政复议工作程序。依据《中华人民共和国行政复议法》等法律法规，结合外汇管理部门实践，细化从复议申请、受理、审查到做出复议决定等行政复议实施程序，保障复议程序合法规范有序。二是强化对行政复议的权力约束和监督。贯彻落实中央有关要求，完善行政复议决定集体审议等内容。三是删除与现行外汇管理政策不相适应的内容。如涉及进出口收付汇核销等的条款。四是充分保障申请人的合法权益。外汇行政复议机关履行行政复议职责，遵循合法、公正、公开、及时、便民的原则，坚持有错必纠，保障法律、法规的正确实施。

① 国家外汇管理局综合司关于印发《对外金融资产负债及交易统计核查规则（2020 年版）》的通知［EB/OL］.（2020 - 12 - 21）. http：//www. safe. gov. cn/safe/2020/1221/17848. html.
② 国家外汇管理局发布《国家外汇管理局行政处罚办法》　［EB/OL］.（2020 - 09 - 23）. http：//www. safe. gov. cn/safe/2020/0923/17130. html.

## 二、金融监管框架发展缓不济急，有待协同完善

2020 年初暴发的新冠肺炎疫情给全球经济运行造成了极大的冲击，导致了经济迅速衰退，金融运作混乱等严重后果。面对世界政治经济秩序沉浮不定的外部环境，中国经济虽然在疫情后经济恢复中取得了巨大成功，但在新旧动能转换阶段，长期积累的风险隐患暴露增多。

（一）银行审慎框架尚未健全，精准治理难以收放自如

2020 年是全面建成小康社会和"十三五"规划收官之年，也是打好防范化解金融风险攻坚战收官之年，境外疫情蔓延扩散趋势仍在上升，全球金融市场波动明显加剧，世界经济陷入衰退甚至萧条的可能增大，我国银行业保险业面临的外部输入性风险有所上升，诸多因素为我国恢复经济建设、提高经济发展质量、坚守防范重大系统性风险底线带来挑战。

1. 全球经济下行与疫情冲击给银行监管带来严峻考验

境外疫情扩散态势严峻导致世界经济恢复缓慢，欧美经济恢复速度甚至与东亚各国经济恢复速度倒挂，种种不利外部因素为我国银行监管带来诸多考验。

一是境外疫情和全球经济震荡给国内经济复苏过程带来较大不确定性，监管态势较为严峻。国际整体处于经济下行时期，未来经济领域风险可能加速向金融风险演变，这会在导致国内经济增速下行的同时带来资产劣变的压力。

二是全球超常规宽松政策会对国内银行系统造成两面性冲击。疫情发生以来，多国采取前所未有的超宽松货币政策和财政政策。一方面，宽松政策对抗击疫情、稳定经济、保障就业和民生发挥了重要作用，目前还不宜过早过快退出。另一方面，过度刺激政策会出现边际效应递减，且难以持续，长期会有极大副作用。中国作为世界经济市场中重要的一部分，目前我国坚持的稳健货币政策难免会受到国外超宽松政策的外汇波动冲击。且随着我国与世界各国经济协同合作更紧密，跨市场跨周期风险也为监管带来了诸多困扰。

三是全球金融市场表现与实体经济存在背离。世界经济衰退，复苏低迷，但一些主要国家股指创新高，全球股市、债市、汇市和大宗商品市场大幅波动，出现"过山车"行情。实体经济的表现难以支撑国际金融市场的表面繁荣。这也导致国内经济乱象复现，给银行监管带来更大压力。

2. 中小股份制银行治理水平与高质量发展的要求有待匹配

我国中小股份制银行的公司治理水平同服务实体经济、防范化解风险、深化改革开放、实现高质量发展的要求还存在着一定的差距。目前，我国部分中小股份制银行在发展过程中还存在着一定的问题，具体表现在以下几个方面。

一是股权关系和股东行为有待规范。部分中小股份制银行在股权关系方面存在着股

东代持、隐性股东等问题，降低了股权管理要求，放松股东标准，形成事实上的股权虚化；部分中小股份制银行对股东行为监管不力，存在着银行股东违规干预银行经营决策（如银行股东违规干预银行经营和人事任免）、违规开展不当关联交易等问题，滋生了较大的风险隐患。

二是权力制衡和内控机制有待强化。部分中小股份制银行在经营过程中权利边界模糊、职责不清晰、运行不畅，人权、事权和审批权过于集中，权力制衡流于形式；部分中小股份制银行的内控机制有待加强，银行监事会、内外部审计监督功能还需进一步提升，出现了一定的"内部人控制"现象。

三是战略规划和风险管理契合度有待加强。我国部分中小股份制银行在战略规划方面因追求规模和速度，忽视了质量和效益，发生银行信贷资源向产能过剩行业、地方融资平台、房地产行业过度倾斜的现象，导致了资源错配；部分中小股份制利用理财、同业或结构性工具将风险外化，造成较大交叉风险敞口。

四是激励约束和绩效考核机制仍需优化。我国部分中小股份制银行薪酬制度设计有待优化，绩效考核注重短期利益，而对公共利益、市场秩序和消费者保护考虑不足；部分中小股份制银行注重业绩考核，在用人机制上"唯业绩论英雄"，用人机制的不科学也给银行带来经济损失和声誉风险。

3. 金融高质量增长的同时风险防控压力增大

国内宏观经济增长离不开金融高质量发展，与此同时，在外部环境下行趋势严峻的情况下，在经济高质量发展要求下，国内风险防控的压力日益增大。

一是存量风险尚未彻底化解。一些金融机构历史包袱较重，资本和拨备缺口较大，受疫情冲击经营风险更加突出。此外，因为前期风险缓释政策，有不少延期贷款的风险将在未来一段时间逐步暴露出来。

二是不良资产上升压力加大，风险很可能加速显现。随着不良资产的增多，风险监管的需求越来越旺盛，导致了监管资源分配出现压力，可能会使部分风险防控不及时，其衍生风险加速出现。

三是资金面宽松背景下市场乱象易反弹回潮，一些高风险影子银行业务以新面目卷土重来。有的以新形式新面目企图卷土重来。企业、住户等部门杠杆率上升。部分资金违规流入房市股市，推高资产泡沫。

四是疫情加快全球经济金融格局调整，不确定不稳定因素增多，外部输入风险加大。

4. 金融科技创新发展带来全新挑战

金融科技的迅猛发展为传统监管模式带来了全新的理念和手段，然而科技的便利也催生了新的挑战。在对金融科技的应用上，现有的法律规范和风险监管模式仍在探索与进步，因此全新的挑战需要引起重视，亟须妥善处置。

一是重视网络安全问题。目前，中国银行业务离柜交易率已达到90%以上，金融服务对网络高度依赖。相对传统风险，网络风险扩散速度更快、范围更广、影响更大。突发性网络安全事件也对金融机构的应急管理提出了更高要求。

二是市场不完全竞争问题。金融科技行业具有"赢者通吃"的特征。大型科技公司往往利用数据垄断优势，阻碍公平竞争，获取超额收益。传统反垄断立法聚焦垄断协议、滥用市场、经营者集中等问题，金融科技行业产生了许多新的现象和新的问题。

三是大体量科技公司风险隐患问题。少数科技公司在小额支付市场占据主导地位，涉及广大公众利益，具备重要金融基础设施的特征。一些大型科技公司涉足各类金融和科技领域，跨界混业经营。必须关注这些机构风险的复杂性和外溢性，及时精准拆弹，消除新的系统性风险隐患。

四是数据权益归属不清问题。中国政府已明确将数据列为与劳动、资本、技术并列的生产要素，数据确权是数据市场化配置及报酬定价的基础性问题。目前，各国法律似乎还没有准确界定数据财产权益的归属，大型科技公司实际上拥有数据的控制权。需要尽快明确各方数据权益，推动完善数据流转和价格形成机制，充分并公平合理地利用数据价值，依法保护各交易主体利益。

5. 数字人民币试点推行，配套监管体系亟待完善

2020年，央行立法并成功推行数字货币试点，这一举措大大加快了数字人民币的发展进度，相较于传统的货币流通路径而言，数字人民币具有流通速度快、流通规模变化迅速、流通范围广泛等特点，这些特性在带来支付结算便利的同时，也为其监管架构带来较大挑战。

一是数字人民币的配套监管法规有待完善。目前《中国人民银行法》第十六条规定，中华人民共和国的法定货币是人民币。《人民币管理条例》第二条规定，人民币包括硬币和纸币两种形式，未体现人民币的数字形式，因此，数字人民币的法律属性和参与各方的法律地位与责任承担尚不够明晰。法律法规层面未对数字人民币进行规制，在数字人民币的获取、使用以及风险防控等方面缺少法律保障，各机构在数字人民币运营中的法律地位、权利义务需要出台相关法律或法规来进一步明确，以实现对数字人民币使用场景的参与主客体进行有效监管。

二是数字人民币使得风险跨市和跨境传播途径增多。随着数字人民币在我国金融经济活动中的不断推广发展，在金融不稳定时期，一旦发生风险，在遇到金融危机时，数字货币最容易被人们大量抛售，增加银行被挤兑的风险，破坏金融稳定。同时，数字货币有可能对银行存款产生挤占，部分侵蚀银行信贷渠道。此外，随着人民币国际化的深入，数字人民币用于人民币跨境支付结算系统已指日可待，然而针对数字人民币进行支付结算的监管手段还未成熟，与之相关的大部分监管架构仍然欠缺，无法应对可能出现的相关风险，也大大提高了监管成本。

三是数字人民币面临着个人隐私数据保护问题。数字人民币需要借助分布式账本技术，以纯数字化形式发行，结合身份代码信息和私钥确定所有权归属，全程以信息传输方式进行，因此数字人民币在使用过程中也将面临严峻的个人信息保护和隐私保护问题。个人信息泄露可能导致个人丧失对数字货币的控制，进而损害财产权益。数字人民币的使用将从侧面增加信息安全监管的难度，为构建完善的风险监管体系带来新的挑战。

（二）证券监管新规落地配套措施尚待匹配跟进

2020年，面对疫情全球流行和复杂形势带来的严峻考验，中国证监会系统认真贯彻党中央、国务院决策部署，在国务院金融委的统一指挥协调下，始终坚持稳中求进工作总基调，贯彻新发展理念，落实中央"六稳""六保"方针，坚持"建制度、不干预、零容忍"，全面加强党的建设，统筹推进防控疫情、深化改革、防范风险和支持经济社会发展各项工作，资本市场总体保持了稳健发展势头。2020年，中国证券监管虽然取得了巨大成效，但也面临着一定的挑战，在证券监管领域存在以下问题。

1. 证券法制建设与新《证券法》实施的衔接不够

为深化金融供给侧结构性改革，完善再融资市场化约束机制，增强资本市场服务实体经济的能力，助力上市公司抗击疫情、恢复生产，2020年2月，证监会发布《关于修改〈上市公司证券发行管理办法〉的决定》《关于修改〈创业板上市公司证券发行管理暂行办法〉的决定》《关于修改〈上市公司非公开发行股票实施细则〉的决定》。2020年是证券市场发展的第三十年，虽然我国证券立法在不断地完善，但随着市场改革创新举措层出不穷，证券立法与改革创新之间也存在着滞后缺口。

一是现有证券监管法律法规仍然有待完善，以消除监管漏洞和盲区。新《证券法》实施后，证券监管面临转型升级，而消除监管漏洞和盲区成为主要的任务，现有证券监管法律法规在一定程度上还是滞后于市场创新，法律法规建设有待加速。2020年，证监会及相关部门先后发布或修订《证券期货规章制定程序规定》《关于修改部分证券期货规范性文件的决定》《创业板首次公开发行股票注册管理办法（试行）》《证券发行上市保荐业务管理办法》《公开募集基础设施证券投资基金指引（试行）》《非上市公众公司监管指引第5号——精选层挂牌公司持续监管指引（试行）》等数十项证券法律、法规、规定，这些文件的出台表明了证监会将从立法上规范证券公司、期货公司、上市公司与非上市公司的行为，尝试从源头上杜绝违法犯罪行为发生的可能性，以更好地保护投资者的权益。但是从全年做出的行政处罚来看，内幕交易、信息披露违规、操纵市场的案件数量仍是居高不下，此外，从业人员借助职业便利违法违规、中介机构未能勤勉尽职、编造传播虚假信息的违法情况还是时有发生，这也从侧面说明现行的法律仍有完善的空间。而随着新《证券法》的推行，我国会迎来更加宽松的证券经营市场环境，除了规范从业人员的自我职业道德外，法律更是有效制止犯罪行为的途径，但现有证券法律制度建设与市场创新同步匹配度还是不高，缺口会带来一定的金融风险。

二是证券监管效能有待提高，以适合证券执法领域发生较大变化的情况。新《证券法》实施后，证券执法领域发生较大变化，证券监管执法在交易品种、市场层次以及地域范围内所出现的延伸，对证券监管效能提出更高要求。新《证券法》在一定程度上加强了证监会等相关政府机构的权力，但目前证监会等政府机构的权力过于集中、监管方式较为单一，若不能从市场上得到正确的反馈则会造成权力的滥用和低效率的监管。同时，证监会在实施证券法进行市场调查与监管时，从政策颁布到监管实施还需要一段很长的适应过程。通常情况下，在事件发生后，证监会的调查时限较长，惩罚措施与企业整改处于一种相对落后的状态，证监会对违法者的惩罚迟延于其发生的违法行为，从而加大证券监管难度，不利于证券市场的发展。总体观之，新《证券法》虽已顺利实施，但对证券执法效能和执法公信提出了更高的要求，也给证券监管带来了挑战。

2. 注册制背景下股票发行信息披露制度有待完善

新《证券法》的实施彻底改变了我国证券市场发行制度，以注册制取代了核准制。由于注册制具有重视信息披露、放宽准入监管的特点，所以自新《证券法》实施以来，对发行人信息披露的要求越来越严格。然而在改革推进过程中可以看出，发行人信息披露的有效性和披露质量都有待提高，还有改进的空间。

一是实施过程较短，信息披露内容有待规范。新《证券法》落地实施后，发行人信息披露制度实施的过程中存在很多不容忽视的问题。分析新法实施后创业板首批 18 家企业的招股说明书，发现主要存在以下三个问题：第一，对于风险的披露程度不足。很多企业主要披露财务类风险以及经营性风险信息，但是对于企业法律风险和内控风险的披露却很少。第二，未能将不同行业的信息披露要求进行差异化处理。不同的行业都具备着本行业的特色，但是这 18 家企业的招股说明书当中关于募集实施风险以及技术风险等内容的表述却大同小异，凸显不出各自行业的特色。第三，企业的内部信息披露过于表面，缺乏投资者沟通的渠道。大部分企业只是将《公司法》的相关法律规定以及本企业自身规定的内容简单地纳入招股书中，更甚者只留下企业相关部门的联系方式，但这并不能切实地为投资者解惑。

二是信息披露数量较多，但披露信息质量不高。在注册制背景下，上市公司的上市门槛较为宽松，投资者的投资决策需要依赖高度透明的市场环境，完备的信息披露制度有助于投资者加深对企业的了解，从而帮助投资者投资决策，来保障投资者的利益。但在股票发行信息披露过程中，部分企业和保荐机构将"充分信息披露"简单理解为"披露的信息越多越好"，这种误解极易导致企业的信息披露往"数量至上"的方向发展，而忽略了信息披露的质量。从当前的实际情况来看，招股说明书的信息披露质量主要存在三大问题：第一，缺乏与风险相关的信息捕捉、确认和传递。风险内容原本是投资者最关心的，但是在招股书中占比极少，我国科创板和创业板的招股说明书对风险的揭示只有1%～2%。第二，预测性信息披露较少。在我国证券发行市场，无论是科创板还是创业板的招股书中预测性信息特别是负面性的预测信息披露都严重不足，而在美国等发展较为完善的证券市场中，招股书包含了大量企业发展的预测性信息以及相应的数据分析。第三，招股说明书内容复杂、晦涩难懂。我国的招股说明书往往长篇累牍，杂乱无章，投资者阅读难度过高，难以提取有价值的信息，所以无法准确识别企业价值和投资风险。

三是违规信息披露的惩罚制度亟待健全。2021年1月29日，中国证监会网站发布了证监会2020年证监稽查20起典型违法案例，其中信息披露违法违规方面，涉案上市公司包括辅仁药业、凯迪生态、雅本化学、富贵鸟等。这些上市公司因信息披露违法违规被立案通报。多年以来，正是上市公司信息披露违法违规成本过低，相关处罚无法起到绝对的威慑作用，才导致我国证券市场上市公司信息披露违法违规现象一再发生，因此，有必要对当前的"违规信息披露惩处制度"做进一步完善，加大处罚力度，以提高上市公司的违法违规成本，减少违法违规现象的产生。

3. 证券监管环境复杂性有所提升

伴随金融科技的兴起，以人工智能、大数据、区块链、云计算等为代表的创新技术在证券行业中的应用越发广泛，并持续为证券行业和各证券公司赋能，呈现出持续向好的金融科技兴起势头。但金融科技在证券市场的应用也使证券监管环境的复杂性大大提高，这也将对监管部门的监管水平提出更高要求。

一是金融科技发展对证券交易安全和风险管理带来挑战。量化投资及程序化交易系统在证券交易中大量应用，这些创新技术的应用为证券公司提升了业务运营效率、拓宽了销售渠道、拓展了提供服务的客户群体、推动了业务和科技的融合，但同时也会带来跨界叠加的复杂业务模式和业务场景，加快市场风险的传递，加大证券市场的波动性。证券的复杂业务过程在经过结构化和智能化的编程技术处理后，风险的隐蔽性进一步提升，很多金融风险借助技术手段潜藏而难以察觉，并呈现出新的发展趋势，这也将对监管部门的监管水平提出更高要求。此外，现代科技所支撑的网络交易系统本身面临网络安全挑战，网络安全风险主要是由网络攻击引起，包括恶意软件、口令破解、数据欺骗、恶意程序、拒绝服务等。若证券业务系统遭遇网络攻击，数据或算法被篡改，将会引发巨大金融风险。数字化和智能化的金融服务扩大了网络黑客攻击的切入范围，加剧了整个证券行业的系统风险。云计算、应用编程接口等促进交互的新技术，是未来金融架构的关键部分，但是也使证券交易系统更容易遭受网络威胁，极易泄露大量敏感数据。在此背景下，证券交易网络安全风险管理已成为金融监管的新议题，证券监管部门需要适应日趋复杂的市场环境，以应对金融科技发展给证券交易安全和风险管理带来挑战。

二是金融科技发展对监管部门的执法效率提出新挑战。当金融机构广泛运用大数据、人工智能、区块链等技术开展业务活动时，金融机构产生数据的速度和数量获得了极大提升，但是有些金融机构报送数据的标准化程度不高，导致监管部门需要人工处理，或者向监管部门报送的数据和市场交易数据不同频，难以保证效率和质量，使违法交易的判断难度增加。例如，监管部门要求证券交易商按照日、小时等时间单位报告交易信息时，证券交易商可以利用人工智能技术进行高频交易，操纵市场，由于违法操作的时间过短，达不到报告交易的要求，即使监管部门最终获得并分析了相关数据，操纵市场的情况已成定局，投资者也遭受了损失。此外，证券监管目前面临着新的监管难度，这是由于金融科技具有高度虚拟化、网络化和分布式体系等特点，监管部门的监管力度和技术资源必须进行合理调配，这样才能维护市场秩序。同时，金融科技不断为证券市场提供新的产品和服务，导致既有产品的监管规则变得不合时宜，一旦有新的金融产品落入监管缝隙，产生监管的盲区和空白，则有可能导致系统性风险潜在积聚，这是分散化金融科技对证券监管的独特挑战。

4. 证券异常交易监管手段亟待完善

保持证券市场正常有序的交易是证券行业健康发展的基础保障，自新《证券法》实施以来，我国证券市场的法制建设取得了丰硕成果，证券监管充分发挥了有效作用。但随着国内证券交易市场不断扩大和交易量稳步攀升，我国证券市场也出现了证券交易异常的现象。2020年以来，证监会依法启动操纵市场案件调查90起、内幕交易160起，合计占同期新增案件的52%；做出操纵市场、内幕交易案件行政处罚176件，罚没金额累计超过50亿元。诸如此类现象揭示了在证券监管下还存在着股票异常交易等违规行为。

一是异常交易行为覆盖面广，识别程序复杂。证券市场异常交易行为包括集合竞价虚假申报、强化尾市涨跌停趋势的虚假申报、盘中虚假申报、涨（跌）幅限制价格虚假申报、盘中拉升打压股票价格、债券异常交易、交易型开放式指数基金异常交易、大宗交易异常等，从异常交易行为类型看，包括了虚假申报和拉升打压这两种最主要的异常交易行为。从异常交易行为时点看，覆盖了集合竞价、盘中、尾市、大宗交易和特定时间等时段。另外，异常交易行为涉及的标的，既有股票，也有债券、交易型开放式指数基金等。目前证券市场监管异常交易行为的有效手段不足，对复杂交易行为的识别效率较低，难以全方位覆盖异常交易敞口。

二是异常交易处罚力度不足导致违规成本较低。违规交易虚构了市场供求关系，扭曲了正常交易价格，扰乱了市场秩序。而相对这些严重后果而言相对应的处罚力度则略显不足。这导致低成本的逆向选择行为催生了大量的违规异常交易活动。大多异常交易行为主要处罚方式是罚没违规收益，限期禁入市场等，事实上即使被限制交易，仍能通过另开新户或使用他人账户进行交易，因此，此类处罚不足以威慑潜在的违规交易人员。

三是对异常交易行为的监管职责模糊，效率不足。对于异常交易行为的监管，我国采用交易所与证监会共同监督管理方式。然而这二者的部分职责界定不明晰，对于部分监管对象的违规交易行为处置措施难以确定。随着性质复杂的违规异常交易行为的出现，证监会的行政处分手段与交易所的纪律或自律监管措施逐渐滞后于监管需求。此外，证券公司在交易中也出现前端监控职能发挥不全的问题，导致了一线监管有所缺失，从而致使部分数量的证券异常交易行为监管得不及时和低效率。

（三）保险监管滞后于保险业数字化转型

自 2017 年以来，习近平总书记多次就"数字中国"做出重要论述和战略部署。在"数字中国"战略指引下，保险业数字化转型持续推进，保险机构纷纷加大保险科技投入，数字化保险产品和工具应用日益丰富。保险业数字化转型在快速发展的同时也暴露出了一些问题和风险隐患，对保险监管提出了新要求、新挑战。

1. 数字保险领域消费者权益保护机制不健全

数字化转型使保险服务模式发生了重大变化，也影响着保险消费者行为。中国保险行业协会发布的《2020 年互联网人身保险市场运行情况分析报告》显示：2020 年，我国共有 61 家人身险公司开展互联网保险业务，累计实现规模保费 2 110.8 亿元，较 2019年同比增长 13.6%。2020 年，通过保险公司官网进行投保的客户数量累计达 1 824.2 万人次，较 2019 年同比增长 75.6%。①

传统的保险消费者合法权益保护主要集中在理赔服务上，而数字化转型催生了保险新产品、新服务、新模式，从隐私保护、信息安全、数据使用等方面对消费者权益保护提出了新要求。数字保险领域消费者权益保护机制不健全主要体现为：

第一，消费者权益保护法规缺位。保险数字化转型过程中对消费者的知识素养、保险意识提出了更高的要求，倘若没有专门的法律法规对消费者权益加以明确保护，那么随着保险业数字化程度的进一步提高，未知风险将逐步积累，侵犯消费者权益的行为将愈发难以得到有效规制。

第二，数字化保险业务纠纷处理机制不完善。保险数字化转型的关键之一，便是实现展业、投保、理赔、风控等环节的数字化、线上化。但是，在这一过程中，监管对于保险合同签署中的说明义务、事后纠纷的处理机制未做出明确的规定。消费者对保险合同的签署主要依赖自主认知、保险合同解释说明不足、客户对产品容易形成理解偏差等问题，进而引起保险纠纷。与此同时，销售误导、信息不对称等问题将从线下转移到线上，风险也被进一步放大。

第三，缺乏隐私保护与数据利用监管机制。通过保险数字化业务，保险机构、互联

---

① 中国保险行业协会发布《2020 年互联网人身保险市场运行情况分析报告》 ［EB/OL］．（2021 - 03 - 03）．http：//www. iachina. cn/art/2021/3/3/art_ 22_ 104983. html.

网平台、技术服务商都可以获取用户的大量私密信息。例如，可穿戴设备的广泛使用，将使得收集被保险人的健康状况信息更加便捷；在 UBI 车险中，客户的车载信息与驾驶行为数据也容易被采集。当数据成为一种可用于创造价值的要素时，其所有者就必然会更加充分地对其进行挖掘和聚集。如何恰当地保护保险消费者的数据？保护范围应该多大？这些问题在目前的保险监管中尚未明确。

2. 数字化保险业务监管规则缺乏前瞻性

传统保险监管采取的是"先发展后监管"的理念，当前保险业数字化转型处于初级发展阶段，极易出现"监管真空"。

第一，监管规则包容性不强。当前，保险监管主要采用制定客观统一的监管标准，并要求被监管机构达到合规标准的方式。在传统保险业态中，这种监管方式能够保证市场秩序稳定，避免诱发系统性风险。而在保险业数字化转型过程中，刚性的监管规则容易忽略监管者与被监管者的协商互动和共同交流，对创新试错的容忍度低，对数字化转型造成规则障碍。尤其是随着保险数字化市场竞争的日益激烈，市场竞争广度、深度和强度进一步升级，刚性、强制性监管标准使得保险公司的合规成本及合规风险不断增加，进而抑制保险创新的积极性。

第二，监管评估指标体系滞后。随着保险机构数字化转型升级过程加速，保险机构对科技的投入不断加大，投入产出比发生了实质性改变，组织结构及业务模式都在不断升级改造，进而推动了整个行业市场秩序及资源配置的优化。当前保险机构公司治理监管评估主要包括合规性评价、有效性评价、重大事项调降评级三个方面，评估指标体系主要以风险为导向，过度强调风险安全问题，未考虑不同保险供给主体的差异性，对被监管机构包容度不够，与保险机构数字化转型过程的适配性下降，对效率和公平的监管评估重视不足。

3. 保险市场准入标准受到冲击

数字化转型加速了保险与科技产业的融合，一些科技公司会利用其大数据优势，以多样的方式进入保险领域。这可以为保险业增添科技动力，但同时也对目前的保险市场准入监管提出挑战。

第一，对牌照申请者的审核难度增大。目前我国的保险市场准入采取发放牌照的方式，监管机构通过对申请者进行审核，允许符合资质的主体经营保险业务。对于未申请牌照而进行保险业务经营的主体，监管机构会对其进行处罚。在传统的较为单一的业务模式下，这样的准入监管能够较为全面地覆盖市场行为。然而，随着保险业务数字化转型的发展，互联网平台、科技公司等新型主体加入，对牌照申请者的审核会涉及更多其他的专业领域。此外，更具隐蔽性的科技手段会使得监管机构对没有牌照而违规经营保险业务的监测更加困难。部分互联网企业将支付业务、信贷等其他金融业务与保险业务交叉嵌套，使得对保险市场行为监管的难度加大。

第二，部分数字化保险业务边界模糊导致监管界限模糊。除了实现产业融合，保险公司的数字化转型也涉及跨行业、跨领域的交易，这进一步模糊了业务通道的边界。以互联网保险公司为代表的新兴企业逐渐成为准金融或类金融领域的市场进入者。部分新业态、新模式在功能和法律界定上有其特殊性和复杂性，难以划拨到已有业务类型、纳入现有监管框架。在监管及时性方面，保险科技创新的商业模式和业务形态不够清晰，风险隐患不易辨识。针对性监管细则和风控措施的出台需要一定的时间，客观上导致保险监管存在滞后性。

4. 传统监管模式应对乏力

保险数字化转型过程中，数字技术成为支撑保险发展新的技术底盘，以风险为导向的传统监管模式的适配性下降，"一刀切"的监管模式容易导致市场主体创新能力受到束缚。

第一，不同规模保险机构存在监管差异化要求。大型保险机构纷纷将"保险＋科技"提高到战略层面，依靠自身完整的科技研发团队与充足的研发资金支持，将自身业务与"保险＋科技"相结合进行数字化转型，转化为重要的生产力。以平安保险为例，过去十年，中国平安的科技资金投入为1 000多亿元，未来5年仍将投入千亿元资金。[①]发展至今，平安科技不仅对内提质增效，而且有力推进平安以外的企业端数字化转型发展，孵化出平安好医生等一大批优质企业。与大型保险机构相比，中小保险机构在数字化发展上的资金和技术实力显然并非一个量级，且公司经营固定费用较高，难以摊薄。但中小保险机构有望通过"科技＋场景"业务模式创新和深耕细分领域破解经营困局。以富德生命人寿为例，在疫情期间，利用公司多年积淀的科技赋能综合服务平台，应用"免接触"全新服务场景，实现保险销售、核保、保全、理赔等环节的全程电子化，提升理赔效率与客户满意度。不同规模的保险机构在保险业数字化转型中积极寻求与公司战略相适的数字化转型之道，然而面临一致化监管，不利于行业整体数字化转型与保险创新。

第二，不同业务模式的保险机构存在监管差异化要求。传统保险公司利用PC与移动端互联网开展营销活动，本质上是对其本身占业务成本约40%的保险销售费用的一种替代，在核保、理赔、客户服务、风险控制等环节仍以线下渠道为主，因而线上化程度低、线下化程度高。而互联网保险公司在经营上被要求保险流程全部线上化，即保险机构在产品、营销、核保、理赔、客户服务、风险控制等领域全部线上完成，因而线上化程度较高。传统保险公司与互联网保险公司在数字化转型过程中采用的业务模式以及其产生的合规风险不同，不宜实行无差别的统一监管。

---

① 众安金融科技研究院发布《保险业数字化转型2020年度报告》［EB/OL］．（2020－11－27）．https：//news. iresearch. cn/yx/2020/11/349303. shtml？tdsourcetag＝s_ pcqq_ aiomsg.

（四）涉外金融监管长效管理机制弹性不足

近年来，我国金融市场开放不断加速。继 2019 年金融稳定委员会提出金融开放新 11 条以来，2020 年，国务院金融委统一部署，发展改革委、证监会、外汇局等金融委成员单位又推出 11 条金融改革措施。外汇管理部门紧紧围绕支持疫情防控和经济社会发展大局，不断完善外汇市场"宏观审慎＋微观监管"两位一体的管理框架，在促进贸易投资自由化便利化和高质量发展、有序推进资本项目开放、支持特殊经济区先行先试方面，做出了积极探索并取得了显著成效。在我国涉外金融监管不断加强的同时，仍存在以下一些问题。

1. 支付机构外汇监管工作不够精准有效

随着跨境外汇政策的逐渐完善，跨境外汇业务的市场环境更加开放、透明、公正，跨境支付的参与者，除了传统银行外，第三方支付机构逐渐成了重要力量。2020 年 5 月，外汇局发布《关于支持贸易新业态发展的通知》（汇发〔2020〕11 号），明确了第三方支付机构在外贸交易闭环中的责任和义务。随着我国人均收入水平的提高和消费需求的升级，第三方支付跨境结算需求日益旺盛，在相关外汇管理政策的推进下，支付机构跨境外汇交易的规模呈高速增长态势。但随之而来的是跨境外汇支付交易的真实性难以分辨、支付链条复杂等问题给监管部门带来挑战。目前该领域监管存在的问题有：

一是交易真实性较难区分，隐含资金借道风险。跨境电子交易主要通过线上进行，而由于跨境物流数据零散易缺失，实践中较难实现订单、报关单和物流单据的完全匹配，因此缺乏核实跨境外汇支付交易真实性的有效手段。此外，试点业务项下个人结汇和购汇不纳入年度总额管理，境内个人可通过分拆多次购付，或虚报交易内容等转移跨境资金。不法分子可能假充商户虚构商品、交易和物流，进行洗钱、网络炒汇、地下钱庄等违法活动。

二是支付链条日趋复杂，资金、订单难以追踪。一方面，个人买家对支付宝、微信支付等的使用黏度增加，造成个人买家使用人民币购买和跨境电商平台集中购付汇给境外商户相互分离；另一方面，境内支付机构与境外知名商户的合作谈判难度较大，不得不借助境外支付机构间接合作，导致收付汇业务可能涉及多家支付机构，支付链条加长且趋于复杂，付汇人民币资金来源更难追踪，境外零售出口订单只能辗转获取。

三是支付竞争加剧，易诱发道德风险。支付机构脱胎于互联网技术企业，对风险的认识和理解、管理风险的手段和技术，以及合规意识都远远低于银行等传统风险业务经营机构的水平。在寡头垄断的市场竞争格局下，中小试点机构生存困难，可能诱发道德风险问题。2017 年以来，在外汇管理部门开展的针对支付机构的专项检查中，发现并查处了多起外汇违规案件，违规类型包括虚构货物贸易背景跨境付汇、超范围经营、分拆逃避限额管理、转移非法炒汇或赌球资金等。

四是未获境内牌照的支付机构跨境资金收付成为监管的空白地带。目前，一些国际支付机构或仅在境外持牌的收款公司，在尚未取得牌照及相关资质的情况下，通过变通方式进行跨境资金收付，交易规模较大且尚未纳入官方数据统计，经营合规性游离于监管之外。

2. 粤港澳大湾区跨境金融监管有待加强协同

2020 年 5 月，人民银行、外汇局等 4 部门联合发布《关于金融支持粤港澳大湾区建设的意见》，提出促进粤港澳大湾区跨境贸易和投融资便利化、提升粤港澳大湾区金融服务创新水平、探索更高水平的贸易投资便利化试点等具体要求。在粤港澳大湾区金融互联互通水平不断提升的背景下，粤港澳大湾区跨境金融监管存在一些问题：

一是粤港澳三地金融在监管合作方面仍存在一定阻碍。粤港澳三地金融监管存在法律制度上的差异。我国金融监管方面的法律主要有《中华人民共和国中国人民银行法》《中华人民共和国商业银行法》《中华人民共和国银行业监管管理法》及其他一些规范文件。根据银行业、其他金融机构以及保险业的分类，香港有自己相应的法律对金融行业进行监管，澳门同样存在相应的法律对金融行业进行监管。在"一国两制"的背景下，粤港澳三地金融监管合作面临执行成本和难度过高的问题。

二是内地金融监管体系存在地方金融监管权责不清且监管缺位的问题。我国金融监管法律体系本身存在一定的结构性问题，分业监管的模式导致金融监管缺乏一部统一的上位法，横向上中央各部委监管立法权分布配置、职权各异；纵向上中央与地方金融监管法律尚未充分衔接、金融监管在地方配置上不仅存在权责不明、权力冲突等问题，有时还缺乏国家层面的法律授权，地方金融监管的监管壁垒和监管缺位、错位、越位都制约着金融监管效能的发挥。此外，我国金融行业的监管权力集中在"一委、一行、两会"，地方政府出于本地经济发展速度的考虑，往往存在放松金融监管的现象。只要区域内有一地监管制度相对宽松就会形成所谓的"金融洼地"，吸引资金大量流入，此时如果地方政府只聚焦资金带来的丰厚税收，金融风险发生的概率就会大大提高。在粤港澳大湾区金融监管合作上，上述冲突会更加凸显，香港和澳门在"一国两制"的政策下，享有独立的立法权，而广东在地方监管层面上，9 个城市各自的金融监管部门职责不清晰、金融监管资源缺乏、监管能力不足、监管手段也有限，必然导致大湾区内金融监管出现多头监管。粤港澳三地本身就存在监管壁垒，加之地方金融监管能动性欠缺，金融风险在湾区内的化解和处置存在相当大的困难。

3. 本外币跨境资金流动监管机制仍需从严构建

近年来，随着我国融入全球金融一体化的程度加深，"沪港通""深港通"的实施和"一带一路"倡议的推行，我国跨境资金流动日益频繁。2020 年 5 月，中国人民银行与外汇局共同发布了《境外机构投资者境内证券期货投资资金管理规定》（中国人民银行  国家外汇管理局〔2020〕第 2 号），取消了合格境外机构投资者投资额度审批，放宽了托管数量限制；同时，优化便利相关资金的汇出手续，进一步便利境外投资者参与我国金融市场。我国跨境资金流动日趋频繁，跨境人民币结算在跨境收支中的占比日益扩大。但是我国本外币跨境资金流动监管尚存在一些问题：

（1）跨境本外币贸易结算管理规定不一致。一是跨境本外币贸易结算企业的分类管理标准不同。根据中国人民银行、国家发展和改革委员会、商务部、国务院国有资产监督管理委员会、中国银行保险监督管理委员会、国家外汇管理局《关于进一步优化跨境人民币政策　支持稳外贸稳外资的通知》（银发〔2020〕330号），对跨境贸易人民币结算企业，实行跨境人民币业务重点监管名单和非重点监管名单。但是，本外币结算业务企业管理迄今为止还没有明确的分类监管体系。由于本外币结算业务企业分类管理标准不相同且分类监管体系不协调，企业在实践中能选择较有利于自身的结算方式，这不利于跨境资金流动的监测与风险预警。二是对跨境贸易本外币交叉收支操作尚无明确规定。企业跨境贸易收支经常涉及交叉币种交易的情况（本币报关、外币收支，或相反），但是在货物贸易外汇管理改革后，对企业及银行在办理本外币结算业务时需提供的审核资料及操作程序尚无明确规定，不利于业务风险控制。

（2）资本金本外币流动监管未衔接。中国人民银行在目前的直接投资审批过程中，并没有明确规定金融机构为外商投资企业办理跨境人民币入账前，需先登录外汇管理局的直接投资外汇管理信息系统查询该企业是否已办理跨境人民币出资外汇登记手续。倘若企业没有到外汇管理局办理出资方式变更，则该企业实际上可以在原有资本金账户限额下流入等值的外汇，从而造成外资的重复流入。另外，按照《规范跨境人民币资本项目业务操作有关问题的通知》（汇综发〔2011〕38号），境外投资者以跨境人民币形式支付前期费用的，银行依据直接投资系统登记的额度办理跨境人民币前期费用入账。但对于限额、期限并没有细化规定，且注重结汇时资料真实性的审核而疏于对结汇后人民币资金流向的监管，为一些企业改变资金用途提供了可乘之机。

（3）本外币全口径监测系统不完善。目前，外汇业务系统尚不具备对跨境人民币结算业务进行全面统计监测的功能，这无疑增加了准确把握跨境资金流动情况和后续监管的难度。目前能够比较全面反映跨境人民币资金流动情况的系统有中国人民银行的RCPMIS系统和外汇管理局的金宏系统。但是目前两个系统在数据获取、统计范围、统计口径等方面存在一定差异，因此增加了两个系统数据比对利用的难度。

（4）各管理部门之间的信息共享机制有待建立健全。目前，涉外经济管理部门间的沟通联系不够紧密，大量信息分散在不同部门，如商务、市场监督管理、外汇管理等涉外经济管理部门之间，迄今为止尚未建立有效的信息共享机制。跨境资金流动一般由产业或者行业主管部门负责交易环节，外汇管理部门负责汇兑环节。不同部门的管理目标和政策导向不同，跨境资金流出入的管理和统计监测压力主要集中于外汇管理部门。外汇管理部门需要加强与上游经济主管部门的信息共享，以便实现对资金流动方向的有效调控。但是由于技术手段制约，跨部门获取管理信息不仅存在难度大、成本高的问题，而且获取的信息时效性差也直接影响了管理效能。

（五）经济增长动力不足、监管资源匮乏，难以灵活应变

近年来，全球经济增长动力不足，动荡源和风险点增加，金融运行不稳定风险扩大。金融体系内部风险和金融监管问题仍在持续累积，一些长期形成的隐患并未彻底消除。疫情冲击下新老问题相互交织叠加。地方政府债务水平仍然在较高水位。大型金融科技集团的不正当竞争日益侵蚀相关方的正当权益。虚拟货币的交易正在逐渐扰乱金融秩序，侵害人民财富和威胁国家安全。金融相关制度存在较多短板，金融法治还很不健全。金融监管资源，无论是数量还是质量，都明显不足。

1. 地方政府和大中型企业出现违约隐患，面临多维度监管困境

据财政部统计，截至 2020 年 12 月末，全国地方政府债务余额为 256 615 亿元，其中，一般债务余额为 127 395 亿元，专项债务余额为 129 220 亿元。截至 2020 年 12 月末，地方政府债券剩余平均年限为 6.9 年，其中一般债券剩余平均年限为 6.3 年，专项债券剩余平均年限为 7.5 年。[①] 地方债券大量发行，导致地方政府债务快速增加，也带来了一定的风险隐患。我国目前地方政府债务呈现债务规模过大、债务结构不合理、债务资金利用效率低、偿债能力弱、防范债务风险的区域不平衡等特点。具体情况如下：

一是地方政府财政与事权不匹配。阶段性财政政策因经济周期变动，施行过度积极的财政刺激政策。地方政府融资方式单一，政绩考核片面追求 GDP 增长，造成过度借债。区域经济发展不平衡，部分地区对土地财政依赖大，没有预算硬约束；技术操作上期限错配，杠杆过大；投资效率低下，偿债资金不足，地方政府债务存在监管真空和失位。同时，没有形成完善的责任追究和监督制度。目前，我国地方政府对自身的债务缺乏科学、有效的管理，缺乏健全、完善的责任追究制度和监督制度，常常出现本届政府举债、由下一届政府还债的情况，没有对地方政府的举债行为进行有效的监督，再加上新上任的领导对上一届政府的旧账不予治理，导致地方政府的偿债资金难以落到实处，只能拖欠本应偿还的债务，甚至通过新的借债来偿还旧债，陷入恶性循环，给政府信誉和形象造成了严重损害，降低了政府的公信力，对财政的平稳、安全运行造成了许多不利影响。

二是信息透明度较低。近年来，由于地方政府性债务规模快速增长，地方债务的举借、管理、使用、偿还尚存在不规范的情况，主要是地方政府对地方债的流向信息公开性较差，致使部分地区和行业偿债能力弱，存在风险隐患，审慎处理地方政府性债务问题以及可能诱发的风险十分必要。目前，我国地方债信息披露不及时，对外公开性较差，致使我国地方债务信息公开情况不容乐观，不少地方政府债务信息透明情况存在

---

① 国家发改委. 2020 年地方政府债余额情况 [EB/OL]. （2020 - 12 - 28）. https：//www. ndrc. gov. cn/fggz/fgzh/gnjjjc/czsz/202012/t20201228_ 1260572. html? code = &state = 123.

"避重就轻"的问题。

三是信用评级不完善。地方债券作为债券市场基础设施的重要组成部分，信用评级是地方政府债券市场健康可持续发展的重要保障。伴随我国地方政府债券改革持续推进，各评级机构对地方政府债券的评级方法不断完善，但仍存在评级结果同质化、评级质量难以检验等问题。同时评级虚高、区分度不足、事前预警功能弱等问题，制约了我国债券市场的高质量发展。

此外，当前专项债快速扩容的背后仍存在一定风险，项目收益难以平衡支出，引发地方财政压力，项目进度滞后，导致债券资金闲置等。

2. 大型金融科技集团的不正当竞争，监管失位造成资本垄断和无序扩张

大型金融科技集团深刻改变了金融市场。其业务在高速发展中不断显现出了风险，监管者陆续出台监管政策，开始了专项整治与全面治理。金融科技集团的迅速发展给我国国民经济带来新的增长点，但也带来了新的监管问题。

一是传统监管体系难以跟上金融科技发展的节奏。无法处理隐含与频发的新旧金融风险。现有的监管体系存在着一些监管套利空间与监管盲区，因此转变金融监管体系势在必行。在国家层面金融管控政策未及时跟进的环境下，金融科技类企业的上市动机变成了单纯地谋求巨额回报，不够主动诚信、实事求是地披露相关重要、重大的信息，也不敢接受国家和社会的监管和监督。从现实来看，传统金融监管范式下的金融规则无法应对金融科技带来的泛金融化，金融监管范式转变势在必行。重视金融科技运用给系统性金融风险带来的溢出效应，健全监管科技和风险预警机制成为未来的监管重点。既有的监管框架承载的压力日渐增大，金融系统整体脆弱性增加，金融监管形势越发严峻。金融监管者应该意识到，市场参与者能利用金融科技创新从金融监管盲区获利，监管者需要弥补现有监管空白，扩大监管边界，转变监管体系。

二是我国对金融科技集团监管还缺乏力度。党的十九届五中全会以及相关工作会议明确提出："强化反垄断和防止资本无序扩张。"蚂蚁集团等金融科技集团存在违规经营和不正当竞争的垄断行为。蚂蚁集团最重要的两块业务——小额信贷业务和消费支付业务，存在监管视线之外的风险控制问题。互联网金融理财业务中存在强制使用本集团通道的行为，存在不正当竞争的垄断行为和数据保护的风险。蚂蚁集团一直没有受到合适的监管，监管者应该意识到事先预判的重要性，在风险发生之前预警风险并合理控制。不仅是对于某单项业务的管理，更应该警觉其他有可能的风险因子，加强事前监管的力度，提高政策的灵活性与监管边界的覆盖范围。像蚂蚁集团这样一个跨境业务复杂的企业，却鲜少受到金融跨境监管合作的监管与限制。监管当局要细化各监管机构与各部门的职责，优化"一委一行两会"的决策效率与质量，促进各部门协调运作，逐步由分业监管转化为功能监管。

三是相关监管难以把握市场平衡，缺乏统筹协调。针对大型金融科技集团想要突破

金融监管谋求更大利益的情况，金融监管需要把握好度，在确保市场稳定的情况下，营造适合金融科技的生存环境。这种情况要求金融监管当局转变既定监管体系，克服目前存在的监管不足。如何在把握不发生系统性风险底线的情况下，营造适宜的金融科技发展空间，控制监管韧性，仍是急需解决的问题。

3. 虚拟货币监管存在监管真空，数字金融维稳迫在眉睫

自比特币问世以来，目前以比特币为代表的虚拟货币种类繁多，与一般投资品相比，虚拟货币具有投机性、炒作性、波动性等特点。虚拟货币的交易炒作投机风险极高，虚拟货币本身也存在脱离监管视线后的洗钱、恐怖融资等潜在风险，既不利于经济"脱虚向实"，也不利于维护金融稳定大局。对于虚拟货币的风险和弊端，现在阶段的监管还存在诸多不足。

一是虚拟货币交易风险的监管问题。虚拟货币是没有实际价值支撑的一种特殊商品，是一种另类投机加密资产。从发展历史以及其投资炒作行为看，虚拟货币带来的金融风险隐患确实不可低估：易诱发投资者投机心理危害社会。由于比特币交易市场容量较小，交易 24 小时连续开放，没有涨跌幅限制，价格容易被投机分子控制，产生剧烈波动，风险极大。普通投资者盲目跟风易遭受重大损失。

由于交易市场不成熟、监管规则不完善，虚拟货币交易风险极高。不少投资者往往抱着一夜暴富的心态，交易杠杆通常会放大，交易风险增加。市场巨幅震荡之下，大量高杠杆的投资者瞬间"爆仓"。此外，虚拟货币的"提现难"问题日渐显现。此外，虚拟货币托管平台丢失币的事件频繁出现。虚拟货币交易平台的抗风险能力能否匹配交易量的迅猛增加、所依靠的区块链等技术能否经受安全考验等，都是虚拟货币交易市场面临的现实问题。比特币的相关交易市场仍处于自发状态，可能存在交易对手风险、资金安全风险和清算结算环节风险等，投资者合法权益难以得到有效保障。监管者面对的是原始"野蛮"的生长环境。

二是虚拟货币涉及违法犯罪的监管问题，虚拟货币易为洗钱等金融违法犯罪行为提供"避风港"。由于虚拟货币具有高度匿名性、去中心化发行等特点，不但脱离实体经济，而且成为洗钱、贩毒、走私、非法集资等违法犯罪活动的工具，交易不但不受法律保护，还触碰了法律底线和红线。虚拟货币容易引发投机交易并催生传销、金融诈骗、非法集资等违法犯罪行为，在交易过程中，存在诈骗、洗钱等非法活动，整个行业面临较大的合规压力。

虚拟货币还伴随着突出的洗钱问题，游离在监管体系之外。虚拟货币的匿名性、无国界性使其具有很高的洗钱内在风险。非中心化的虚拟货币在设计之初，就是一种对现有实名体系的根本颠覆。以比特币为例，比特币协议没有中心化的服务器，也没有任何真实世界的身份确认过程，存储、交易过程完全匿名完成。此外，虚拟货币储存、交易都发生在虚拟世界，不存在国界的限制，而现有的执法和监管都是国别性的，这使得虚

拟货币很容易游离于各国法律体系之外，使虚拟货币成为网络犯罪工具。从犯罪和比特币之间的关系看，虚拟货币已成为暗网的通用支付手段，被各类网络犯罪广泛使用，并且已经成为犯罪分子之间交易的重要支付手段。

三是虚拟货币能耗监管的问题。虚拟货币相关的挖矿产业严重耗能，此前就已经被部分地区专门发文禁止，与"碳中和"的总体目标背道而驰。加强监管势在必行。比特币挖矿行为往往以"大数据项目"作为掩护，耗费大量电力资源，不符合"碳中和"的目标方向。许多虚拟货币质疑者都长期批评其能耗问题。根据剑桥比特币电力消耗指数，比特币引发的电力消耗要高于瑞典和马来西亚等国整个国家能源消耗。

虚拟货币无序炒作、野蛮发展，侵蚀国家货币主权，扰乱经济金融秩序，危害国家金融安全。虚拟货币具有去中心化和匿名性特征，如果缺乏有力监管，则为跨境洗钱和恐怖犯罪活动提供便利条件。而暴涨暴跌的行情会加剧金融市场动荡，有诱发系统性金融风险的可能。虚拟货币难以用传统的基本面、估值方法进行分析，更像是另类投机品，以严格措施加强虚拟货币监管不仅必要而且紧迫。

4. 供应链金融快速发展，法律体系及监管框架有待完善

目前我国供应链金融业发展迅猛，很多企业都积极参与市场竞争。供应链金融从供应链产业链整体出发，运用金融科技手段，整合物流、资金流、信息流等信息，在真实交易背景下，构建供应链中占主导地位的核心企业与上下游企业一体化的金融供给体系和风险评估体系，提供系统性的金融解决方案，以快速响应产业链上企业的结算、融资、财务管理等综合需求，降低企业成本，提升产业链各方价值。在市场竞争激烈的环境下，供应链融资模式应运而生，受到很多企业的高度重视，目前供应链金融监管存在着以下几点问题。

一是缺少专门针对供应链金融业务的法律体系。供应链金融融资模式的参与主体日渐增多，不仅有银行、核心企业，还有第三方物流企业的加入。供应链金融业务模式呈现多样性的特征，而现代的融资模式不具备与之相匹配的标准。同时，在一些业务的处理方面缺乏完善的法律法规对其进行有效约束和管理，从而增加了商业银行进行供应链金融融资业务时的诸多法律风险，不利于业务的稳定发展。除此之外，缺乏完善的法律法规使得供应链主体之间的道德风险不断增加，不利于供应链金融模式的健康发展。

二是供应链金融监管存在滞后现象。伴随着供应链金融与新兴科技高度融合的发展趋势，供应链金融的运作模式愈加复杂，这就对监管部门提出了更高的要求。目前，供应链金融的监管过程存在监管资源浪费的现象，各级监管部门之间缺乏数据的有效贯通，监管存在着真空与漏洞。此外，由于供应链金融的发展速度较快，各参与方适应能力还有待提高，各参与主体的风险控制意识和自我保护意识还亟待增强，加之对供应链金融的监管存在前紧后松的现象，对监管效果的持续跟踪与反馈不足，这使得供应链金融风险事件时有发生。

三是供应链金融信息安全监管薄弱。一方面，供应链金融中存在着信息传递不对称现象。当下，供应链金融涉及的主体增多，范围不断拓展，复杂供应链结构下庞杂的交易信息、信用信息等难以被全面监管，从而导致各方信息不对称，容易产生联合欺诈等风险。另一方面，信息安全难以保障。目前供应链金融业务中信息监管不够严格，供应链上的信息有可能被篡改，进而造成信息流不能安全无损地在链上流动和传递。此外，随着金融科技的发展，供应链金融交易电子化、信息化发展迅速，庞大的信息流在互联网上流转，如何有效控制信息不被篡改和泄露也成为现行监管的一个重要问题。

## 三、金融监管应当多方协同齐驱并进相得益彰

针对目前国内金融监管面临的挑战，监管部门应该坚持稳健审慎的基调，坚持防范化解重大金融风险底线不放松，推进监管制度的优化。金融监管要坚持从严监管，对各类风险要有前瞻性的举措，积极主动防范和化解各类金融风险，有效引导市场向良好方向发展，从根源上规避风险的产生、发展与扩散传播。

（一）银行监管优化防范体系要松紧结合有的放矢

银行系统在构建新发展格局，推动国内国际双循环，积极探索促进科技创新与服务我国社会主义市场化经济体系中是举足轻重的一环，因此银行监管活动不仅要与时俱进，高瞻远瞩地实施预防性举措，而且要恰如其分地把握监管与发展的平衡，胆大心细，力求严防风险与开放发展并举。既要做到审慎监管，坚持防范重大风险，又要兼顾改革开放发展双循环经济的理念。

1. 落实双循环发展理念，构建长效监管机制

在面对国际经济形势不明朗、境外风险散播压力时，我们应坚持以习近平新时代中国特色社会主义思想为指导，按照党中央、国务院决策部署，把握好稳增长和防风险的动态平衡，不断增强政策措施针对性、有效性，促进形成以国内大循环为主体、国内国际双循环相互促进的新发展格局。

一是在推动经济高质量发展中防范化解金融风险。坚持稳中求进的工作总基调疏通信贷传导机制，强化对国家重大战略、重点领域和普惠金融等薄弱环节的金融支持，更好地发挥政策性金融逆周期调节作用。积极培育理财、保险、信托等机构投资者，推动资本市场健康发展，以促进宏观经济稳定支撑金融体系的稳健。

二是坚定不移打好防范化解金融风险攻坚战。全面加强金融系统党的领导和党的建设，推动完善公司治理机制。抓住影响金融稳定的主要矛盾，防止影子银行反弹回潮，加大不良贷款处置力度，严厉打击非法金融活动，深化中小银行改革和化解风险，防范金融市场异常波动。加大金融反腐力度，严厉打击风险背后的利益勾结和关系纽带。

三是深化金融供给侧结构性改革。持续优化金融机构体系、市场体系、产品体系，全面提升金融业适应性、竞争力和普惠性。不断优化银行保险发展方式，完善法人治理

结构。加快第三支柱养老金融改革,促进融资结构改善。注重发挥金融科技作用,加快金融业数字化转型。稳步扩大对外开放。抓好已出台政策的落地实施,引入更多专业化、高水平的外资金融机构,创造公平竞争的市场环境。

四是强化国内国际政策协调合作。加强金融与财政、产业、区域等政策的协调,共同形成风险防范处置合力。加强多边双边金融监管合作,积极参与国际金融治理体系建设,共同应对全球经济金融风险。

2. 完善中小股份制银行治理框架,兼顾长远经济发展格局

建立现代企业制度是完善中小股份制银行治理架构的必由之路。面对复杂严峻的内外部形势,中小股份制银行不仅要发扬多样化、便捷化的产品业务服务特征,而且要积极响应深化金融改革的政策号召,全面深化体制机制改革,加快推进高质量发展,更好服务现代化经济体系建设。

一是加强对股权虚化和股东行为的监管。要尽快推动将商业银行股东股权相关要求纳入立法,从法律层面加强股东行为约束和问责追责,增强立法执行力和监管有效性。同时,监管部门要严格依法用好对股东的监管措施,大力打击违法违规行为,坚决清退问题股东,确实规范股东行为,严把股东准入门槛,严格控制股东道德风险。银保监会要和证监会、司法部门等有关机构加强协调,健全穿透监管所需的信息获取机制,加强监管协同联动。

二是加强内部控制机制建设。要进一步深化中小股份制银行治理改革,实现"政监资"分离,财政、公共管理只能和监管职能分开,约束"超级股东"的行为。同时,推动中小股份制银行股权结构多元化,完善董事会的人员结构,在董事会内部形成协调和制衡,防范内部人控制;完善监事会对董事会及经营层的监督职能,形成互相制衡的股权结构。相应地,要不断完善内部控制制度,赋予中小股份制银行更多内控机制实施方案的自我设计主动权,让中小股份制银行能够根据自身内控工作需求不断创新内控机制实施方案,还要重视内部监督职能的强化,明确每个部门、每个成员的内控责任。

三是提升战略规划,强化风险管理。对中小股份制银行来说,强化提升战略规划能力与强化风险管理对于改进公司治理亦将发挥重要作用。要积极引导各利益相关方有序参与银行公司治理建设,形成一致战略规划。支持律师事务所、会计师事务所、信用评级机构等市场中介机构依法依规对中小股份制银行经营管理开展有序监督,参与改进银行内部治理,提升银行治理效果。

四是完善激励约束和绩效考核机制。健全合理的激励约束制度安排,对于引导和规范各治理主体行为具有重要作用。中小股份制银行要扭转过于注重规模扩张而相对忽视风险内控的绩效考核体系,提高风险合规指标权重,突出价值创造和资本节约理念,要完善内部绩效考评体系,树立科学的业绩观和发展观。加强分支机构绩效考核管理,及时纠偏分支机构不审慎的激励行为。改进银行机构薪酬体系,实现效率与公平兼顾、业

务发展与风险合规并重、短期业绩与长期利益平衡，探索实施长期激励约束机制。

### 3. 未雨绸缪防范风险，双管齐下发展经济

新冠肺炎疫情对金融体系而言是外生性冲击，为了应对疫情后金融领域出现的新的重大挑战，应坚持底线思维，防范化解金融风险，做到"重大金融风险有效防控"，守住不发生系统性金融风险的底线，以金融供给侧结构性改革为主线防范金融风险。

一是提高应对能力，拓宽化解风险渠道。首先，健全银行资本补充的体制机制。应支持银行利用永续债、二级资本债等创新型资本工具，多渠道补充资本，并加大对拨备的计提力度，以此来提高银行的风险抵御和信贷投放能力。其次，积极探索多种不良资产处置方式。要综合使用核销、清收、批量转让、债转股等手段，做到应核尽核，应处尽处；同时应允许保险资产管理公司、金融资产投资公司等作为新主体，与银行合作探索新的不良资产处置方式。最后，加强金融风险预警和防范机制。要积极主动预测难以逆转的风险，及早做出风险应对预案，避免风险进一步扩散和传播。

二是化解不良贷款存量，严控增量。首先，切实加大信用风险化解力度。银行与政府合作建立专业清收平台，配备专职人员、实行专业管理措施、实施专项考核。全面统筹推进，跟踪督导不良贷款清收处置工作，最大限度推进不良贷款清收活动进程。其次，认真做实风险分类。银行应及时认定不良资产，对纾困客户前瞻性地制定政策退出的对接措施，严格区分受疫情影响出现困难的企业和本身经营风险较高的企业。最后，严格按规定确定资产分类。符合不良资产标准的必须划为不良资产，实质承担信用风险的其他表内外资产也应执行分类标准，严控增量风险，督促银行加强内部控制和风险管理，防止新增不良贷款过快上升。

三是加强整治力度，严厉打击处置风险。首先，要坚持防风险与稳增长相结合，坚持在稳增长的基础上防控风险。通过不断完善金融服务，引导资金更好地服务于国家重大战略和支持民营企业及小微企业。其次，主动适应宏观形势变化，把握好节奏力度，防范处置风险活动中可能存在的寻租等监管问题。最后，针对宏观政策执行、信贷管理、交叉金融业务风险等突出领域展开处置，持续推动整治工作，通过整治，严查政策执行，严查新规落实，突出风险和问题导向。

四是支持出口企业，修复全球供应链。首先，要努力增加对国际产业链企业融资支持，帮助其拓展海内外市场，提高出口转内销比例。其次，要支持出口企业与外国合作伙伴恢复商贸往来，通过提供买方信贷等融资方式稳定出口订单，运用好出口信用保险分担风险损失。最后，大力发展供应链金融，优先保障龙头企业和关键环节资金需求，畅通和稳定上下游链条。

### 4. 推陈出新管理规范，严守风险监管底线

一是全面规范整治网贷机构。一些互联网公司和不具备相关业务运营资格的机构事实上开展了信贷和理财业务。这些平台营业业务存在严重脱离监管和不规范、不透明的

运行行为，严重影响网络金融环境的稳定与长期发展，因此，要对这些网贷机构实行严格的整改并予以规范化治理。

二是规范第三方支付平台投资功能。第三方支付公司对客户网络购物备付金附加投资理财功能，这些理财投资收益高于同期银行存款利率，且可以随时赎回，受到投资者的青睐。这种理财投资产品类似于货币市场共同基金（MMMF），但没有受到同等性质的监管，存在违法违规（如洗钱等）隐患。

三是推动互联网金融机构审慎经营。部分互联网金融机构通过各类消费场景，过度营销贷款或类信用卡透支等金融产品，诱导过度消费。个别机构向不具备偿还能力的群体违规放贷，在贷款人出现违约之后进行强制性催收，引发一系列社会问题。

四是弥补数据隐私保护制度漏洞。一些科技公司利用市场优势，过度采集、使用企业和个人数据，甚至盗卖数据。这些行为没有得到用户充分授权，严重侵犯企业利益和个人隐私。为此，《民法典》明确了个人信息受法律保护，国家层面制定《个人信息保护法（草案)》，监管部门正在研究制定金融数据安全保护条例，构建更加有效的保护机制，防止数据泄露和滥用。

5. 完善立法加强监管，保障数字人民币健康发展

当前，数字人民币即将正式落地，但仍面临内部监管相对滞后、金融和货币体系冲击与影响不明等诸多挑战，同时，外部也将面临包括各国央行数字货币在内的各类数字化货币（数字金融资产）的激烈竞争。央行数字货币需要妥善应对，在制度、法律、技术和运营环境上加以完善和提高。

一是完善数字人民币的法律法规制度。首先，要出台或修改相关法案，尽快在金融基本法中正式确定数字货币与纸币、硬币等实物货币具有同等的法律地位。其次，要修订现行货币管理制度中不适应数字货币发展的规章，填补数字货币相关条例中的空白和监管模糊地带，为数字人民币的发行、流通、使用和管理提供明确的法律和制度保障。最后，要提升和完善数字人民币交易、使用和流通中可能涉及的诸如所有权转移、数据信息隐私保护以及数字化环境中反假币、反洗钱管理办法和技术，以适应货币形态变革带来的新变化和新要求。

二是完善数字人民币跨市和跨境风险传播的监管框架。首先，要构建立体化监管协调体系，通过将中国人民银行、中国银保监会和中国证监会等监管机构联合协同起来，实施多层次、多角度、全方位的监管。其次，要创新监管手段，建立动态化的监管机制，做到对跨市风险的及时预警识别和高效处理。最后，探索构建新型跨境支付体系，进一步加强与国际金融组织及各国央行主权数字货币跨境交易及相关支付体系合作，逐步推动同部分有意愿合作的国家，在不断强化可信技术的基础上，探索跨境支付试点，从市场层面推动数字人民币参与国际贸易和投资，培育数字人民币使用群体。

三是加强数字人民币使用过程中的个人信息和隐私保护。首先，要明确数字人民币

隐私权保护边界。制定法律法规对数字人民币使用过程中的个人信息保护义务及隐私保护义务进行规范。其次，研究安全技术提升数字人民币安全水平，引入分布式数字身份、零信任等技术，强化个人隐私数据保护技术措施。最后，数字人民币体系收集交易信息应遵循"最少、必要"的原则，不过度收集信息。

（二）证券监管量体裁衣，发挥治理弹性效能

2020年是我国证券业发展的第三十年，我国证券行业用三十年的时间，走完了发达国家百余年的道路，培育了大量的上市公司和优质企业，助力产业升级与国家经济发展，已然成为国家金融体系中不可或缺的重要组成部分。回顾过去30年，资本市场经历了从主板到中小企业板、创业板，再到科创板，每个板块背后都承载了我国不同阶段产业升级和经济发展的需要以及历史作用。在当前国际形势复杂的"后疫情"时期，在国家经济高质量发展转型及"双循环"新发展格局下，三十而立的资本市场勇立潮头，更是担负起了深化改革排头兵的历史使命。

1. 证券市场监管和治理的完善与效能持续提升

全面实施新《证券法》。2020年7月11日，国务院金融委第三十六次会议专门研究全面落实"零容忍"要求，多措并举加强和改进证券执法工作。此后，在有关部门的大力支持下，起草形成了意见草案，于2020年11月2日经中央深改委第十六次会议审议通过。

一是立法上应给予证券业协会一定的自主管理权限，让该协会在自己能力范围内发挥出自己应有的作用。行业自律是资本市场的重要保证之一，在西方相关国家，政府介入资本市场行政监管之前，资本市场主要靠各参与主体和行业协会进行自我约束，这样既使得对证券市场的监控具有一定的灵活性，发挥了证券从业机构的相关作用，又在一定程度上使得证券监管的权力得到更合理的分配。我国立法将证券行业自律的法律地位删掉是基于对我国国情的考量，但是法律具有稳定性，行业自律在应然状态下具有法律地位，提高其监管能力才是证券市场监管要考虑的方向，而非漠视行业自律监管。

二是应当拓展证监会信息共享渠道。《证券法》第一百七十五条中确实提出了建立信息共享机制，然而这里只是与"国务院其他金融监督管理机构"建立信息共享机制，范围并不是十分广泛。若有相关信息不适用于共享，则可以建立临时的信息共享渠道，由此保证证监会可以及时了解证券市场相关动态，不至于由于滞后性而浪费资源。证监会也应建立机制，确立工作人员主动积极了解证券市场相关行情变动的机制。这种方式在一定程度上会加强证监会的积极性。

三是证券市场监管虽以政府监管机构为主，但为保护证券市场主体的相关利益，相关证券纠纷解决机制，譬如诉讼、调解也应当发展和完善。现行《证券法》中并未对证券纠纷的解决做出规定，政府对证券市场的监管并不能涵盖所有的证券市场问题。发挥证券市场主体的自主性，在面对证券市场的纠纷中，政府监管机构可适当放手，由市场

主体自行解决。

四是转变监管观念。公众在证券市场监管中可以起到巨大的作用，其中投资者对证券市场的关心程度也是相当高的。互联网时代，对证券市场进行监管时应当善于利用互联网思维，公众可通过互联网参与证券市场的监督，同时证券监督管理机构也可以利用数据加工或者相关算法进行预判，从而更加高效地进行监督。证券监督管理机构还应进一步转变观念，按市场规律进行监管，切实保护投资者利益，建立公开、公平、公正、高效和有序的市场。

2. 加大对证券违规违法行为的处罚力度

2020年3月开始全面贯彻实施新《证券法》，加大对保荐机构的问责力度，丰富监管措施类型，扩大人员问责范围，加大处罚力度，强化内部惩戒，提高违法违规成本。新《证券法》在深入分析证券市场运行规律和发展阶段性特点的基础上，做出了一系列新的制度改革完善，在实践中，证券监管部门不断提升内部监管人员素养，加大外部企业违规违法处罚操作，构建高质量证券交易市场。

一是在行政处罚时应显著提高违法成本。为推动新三板各项改革措施平稳落地，2020年1月13日，依据《非上市公众公司监督管理办法》《非上市公众公司信息披露管理办法》，针对行政处罚明确提出加强监督管理，实施分类监管，研究提高违法成本，切实提升挂牌公司质量。2020年12月31日发布的《可转换公司债券管理办法》规定：对于违反本办法规定的行为，证监会将采取相关监管措施；依法应予行政处罚的，依照有关规定进行处罚；情节严重的，对有关责任人员采取证券市场禁入措施；涉嫌犯罪的，依法移送司法机关追究刑事责任。

二是加大对违法违规者法律追责的力度。违法成本在行政处罚被处以高额罚金之外，还应当根据违法者违法行为的情节与性质恶劣程度，判断违法者是否需要分别承担民事责任、信用责任甚至刑事责任。随着证监会加大监管力度，严查违法行为并做出处罚后，证券民事赔偿诉讼进入高发期。2020年6月12日，证监会发布了《创业板首次公开发行股票注册管理办法（试行）》《创业板上市公司证券发行注册管理办法（试行）》《创业板上市公司持续监管办法（试行）》和《证券发行上市保荐业务管理办法》，关于监管处罚明确指出：对于违反本办法规定的行为，证监会将采取相关监管措施；依法应予行政处罚的，依照有关规定进行处罚；情节严重的，对有关责任人员采取证券市场禁入措施；涉嫌犯罪的，依法移送司法机关追究刑事责任。

3. 证券科技监管手段，加强市场主体的创新活力与竞争力

一是实施数字化与智能化证券监管，发开新时代证券监管方向。2020年5月，金融科技委员会2020年第一次会议在北京召开，会议认为，要充分发挥人民银行系统内外部力量深入开展金融科技研究，加强研究成果与监管、应用、标准等工作的衔接，为金融科技监管提供理论基础，为政策制度出台提供科学依据，为金融与科技融合发展提供

有力支撑。会议指出，要贯彻落实《金融科技（FinTech）发展规划（2019—2021年)》，研究金融科技发展指标体系，认真做好动态监测和综合评估，引导金融机构加快推进数字化转型，持续增强科技应用能力，为健全具有高度适应性、竞争力、普惠性的现代金融体系贡献力量。强化监管科技应用实践，积极运用大数据、人工智能、云计算、区块链等技术加强数字监管能力建设，不断增强金融风险技防能力，提升监管专业性、统一性和穿透性，为坚决打赢金融风险防控攻坚战和复工复产工作贡献科技力量。

二是不断完善现行证券监管的法律法规。首先应当完善相关的法律法规，为金融科技的应用提供法律保障。法律法规的建立应当注意深入了解研究金融科技在金融业中的应用情况，增强法律法规的实用性和可持续使用。除了建立新的法律法规之外还应当对现行法律进行完善，由于法律的发展总是滞后于科学技术的进步，所以现行法律对于业务的开展和监管总有许多不能合理配套的情况。

三是完善的证券数据治理体系是金融科技赋予证券业高质量发展的重要支撑。证券行业发展至今已积累了海量数据，数据已成为证券公司的重要资产。证券基金经营机构应当结合公司发展战略，建立全面、科学、有效的数据治理组织架构以及数据全生命周期管理机制，确保数据统一管理、持续可控和安全存储，切实履行数据安全及数据质量管理职责，不断提升数据使用价值。未来，证券公司数据治理决策机构、管理机构、执行机构将根据数据治理总体规划，针对数据标准、数据质量、数据安全、数据全生命周期管理、数据仓库、数据价值挖掘等进行专项研究，逐步树立数据治理文化，促进数据成为有效的生产要素，将数据价值融入证券公司经营管理决策，提升证券公司客户服务水平，推动证券业高质量发展。

四是高度重视监管科技运用，加强对算法的监管。要加强金融科技应用的监管，从内部监管和外部监管两方面一起推进。外部监管主要依赖监管部门对各机构使用的金融科技运行情况进行监管。各机构在申请业务牌照时应当将有关算法等关键信息在监管部门进行备案，以方便对其进行监管。内部监管则要求在金融科技运行过程中，机构应当自觉进行定期或者不定期的检测，以确保其稳定性和安全性，并将检测报告提交给监管部门。

4. 对证券异常交易行为实时监管优化

证券异常交易行为客观上破坏了证券正常交易秩序，出于保障证券市场稳定运行的考虑，证券交易所行使法律赋予的自律管理权，对证券异常交易行为的监管是对市场自发秩序的调整。在长期和重复的交易关系中，市场自发秩序的优势会逐渐显现。不仅如此，对证券异常交易行为的监管是对破坏证券交易正常功能的纠正，是对投资者合法权利的保护。

一是对证券异常交易监管实行规范原则。首先，证券监管对异常行为实行自由裁量原则。对证券异常交易行为监管的秩序原则要求监管机构能够及时、迅速地对证券异常交易做出监管应对，这就需要对处置异常交易时的自由裁量权限进行明确。在我国，证券交易所是对证券异常交易进行直接监管的自律管理机关，交易所在发现证券异常交易时，可以直接对异常交易行为人采取纪律处分和监管措施，而无须经证券监督管理机构批准同意。其次，证券监督对证券异常行为实施比例原则。作为行政法中对行政行为约束的一项重要原则，比例原则的内涵在广义上应包括适当性、必要性和合乎比例三方面内容。虽然对于交易所异常交易监管权是否应被视为行政行为目前未有定论，但是将比例原则引入证券异常交易行为的监管中，并作为更高层面的法律原则，是值得肯定的。最后，证券监管对证券异常行为实施程序正当原则。程序正当包括了程序合法与程序公开两方面内容，程序合法是程序正当的前提，所以，对于证券异常交易行为的处置程序要通过一定的规则予以明确，以供实践中被严格遵守。而妥善的程序公开有助于增进市场参与者对异常交易行为的理解和对于监管的认可。为了防止过于量化的界定标准可能让投机者有"钻空档"之机，采用"原则加列举"的规范方式与认定方法，可能更会满足对证券异常交易行为的监管需求。

二是优化市场监管机制与提升证券市场监管异常交易的治理效能。证券市场异常交易的存在主要表现为：大量消耗市场流动性，在短期内致使股价发生大幅波动，以封涨停板的极端方式人为影响股价趋势，持股期限普遍较短。针对证券市场中时有发生的异常交易应不断优化市场监管机制与持续提升治理效能。其主要采取的措施为：首先，强化对上市公司的监管，将上市公司高送转、"类借壳"等十几类典型行为作为监管重点，严格规范上市公司的财务信息披露；其次，强化市场监察，重点关注股票交易的短期巨大波动交易，对频繁出现异常交易行为或交易严重异常的账户进行重点监控，及时采取监管措施。在打击"尾盘"操纵行为方面，有针对性地加大对特定时段高发、频发异常交易行为的实时监控和自律管理力度。

（三）建立保险数字化业务监管长效机制

建立长效的保险数字化业务监管机制，能够平衡保险业数字化转型与规范监管之间的关系，是促进数字化保险业务可持续发展的关键。

1. 完善数字保险领域消费者权益保护机制

在保险数字化转型时代，数据及与之相关的权益成为消费者权益的新内容与新形态，为此，现有保护机制应及时扩容，增加与数据权益保护有关的规范。

第一，完善相关法律法规。围绕当前已有的法律法规，以消费者权益保护为主线，加强顶层设计，采取动态更新的方式健全法律法规体系。以 2020 年 12 月出台的《互联网保险业务监管办法》为基础，尽快出台配套的规则，针对当前消费者集中投诉的问题，构建以信息安全、自主选择权、保护消费者财产安全为核心的法规体系。增设数字化信息披露环节，动态更新保险公司数字化转型信息，增强行业透明度。注重发挥保险行业协会等社会组织的补充作用，强化行业自律管理。

第二，建立健全数字化纠纷处理机制。保险业数字化程度不断提高，需要保险监管不断与时俱进，监管部门应着力推进监管科技体系建设，用科技赋能监管，推进监管科技标准建设。在互联网保险业务中坚持数字化、统一化、规范化业务标准，根据线上投保需求，针对性革新流程，要求保险平台对投保人采取流媒体、H5 等多种形式履行说明义务，规范销售流程，做到销售环节"可追踪、可追溯、可追查"。借助监管科技，由中国银保监会牵头，与第三方科技企业开展深入合作，改良监管技术手段，推进流程智能化。

第三，搭建数字化保险个人信息统一管理平台。监管机构应建立安全、高效的数字化保险个人信息统一管理平台。对带有个人属性的信息进行加密处理、脱敏处理，且只能用于数字化科技研发。对用于商业用途的隐私信息进行严格规制，层层审批，规定使用期限、明确使用用途。申请商业用途的保险产品必须具有创新性、前瞻性，同时应具有社会公益性。在数据使用过程中，应规定数据只适用于流量处理，不得作为存量数据截留，避免专业互联网保险公司依仗大量个人数据形成"数据霸权"。

2. 构建包容审慎的多维监管体系

在保险业数字化转型进程中，监管机构应当转变监管理念，构建包容审慎的多维监管体系，在有效监管的同时激发保险市场活力。

第一，改进监管理念。转变传统的单一、强制性监管理念，确立适度监管、柔性监管及差异化监管的包容性监管理念。监管机构在实施包容性监管过程中，通过适度监管给予保险机构一定的自主发展空间，实现风险防范与创新激励协同发展；在柔性监管过程中与被监管机构形成"多中心、多主体、多层次"的合作机制，建立良性监管关系，促进监管关系重构；在准入壁垒、监管目标、监管激励等方面采取差异化管理，实现公平与效率的统一。此外，还应当建立保险业务数字化转型容错机制，针对数字化保险产品及服务创新采取宽容和鼓励的态度，利用"监管沙盒""创新中心"等新型监管模式，指导被监管机构实现更高质量的数字化转型升级。

第二，建立多维监管评估体系。监管机构在建立监管评估体系时应全面考虑各被监管机构的差别，在综合评估各种风险及主体差异的基础上，调整和补充适用于新型数字化保险的发展指标，弥补监管盲区和监管空白。针对数字化发展的长尾特性，应充分考虑单一监管评估体系在评价不同类型和规模的保险机构中的局限性。在设计多维评估指标时，应综合考虑被监管机构在数字化转型过程中的业务特点、风险管理能力和技术水平等差异，关注保险创新因素，制定针对性强、灵活度高的多维监管评估指标，并将数字化转型指标纳入监管评估体系。

3. 提升监管的穿透性与智能化

对数字化转型过程中出现的保险业务与其他领域交叉嵌套现象，应将监管的重点从准入监管和事后监管，向事前、事中、事后全链条监管延伸，由被动式、响应式的监管转变为穿透性、智能化的监管。

第一，防止监管套利。数字化仅仅是承载于保险发展自身的一种技术，无论科技怎样应用于保险行业，都无法改变保险和技术之间的关系，也无法改变保险的本质，还不能偏离保险的规律。因此，应依法将保险活动全面纳入监管，对同类业务、同类主体一视同仁，只要从事同类保险业务，都应在现行法律法规框架下，接受一致的市场准入和持续监管，遵循同等的业务规则和风险管理要求。

第二，整合监管数据信息系统。推动监管大数据平台建设，优化监管流程，构建以数据为中心的配套监管体制机制，避免出现数据孤岛、监管孤岛、多重监管、监管套利、监管真空等问题。切合保险数字化转型趋势，继续加强对保险机构与科技企业合作的监管，完善相关监管规则体系。不仅要关注保险业数字化转型带来的产品、业务和模式的创新，还要重视提供相关技术的机构，包括应用保险科技的持牌机构、大型互联网流量平台和保险科技服务商等。围绕保险机构的技术架构、数据治理、跨业态合作等问题，制定业务指引、业务规范和技术标准，搭建从业机构和监管部门的沟通桥梁，构建开放共享、安全可控、可持续发展的保险生态，对保险数字化转型过程中的风险真正做到"看得懂、穿得透、控得住、管得好"。

4. 采用"多元共治"的监管方式

针对数字保险的监管应坚持风险导向和技术导向并重，不仅要关注大机构，还要关注中小机构；不仅要关注系统性风险，还要关注小而分散的长尾风险。

第一，针对不同规模保险机构实施差异化监管。充分考虑不同规模主体的信息约束与资源差异，在监管目标、监管方式和监管激励措施上予以差异化。针对大型保险机构，监管应重点关注数字化转型产生的系统性风险，在监管方式上更加细化、实时与集中。强化事前监管，加强保险信息披露方面的要求，建立保险科技风险识别机制，定期检查保险公司科技赋能情况和突发事件应急预案，做到保险科技领域压力测试常态化。而对于中小保险机构而言，需要加强数字化转型与科技赋能的合规性监管，在监管方式上有所简化或者灵活调整，适当放宽监管规定、减少保险科技发展规则限制，支持中小险企深耕细分领域，推动更多的保险创新方案由想法变为现实。

第二，针对不同类型保险机构实施差异化监管。一方面，传统保险机构和互联网保险机构平台发展模式不同，需要进行分类监管。对于传统保险机构利用"保险＋科技"手段开展产品设计、展业、核保理赔等业务而言，监管可适当放宽限制，对互联网保险机构的保险科技创新予以鼓励支持。另一方面，两类机构的业务线上化程度不同，需要进行分层监管。对线上化程度较低的业务要尽量保持与传统保险业务监管的一致性，对线上化程度较高的业务需要探索数字化背景下的监管新模式，建立包容审慎的中国版监管沙盒试点。在监管沙盒中，监管机构可以深入了解数字化程度较高的保险新业务，洞察其业务本质、内涵的风险以及具体操作方案，为后续监管积累经验。

（四）涉外金融监管要完善风控机制以保障金融安全

2020 年，面对国内外风险挑战明显上升的复杂局面，外汇管理部门贯彻落实党的十九大报告提出的"坚决打好防范化解金融风险攻坚战"的内在要求，根据国务院金融委统一部署，建立和完善境外机构外汇风险管理机制，防范跨境资本流动风险，维护国际收支基本平衡，维护国家经济金融安全。

1. 加强支付机构外汇监管工作

统筹考虑现实情况与外汇管理改革进程，完善相关政策指引，对现行的支付机构外汇监管框架进一步优化，引导支付机构有序规范发展，以便在新的机遇和挑战中，更好更稳定地服务市场交易主体。

一要加强对支付机构跨境交易的监测和检查力度。针对支付机构跨境交易笔数多、主体多、项目多、金额小等特点，应建立一套支付机构跨境交易监测指标体系，对超限额、超范围收支等涉嫌程序性违规的异常线索及时预警；同时，加强对频率高、波幅大、涉嫌分拆交易的监测力度，有效识别异常交易主体，加大查处力度，防止异常资金借道流转。

二要优化支付机构跨境交易监管框架。首先，压实银行审核责任，要求银行严格按照展业原则，审核支付机构的主体资质、业务范围、交易真实性等。其次，完善可疑交易报送制度，利用部分支付机构先进的风险测算模型和大数据平台，对可疑交易进行实时监测并及时报送相关情况。在监管部门核实后，定期公布黑名单，通过双向反馈和互动，促进跨境支付行业的良性发展。

三要积极探索构建协同监管模式。要加强外部联动，协调相关部门采集网上交易订单、物流等信息，共同推动跨境电子商务信息交互平台的搭建，实现信息流、物流和资金流的数据共享，建立对交易环节可监控、可追溯的全口径监测体系，督促落实交易真实性原则。同时，要强化内部协作，统一本外币政策，加强本外币协调监管，加大交易数据和可疑线索的分享力度，提升全面监管的有效性。

四要建立健全跨境支付机构的准入和退出机制，激励支付机构提升合规经营能力和风险控制水平，同时暂停尚未取得国内监管许可的支付跨境结算业务。加强对境外机构在我国开展支付业务的持续性监管，加大对境外机构跨境支付业务真实性的审查力度，完善境外机构跨境外汇支付业务管理制度，引导其合规经营，有效防范风险问题。

2. 完善粤港澳大湾区跨境金融监管机制

一要在粤港澳大湾区范围内试行跨境监管沙盒。监管沙盒的概念来自英国，旨在为新兴的金融科技创新提供空间，并不断调整既有监管框架，探索新的监管边界，这种非正式监管模式的创新在金融监管领域变得越来越普遍。香港金融管理局已于 2016 年 9 月正式推出了金融科技监管沙箱并开展沙盒测试。2017 年 9 月，香港证券及期货事务监察委员会和保险业监管局同时发布了各自监管范围内的沙盒制度。在粤港澳大湾区开展跨境监管沙盒试点，可以借鉴香港监管沙盒试行以来的经验，在大湾区范围内划定一个空间，制定三地共同的金融科技监管沙箱规则，其流程可以先进行不公开讨论，邀请技术提供商和监管机构以定期会议的形式探讨既能促进金融创新又能及时监控风险的方法。粤港澳跨境监管沙盒可以减少三地目前存在的监管障碍，推动大湾区内金融监管机构的监管服务模式创新，并探索建立对三地金融市场均适用的风险预警机制。在充分保证金融系统稳定性的基础上，鼓励金融创新，通过跨境监管沙箱对金融主体行为进行规范，实现跨境金融监管的制度突破。

二要运用监管科技建立透明化的信息分享机制。云计算、大数据、人工智能等新一代信息技术的应用可以在很大程度上提升金融监管机构的金融风险管理能力。透明化的首要要求就是信息披露和信息分析，监管科技将助力软法在新情况出现时及时更改监管方向。粤港澳大湾区科技金融监管应在区块链金融监管方面实现突破，将法律规则与技术规则相结合，建立三地均认可的风险监测平台，实现对跨境洗钱、逃税、非法外汇活动等信息和数据的实时共享。通过云计算、大数据等技术，进一步提升机器识别大量信息数据的运算能力和管理能力，鼓励监管机构根据获得的信息数据制定和实施金融规则，对金融市场和金融市场参与者进行更细致和更具适应性的监管。

三要发挥地方政府与社会中间组织的积极作用，推动出台粤港澳大湾区金融监管"软标准"，标准的形式可以是非正式的指导、方案、备忘录、行为准则等，也可参考金融监管第三方制定的技术标准，甚至代码规则，明确违反这些标准所应承担的责任。通过金融监管委员会、第三方监管联合会共同的协调作用，金融"软标准"在粤港澳三地发挥非正式监督机制的作用。粤港澳大湾区金融监管协调的"软标准"可以在确保香港、澳门金融独立地位的前提下，发挥在不同金融法制制度地区之间进行金融监管协调的优势。金融监管委员会每年公布金融监管"软标准"实证分析结果，以衡量区域内的金融一体化进程，同时还能检测金融不稳定性跨境转播的可能途径，为制定金融政策提供依据。

3. 完善本外币跨境资金流动管理监督

针对原有本外币跨境资金流动监管机制中的问题与难点，加快构建新时代本外币跨境资金流动监管框架，不断提高跨境交易活动的监管质效，实现"穿透式"市场监管，构建全方位的金融安全战略体系。

一要统一跨境贸易本外币结算业务监管法规。建议将长期以来以外汇收支作为重要监管内容的监督管理体系转变为与本外币跨境资金流动监管相协调的监督管理体系，统一本外币结算业务中的企业分类管理标准，设计明确的跨境人民币结算监控指标体系，使跨境贸易人民币结算监管与货物贸易外汇监测同步，从而真实地反映企业货物贸易及跨境资金流动状况，有效提升本外币跨境资金流动监测与风险预警的能力。同时，应规范交叉币种业务操作要求，确保政策目标的实现。

二要实现对本外币资本金入账的统一监测。中国人民银行在直接投资项下跨境人民币结算的审批过程中，应明确规定金融机构在为企业办理人民币资本金入账时，必须先登录直接投资外汇管理信息系统，对企业的出资方式进行核实，查询该企业是否已办理跨境人民币出资外汇登记手续，防止外资的重复流入。同时，应将本外币协调监管的理念贯穿资本金结汇管理的全过程，监控外币流入的同时也要切实有效加强对企业资本金结汇使用的管理，建立资本金结汇人民币资金使用监管子系统，从而完善对资本金结汇人民币资金使用的非现场监管。

三要全面整合现有的跨境资金流监管资源。首先改进本外币账户管理，实现对交易主体的本外币协同监管。建立人民币账户系统和外汇账户系统的连接，搭建本外币账户信息共享平台，实现对关联交易主体资金流向的全程监测。其次整合现有的监管系统，搭建以跨境资金账户为基础的数据平台。将货物贸易监测系统、外商直接投资系统、外汇账户管理信息系统、结售汇系统、RCPMIS 系统等跨境资金核心系统重新整合，搭建以跨境资金账户系统为基础、记录跨境资金流量与存量的数据平台，从而实现对跨境资金的全口径监测。

四要加强跨境资金流动相关监管部门之间的协作。首先加强人民银行、外汇管理局等相关部门的协作，及时全面梳理目前的管理模式，研究解决方案，统一管理口径，改变目前本外币业务管理松紧不一的状况，消除政策套利空间。同时，相关部门在制定管理政策时，应着力加强事前沟通和协调，以利于基层的贯彻实施。其次加强各涉外经济管理部门的合作，建立跨部门涉汇主体经营信息交流机制，建立监测信息定期公布与交流制度，实现对涉汇主体本外币交易行为的共同监督，有效发挥协作管理效能。再次重构跨境资金流动管理机制。打破现行按资金性质划分的条块式管理模式，构建按监管主体性质分设监管部门的模式。最后切实加强跨境资金流动的多部门协同监管。建立由人民银行、外汇管理局、海关、市场监督管理等部门共同参与的协同监管体系，从不同角度对涉外主体实施管理，实现联合监管。

五要着力提升跨境资金流动监测水平。首先切实提高人民币跨境资金流动分析能力。通过有效的培训及时更新知识结构、提升专业技能，不断提高监测分析人员素质，同时，深入研究人民币跨境收支影响渠道和传导机制，挖掘与人民币跨境资金流动走势相关性高、预测性好的核心指标，有效提高对人民币跨境资金流动预判的科学性和准确性。其次要敏锐观察和密切跟踪人民币跨境资金流动形势变化，密切关注一些苗头性、倾向性的问题。下级部门发现的异常线索应及时向上级部门报告，并及时进行跟踪监测。

（五）金融监管有的放矢以精准防控各类风险

随着国内疫情逐渐得到控制，经济增速回升，宏观经济运行日趋平稳，监管机构有针对性地进行统筹协调，多层级、多角度化解国内各行业领域金融风险。在此基础上，国内金融监管要承前启后继往开来，采取更符合国内新型经济环境、"双循环"发展新理念的监管方略，从而更有效地对国内经济环境进行维护与优化。

1. 纾解地方政府债券困境，加强信用评级行业监管

当前我国已经进入经济新常态的发展新阶段，这就需要我国彻底转变经济结构和经济增长与发展方式，改革债务依赖的经济增长和发展模式，对我国解决地方债提出了更高的要求。为此，解决我国地方债存在的问题需要多策并举、标本兼治，从体制、机制、制度、法律、组织等多个方面来解决。

具体来说，可采取以下措施：

一是统筹地方债券发行节奏，建立项目动态储备机制。在这一过程中，主管部门和监管部门要相互配合，财政部门提要求，对各地发债进度进行必要的组织协调，监管部门要加强监督检查，使发债节奏平缓有序，使各地发债利率与成本合理化，使项目的准备、资金的需求与发行的节奏相匹配。注意保持专项债与项目期限匹配，降低项目期限错配的风险。统筹兼顾，围绕控制债务规模，调整债务结构，压总量、降存量、控增量。

二是加大信息公开力度，有效防范地方债务风险。要尽可能制定较清晰的审计原则和操作流程，尽可能完整地摸清债务家底，为今后的决策提供依据。此外，地方债务信息公开透明有助于预防腐败，调动公众监督积极性。地方财政信息公开也可以改善预算绩效，使政府项目在成本和效益之间获得平衡。

三是完善信用评级机制并严格监管，这是解决我国地方债问题的根本保证。进一步加强地方政府债券信用评级过程的信息披露，包括信息披露渠道、评级机构基本信息披露、评级报告信息披露、信用评级信息来源的披露。监管机构、发行人、投资人等各方应各尽其责，共同推动我国评级行业健康发展。人民银行应会同相关部门共同加强对债券市场评级行业的监督管理，强化市场纪律，推动我国评级技术的进步，提高评级质量，提升信用等级区分度，进一步推动评级监管统一，真正发挥评级机构债券市场"看门人"的作用，促进评级行业高质量健康发展。

2. 央行统筹协调，强化对大型金融科技集团竞争合规性的监管

金融科技的迅猛发展引起了金融风险泛化，防范金融科技集团不正当竞争再次成为金融业关注的焦点。随着我国金融体系的发展和创新，需要增加创新性监管的作用范围，提高监管者制定政策的前瞻性，完善事后处理程序，扩展监管科技投入。加强跨区域与跨行业的合作，并且针对金融科技集团变化的主体业务及时动态地调整政策以避免监管空白。

一是尽快正式颁布与金融科技控股集团相关的监督管理试行办法，对金融控股公司实施特许经营的牌照式管理，进一步明确金融科技控股公司的概念。概念的界定应充分考虑金融业的发展与创新，具有前瞻性。具体举措有：金融监管机构要主动踊跃应用大

数据、机器学习等技术更新完善监管框架与体系，利用互联网、云计算和区块链等提高监管的智能化与自动化程度，应用监管科技实时跟踪风险集中情况的变化。此外，现实中运用监管科技的场景还包括：利用监管科技实时监测大型金融科技集团的金融交易，减少金融欺诈行为；运用监管科技预测分析金融机构的运营风险，统计分析其历史违规情况，以求事前降低违规概率。

二是加强跨行业与跨区域金融监管交流合作和促进监管沙盒等创新监管措施发挥功效。当面对各国家与地区不协调的监管标准与不同的监管模式和跨国金融科技相关企业的母国与东道国时，监管要有明确的责任划分。跨行业与跨区域的监管者要建立联系，实现信息互通，共同完成对跨国机构的监管。各类金融监管者之间要横向纵向联动和线上线下协同运作，缩小监管套利的空间，维护金融市场的稳定与公平。

目前我国监管科技的实际运用仍然没有跟上金融科技发展。监管沙盒等创新性监管是监管层面的新措施，属于试错性监管。一方面，实施试错性监管可以提供金融创新试错空间，展现了监管者对新生事物的包容态度；另一方面，考虑到金融科技创新成果的特性：需要时间检验，且成熟后不一定立刻被广泛使用，试错性监管可以减少监管过程中人力、物力与时间的浪费。因此，在此过程中，监管者要谨慎中立地选择试验项目，在验证项目可靠性的前提下，观测记录市场主体对新技术的接受程度，逐步制定数据信息处理方案与风险控制措施，完善金融监管。监管科技是伴随着金融科技发展而来的一种监管理念、手段，提高了监管效率与质量。监管机构要充分优化监管机制，对相关人员的监管技术知识积累与运用进行及时培训，鼓励不同的监管机构利用监管科技促进有效信息的共享，确保监管执行流程公平公正、结果可靠，提升整体监管效率与质量。

三是由央行负责建立统一的金融科技控股集团监管信息平台，加强各部门之间的监管合作和信息共享。要继续加强对大型金融科技类企业监管的力度。央行对多家金融控股公司进行试点模拟监管，央行作为监管主体对金融控股公司实施整体监管。金融机构跨行业投资形成的金融控股公司下属的各类金融机构则由国务院各金融监管部门分别实施监管。

具体来讲，在宏观上应提倡实验性监管、功能性监管、协调性监管、合作性监管；在微观上应引入算法审计、嵌入式监管等新的监管手段和方式。此外，从提高监管效能的角度，积极推动相关技术标准的统一，并通过提请修改法律与完善相关监管规范的方式，明确金融科技基础设施中有关主体的法律地位和具体的监管要求，合理设定各主体的法律责任，在促进金融科技有序平稳发展的同时，实现金融监管效能的不断提升。要找出各不同类型的金融控股公司的不同风险点和监管要点，实施差别化分类监管。对金融科技控股集团监管的重点可放在并表监管、资本充足率监管和关联交易监管等领域，同时更应高度重视风险处置环节。

3. 从严整治虚拟货币监管，限制虚拟货币交易

在虚拟货币监管这个全球金融监管当局面临的大挑战中，就看待虚拟货币性质和加强虚拟货币监管而言，中国正在坚持原则、从严整治：国务院金融稳定发展委员会要求："打击比特币挖矿和交易行为"。人民银行已约谈银行、支付宝等机构，禁止提供虚拟货币交易服务。中国互联网金融协会等已发布有关公告，就虚拟货币交易炒作风险进行提示。针对虚拟货币监管不足的具体对策如下：

一是要完善与虚拟货币相关的法律法规，采取针对性措施，开展针对虚拟货币挖矿和交易行为的集中整治活动。金融管理部门应加大对虚拟货币非法挖矿和交易活动的打击力度，对非法参与虚拟货币交易、炒作或为之提供支持服务的机构、平台，应联合司法部门及时处置，提高违法违规成本。对比特币挖矿项目，各地应进行全面清理、及时关停。同时，应进一步加强和完善投资者教育，增强教育的针对性和有效性，提高普通投资者对虚拟货币的风险识别和防范能力。公众应充分认识比特币等虚拟货币的本质和风险，经受住诱惑，保护好钱包，不参与任何形式的交易、炒作活动。

此外，我国应加强国际监管合作，共享监管信息，破解虚拟货币跨境监管等方面的诸多难题。由中国人民银行、互联网金融风险专项整治工作领导小组和中国互联网金融协会及其附属机构主要负责虚拟货币交易、代币融资等具有金融属性的相关活动的监管，各地方金融管理部门配合落实相关法规和具体执行。各机构要全面排查识别虚拟货币交易所及场外交易商资金账户，提高监测识别能力；要完善内部工作机制，明确分工，压实责任，保障有关监测处置措施落实到位。

二是要对虚拟货币进行反洗钱监管和限制各类民间虚拟货币交易，开启国家对虚拟货币监管的新时代。虚拟货币具有的匿名性、跨国界性带来的监管难题，在很大程度上将因此被克服。反洗钱基础设施的建立，在很大程度上将解决可追踪性问题，进而为打击操纵市场、投资欺诈等违法犯罪行为提供良好的基础。虚拟货币交易炒作活动扰乱经济金融正常秩序，滋生非法跨境转移资产、洗钱等违法犯罪活动风险，严重侵害人民群众财产安全。各银行和支付机构要严格落实监管规定，切实履行客户身份识别义务，不得为相关活动提供账户开立、登记、交易、清算、结算等产品或服务。各机构要全面排查识别虚拟货币交易所及场外交易商资金账户，及时切断交易资金支付链路。

我国监管部门一直对虚拟货币持高压打击态度，特别是2020年以来，整治虚拟货币行为上升到了一个更高层面。监管层出台禁令，银行支付机构全面封杀虚拟货币交易，都是为了保护投资者切身利益，维护金融市场正常秩序。也有学者认为，不必因为虚拟货币执行货币职能的失败和产生的负面效果，就对虚拟货币及其带来的区块链技术创新进行全面否定。应当认识到，虚拟货币带来的区块链技术创新可能对经济模式和社会格局产生革命性影响。对于部分虚拟货币及区块链技术的金融应用，可以在坚持基本

监管原则的前提下，在规则内包容新的创新。

4. 推动供应链金融服务实体经济的监管，规范和细化供应链监管层次

2020年9月，人民银行会同多部门出台了《关于规范发展供应链金融 支持供应链产业链稳定循环和优化升级的意见》，明确了金融机构应切实应用科技手段提高风险控制水平，与核心企业及仓储、物流、运输等环节的管理系统实现信息互联互通，及时核验存货、仓单、订单的真实性和有效性，进一步稳步推动了供应链金融规范、发展和创新。针对供应链金融监管问题，我们应采取以下措施应对。

一是强化法律法规层面的监管，维护供应链金融的良性发展。首先，应推进供应链金融立法，对供应链金融各参与主体设立严格的准入条件，从法律层面对信贷主体之间的权利义务进行明确，使供应链金融业务的开展能够得到法律的保障。其次，供应链金融各参与主体应到相关主管部门登记备案，作为开展供应链金融业务的前提。通过登记备案，监管机构可对其进行金融监管。最后，金融监管机构应该时刻把握新型融资模式的发展情况，通过对其特点的具体研究，在出现问题时利用法律对不良的借贷行为加以约束，保证金融市场的健康稳定发展。

二是建立三维一体的协同监管机制。首先，构建政府指导的监督管理机制。政府主要结合金融市场、信息、科技的发展趋势，规划供应链金融的发展方向，给出建设性和指导性的意见，以此制定供应链金融体系发展的战略部署，推动其顺利实现可持续发展目标。其次，建立行业自律监督管理机制。成立行业自律管理委员会，健全行业管理规范，明确统一行业自律政策的要求；规定行业准入、准出门槛，审查供应链金融各企业的经营现状，分析其市场竞争力与风险应对能力，做到从源头杜绝供应链金融潜在风险。最后，构筑社会监督管理机制。供应链金融参与主体各部门的履职情况需要通过互联网等多媒体平台进行公开，从而利用互联网平台与社会舆论的监督作用对违反行业规范或违法的行为予以舆论谴责，甚至追究其法律责任。鼓励社会大众积极参与监督供应链金融的工作，在有效化解供应链金融风险的同时，加强了供应链金融生态环境的保护。

三是应用各种新技术打破信息壁垒。比如，大数据等技术的应用可以充分收集各种信息，区块链具有分布式存储、公开透明、不可篡改等特点。大数据、区块链等现代金融技术的应用为供应链金融搭建了一个协同、高效、安全的信息流传递环境，促进了信息流在各主体之间安全充分地传递。同时，也保障了监管部门对各类庞杂信息的全面监管以及对每个角色信息的可获得性和真实性，使得企业之间的互信增强、欺诈行为减少，大大减少信用风险带来的损失。此外，无损传递的信息对核心企业的信用传递形成助力，使得信用下沉到供应链末端的各中小企业，突破了末端监管难题。

# 参考文献

［1］艾瑞咨询. 2020 年各季度中国第三方支付行业数据发布［DB/OL］.［2021 - 04 - 19］. https：// www. iresearch. com. cn/Detail/report？ id = 3761 &isfree = 0.

［2］巴曙松. 中国内地国际收支格局和香港金融中心的新定位［J］. 开放导报，2020（3）：14 - 21.

［3］柏亮. 数字金融：科技赋能与金融监管［M］. 北京：中译出版社，2021.

［4］陈秉正. 保险科技与保险业的重构［J］. 中国保险，2020（4）：7.

［5］陈华，郑晓亚，陈荣. 外汇储备的资产配置策略与合意规模——基于国家资产负债管理框架与或有债权分析方法的研究［J］. 国际金融研究，2020（5）：45 - 55.

［6］陈奉先，李娜. 资本账户开放、金融发展与国际资本流动"突然停止"——基于全球 68 个经济体的实证考察［J］. 经济学家，2020（11）：68 - 81.

［7］陈佩，孙祁祥. 多元共治：创新与监管的平衡——基于"监管沙盒"理论依据与国际实践的思考［J］. 保险研究，2019（3）：27 - 35.

［8］陈卫东，边卫红，郝毅，赵廷辰. 石油美元环流演变、新能源金融发展与人民币国际化研究［J］. 国际金融研究，2020（12）：3 - 12.

［9］陈卫东，赵雪情. 人民币国际化发展路径研究——基于十年发展的思考［J］. 国际经济评论，2020（4）：28 - 37.

［10］崔浩雄. 证券公司资产管理业务发展研究［J］. 中国物价，2020（9）：33 - 36.

［11］戴金平，王志勇，朱鸿. 中国金融周期的构建——基于混频向量自回归方法［J］. 信息系统工程，2020（1）：140 - 145.

［12］邓秀媛，刘亚澜. 商业银行监管处罚：趋势、特征与启示［J］. 西南金融，2021（11）：29 - 41.

［13］刁伟涛. "十三五"时期我国地方政府债务风险评估：负债总量与期限结构［J］. 中央财经大学学报，2016（3）：12 - 21.

［14］丁建强，翁航，闫珵珵. 证券公司经纪业务向财富管理转型的路径探讨［J］. 金融纵横，2020（5）：39 - 48.

［15］范小云，张少东，王博. 跨境资本流动对股市波动的影响——基于分部门资本流动波动性视角的研究［J］. 国际金融研究，2020（10）：24 - 33.

［16］方丽娟，何小平. 第三方支付协同监管研究［J］. 电子商务，2020（3）：53 - 55.

［17］方溯源，方雄鹰. 美国应对新冠肺炎疫情的经济政策梳理、评析与启示［J］. 国际金融，2020（11）：69 - 76.

［18］冯超楠，韩立岩，任若恩．短期跨境资本流动因何而来？［J］．数量经济技术经济研究，2020，37（9）：119－140.

［19］付彦，邓子欣，曾斌，张畅．从瑞幸事件看新证券法下强化财务造假监管［J］．证券市场导报，2020（5）：2－9.

［20］高侯平．中国系统重要性保险机构识别和监管研究［M］．北京：中国经济出版社，2021.

［21］管涛．贸易摩擦背景下的中国跨境直接投资——来自国际收支数据的观察［J］．金融经济，2020（1）：4－10.

［22］管涛．人民币国际化，行稳而致远［J］．金融博览（财富），2020（8）：1.

［23］管涛．慎言人民币汇率新周期［J］．新金融，2020（12）：4－7.

［24］郭春雷．新冠肺炎疫情对海外投资的影响［J］．国际金融，2020（5）：38－43.

［25］郭栋．自由贸易港演变与人民币双循环机制——海南自贸港离岸债券市场发展思路［J］．清华金融评论，2020（12）：61－64.

［26］郭磊．中国第三方跨境支付业务面临的法律风险及防控措施［J］．对外经贸实务，2020（4）：73－76.

［27］郭树清．完善现代金融监管体系［EB/OL］．［2020－12－20］．http：//www.pbc.gov.cn/goutongjiaoliu/113456/113469/4137411/index.html.

［28］郭照蕊，李一秀．证券交易所监管问询有效性研究综述与展望［J］．金融监管研究，2020（9）：81－98.

［29］郭周明，田云华，王凌峰．"逆全球化"下建设国际金融新体制的中国方案——基于"一带一路"研究视角［J］．国际金融研究，2020（1）：44－53.

［30］国家税务总局．关于发挥"银税互动"作用助力小微企业复工复产的通知［EB/OL］．［2020－4－7］．http：//www.cbirc.gov.cn/cn/view/pages/ItemDetail.html?docId=896875&itemId=928&generaltype=0.

［31］国际货币基金组织．全球金融稳定报告2020［EB/OL］．［2020－10－13］．https：//www.imf.org/zh/Publications/GFSR/Issues/2020/10/13/global－financial－stability－report－october－2020.

［32］国际货币基金组织．全球金融稳定报告2021［EB/OL］．［2021－10－12］．https：//www.imf.org/zh/Publications/GFSR/Issues/2021/10/12/global－financial－stability－report－october－2021.

［33］国际货币基金组织．世界经济展望2020［EB/OL］．［2020－09－30］．https：//www.imf.org/zh/Publications/WEO/Issues/2020/09/30/world－economic－outlook－october－2020.

［34］国际货币基金组织．世界经济展望2021［EB/OL］．［2021－10－12］https：//www.imf.org/zh/Publications/WEO/Issues/2021/10/12/world－economic－outlook－october－2021.

［35］国际清算银行．年度经济报告2020［EB/OL］．https：//www.bis.org/publ/arpdf/ar20202e.htm.

［36］国际清算银行．年度经济报告2021［EB/OL］．https：//www.bis.org/about/areport/areport2021.htm.

［37］国家统计局．2020年国民经济和社会发展统计公报［M］．北京：中国统计出版社，2021.

［38］郝毅．Libra对国际货币体系的影响研究［J］．国际金融，2020（6）：32－36.

［39］何国华，陈晞．跨境资本流动会加大金融波动吗？［J］．国际金融研究，2020（3）：35－44.

［40］侯成琪，黄彤彤．影子银行、监管套利和宏观审慎政策［J］．经济研究，2020（7）：58－75.

［41］黄赛男，刘雁蔚，曾松林．贸易开放度会影响极端国际资本流动吗？——基于54个经济体跨国

面板数据的分析 [J]. 国际金融研究, 2020 (3): 45 - 54.

[42] 黄震, 张夏明. 监管沙盒的国际探索进展与中国引进优化研究 [J]. 金融监管研究, 2018 (4): 21 - 39.

[43] 姜立文, 杨克慧. 中概股跨国监管的法律冲突与协调 [J]. 南方金融, 2020 (11): 38 - 45.

[44] 鞠建东, 夏广涛. 三足鼎立: 中美贸易摩擦下的国际货币新体系 [J]. 国际金融研究, 2020 (3): 3 - 12.

[45] 寇宗来, 盘宇章, 刘学悦. 中国的信用评级真的影响发债成本吗? [J]. 金融研究, 2015, 424 (10): 81 - 98.

[46] 兰日旭, 李昆. 近代中国银行监管体系探析——基于政府与银行公会的视角 [J]. 财经研究, 2021 (1): 124 - 134 + 152.

[47] 李建军, 朱烨辰. 数字货币理论与实践研究进展 [J]. 经济学动态, 2017 (10).

[48] 李均锋. 关于借鉴英国中小企业成长基金经验的思考 [J]. 清华金融评论, 2020 (11).

[49] 李仁真, 杨凌. 监管尊从: 跨境证券监管合作新机制 [J]. 证券市场导报, 2021 (7): 2 - 11.

[50] 李生昭, 张磊, 祝立群. 中国信托业"刚性兑付"问题成因分析及对策研究 [J]. 中央财经大学学报, 2015 (8): 44 - 53.

[51] 李玮. 提升证券公司全面风险管理水平, 推动证券行业高质量发展 [C]. 中国证券业协会. 创新与发展: 中国证券业 2019 年论文集, 北京: 中国财政经济出版社, 2020: 59 - 66.

[52] 李衍良, 陆文希, 吴章芝. 人民币国际化背景下跨境资金流动本外币协同监管框架研究 [J]. 区域金融研究, 2020 (S1): 65 - 70.

[53] 连平. 国际货币体系演变与黄金的角色 [J]. 上海商业, 2020 (1): 34 - 35.

[54] 梁锶, 杜思雨. 国际金融周期、资本急停与政策效果 [J]. 国际金融研究, 2020 (8): 56 - 65.

[55] 刘彩萍. IPO 打新串谋 [J]. 财新周刊, 2020 (37).

[56] 刘春航. 大数据、监管科技与银行监管 [J]. 金融监管研究, 2020 (9): 1 - 14.

[57] 刘元春, 林垚. "不可能三角"还是"不可能二元"——评述传统开放宏观理论面临的新挑战 [J]. 国际金融研究, 2020 (7): 3 - 12.

[58] 卢先兵, 崔海花. 2020 债券违约启示录: 关注焦点从民企转国企,"信仰"碎了一地 [N]. 21 世纪经济报道, 2021 - 01 - 15.

[59] 陆磊, 尚昕昕. 从跨境资本流动的宏观审慎管理到监管科技 [J]. 新金融评论, 2020 (4): 86 - 103.

[60] 牛玉凝, 黄鹏宇. 证券监管处罚的行业溢出效应——基于融资约束的证据 [J]. 山西财经大学学报, 2021 (6): 114 - 126.

[61] 潘功胜:《中国宏观审慎政策框架建设与管理实践》, 中国人民银行网站 (2020 年 10 月 21 日).

[62] 前瞻经济学人. 2020 年区块链在金融领域应用现状 银行业布局如火如荼 [DB/OL]. [2020 - 04 - 27]. https://xueqiu.com/8302426719/147966088.

[63] 任自力. 互联网保险创新发展与监管研究 [M]. 北京: 法律出版社, 2020.

[64] 荣蓉, 靖立坤. 2020 年外汇管理回望 [J]. 中国外汇, 2021 (1): 60 - 65.

[65] 赛迪研究院. 2020 年上半年中国区块链企业发展研究报告 [DB/OL]. [2020 - 11 - 03]. https://www.ccidgroup.com/info/1096/21388_1.htm.

［66］赛铮．保险科技发展背景下的保险监管现代化转型［J］．金融理论与实践，2020（10）：106-111．

［67］盛和泰．关于保险机构科技应用与监管的思考［J］．清华金融评论，2019（10）：99-102．

［68］盛松成，孙丹．利率汇率改革与资本账户双向开放［J］．中国金融，2020（Z1）：124-126．

［69］盛松成，张承惠，彭文生，等．中国金融开放的形势研判与风险预警讨论［J］．国际经济评论，2020（6）：9-21．

［70］世经研究．国家发改委首次明确新基建概念范围［DB/OL］．［2020-04-24］．https：//www.sohu.com/a/390833315_530801．

［71］宋华．供应链与物流管理研究前沿报告2015［M］．北京：中国人民大学出版社，2016．

［72］宋华．互联网供应链金融［M］．北京：中国人民大学出版社，2017．

［73］孙璐璐．国债纳入富时指数　资本账户双向开放再深化［N］．证券时报，2020-09-28（A01）．

［74］孙天琦，王笑笑．内外部金融周期差异如何影响中国跨境资本流动？［J］．金融研究，2020（3）：1-20．

［75］孙天琦，王笑笑，尚昕昕．结构视角下的跨境资本流动顺周期性研究［J］．财贸经济，2020，41（9）：70-85．

［76］孙彦，姜立文．论注册制下我国证券市场行政监管偏向的纠正［J］．湖北经济学院学报（人文社会科学版），2021（4）：103-106．

［77］锁凌燕，吴海青．数据要素化与保险监管改革［J］．保险研究，2021（10）：79-89．

［78］谭小芬，王睿贤．人民币国际化的进程、经验借鉴与路径选择［J］．新视野，2020（5）：42-48+55．

［79］谭语嫣，谭之博，黄益平，胡永泰．僵尸企业的投资挤出效应：基于中国工业企业的证据［J］．经济研究，2017（5）：175-188．

［80］陀螺研究院，IT桔子．2020区块链产业投融资报告［EB/OL］．［2021-03-21］．http：//www.360doc.com/content/21/0321/13/57935769_968112464.shtml．

［81］王春英，陈之为．中国国际收支呈现新平衡　外汇市场建设取得丰硕成果［J］．中国外汇，2020（21）：30-33．

［82］王殿祥，吴强，肖永泼．新常态下证券公司风控合规管理模式选择研究［J］．证券市场导报，2017（1）：57-62．

［83］王开，杨为敩，鲍嘉瑾．美元周期的划分和研判［J］．国际金融，2020（5）：49-56．

［84］王永钦，陈映辉，杜巨澜．软预算约束与中国地方政府　债务违约风险：来自金融市场的证据［J］．经济研究，2016（7）：96-109．

［85］网贷之家．2019中国网络借贷行业年报［DB/OL］．［2020-01-07］．https：//www.wdzj.com/news/yc/5568513.html．

［86］闻岳春，王丽青，李文华，裘佳佳．新冠肺炎疫情对金融业的影响及应对策略［J］．上海立信会计金融学院学报，2020，32（2）：3-14．

［87］魏如青，苏慧，王思语，郑乐凯．全球价值链分工对全球失衡的影响研究——基于全球生产分解模型下GVC参与方式的视角［J］．国际金融研究，2020（4）：3-12．

[88] 吴红毓然，刘彩萍，彭骎骎．中行"纸原油"覆灭［J］．财新周刊，2020（16）．

[89] 吴燕妮．跨境金融监管的创新机制研究——以粤港澳大湾区建设为视角［J］．深圳社会科学，2020（6）：60－71．

[90] 吴晓光，董海刚，李良．论加强对虚拟货币市场的监管［J］．南方金融，2012（7）．

[91] 吴晓灵、邓寰乐．资管大时代：中国资管市场未来改革与发展趋势［M］．北京：中信出版社，2020．

[92] 夏乐．全球最大债务国美国如何负债前行［J］．国际金融，2020（9）：29－35．

[93] 熊彬冰．疫情防控债券的探索与创新发展［J］．债券，2020（5）：57－61．

[94] 谢亚轩．崛起的中国资产［J］．中国外汇，2020（22）：10．

[95] 徐奇渊，郑联盛，杨盼盼，熊爱宗．中国金融开放：感知政策的温度［J］．新金融评论，2020（4）：104－119．

[96] 许多奇．互联网金融风险的社会特性与监管创新［J］．法学研究，2018（5）：20－39．

[97] 阎沐杉，李姗晏．信托行业风险状况、成因与应对［J］．新金融，2020（9）：37－41．

[98] 杨东．监管科技：金融科技的监管挑战与维度建构［J］．中国社会科学，2018（5）：69－91＋205－206．

[99] 杨桦．破解支付机构跨境外汇业务监管难点［J］．中国外汇，2020（17）：69．

[100] 杨继梅，马洁，吕婕．金融开放背景下金融发展对跨境资本流动的影响研究［J］．国际金融研究，2020（4）：33－42．

[101] 杨继梅，马洁，齐绍洲．金融开放对经济增长的门槛效应：基于不同维度金融发展的视角［J］．世界经济研究，2020（8）：17－30．

[102] 姚前，李连三．大数据分析在数字货币中的应用［J］．中国金融，2016（17）．

[103] 易纲：《发展绿色金融　促进低碳发展》，中国人民银行网站（2020年12月9日）．

[104] 易纲：《坚持稳健的货币政策　坚定支持保市场主体稳就业》，中国人民银行网站（2020年10月21日）．

[105] 易纲：《建设现代银行制度》，中国人民银行网站（2020年12月2日）．

[106] 易纲．用好金融支持政策　推动疫情防控和经济社会发展［J］．求是，2020（10）．

[107] 殷醒民．2020年度中国信托业发展评析［EB/OL］．［2021－03－08］．http：//www.xtxh.net/xtxh/statistics/46670.html．

[108] 余博，管超．外汇风险传染网络测度与影响机制分析——基于静态和动态的双重视角［J］．国际金融研究，2020（2）：87－96．

[109] 余姝霆．注册制背景下对我国证券市场监管制度的再审视［J］．法制与社会，2021（6）：41－42．

[110] 张春．资本账户开放与离岸金融中心建设［J］．中国金融，2020（18）：24－26．

[111] 张吉光．破解中小银行资本补充难题［J］．中国金融，2021（10）：44－46．

[112] 张礼卿．新冠疫情背景下人民币国际化的新机遇［J］．金融论坛，2020，25（5）：3－6＋67．

[113] 张礼卿，钟茜．全球金融周期、美国货币政策与"三元悖论"［J］．金融研究，2020（2）：15－33．

[114] 张立承．地方融资平台债务违约风险：从企业显性到政府隐性［J］．财政监督，2019（13）：

12－17.

［115］张宁，许姗，张萍等．基于人工智能方法构建的金融科技创新指数适用性分析——以上市商业银行及保险公司为例［J］．国际金融，2021（12）：23－29.

［116］张启迪．外汇储备应该由央行还是财政部管？［J］．国际金融，2020（6）：62－68.

［117］张雁云．大数据对保险业改革创新及保险监管影响研究［M］．北京：中国金融出版社，2021.

［118］赵军，刘春艳．绿色金融政策推动了低碳发展吗？——以"一带一路"沿线中国重点省域为例［J］．金融与经济，2020（5）.

［119］赵阳，柳艳．第三方支付机构跨境外汇业务管理对策研究［J］．中国市场，2020（17）：61－62.

［120］赵茜．外部经济政策不确定性、投资者预期与股市跨境资金流动［J］．世界经济，2020，43（5）：145－169.

［121］郑维臣．俄罗斯国际收支结构的最优演变路径——基于国际收支发展阶段理论的研究［J］．欧亚经济，2020（5）：36－47.

［122］中国工商银行软件开发中心．商业银行数字化转型的现状趋势与对策建议［EB/OL］．［2021－02－20］．https：//www.sohu.com/a/451712268_120057347.

［123］中国科学院大学国际资本流动与金融稳定研究课题组，杨海珍．国际资本流动态势评述［J］．中国金融，2020（2）：48－50.

［124］中国银保监会．银行保险机构应对突发事件金融服务管理办法［EB/OL］．［2020－09－16］．http：//www.cbirc.gov.cn/cn/view/pages/ItemDetail.html？docId＝929565&itemId＝928&generaltype＝0.

［125］中国银保监会．中国银保监会办公厅关于加强产业链协同复工复产金融服务的通知［EB/OL］．［2020－03－26］．http：//www.cbirc.gov.cn/cn/view/pages/ItemDetail.html？docId＝895429&itemId＝928&generaltype＝0.

［126］中国银保监会．中国银保监会办公厅关于进一步做好银行业保险业反洗钱和反恐怖融资工作的通知［EB/OL］．［2020－01－03］．http：//www.cbirc.gov.cn/cn/view/pages/ItemDetail.html？docId＝881438&itemId＝928&generaltype＝0.

［127］中国人民银行．2020年金融机构贷款投向统计报告［EB/OL］．［2021－01－29］．http：//www.pbc.gov.cn/goutongjiaoliu/113456/113469/4180902/index.html.

［128］中国人民银行货币政策分析小组：《中国货币政策执行报告（2020年第1－4季度)》，中国人民银行网站．

［129］中国人民银行货币政策分析小组：《中国货币政策执行报告（2021年第1－3季度)》，中国人民银行网站．

［130］中国人民银行金融稳定分析小组：《中国金融稳定报告2020》，中国人民银行网站．

［131］中国人民银行金融稳定分析小组：《中国金融稳定报告2021》，中国人民银行网站．

［132］中国网信网．国家互联网信息办公室关于发布第四批境内区块链信息服务备案编号的公告［DB/OL］．［2020－10－30］．http：//www.cac.gov.cn/2020－10/28/c_1605447893747716.htm.

［133］中国信通院．区块链白皮书（2020）［DB/OL］．［2020－12］．http：//www.caict.ac.cn/kxyj/qwfb/bps/202012/t20201230_367315.htm.

［134］中国银行业协会．2020年中国银行业十件大事（说明稿）［EB/OL］．［2021－01－04］．https：//www. china – cba. net/Index/show/catid/14/id/38472. html.

［135］中国银行业协会理财业务专业委员会. 中国银行业理财业务发展报告（2021）［EB/OL］.
［2021 – 09 – 08］. https：//www. china – cba. net/Index/show/catid/14/id/39938. html.

［136］钟永红，邓数红. "8·11 汇改"后人民币离岸在岸汇率和利率的联动性研究［J］. 世界经济
研究，2020（12）：65 – 76 + 133.

［137］钟伟，连平，张礼卿. 人民币进入升值周期了吗［J］. 中国外汇，2020（19）：32 – 35.

［138］周海珍. 保险监管效率的经济学研究［M］. 北京：中国金融出版社，2021.

［139］周昆平. 金融科技发展对监管提出新挑战［N］. 经济参考报. 2016（12）：002.

［140］朱英子. 2020 年信托自营资产质量：行业不良规模增五成　23 家不良率上升［N］. 21 世纪经
济报道，2021 年 5 月.

［141］朱衡. 保险业系统性风险：根源、传染与监管［M］. 成都：西南财经大学出版社，2020
（10）.

［142］宗良，梁宸. 人民币资产在全球资产配置中的特征与前景［J］. 银行家，2020（4）：76 – 80.

# 第二部分
## 专题报告

# 关于做好新冠肺炎疫情防控期间
# 春耕备耕保障工作的建议①

李志生　朱新蓉

**核心观点**：湖北省作为农业大省，是我国重要的粮食生产和供应基地。在新冠肺炎疫情防控的关键时期，不误农时抓好春耕备耕工作、推进全省农业稳产保供，具有重要的意义。当前正是春耕备耕关键时期，由于疫情的影响，湖北省春耕备耕工作在资金保障、产能储备、物流交通、防疫物资等方面均面临着巨大挑战。为了做好春耕备耕工作，湖北省要加大涉农信贷投放、引导农资企业有序复产、实行农资统一采购和送货上门服务、加强农村防疫物资供应、引导农民有序下田、完善农机维修服务、加大对农业的补贴力度等。

　　湖北作为农业大省，是我国粮食生产和供应的重要基地。一年之计在于春，春耕备耕对于稳定全年的粮食生产和农业发展至关重要。2020 年伊始，新冠肺炎疫情肆虐全国，其中又以湖北为甚。在党中央和国务院的有力领导下，目前疫情的防治工作已经取得了一定的成效。疫情极大地影响了春耕备耕工作的进行，如何在有效地防治新冠肺炎疫情的基础上，做到不延误农时，有序展开各项春耕备耕工作，是当前湖北省亟待解决的现实问题。

## 一、农业生产和春耕的重要性

　　我国是世界上最大的粮食消费国和进口国，粮食生产对于满足人民群众生活需求和维护社会稳定具有不可替代的重要作用。湖北省是我国重要的粮仓，素有"湖广熟，天下足"的说法。2018 年，湖北省农林牧渔总产值为 6 207.83 亿元，占全国总产值的比例为 5.5%；其中农业总产值为 3 303.76 亿元，占全国农业总产值的比例为 5.4%；粮食产量为 2 839.47 万吨，占全国粮食总产量的比例为 4.3%。保障湖北省农业生产以及粮食产量对于稳定全国的粮食总产量具有重要作用。

---

　　① 本报告成稿于 2020 年 3 月。

湖北省 2018 年粮食作物种植面积为 484.7 万公顷，以稻谷和小麦为主，种植面积分别为 239.1 万公顷和 110.5 万公顷；经济作物种植面积为 310.6 万公顷，以油菜籽和花生为主。湖北省也是养殖大省，2018 年猪牛羊出栏头数达到 5 081.06 万头，肉类总产量为 430.95 万吨。此外，湖北省还是水产养殖大省，小龙虾、河蟹、鳜鱼和黄鳝等是湖北省的特色水产品种。

不管是粮食生产还是畜禽、水产养殖，每年 2—3 月是最重要的时间窗口，做好春耕备耕工作对于农业生产具有至关重要的作用。

## 二、疫情期间春耕备耕工作的现实困难

立春之后是春耕备耕的关键时期，但突如其来的新冠肺炎疫情极大地影响了相关工作的顺利展开，当前春耕备耕工作主要面临以下几个现实困难：

第一，春耕备耕资金储备不足。春节期间由于疫情的肆虐，导致部分农产品滞销，农户资金回拢困难，农户资金短缺直接影响了春耕备耕资金的储备。湖北省荆州市春节后大量农产品外销困难、滞销突出，同时由于大批活禽市场的关闭，导致湖北一些养殖户只能通过活埋鸡苗的办法避免更为惨重的损失。

第二，相关农资企业产能储备不足。由于疫情期间停工带来的影响，春耕所需的化肥、农药等生产企业均不能够正常生产，导致春耕农资供应不足。湖北省是我国化肥生产大省，化肥产量连续多年位居全国第一，2018 年全年化肥产量达到 637.69 万吨，使用量为 295.82 万吨。因为疫情原因，大量化肥企业的停产，不仅会对湖北省的春耕备耕工作造成影响，还会影响全国其他地区春耕化肥的供应。此外，2018 年湖北省全年的农药产量为 16.77 万吨，使用量为 10.33 万吨，农药供应不足，也会对春耕期间病虫害的防治工作带来不利影响。

第三，物流交通不畅。疫情期间全国大部分省市均进行了不同程度的交通管制，交通管制使得农民无法正常购买种子、化肥、农药等必需的农资，极大影响了生产和种植计划。湖北省农村地区基本以村为单位进行了封闭管理，使得正常农事活动无法进行，可能延误农时、错过春耕备耕的最佳时期。此外，物流不畅还直接导致养殖基地饲料无法运入、养殖的动物幼苗无法卖出以及屠宰和运输手续办理困难，对养殖农户和企业造成了极大损失。

第四，防疫物资匮乏。全省防疫物资主要向武汉市和其他地、市、州主城区倾斜，郊区，尤其是农村地区的口罩和消毒水等基本防疫物资较为匮乏，农民开展春耕备耕工作缺乏必要的保障。

第五，畜禽养殖业损失惨重。本次疫情对畜禽养殖业带来的冲击极大，畜禽市场关闭导致消费量大幅下滑，交通管制和运输不畅导致养殖场无法正常进种，饲料厂停工停产、运输受阻也极大地影响了养殖场的正常运作，畜禽养殖企业资金链断裂的风险

骤升。

## 三、疫情防控期间春耕备耕工作的建议

1. 加大信贷投放和金融支持，保障资金需要

2020 年 2 月 14 日，银保监会发布了《关于进一步做好疫情防控金融服务的通知》，指出要加大对春耕春种的金融支持。特殊时期，湖北省要加大涉农贷款投放力度，鼓励银行机构建立农产品应急生产资金需求的快速响应机制，通过线上线下多种方式满足农户和相关企业的资金需求，提高贷款发放效率。各级部门可通过合适的方式对农户进行培训指导，普及贷款相关金融知识。对因疫情被迫停工的相关企业，鼓励银行机构对其贷款自动延期，银保监局不做不良贷款处理。银行机构可以和相关农资企业共同分担在停产期间由存量贷款带来的利息，由企业和银行各承担一半的利息。对于畜禽养殖农户和企业，政府应支持保险机构拓展农业保险品种，扩大农业保险的覆盖面，稳定养殖户的生产经营预期。

2. 引导农资企业有序复产，确保春耕农资储备充足

湖北省应该鼓励省内化肥、农药等相关农资企业有序展开复工，在确保安全的前提下最大限度地恢复产能，确保春耕农资储备充足。同时，有关部门可通过电话、网络等形式调查农民生产种植意向，对生产储备物资进行摸底，确保春耕农资储备有保障，储备不足的，应当及时进行补充，确保不延误农时。

3. 农资上门服务，进行统一采购和送货上门

湖北省可以以村或者大队为单位，对春耕备耕所需的种子、化肥、农药和饲料等物资进行统一采购，并统一送货上门，避免不必要的人员接触。同时，鼓励开辟春耕物资物流专用通道，确保春耕农资能够及时送到农户手中。

4. 加强农村防疫物资供应

针对农村地区防疫物资匮乏的现状，湖北省要加强对农村地区的口罩和消毒水等基本防疫物资的供应，做好农村防疫消毒工作，确保下地劳作的农民均能够佩戴口罩，防止出现交叉感染。

5. 充分利用网络平台，引导农民有序下田

利用网络平台开设春耕"微课堂"，通过托管服务等形式，引导合作社和农民有序下田、分时下地、分散劳作，尽可能避免农民集中下田，防止人员交叉感染，做到疫情和春耕两手抓、两不误。

6. 完善农机维修服务，确保农机正常下田

要充分利用农业机械化来减少人员聚集和人工劳作，切断疫情传染的路径。疫情期间，要确保农机维修服务到位，以乡镇为单位建立农机维修队，对进行上门服务的农机维修队发放通行卡，确保疫情期间春耕的机耕面积、机播面积、机械植保面积最大化。

7. 出台相关补贴政策，拓展农产品分销渠道，解决农户和农业企业现实困难

湖北省可考虑对畜禽养殖业的农户和企业提供一定的资金和补贴，在税收上给予一定的减免，鼓励银行机构对其贷款实行一定程度的优惠，缓解其经济困难。同时，针对农产品滞销的问题，可充分利用线上分销渠道帮农户拓展产品销售路径，尽快对滞销产品完成销售，降低农户损失。

# 用足用好中央政策，推动金融支持企业复工复产①

## 李志生　朱新蓉

**核心观点：** 2020 年 2 月 23 日，习近平总书记在统筹推进新冠肺炎疫情防控和经济社会发展工作部署会议上强调，要落实分区分级精准防控策略，推动企业复工复产。在这样的背景下，很多企业陆续复工，但是企业采购、生产、销售等各环节均在很大程度上受到疫情影响。为了在做好疫情防控的前提下推动企业复工复产，财政部、人民银行、银保监会等部门陆续出台相关政策措施。地方政府、地方金融监管机构、商业金融机构在推动企业复工复产过程中要贯彻落实中央统筹推进新冠肺炎疫情防控和经济社会发展工作部署会议要求，用足用好中央相关政策，切实发挥金融在疫情防控和复工复产中的"血脉"作用。

2020 年 2 月 23 日，习近平总书记在统筹推进新冠肺炎疫情防控和经济社会发展工作部署会议上强调，要落实分区分级精准防控策略，推动企业复工复产。

在这样的背景下，很多企业陆续复工，但是企业采购、生产、销售等各环节均在很大程度上受到疫情影响。具体来说：（1）交通受阻，导致原材料采购和产品销售通道不畅，物流成本增加；（2）返岗员工数量有限，企业产能释放不足，加之劳动力成本提高，导致企业生产成本攀升；（3）产品因疫情出现暂时性需求缺失，导致库存积压，影响企业资金周转；（4）上下游企业产能协调不畅，导致原材料和产品价格剧烈波动；（5）企业营收难以为继，无法覆盖工资、利息、税费、租金等刚性成本，导致企业资金压力增大、破产风险上升。

复工复产除了关系实体经济发展和社会稳定之大局，也会对疫情防控起到积极的保障作用。为了在做好疫情防控的前提下推动企业复工复产，财政部和税务总局发布了《关于支持新型冠状病毒感染的肺炎疫情防控有关税收政策的公告》，财政部等五部门发布了《关于打赢疫情防控阻击战　强化疫情防控重点保障企业资金支持的紧急通知》，人民银行等五部门联合发布了《关于进一步强化金融支持防控新型冠状病毒感染肺炎疫

---

① 本报告成稿于 2020 年 3 月。

情的通知》，银保监会发布了《关于进一步做好疫情防控金融服务的通知》。要贯彻落实中央统筹推进新冠肺炎疫情防控和经济社会发展工作部署会议要求，用足用好中央相关政策，切实发挥金融在疫情防控和复工复产中的"血脉"作用，地方政府、监管部门和商业金融机构要重点做好以下工作。

## 一、地方政府

**1. 主导设立疫情期间贷款展期机制**

鼓励银行不对受疫情影响暂时遇到困难的企业抽贷、断贷、压贷，对因疫情造成的逾期贷款不作为不良处理，并及时进行展期或续贷。

**2. 建立疫情期间企业贷款利息分担机制**

银行和企业共同分担停工停产期间企业存量贷款产生的利息，原则上银行和企业各分担50%的利息，对疫情较严重的地区和受疫情影响较重的行业，银行分担比例可适当提高。与此同时，政府设立企业贷款利息补贴基金，对因疫情原因导致利息损失的银行给予补贴。

**3. 设立重点企业救助基金**

为受疫情影响较大的餐饮、酒店、医疗、旅游、交通运输等行业难以为继的重点企业提供救命钱，支持企业恢复生产、持续经营，避免出现大面积企业破产。

**4. 发挥政府性融资担保的作用，适当扩大担保业务范围**

设立专门渠道，提高政府性融资担保业务办理效率，取消反担保要求，降低担保费率；对因疫情影响无力还贷的企业及时履行代偿义务，适度延长追偿时限，按规定核销代偿损失；优先对受疫情影响的小微企业发放创业担保贷款，对受疫情影响不能按期偿还的创业担保贷款，给予必要的展期，并继续享受财政贴息政策。

**5. 加大财政贴息力度，增加贴息资金规模**

确保对疫情防控重点保障企业的贴息支持，原则上按中央财政50%、省级财政25%的比例贴息，对疫情较严重的地区和受疫情影响较重的行业，可适当提高贷款贴息补助范围和贴息力度。加强贴息资金使用全流程监管，强化跟踪问效，切实提高财政资金使用效益。

## 二、地方金融监管机构

**1. 优化监管指标，改进监管方式**

适度放宽对合规小贷公司、民间资本管理公司等地方金融机构的分级评级指标，提高不良贷款容忍度，鼓励地方金融机构为小微企业复工复产提供贷款，引导贷款流向疫情防控重点保障企业。

2. 精心组织实施，确保金融支持复工复产政策实效

加强对各类补贴资金的监管，确保补贴资金的依法合规使用，确保再贷款再贴现资金向重点领域、行业和地区倾斜，重点支持复工复产、防疫物资、民生保障、脱贫攻坚、春耕备耕、禽畜养殖、外贸行业等资金需求。

3. 加强协同监管，严控企业资金流向

督促商业金融机构强化贷后管理，跟踪监督贷款资金使用情况，确保资金用于疫情防控相关的生产经营活动，防止出现"跑冒滴漏"。

## 三、商业金融机构

1. 加大信用贷款和中长期贷款的投放力度

充分利用人民银行提供的专项再贷款资金，主动对接，为防疫重点地区单列信贷规模，为受疫情影响较大的重点行业、企业提供专项信贷额度，尽可能降低贷款利率、减免服务费用、降低企业综合融资成本。

2. 提高疫情期间金融服务的效率

结合地区疫情防控实际情况，合理安排银行营业网点和营业时间，引导企业通过互联网、手机 App、视频面签等方式线上办理业务；建立贷款快速审批通道，简化业务流程，提高业务办理效率。

3. 支持企业跨境融资和合理用汇需求

实施资本项目收入结汇支付便利化政策，企业办理与疫情防控相关的资本项目收入结汇支付时，无须事前、逐笔提交单证材料，将资金使用真实性审核由事前转为事中和事后；其他特殊外汇及人民币跨境业务，银行可先行办理、后检查、后报备。

4. 增加险种，适当放宽理赔标准和范围，提高理赔效率

经营性保险机构可增加疫情防控保险以及复工保险等险种，扩大企业财产、安全生产、出口信用等险种的保障范围，延长保险期限，适当降低或减免保费。提高线上服务能力，支持线上投保和线上理赔，优先处理因疫情受损的企业的理赔，做到应赔尽赔。

5. 提供优质金融租赁服务

经营性融资租赁机构可主动摸排疫情防控相关客户，开辟疫情租赁绿色服务通道，对疫情防控所需药品、医疗器械及相关物资的科研、生产、购销企业以及物流运输企业和公共卫生基础设施的融资租赁需求，指定专人跟进，优先审批，最大限度、最快速度地满足客户的融资需求。

# 强化金融支持，打赢疫情防控和脱贫攻坚战[①]

## 吕勇斌　朱新蓉

**核心观点：** 2020 年 2 月 23 日，习近平总书记在统筹推进新冠肺炎疫情防控和经济社会发展工作部署会议上强调，要努力克服疫情的影响，坚决完成脱贫攻坚任务。湖北省和武汉市是疫情特别严重地区，突如其来的新冠肺炎疫情，给湖北省脱贫工作带来严重冲击和严峻挑战。为此，坚决贯彻习近平总书记重要指示和中央决策部署，继续增强对贫困地区的金融资源投入，大力激活金融扶贫的造血功能，坚决打赢疫情防控和脱贫攻坚两大战役。

## 一、突发疫情对湖北省脱贫攻坚的冲击与影响

2019 年，湖北省 92.5 万人脱贫、800 个村出列，贫困发生率由 2018 年底的 2.4%降至 2019 年底的 0.14%，为高质量打赢脱贫攻坚战奠定了坚实的基础。其中，规范推进金融扶贫取得了显著成绩，2019 年，新增扶贫小额信贷 21.66 亿元，5.22 万户贫困户获贷。2020 年，湖北省将确保完成剩余 5.8 万贫困人口脱贫任务。

但突发的新冠肺炎疫情，给湖北省经济带来严重冲击，给企业复工复产带来严峻挑战，自然也影响到贫困劳动力的就业和收入。由于实行严格的离汉、离鄂通道管控措施，部分贫困劳动力还不能外出返岗，务工就业机会减少。有些贫困地区的带贫龙头企业、农民合作社等经营的扶贫产业受到冲击，不能带动贫困户稳定增收。部分贫困地区出现农产品滞销卖难，贫困户收入下降。湖北省制订的 2020 年产业精准扶贫项目计划中，大部分项目推迟开工、延期复工，可能导致大面积返贫。此外，进村入户帮扶工作受到限制，精准扶贫难以推进。从整体看，受疫情影响，2020 年湖北省脱贫攻坚面临不小的压力。

---

[①]　本报告成稿于 2020 年 4 月。

## 二、强化金融支持，打赢两大战役的政策建议

切实贯彻落实党中央、国务院决策部署和湖北省委、省政府工作要求，进一步强化金融对疫情防控和脱贫攻坚的支持，全力以赴做好相关金融服务和应急保障工作。

（一）用足用好中央相关金融支持政策

疫情发生以来，中央各部门通力合作、联防联控，出台了一系列有力有效的对冲政策。这些政策举措均提出，对疫情较重的湖北地区采取特殊的资金倾斜和金融优惠政策。我们要用足用好这些政策，让政策精准落地。

比如，人民银行提供的3 000亿元专项再贷款和支农、支小再贷款、再贴现，择机实施的普惠金融定向降准，农业发展银行对生猪生产企业的融资支持，中央财政对地方转移支付等，这些政策主要关注的是湖北等受疫情影响较大省份，以及小微企业和贫困人口。

特别的是，要抓细抓实国务院扶贫办、银保监会印发的《关于积极应对新冠肺炎疫情影响切实做好扶贫小额信贷工作的通知》的落实，适当延长受疫情影响出现还款困难的贫困户扶贫小额信贷还款期限，考虑到湖北疫情的严重性，可考虑将延期最长不超过6个月的规定，再延期6个月。承办银行机构适当降低延期期间贷款利率，由政府财政进行贴息。期间发生逾期的不纳入征信失信记录。

（二）尽快推进分区分级的精准复工复产

目前，湖北省按低风险、中风险、高风险三个等级对所有103个县（市、区）进行新冠肺炎疫情风险等级评估。根据这个评估，以县为单位，分区分级、精准施策，统筹做好疫情防控和脱贫攻坚工作，特别是尽可能提高中小微企业复工率，做好中小微企业吸纳贫困群众就业工作。

对于低风险地区，有序恢复生产生活秩序，全面有序恢复农业生产，精准帮扶中小微企业。疫情发生以后，受影响最大的是传统服务业和劳动密集型制造业，这些行业往往是吸纳贫困人口就业的主力。所以，金融部门全力支持带贫效果显著的扶贫龙头企业、扶贫车间、合作社等经营主体优先复工复产，带动贫困劳动力就业增收。

对于中风险地区，实施重点管控措施，在做好防疫的情况下逐步复产复工，科学有序组织开展农业生产。金融部门全力支持具备复产复工条件的中小微企业渡过难关，优先安排贫困劳动力务工就业。

对于高风险地区，实施强化管控措施。由于尚不具备复工复产的条件，金融部门全力支持疫情防控相关企业的生产经营，尽可能安排符合条件的贫困劳动力就近就业。

（三）设立"战疫"专项应急扶贫基金

应急扶贫基金是对冲疫情影响的积极政策举措。整合各类专项扶贫资金，考虑由省扶贫办、省财政厅等相关部门设立"战疫"专项应急扶贫基金，主要用于帮助贫困户的

企业和特别困难的建档立卡贫困户。因受突发疫情影响，生活特别困难、无经济来源的建档立卡贫困户有可能脱贫即返贫，应急扶贫基金使符合条件的贫困户得到及时、精准的救助。

（四）创新金融扶贫的产品和模式

1. 争取"生物资产抵质押贷款"试点。借疫情之机，推动湖北地方金融机构积极申报农业农村部"金融支农服务创新试点"项目，重点探索生物资产抵质押贷款模式创新，将农村产权抵押贷款模式升级换代，扩大信贷抵质押物范围，解决新型农业经营主体资金瓶颈，为助力脱贫攻坚提供可靠的金融支撑。

2. 发展数字金融，减缓疫情冲击。权威研究显示，数字金融缓解疫情冲击、稳定就业作用明显。积极引导贫困户通过电话银行、手机银行、网络银行等线上方式申请贷款和自助还款。同时，以疫情为契机，加快湖北省金融科技创新，推进数字金融和普惠金融落地，缓解小微企业融资难题，解决贫困人群金融服务"最后一公里"问题。

3. 力推"保险＋期货"，做好风险管理。此次疫情中，兴业期货通过"保险＋期货"金融扶贫新方式，实现首单湖北疫区贫困县（麻城市和蕲春县）鸡蛋价格险赔付，助力疫区民生保障工作。应持续积极推进"保险＋期货（权）"金融扶贫新模式，为湖北省疫区和贫困地区的种养殖行业、大宗农产品提供双重保障，有效降低湖北种养殖业风险，确保农民收益，助力贫困户脱贫。

4. 借力资本市场，助力防疫脱贫。湖北疫情严重地区和贫困地区的企业，应积极与证券公司、上交所、深交所沟通，争取以"绿色通道"方式申请发行疫情防控专项公司债，精准把握相关政策，以资本市场助力防疫脱贫。此外，湖北疫情严重地区应争取中小微企业金融专项债券的发行扶持政策，湖北贫困地区争取扶贫票据产品的发行优惠政策，助力中小微企业发展和贫困人群脱贫。

（五）构建扶贫信贷风险缓释机制

针对疫情冲击可能造成的信贷风险，湖北省相关部门要进一步强化财政、银行、担保、保险、扶贫企业等多方联动风险分担补偿机制。湖北省财政厅、省扶贫办与本土银行（汉口银行、武汉农商行等）、省再担保集团或保险公司签署合作协议，推出"四位一体"金融扶贫项目贷款。例如，省财政厅设立1亿元"财政融资风险补偿金"；本土银行放大10倍的额度，以基准利率为贫困户创业、个人创业和安置贫困户就业的小微企业发展提供贷款业务；省再担保集团或保险公司提供贷款保证保险服务，承担相应的风险代偿责任。

针对疫情对不同地区的冲击与影响差异，参考先进地区做法，可考虑"四位一体"＋"分段分担"风控模式（见表1），政府担责随着不良率的上升而递增，压实政府信用环境建设责任。设置"风险隔离"机制，"隔离点"高低由政府根据自身财力和信用环境状况自主设定。目前情况下，可考虑"隔离点"为地级市不良贷款率的3%、县（乡镇）不良贷款率的5%、乡（村）不良贷款率的7%。

表1 "四位一体"+"分段分担"风控模式

| 不良贷款率 | 分担比例 |
|---|---|
| 不超过2% | 银行自担 |
| 2%~5% | 银行（20%）+保险（20%）+担保（20%）+政府（40%） |
| 5%~10% | 银行（10%）+保险（20%）+担保（20%）+政府（50%） |
| 超过10% | 保险（20%）+担保（20%）+政府（60%） |

（六）加强金融与财政就业政策的协同

对于应对疫情的一次性短期冲击，财政政策发挥着重要作用。如对中小微企业免征养老、失业、工伤、保险缴费，免收车辆通行费，缓缴社会保险等，切实减轻中小微企业的资金压力。如对就业人员，受疫情影响严重的地区的就业困难人员纳入就业援助范围，通过开发临时公益性岗位、发放失业补助金，保障困难群众的基本生活，防止因疫情而产生大面积的返贫现象。此外，金融要支持和发展吸纳就业能力强的服务业、中小微企业、劳动密集型企业，以吸纳更多的就业人员。通过财政贴息等手段鼓励金融机构对创业创新的支持，利用多渠道灵活就业。

此外，采取差异化金融监管政策，提高扶贫贷款风险容忍度；建立金融精准扶贫信息共享机制，准确掌握脱贫攻坚进展等，也是应有之举。

# 关于缓解当前我省中小企业现金流紧张若干建议[①]

黄孝武　朱新蓉

**核心观点：**中小企业关乎我省产业发展和产业链存亡，在疫情防控中却面临着巨大的现金流压力，正处于紧要的生死关头。我们认为应当在企业和政府层面精准施策，尽最大可能让这类企业存活好、恢复好、发展好。当务之急，在企业层面要着力做好"延减免"节流、"融返补"开源，以及现金流转换等工作。在政府层面尽快设立运行湖北抗疫复兴公司，着力做好精准推拉有序施策、发放纾困专项贷款和专项惠民券、公布各种政策系统化清单等方面的工作。

习近平同志最近在浙江考察时强调，中小企业在我国发展，特别是产业发展中具有重要地位。中小企业也与我省就业大局、人民群众生活、产业发展和产业链保障休戚相关。在当前疫情防控中，我省中小企业正处于生死存亡的紧要关头，主要表现为巨大的现金流压力，没有销售收入等正向现金流，有的只是房租工资等负向现金流，收支两端恶化挤压。随着防疫重点从医疗抗疫向经济抗疫的转变，着力支持无正向现金流的中小企业，既救急也救穷，重新恢复中小企业信心已经成为打赢疫情防控经济仗的重点内容。我们认为应当在企业和政府层面精准施策，尽最大可能让这类企业存活好、恢复好和发展好。当务之急，在企业层面要特别做好节支、开源、转换等工作。在政府层面尽快设立运行湖北抗疫复兴公司，着力做好精准推拉有序施策、发放纾困专项贷款和专项惠民券、公布各种政策系统化清单等方面的工作。

## 一、企业层面做好三项环节

1. 做好延减免等节流工作

企业与员工就工资及用工进行灵活安排。员工薪酬是中小企业最大的固定支出。因受疫情影响导致生产经营困难的，可以通过与职工协商一致采取调整薪酬、轮岗轮休、缩短工时、待岗等方式稳定工作岗位，尽量不裁员或者少裁员。

---

[①]　本报告成稿于 2020 年 4 月。

积极申请减缓企业相关支出。疫情发生后，中央政府和省政府都出台了一些关于增值税、社会保险费、住房公积金等减免和缓交的政策，同时也有关于房产税和土地使用税困难性减免。金融部门也出台了减免利息、降低利率、延长贷款期限等措施。企业应该根据实际情况对表对标积极申请以减少相关支出。

因受疫情影响在股票质押、公司债兑付、信息披露等方面遇到困难的企业，积极争取证监会及交易所相关政策，通过适当展期、发新还旧和延期披露等方式，化解流动性危机。

2. 做好融返补等开源工作

积极争取金融部门的精准支持资金。企业应主动与金融机构沟通联系，避免被抽贷、断贷、压贷。对受疫情影响严重、到期还款困难的中小企业，应争取展期或续贷。目前支付工资、租金、水电费及其他债务存在困难的中小企业，积极向金融机构申请一定额度内的专项贷款。有条件的公司应积极争取注册发行"绿色通道"，发行公司信用类债券。积极争取在融资环节利息、担保等费用的降低。

积极争取财政部门政策性现金流入。积极争取贷款贴息、培训补贴、失业保险稳岗返还、社会保险补贴等财政性现金流入。

3. 巧做现金流转换工作

争取把现金支出转换为现金收入。企业可以考虑让核心员工成为企业的合伙人、共享员工，把当前的工薪支出转换成企业的投入；也可以鼓励员工对企业进行规范投资，成为企业的投资人。

努力把存量变成现金流入。可将应收账款、仓单存货、知识产权等向银行申请质押融资；在复工到位不足、销售缺乏的情况下可将已有的存货以原料的方式销售变现；积极向线上转型发展，把线下的存量客户变成线上的资源，加快现金流入；处于上下游的中小企业可向核心企业申请预付款；可将库存原材料加工成半成品或直接销售。

把存量变成未来现金流出的减少。对于一些抗击疫情中事关民生、医疗的存货，可在规范捐赠后向税务机关申请增值税所得税优惠政策，从而减少现金流出。

## 二、政府层面做好四项工作

1. 尽快设立运行湖北抗疫复兴公司

在支持帮扶无正向现金流中小企业的过程中，建立和发挥各种特殊目的机构（SPV）作用，既可以发挥各部门各单位的作用，又可以保障其基本业务规范和运行程序的完整性，最大限度调动各部门各单位积极性（典型例子如美国的中小企业管理局SBA）。

建议在省级层面经授权后设立湖北抗疫复兴公司（暂定名），通过财政资金注入、发行特别债券、社会资本进入等方式筹集资金，再通过符合程序和规范的方式与指定金融机构、担保机构合作与对接，以直接投资、担保、购买受让相关资产等方式，释放金融机构动力，既满足金融机构风险管理机制体制要求，又最大限度满足中小企业的资金需要，同时也可最大限度地避免救济式支持中出现的逆向选择和道德风险问题。

2. 精准推拉有序施策

落实国家给予湖北地区作为疫区的特殊政策，大力支持在湖北的大中型企业，特别是芯屏端网企业、全球供应链重点企业和零部件供应商尽快复工满产，作为核心企业的国有大中型企业给予上下游配套中小企业一定预付款，努力拉动一批。对于生活服务型中小企业，可考虑发放特定行业惠民券的方式，通过鼓励消费来带动一批。对于生产型的中小企业，可考虑通过银行发放纾困专项贷款来扶持一批。

保障基本消费能力与水平。落实对特殊困难人群的救助补贴，要求金融机构灵活调整居民个人住房按揭、信用卡等信贷还款安排，合理延后还款期限，疫情期间因不便还款发生逾期的，不纳入征信失信记录，保证正常的消费能力。

积极支持中小企业转型，推动线上业务创新。对接头部电商、直播平台、物流渠道，积极进行线上营销，组织策划线上主题专场活动。发挥中国（湖北）国际贸易单一窗口等平台作用，设置绿色通道方便货物快进快出。鼓励中小企业进行相关培训，加快5G、虚拟现实（VR）、人工智能（AI）等技术部署。

3. 打好政策支持组合拳

积极争取更多的资金来源。充分利用中央支持湖北和武汉发展的政策，充分利用债券市场，尽快发行后续批次地方政府债、疫情防控债券专项债；加快人民银行专项再贷款、再贴现的投放，为湖北经济提供稳定的资金来源。

积极寻求新的增长点，化危为机。积极推动创建医用防护物资生产示范区和国家应急储备基地、电子商务应用中心、数据中心，培育壮大在疫情防控中催生的新型消费、升级消费，带动一批中小企业新的成长。

精准打通中小企业发展的痛点。发行湖北省抗疫复兴特别债券，利用湖北抗疫复兴公司通过指定银行向无法支付员工工资、缴纳房租的中小企业发放纾困专项贷款。对医护人员的补贴尽快落实到位。作为非常时期的非常之策，向困难群众发放一定金额的消费补助，向在鄂人员发放一定金额面向文旅、餐饮、零售、住宿、图书、信息、娱乐等特定行业的惠民券。同时加大湖北省内各级政府对中小企业商品和服务的采购力度，继续畅通电商网购"最后一公里"。

切实维护市场正常秩序。对于一些关键环节和部位依法合规严格监督管理。对于中小企业基于网络平台的创新，要严把产品质量关，畅通反馈机制，推出红黑榜。对于惠民券的发放采用随机摇号发放，防止囤积。对于纾困专项贷款要发挥银行等金融机构的遴选和甄别作用，防止救助过程中的逆向选择和道德风险。及时公开信息，防止在中小企业救助过程中出现腐败寻租行为。

4. 尽快推出政策目录清单

在省级层面，应尽快出台抗疫经济政策系统化的目录清单。为应对此次疫情，国家层面和湖北省层面出台了 100 多项扶持政策，涉及财政、金融、税务、社保、创新、就业等诸多方面。提高政策可操作性，消除不必要的盲点堵点，方便中小企业对表对标，对号入座，增强企业的获得感。

# 数字金融抗"疫"缓解中小企业困境[①]

张金林　李　健

**核心观点**：应对疫情，习近平总书记审时度势，提出"统筹推进新冠肺炎疫情防控和经济社会发展"，指示"加大宏观政策调节力度""创新完善金融支持方式，防止企业资金链断裂"。因此，创新金融服务方式，支持企业复工复产成为当前紧迫任务。数字金融是金融信息化、网络化、智能化升级的金融模式，具有金融抗"疫"精准施策优势。疫情下中小企业的资金"解困"，是一个紧迫而复杂的工程，自然需要借助数字金融技术和工具，精准精细，有效施策。

2020 年春节以来，武汉暴发了新冠肺炎疫情且迅速蔓延。疫情发生后，以习近平总书记为核心的党中央高度重视，迅速部署，依法采取甲类措施严格管理，提出"内防扩散、外防输出"等明确指示。疫情严重地区迅速阻断交通、封闭社区，各地纷纷采取停工、停产等多项措施遏制疫情扩散。突如其来的疫情，不仅打断了中国人的春节假期，更是对我国经济运行造成了一定影响。习近平总书记审时度势，提出"统筹推进新冠肺炎疫情防控和经济社会发展"，指示"加大宏观政策调节力度""创新完善金融支持方式，防止企业资金链断裂"。因此，创新金融服务方式，支持企业复工复产成为当前紧迫任务。

## 一、疫情下中小企业资金困境的研判

我国中小企业是促进就业、改善民生、稳定社会、发展经济、推动创新的基础力量，维护并支持中小企业发展是一项重要国策。此次新冠肺炎疫情严重、周期较长，中小企业或"停工、停产"，或复工复产后在采购、生产、销售、现金流回款等环节受到冲击，面临"收入不足、支出刚性以及由此引致信贷约束"的困局。更严峻的是，由于疫情影响面广，部分企业面临产业链、资金链双重断裂的生存危机。

清华经管院调研数据显示：受疫情影响，中小企业营业收入下降 31.08% 以上，超

---

[①] 本报告成稿于 2020 年 5 月。

过60%的中小企业将无法支撑3个月，50.45%的企业希望政府补贴企业在社保、租金、员工薪资方面的支出。蚂蚁金服的问卷调查数据显示：中小微商户信贷资金需求上升，申请贷款商户同比增长2.8%，信贷金额上涨44%，70%的企业表示如能获得融资，持续经营没有问题。据艾瑞咨询统计，疫情期间线下消费普遍明显下滑。相反，线上消费却不断上升。短视频、网络游戏、在线医疗等线上消费成为疫情期间主要消费力量。

因此，疫情冲击下中小企业面临严重的资金困境，如何依据企业经营及资金状况进行帮扶，需要我们精细测度，精准安排。

## 二、金融政策组合拳抗"疫"的理性认知

党中央高度重视疫情期间中小企业面临的生存压力。习近平总书记指出要"加大金融支持力度，加大企业复产用工保障力度"。根据党中央精神，财政部、税务总局、中国人民银行及银保监会等多部委陆续出台多项政策措施，以帮扶中小微企业渡过困境。各省市也纷纷出台金融"应对疫情支持中小企业发展"的政策文件。从提升金融供给能力，到满足金融需求力度，金融政策组合拳全面启动，掀起了一场金融抗"疫"的浪潮。

加快推进企业复工复产，最大程度保证中小企业营运资金连续性确有必要。但疫情冲击下的中小企业缺的是救命钱，而不是发展的钱。利用财政政策针对性对中小微企业实施税费的"减、免、退"正当其时，也理所当然。但是，针对中小企业的金融救助不能混同于财政救助，应该遵循商业规范，讲究信用原则，依据企业经营真实数据，实施个性化、差异化的救助策略。反之，金融救助或将异化，不仅起不到救助效果，而且引致金融资源错配、增加社会不公等弊端。

因此，金融抗"疫"需要避免几种情形：一是要避免粗放型的金融救助带来的资金配置扭曲。中小企业存在天然缺乏抵御突发风险的能力，必要的"输血"以提升生存能力必不可少。但是，资金救助是一个复杂的工程，需要利用网络化、大数据等金融科技手段，认真甄别，精细操作，防止"一刀切""一哄而上"的粗放型操作。防止本无生存能力的企业进行所谓"公关"活动，拿走发展前景良好的中小企业的"救命钱"，避免金融资源配置扭曲，造成金融资源浪费。二是避免过度金融救助挤压市场机制发挥作用的空间。针对企业面临的各类风险，金融市场已经推出了对应的避险工具，如巨灾险等保险品种。如果过度金融救助，金融机构和实体企业就会缺乏动力去开发和使用市场化的避险工具。三是避免批发式金融资源分配带来定位偏差。为补足流动性，央行最近发放3 000亿元专项再贷款。应避免金融资源全部流向全国性商业银行，专项资金不能流向出现现金流断裂的中小企业，从而出现金融救助定位偏差。

针对中小微企业面临的困境，如何让金融抗"疫"精准施策，就是要利用好现代金融技术和工具，帮助中小企业及时准确纾难解困。

### 三、数字金融精准抗"疫"的方案

数字金融是金融信息化、网络化、智能化升级的金融模式，具有金融抗"疫"精准施策优势。首先，数字金融运用大数据、云计算、区块链和人工智能等关键技术，从规模、速度和精度三个维度提升数据处理能力，不断降低成本、提升风控能力和促进竞争。其次，数字金融通过交易渠道和交易方式方面的创新，改变了金融的实现手段和商业模式：一方面经由互联网平台紧紧地黏住巨量的移动客户；另一方面又利用平台的大数据进行"客户信用画像或智能评估"。数字金融就是这样在不见面的情况下降低获客与风控的成本，既提高了金融效率，又拓展了金融服务的空间。

疫情下中小企业的资金"解困"，是一个紧迫而复杂的工程，自然需要借助数字金融技术和工具，精准精细，有效施策。具体方案如下：

1. 拓展金融信息化平台功能，支持企业加快复工复产。其一，发挥地方中小企业融资平台的信息化优势。通过归集、整合疫情防控各项金融支持政策，为企业智能对接金融机构疫情期间推出的复工复产专项融资产品。其二，开辟中小企业公共服务平台网络专栏，开展中小企业疫情防控金融支持政策咨询解读等专项服务。并引导应急转贷资金、中小微企业信贷风险补偿基金、中小企业信用担保代偿补偿资金等财政专项资金开展线上服务，提高业务审批效率，加快专项资金的拨付进度。其三，开展线上政银企三方对接平台。协调银行、保险机构开放信贷、保险理赔绿色通道，加快放贷速度和理赔进度。

2. 利用金融创新技术手段，加速中小企业帮扶落地。其一，中小银行可借鉴网络金融机构的多维度大数据分析的新型征信模式，解决银企信息不对称问题，提高优质中小企业的信用评分和贷款可得性。其二，金融机构可借助互联网公司搭建产业链金融平台，盘活以大型企业为核心的产业生态圈，基于大型企业的信用资质加速帮扶中小企业融资。其三，鼓励科技公司协助金融机构精准评估中小企业经营状况与企业生产数据，开展以生产经营数据为抵押的融资模式。

3. 借助金融大数据集成分析优势，确保金融资源合理分配。其一，配置一定比例资金投向互联网金融机构，发挥互联网金融精准、快捷的优势，保证贷款资金流向中小微企业。其二，做好资金数据链式跟踪服务，加强各类贷款与贴息的资金流向监管，确保资金依法合规使用，切实保证金融资源用于企业"救命"。

# 普惠金融是湖北疫情防控与
# 经济恢复期政策承接的重要抓手[①]

徐　晟　张金林　朱新蓉

在新冠肺炎疫情防控特殊时期，为确保我国金融市场平稳有序运行，党和政府发挥积极作用，维护银行体系流动性合理充裕和货币市场平稳运行，中央财政进行了一系列逆周期宏观调控措施。这些措施能缓解疫情突发事件冲击带来的经济不确定，起到了稳预期的重要效果。

在防控工作取得明显的阶段性成效后，一方面，要抓住疫情防控不放松，另一方面，要推动经济高质量发展不动摇，始终把疫情防控成效与治理能力现代化有机结合，实现治理能力建设和经济稳健发展双赢，调整经济结构可持续发展。为实现脱贫攻坚、高质量发展战略目标，应该继续"使市场在资源配置中起决定性作用"。

疫情防控已进入决战期，疫情"防控"和生产"恢复"两个时间窗口同时开启，处于重疫区的湖北省为全国经济平稳发展做出了应有的贡献，同时承受的冲击也是最为集中和强烈的。疫情冲击下的经济恢复期，湖北省应更多关注如何对冲、吸收和化解疫情引发和可能出现的各类风险。

湖北受疫情冲击影响最大的群体恰恰就是中小微企业、"三农"、低收入者等弱势群体，普惠金融政策能提升这些群体商业可持续的能力。疫情对湖北省第三产业的短期冲击更为明显，餐饮、旅游、商贸和交通运输行业直接经济损失和持续影响更大。目前正是春耕备耕的阶段，在打工前景不明确的情况下，务工人员可以尝试留在家里种地。各地相关部门针对务工都出台了一定的鼓励帮扶措施，一些地区为了缓解无法外出务工的问题，会有扶持创业活动，如果自己懂技术又对一些项目的市场有了解的话，可以通过普惠金融服务获得创业服务和资金支持，尝试针对湖北本地市场需求开展创业活动。普惠金融服务本身具有生产性和造血功能，促进低收入群体发展的良性循环、向贫困农户提供再就业。通过金融政策能实现全产业链的资源整合，防范化解中小企业的经济金融风险的同时，也为防范其他风险奠定了"强根基"的物质基础。普惠金融政策能在

---

[①] 本报告成稿于 2020 年 5 月。

"危"中创造机遇，为中小微企业乃至实体经济提供商业可持续的能力。

按照《推进普惠金融发展规划（2016—2020 年）》的国家战略要求，湖北省加强普惠金融发展模式探索和产品服务创新，打通普惠金融服务"最后一公里"，全面提升了覆盖率、获得感和满意度。适度倾斜的信贷政策、强化征信保护机制、适度减免贷款利息、调整疫区客户催收方案、无接触式服务……而金融机构传统的工作协同模式、营销方式、服务渠道，甚至是管理与协同观念，都被改变或加速改变。这些改变既是宏观经济形势下普惠金融发展大趋势的体现，也是金融业竞争加剧、开放程度提高的直接结果。此次疫情冲击也是湖北普惠金融领先发展的机遇，在积极加大申请中央政府转移支持引导的同时，必将迎来市场自主快速应对，支持金融机构主动开发县域和农村市场，形成政府与市场难得的良性互动局面。

普惠金融关注小微企业、"三农"、低收入者等弱势群体的金融资源可获得性。普惠金融能够调节金融供求失衡，提升金融对实体经济的支撑力度，通过优化金融结构缓解区域经济发展中的不平衡，弥补财政、货币政策"大水漫灌"的效果的可持续性不足。湖北省应争取差异化的中央财政支持方式，主要通过财政转移支付缓释、化解和防范湖北区域性经济、金融风险，实现保稳定、强根基、促发展的战略目标，大力发展普惠金融正是政策承接并精准落地的重要抓手，通过市场化配置资源的方式实现中央政府救助性政策短期效应，保证了救助后湖北经济市场可持续发展，真正实现"一花引来万花开"。

# 附录　2020 年中国金融发展大事记

1 月 3 日　中国银保监会发布《中国银保监会规范性文件管理办法》。

1 月 6 日　中国人民银行下调金融机构存款准备金率 0.5 个百分点（不含财务公司、金融租赁公司和汽车金融公司）。

1 月 6 日　中国人民银行与老挝人民民主共和国银行签署双边本币合作协议，允许在两国已经放开的所有经常和资本项下交易中直接使用双方本币结算。

1 月 7 日　中国长城资产管理股份有限公司原总裁助理桑自国被"双开"。

1 月 11 日　中国银保监会召开 2020 年全国银行业保险业监督管理工作会议。

1 月 12 日　中国人民银行签署遵守《全球外汇市场准则》的承诺声明，积极参与全球外汇市场建设与发展。

1 月 13 日　国家外汇管理局印发《关于完善银行间债券市场境外机构投资者外汇风险管理有关问题的通知》。

1 月 14 日　中国银保监会就《中国银保监会非银行金融机构行政许可事项实施办法（征求意见稿）》公开征求意见。

1 月 14 日　中国银保监会发布《银行保险违法行为举报处理办法》。

1 月 14 日　中国银保监会发布《银行业保险业消费投诉处理管理办法》。

1 月 15 日　中国人民银行开展了中期借贷便利（MLF）操作，操作金额为 3 000 亿元，利率为 3.25%。

1 月 16 日　中美双方在美国华盛顿签署《中华人民共和国政府和美利坚合众国政府经济贸易协议》（以下简称《协议》）。

1 月 16 日　中国人民银行举行 2019 年金融统计数据新闻发布会。

1 月 16 日　中国银保监会发布《中国银保监会信访工作办法》。

1 月 20 日　中国人民银行面向公开市场业务一级交易商开展了 2020 年第一期央行票据互换（CBS）操作，费率为 0.10%，操作量为 60 亿元，期限 3 个月。

1 月 20 日　中国人民银行授权全国银行间同业拆借中心公布贷款市场报价利率（LPR），1 年期 LPR 为 4.15%，5 年期以上 LPR 为 4.8%。

1 月 21 日　中国银保监会等 13 部门联合发布《关于促进社会服务领域商业保险发

展的意见》。

1月21日　中国银保监会发布《普通型人身保险精算规定》。

1月21日　《中国银保监会办公厅关于强化人身保险精算监管有关事项的通知》发布。

1月23日　中国人民银行开展了定向中期借贷便利（TMLF）操作，操作金额为2 405亿元，利率为3.15%。

1月27日　国家外汇管理局发布《关于建立外汇政策绿色通道　支持新型冠状病毒感染的肺炎疫情防控工作的通知》。

1月28日　中国人民银行、国家外汇管理局发布《关于延长银行间市场休市时间安排的通知》。

1月31日　中国人民银行发布《关于发放专项再贷款支持防控新型冠状病毒感染的肺炎疫情有关事项的通知》（银发〔2020〕28号），向主要全国性银行和湖北等10个重点省（市）的部分地方法人银行提供总计3 000亿元低成本专项再贷款资金，支持抗疫保供。

1月31日　中国人民银行、财政部、银保监会、证监会、外汇局印发《关于进一步强化金融支持防控新型冠状病毒感染肺炎疫情的通知》（银发〔2020〕29号），提出30条政策措施，进一步强化金融支持疫情防控工作，保障民生和支持实体经济稳定发展。

2月3日　中国人民银行将开展1.2万亿元公开市场操作投放流动性。

2月4日　中国人民银行向全国人大财经委员会汇报2019年货币政策执行情况。

2月6日　中国银保监会发布《信托公司股权管理暂行办法》。

2月7日　中国人民银行公开发布《中国人民银行金融市场司关于疫情防控期间金融机构发行债券有关事宜的通知》。

2月7日　《财政部　发展改革委　工业和信息化部　人民银行　审计署关于打赢疫情防控阻击战　强化疫情防控重点保障企业资金支持的紧急通知》（财金〔2020〕5号）发布，就强化疫情防控重点保障企业资金支持提出要求。

2月7日　中国银保监会发布《关于推广人身保险电子化回访工作的通知》。

2月10日　中国人民银行印发《关于做好疫情防控特殊时期利率相关问题的通知》（银发〔2020〕37号），对部分个人定期存款进行延期，并允许银行发行疫情防控专项同业存单。

2月10日　中国人民银行与埃及中央银行续签规模为180亿元人民币/410亿埃及镑的双边本币互换协议。

2月11日　中国人民银行审查并通过万事网联公司银行卡清算机构筹备申请。

2月11日　中国银保监会发布《关于进一步规范健康保障委托管理业务有关事项的通知》。

2 月 13 日 中国人民银行在香港成功发行 300 亿元人民币央行票据，其中 3 个月期央行票据 200 亿元，1 年期央行票据 100 亿元，中标利率分别为 2.55% 和 2.60%。

2 月 14 日 《中国人民银行 中国银行保险监督管理委员会 中国证券监督管理委员会 国家外汇管理局 上海市人民政府联合发布关于进一步加快推进上海国际金融中心建设和金融支持长三角一体化发展的意见》发布。

2 月 14 日 中国证监会发布关于《修改〈上市公司证券发行管理办法〉的决定》《修改〈创业板上市公司证券发行管理暂行办法〉的决定》。

2 月 14 日 《中国证监会 财政部 中国人民银行 中国银行保险监督管理委员会关于商业银行、保险机构参与中国金融期货交易所国债期货交易的公告》（证监会公告〔2020〕12 号）发布，允许符合条件的试点商业银行和具备投资管理能力的保险机构，按照依法合规、风险可控、商业可持续的原则，参与中国金融期货交易所国债期货交易。

2 月 14 日 中国证监会、财政部、中国人民银行、中国银保监会发布《关于商业银行、保险机构参与中国金融期货交易所国债期货交易的公告》。

2 月 14 日 经国务院同意，证监会与财政部、人民银行、银保监会近日联合发布公告，允许符合条件的试点商业银行和具备投资管理能力的保险机构，按照依法合规、风险可控、商业可持续的原则，参与中国金融期货交易所国债期货交易。

2 月 17 日 中国银保监会发布 2019 年四季度银行业保险业主要监管指标数据情况。

2 月 17 日 中国人民银行开展了中期借贷便利（MLF）操作，操作金额为 2 000 亿元，利率为 3.15%，较上期下降 10 个基点。

2 月 19 日 《国家外汇管理局关于修订〈个人本外币兑换特许业务试点管理办法〉的通知》发布。

2 月 19 日 中国银保监会发布《关于进一步加强和改进财产保险公司产品监管有关问题的通知》。

2 月 20 日 中国人民银行授权全国银行间同业拆借中心公布贷款市场报价利率（LPR），1 年期 LPR 为 4.05%，5 年期以上 LPR 为 4.75%。

2 月 20 日 《中国银保监会办公厅关于预防银行业保险业从业人员金融违法犯罪的指导意见》发布。

2 月 22 日 中国银行保险监督管理委员会依法结束对安邦集团的接管。

2 月 24 日 国家外汇管理局更新发布《现行有效外汇管理主要法规目录（截至 2019 年 12 月 31 日）》。

2 月 24 日 中国人民银行行长易纲主持召开行长办公会议，学习贯彻习近平总书记在统筹推进新冠肺炎疫情防控和经济社会发展工作部署会议上的重要讲话精神，就人民银行系统做好疫情防控和金融支持经济社会发展工作，做出进一步部署。

2月26日　《中国人民银行关于加大再贷款、再贴现支持力度促进有序复工复产的通知》（银发〔2020〕53号）发布，增加再贷款再贴现专用额度5 000亿元，同时，下调支农、支小再贷款利率25个基点至2.5%，为企业有序复工复产提供低成本、普惠性的资金支持。

2月28日　《中国人民银行关于运用支农再贷款专用额度支持扩大生猪养殖信贷投放的通知》（银发〔2020〕56号）发布，安排支农再贷款专用额度200亿元，支持扩大生猪养殖信贷投放。

2月28日　中国人民银行面向公开市场业务一级交易商开展了2020年第二期央行票据互换（CBS）操作，费率为0.10%，操作量为50亿元，期限3个月。

2月28日　中国国债正式纳入摩根大通全球新兴市场政府债券指数。

3月1日　中国银保监会、人民银行、发展改革委、工业和信息化部、财政部联合发布《关于对中小微企业贷款实施临时性延期还本付息的通知》。

3月5日　《中国银保监会办公厅关于加快推进意外险改革的意见》发布。

3月5日　中国人民银行、发展改革委等六部门联合印发《统筹监管金融基础设施工作方案》。

3月12日　中国银保监会发布《关于进一步加大"三区三州"深度贫困地区银行业保险业扶贫工作力度的通知》。

3月12日　中国人民银行、国家外汇管理局决定将《中国人民银行关于全口径跨境融资宏观审慎管理有关事宜的通知》（银发〔2017〕9号）中的宏观审慎调节参数由1上调至1.25。

3月13日　中国证监会发布《证券期货规章制定程序规定》。

3月13日　中国人民银行决定于2020年3月16日定向降准，释放长期资金5 500亿元。

3月16日　中国人民银行开展了中期借贷便利（MLF）操作，操作金额为1 000亿元，利率为3.15%。

3月16日　中国人民银行实施普惠金融定向降准，对普惠金融领域贷款占比考核达标银行给予0.5或1.5个百分点的存款准备金率优惠，并对此次考核中得到0.5个百分点存款准备金率优惠的股份制商业银行额外降准1个百分点。

3月18日　中国银保监会发布《保险资产管理产品管理暂行办法》。

3月20日　中国人民银行发布《中国人民银行行政许可实施办法》，该办法自2020年6月1日起施行。

3月20日　中国证监会发布《关于修改部分证券期货规章的决定》。

3月20日　中国人民银行授权全国银行间同业拆借中心公布贷款市场报价利率（LPR），1年期LPR为4.05%，5年期以上LPR为4.75%。

3月20日 中国人民银行发布修订后的《中国人民银行行政许可实施办法》。

3月23日 2019年末金融业机构总资产达318.69万亿元。

3月23日 中国银保监会发布《中国银保监会非银行金融机构行政许可事项实施办法》。

3月25日 中国人民银行面向公开市场业务一级交易商开展了2020年第三期央行票据互换（CBS）操作，费率为0.10%，操作量为50亿元，期限3个月。

3月25日 中国人民银行行长易纲出席二十国集团财长和央行行长视频会议。

3月25日 《中国银保监会办公厅关于长期医疗保险产品费率调整有关问题的通知》发布。

3月26日 《中国银保监会办公厅关于加强产业链协同复工复产金融服务的通知》发布。

3月26日 中国人民银行在香港成功发行100亿元人民币央行票据，期限为6个月，中标利率为2.19%。

3月26日 中国人民银行货币政策委员会召开2020年第一季度例会。

3月26日 中国外汇市场指导委员会（CFXC）转发全球外汇市场委员会（GFXC）关于市场状况的声明，促进外汇市场专业、公平、高效、稳健运行。

4月3日 中国人民银行决定下调农村信用社、农村商业银行、农村合作银行、村镇银行和仅在本省级行政区域内经营的城市商业银行存款准备金率1个百分点，分4月15日和5月15日两次实施。中国人民银行决定自4月7日起将金融机构在央行超额存款准备金利率从0.72%下调至0.35%。

4月3日 中国银保监会发布系统内部经济责任审计办法。

4月7日 中国税务总局与中国银保监会联合印发《关于发挥"银税互动"作用助力小微企业复工复产的通知》。

4月9日 中国银保监会就《商业银行小微企业金融服务监管评价暂行办法（试行）》（征求意见稿）公开征求意见。

4月10日 中国人民银行下调常备借贷便利利率。具体为隔夜利率从3.35%下调至3.05%、7天利率从3.50%下调至3.20%、1个月利率从3.85%下调至3.55%。

4月13日 国家互联网信息办公室等部门联合发布《网络安全审查办法》。

4月14日 国家外汇管理局发布《国家外汇管理局关于优化外汇管理 支持涉外业务发展的通知》（汇发〔2020〕8号）。

4月14日 中国银保监会就《中国银保监会信托公司行政许可事项实施办法（征求意见稿）》公开征求意见。

4月15日 中国人民银行开展了中期借贷便利（MLF）操作，操作金额为1 000亿元，利率为2.95%，较上期下降20个基点。

4月16日　《中国银保监会关于金融资产投资公司开展资产管理业务有关事项》的通知。

4月16日　中国银保监会就《保险代理人监管规定（征求意见稿）》再次公开征求意见。

4月16日　《中国银保监会消费者权益保护局关于浦发银行、中华财险侵害消费者权益案例的通报》发布。

4月16日　中国人民银行　中国海关总署联合发布《中国人民银行　海关总署关于修改〈黄金及黄金制品进出口管理办法〉的决定》，自发布之日起施行。

4月20日　中国人民银行授权全国银行间同业拆借中心公布贷款市场报价利率（LPR），1年期LPR为3.85%，5年期以上LPR为4.65%。

4月21日　中国人民银行面向公开市场业务一级交易商开展了2020年第四期央行票据互换（CBS）操作，费率为0.10%，操作量为50亿元，期限3个月。

4月22日　中国银保监会发布《关于做好2020年银行业保险业服务"三农"领域重点工作的通知》。

4月24日　中国银保监会就《个人保险实名制管理办法（征求意见稿）》公开征求意见。

4月24日　中国人民银行开展了定向中期借贷便利（TMLF）操作，操作金额为561亿元，利率为2.95%，较上期下降20BP。

4月27日　中国人民银行在上海等6市（区）扩大金融科技创新监管试点。

4月29日　中国人民银行发布《中国人民银行关于修改〈教育储蓄管理办法〉等规章的决定》，自公布之日起施行。

4月30日　经包商银行股份有限公司接管组报请中国人民银行、中国银行保险监督管理委员会等相关监管机构批准，包商银行股份有限公司拟将相关业务、资产及负债，分别转让至蒙商银行股份有限公司和徽商银行股份有限公司。

5月7日　中国人民银行与外汇局共同发布《境外机构投资者境内证券期货投资资金管理规定》（中国人民银行　国家外汇管理局〔2020〕第2号），明确并简化境外机构投资者境内证券期货投资资金管理要求，进一步便利境外投资者参与我国金融市场。

5月8日　中国银保监会就《信托公司资金信托管理暂行办法（征求意见稿）》公开征求意见。

5月9日　中国银保监会就《商业银行互联网贷款管理暂行办法（征求意见稿）》公开征求意见。

5月10日　中国人民银行发布《2020年第一季度中国货币政策执行报告》。

5月11日　中国银保监会积极推动高水平对外开放，支持外资再保险公司加大在华投入。

5 月 12 日　《中国银保监会办公厅关于落实保险公司主体责任　加强保险销售人员管理的通知》《中国银保监会办公厅关于切实加强保险专业中介机构从业人员管理的通知》。

5 月 12 日　中国银保监会发布 2020 年一季度银行业保险业主要监管指标数据情况。

5 月 13 日　中国人民银行金融科技委员会 2020 年第 1 次会议在北京召开。会议对金融科技理论研究、规划指导、应用实践等问题进行研究，明确了下一步工作重点。

5 月 14 日　中国人民银行在香港成功发行 300 亿元人民币央行票据，其中 3 个月期央行票据 200 亿元，1 年期央行票据 100 亿元，中标利率分别为 1.77% 和 1.78%。

5 月 14 日　中国人民银行、银保监会、证监会、外汇局发布《关于金融支持粤港澳大湾区建设的意见》。

5 月 15 日　中国人民银行开展了中期借贷便利（MLF）操作，操作金额为 1 000 亿元，利率为 2.95%。

5 月 18 日　《中国银保监会　工业和信息化部　发展改革委　财政部　人民银行　市场监管总局关于进一步规范信贷融资收费　降低企业融资综合成本的通知》发布。

5 月 19 日　中国银保监会发布《信用保险和保证保险业务监管办法》。

5 月 20 日　中国人民银行授权全国银行间同业拆借中心公布贷款市场报价利率（LPR），1 年期 LPR 为 3.85%，5 年期以上 LPR 为 4.65%。

5 月 20 日　《中国银保监会关于保险资金投资银行资本补充债券有关事项的通知》发布。

5 月 20 日　国家外汇管理局发布《国家外汇管理局关于支持贸易新业态发展的通知》（汇发〔2020〕11 号）。

5 月 20 日　中国人民银行与老挝中央银行签署规模为 60 亿元人民币/7.6 万亿老挝基普的双边本币互换协议。

5 月 22 日　中国银保监会印发《银行保险机构涉刑案件管理办法（试行）》。

5 月 26 日　中国人民银行面向公开市场业务一级交易商开展了 2020 年第五期央行票据互换（CBS）操作，费率为 0.10%，操作量为 50 亿元，期限 3 个月。

5 月 26 日　中国人民银行会同相关部门发布《中国人民银行　银保监会　发展改革委　工业和信息化部　财政部　市场监管总局　证监会　外汇局关于进一步强化中小微企业金融服务的指导意见》。

5 月 27 日　根据国务院金融委统一部署，国家发展改革委、财政部、人民银行、银保监会、证监会、外汇局等金融委成员单位，联合发布 11 条金融改革措施。

5 月 29 日　《中国银保监会办公厅关于加强典当行监督管理的通知》发布。

6 月 1 日　《中国银保监会办公厅关于进一步明确农业保险业务经营条件的通知》发布。

6月1日　中国人民银行会同相关部门发布《中国人民银行　银保监会　财政部　发展改革委　工业和信息化部关于进一步对中小微企业贷款实施阶段性延期还本付息的通知》和《中国人民银行　银保监会　财政部　发展改革委　工业和信息化部关于加大小微企业信用贷款支持力度的通知》。

6月1日　中国人民银行发布《中国人民银行关于普惠小微企业贷款延期支持工具有关事宜的通知》，创设普惠小微企业贷款延期支持工具；同时发布《中国人民银行关于普惠小微企业信用贷款支持计划有关事宜的通知》，创设普惠小微企业信用贷款支持计划。

6月2日　中国人民银行修订《非金融机构支付服务管理办法实施细则》（中国人民银行公告〔2010〕第17号公布）等5件规范性文件。

6月4日　中国银保监会发布《行政许可实施程序规定》，自7月1日起施行。

6月5日　中国人民银行征信中心与中国工商银行、交通银行和中国光大银行在北京举行应收账款融资服务平台战略合作签约仪式。

6月9日　中国银保监会发布《融资租赁公司监督管理暂行办法》。

6月12日　中国证监会发布《创业板上市公司持续监管办法（试行）》《创业板上市公司证券发行注册管理办法（试行）》《创业板首次公开发行股票注册管理办法（试行）》《证券发行上市保荐业务管理办法》。

6月13日　中国人民银行向连通公司核发银行卡清算业务许可证。

6月15日　中国人民银行开展了中期借贷便利（MLF）操作，操作金额为2 000亿元，利率为2.95%。

6月22日　《国家外汇管理局综合司开展非金融企业对外金融资产负债及交易申报工作的通知》发布。

6月22日　《中国银保监会关于规范互联网保险销售行为可回溯管理的通知》发布。

6月22日　中国人民银行授权全国银行间同业拆借中心公布贷款市场报价利率（LPR），1年期LPR为3.85%，5年期以上LPR为4.65%。

6月23日　中国人民银行在香港成功发行100亿元人民币央行票据，期限为6个月，中标利率为2.21%。

6月23日　中国银保监会延长对香港地区偿付能力监管等效框架协议过渡期内再保信用风险因子适用期限。

6月23日　《中国银保监会办公厅关于印发保险资金参与金融衍生产品交易办法等三个文件的通知》发布。

6月23日　中国银保监会近日印发通知，对湖北省保险机构给予免缴2020年度保险保障基金的支持政策。

6 月 23 日　中国银保监会发布《中国银保监会行政处罚办法》，自 7 月 15 日起实施。

6 月 24 日　《中国银保监会关于开展银行业保险业市场乱象整治"回头看"工作的通知》发布。

6 月 24 日　中国人民银行货币政策委员会召开 2020 年第二季度例会。

6 月 24 日　中国人民银行会同相关部门印发《中国人民银行　发展改革委　证监会关于公司信用类债券违约处置有关事宜的通知》。

6 月 24 日　中国人民银行公布《标准化票据管理办法》，办法自 2020 年 7 月 28 日起实施。

6 月 24 日　中国人民银行、中国银行保险监督管理委员会、中国证券监督管理委员会、国家外汇管理局联合发布《标准化债权类资产认定规则》，自 2020 年 8 月 3 日起施行。

6 月 29 日　中国人民银行决定，从 2020 年 7 月 1 日起下调再贷款、再贴现利率。其中，下调支农再贷款、支小再贷款利率 0.25 个百分点。下调再贴现利率 0.25 个百分点至 2%。下调金融稳定再贷款利率 0.5 个百分点。

6 月 29 日　中国人民银行、香港金融管理局、澳门金融管理局决定在粤港澳大湾区开展"跨境理财通"业务试点。

6 月 29 日　中国人民银行面向公开市场业务一级交易商开展了 2020 年第六期央行票据互换（CBS）操作，费率为 0.10%，操作量为 50 亿元，期限 3 个月。

6 月 30 日　中国银保监会办公厅印发《金融租赁公司监管评级办法（试行）》。

7 月 1 日　中国银保监会发布保险资金参与金融衍生产品、国债期货和股指期货交易有关政策。

7 月 1 日　中国银保监会发布《商业银行小微企业金融服务监管评价办法（试行）》。

7 月 3 日　中国银保监会、财政部、中国人民银行、国务院扶贫办联合发布《关于进一步完善扶贫小额信贷有关政策的通知》。

7 月 3 日　中国证监会发布《科创板上市公司证券发行注册管理办法（试行）》。

7 月 3 日　中国人民银行、中国银行保险监督管理委员会、中国证券监督管理委员会、国家外汇管理局制定发布《标准化债权类资产认定规则》，自 2020 年 8 月 3 日起施行。

7 月 4 日　中国银保监会首次公开银行保险机构重大违法违规股东名单。

7 月 6 日　中国银保监会召开委务会议研究部署 2020 年建议提案办理工作。

7 月 7 日　中国人民银行联合中国银行保险监督管理委员会召开金融支持稳企业保就业工作座谈会。

7月8日　中国银保监会消费者权益保护局发布《关于银行违规涉企收费案例的通报》。

7月8日　中国人民银行定于2020年11月5日起发行2020年版第五套人民币5元纸币。

7月9日　中国银保监会就《关于实施车险综合改革的指导意见（征求意见稿）》公开征求意见。

7月10日　中国证监会和中国银保监会联合发布《证券投资基金托管业务管理办法》。

7月10日　中国证监会发布《关于修改〈首次公开发行股票并上市管理办法〉的决定》《关于修改〈科创板首次公开发行股票注册管理办法（试行）〉的决定》。

7月14日　中国银保监会通报影子银行和交叉金融业务存在的突出问题。

7月14日　国家外汇管理局更新发布《现行有效外汇管理主要法规目录（截至2020年6月30日）》。

7月15日　中国人民银行开展了中期借贷便利（MLF）操作，操作金额为4 000亿元，利率为2.95%。

7月16日　中国人民银行向全国人大财经委员会汇报2020年上半年货币政策执行情况。

7月17日　中国银保监会发布《商业银行互联网贷款管理暂行办法》。

7月17日　中国银保监会发布《关于优化保险公司权益类资产配置监管有关事项的通知》。

7月17日　中国银保监会依法对天安财产保险股份有限公司等六家机构实施接管。

7月18日　中国人民银行副行长陈雨露出席二十国集团财长和央行行长视频会议。

7月18日　《中国银保监会办公厅关于做好洪涝地质灾害应急应对及灾后重建金融支持工作的通知》发布。

7月19日　中国人民银行、中国证券监督管理委员会联合发布《中国人民银行　中国证券监督管理委员会公告〔2020〕第7号》，同意债券市场相关基础设施机构开展互联互通合作。

7月20日　中国人民银行授权全国银行间同业拆借中心公布贷款市场报价利率（LPR），1年期LPR为3.85%，5年期以上LPR为4.65%。

7月21日　中国人民银行和瑞士中央银行续签规模为1 500亿元人民币/200亿瑞士法郎的双边本币互换协议。

7月21日　中国银保监会发布《关于印发〈财产保险公司、再保险公司监管主体职责改革方案〉的通知》。

7月23日　中国人民银行印发《普通纪念币普制币发行管理暂行规定》。

7 月 24 日　中国银保监会发布《融资担保公司非现场监管规程》，自 9 月 1 日起实施。

7 月 30 日　中国银保监会、中国人民银行就《保险公司偿付能力管理规定（征求意见稿）》公开征求意见。

7 月 30 日　中国人民银行面向公开市场业务一级交易商开展了 2020 年第七期央行票据互换（CBS）操作，费率为 0.10%，操作量为 50 亿元，期限 3 个月。

7 月 31 日　中国人民银行和巴基斯坦中央银行签署双边本币互换修订协议，将互换规模扩大为 300 亿元人民币/7 200 亿巴基斯坦卢比。

7 月 31 日　中国人民银行和智利中央银行签署双边本币互换修订协议，将互换规模扩大为 500 亿元人民币/56 000 亿智利比索。

7 月 31 日　中国人民银行和蒙古中央银行续签规模为 150 亿元人民币/6 万亿蒙古图格里克的双边本币互换协议。

8 月 5 日　《中国银保监会等七部门关于做好政府性融资担保机构监管工作的通知》发布。

8 月 5 日　中国银保监会发布《推动财产保险业高质量发展三年行动方案（2020—2022 年）》。

8 月 6 日　中国人民银行和阿根廷中央银行续签规模为 700 亿元人民币/7 300 亿阿根廷比索的双边本币互换协议，同时签署规模为 600 亿元人民币的双边本币互换补充协议。

8 月 10 日　中国银保监会发布 2020 年二季度银行业保险业主要监管指标数据情况。

8 月 13 日　中国银保监会消费者权益保护局发布《关于 2020 年第二季度保险消费投诉情况的通报》。

8 月 13 日　中国人民银行在香港成功发行 300 亿元人民币央行票据，其中 3 个月期央行票据 200 亿元，1 年期央行票据 100 亿元，中标利率均为 2.70%。

8 月 17 日　中国人民银行开展了中期借贷便利（MLF）操作，操作金额为 7 000 亿元，利率为 2.95%。

8 月 17 日　中国银保监会发布《健全银行业保险业公司治理三年行动方案（2020—2022 年）》。

8 月 18 日　中国银保监会就《保险中介行政许可及备案实施办法（征求意见稿）》公开征求意见。

8 月 19 日　中国人民银行贵安数据中心项目在京签约。

8 月 20 日　中国人民银行授权全国银行间同业拆借中心公布贷款市场报价利率（LPR），1 年期 LPR 为 3.85%，5 年期以上 LPR 为 4.65%。

8 月 22 日　中国人民银行和新西兰中央银行续签规模为 250 亿元人民币（新西兰元

互换规模按即期汇率计算）的双边本币互换协议。

8月27日　中国人民银行面向公开市场业务一级交易商开展了2020年第八期央行票据互换（CBS）操作，费率为0.10%，操作量为50亿元，期限3个月。

8月28日　中国证监会发布《公开募集证券投资基金销售机构监督管理办法》。

8月28日　中国人民银行印发《中国人民银行办公厅关于落实好中小微企业贷款延期还本付息和小微企业信用贷款支持政策的通知》。

8月28日　中国银保监会依法查处中国农业银行和中国建设银行违法违规行为。

8月31日　国家外汇管理局印发《经常项目外汇业务指引（2020年版）》。

8月31日　中国人民银行发布《参与国际基准利率改革和健全中国基准利率体系》白皮书。

9月2日　《中国人民银行　中国证监会　国家外汇管理局关于境外机构投资者投资中国债券市场有关事宜的公告（征求意见稿）》发布，就进一步便利境外机构投资者配置人民币债券资产有关安排征求市场意见。

9月3日　中国银保监会发布《关于实施车险综合改革的指导意见》。

9月3日　中国银保监会消费者权益保护局发布《关于2020年第二季度银行业消费投诉情况的通报》。

9月4日　中国银保监会依法查处华夏银行、招商银行等五家金融机构违法违规行为。

9月4日　中国银保监会发布《关于保险资金投资债转股投资计划有关事项的通知》。

9月6日　中国银保监会发布《关于规范保险公司健康管理服务的通知》。

9月7日　《中国银保监会办公厅关于印发组合类保险资产管理产品实施细则等三个文件的通知》发布。

9月7日　《中国银保监会办公厅关于加强小额贷款公司监督管理的通知》发布。

9月7日　财政部、人民银行、国务院国资委、银保监会、证监会、国家档案局、国家标准化管理委员会发布《关于推进会计师事务所函证数字化相关工作的指导意见》。

9月9日　中国银保监会发布《示范型商车险精算规定》。

9月10日　中国人民银行与俄罗斯联邦中央银行举行中俄总理定期会晤委员会金融合作分委会第二十一次视频会议。

9月10日　中国银保监会发布《关于调整交强险责任限额和费率浮动系数的公告》。

9月11日　中国人民银行发布《金融控股公司监督管理试行办法》，自2020年11月1日起施行。

9月11日　《中国银保监会办公厅关于规范银行业金融机构协助有权机关办理保险

公司资本保证金账户查询、冻结、扣划有关事宜的通知》发布。

9 月 11 日 中国银保监会发布《保险资产管理产品管理暂行办法》配套规则。

9 月 13 日 《国务院关于实施金融控股公司准入管理的决定》发布。

9 月 14 日 中国人民银行会同有关部门印发两省三市普惠金融改革试验区总体方案。

9 月 14 日 2020 年第二季度末金融业机构总资产 340.43 万亿元。

9 月 15 日 中国人民银行开展了中期借贷便利（MLF）操作，操作金额为 6 000 亿元，利率为 2.95%。

9 月 15 日 中国人民银行发布《中国人民银行金融消费者权益保护实施办法》，自 2020 年 11 月 1 日起施行。

9 月 16 日 中国银保监会发布《关于加强小额贷款公司监督管理的通知》。

9 月 16 日 中国银保监会发布《银行保险机构应对突发事件金融服务管理办法》。

9 月 17 日 中国人民银行和匈牙利中央银行签署规模为 400 亿元人民币的双边本币互换补充协议。

9 月 18 日 《中国人民银行 工业和信息化部 司法部 商务部 国资委 市场监管总局 银保监会 外汇局关于规范发展供应链金融 支持供应链产业链稳定循环和优化升级的意见》发布，建立供应链金融规范发展政策框架。

9 月 21 日 中国银保监会发布《融资性信保业务保前管理操作指引》和《融资性信保业务保后管理操作指引》。

9 月 21 日 中国人民银行授权全国银行间同业拆借中心公布贷款市场报价利率（LPR），1 年期 LPR 为 3.85%，5 年期以上 LPR 为 4.65%。

9 月 23 日 国家外汇管理局发布《国家外汇管理局行政处罚办法》。

9 月 24 日 中国人民银行在香港成功发行 100 亿元人民币央行票据，期限为 6 个月，中标利率为 2.68%。

9 月 24 日 国家外汇管理局发布《对外金融资产负债及交易统计业务指引（2020 年版）》。

9 月 25 日 中国人民银行货币政策委员会召开 2020 年第三季度例会。

9 月 25 日 财政部 国务院国资委 银保监会印发《关于加强会计师事务所执业管理切实提高审计质量的实施意见》。

9 月 25 日 富时罗素公司宣布中国国债将被纳入富时世界国债指数（WGBI）。

9 月 25 日 国家外汇管理局综合司发布《关于清理整合部分外汇账户的通知》。

9 月 25 日 中国证券监督管理委员会、中国人民银行、国家外汇管理局联合发布《合格境外机构投资者和人民币合格境外机构投资者境内证券期货投资管理办法》（中国证券监督管理委员会 中国人民银行 国家外汇管理局令第 176 号）。

9月25日　中国证监会发布《合格境外机构投资者和人民币合格境外机构投资者境内证券期货投资管理办法》。

9月27日　国家外汇管理局发布《通过银行进行国际收支统计申报业务实施细则》。

9月28日　中国银保监会就《互联网保险业务监管办法（征求意见稿）》公开征求意见。

9月28日　中国人民银行面向公开市场业务一级交易商开展了2020年第九期央行票据互换（CBS）操作，费率为0.10%，操作量为50亿元，期限3个月。

9月30日　中国银保监会、湖北省人民政府发布《东湖科技保险创新示范区总体方案》。

9月30日　中国人民银行与印度尼西亚银行签署《关于建立促进经常账户交易和直接投资本币结算合作框架的谅解备忘录》，推动使用本币进行双边贸易和直接投资结算。

9月30日　中国人民银行、中国银行保险监督管理委员会联合发布《关于建立逆周期资本缓冲机制的通知》。

9月30日　《中国银保监会关于优化保险机构投资管理能力监管有关事项的通知》发布。

10月10日　中国人民银行决定自2020年10月12日起，将远期售汇业务的外汇风险准备金率从20%下调为0。

10月11日　中国人民银行和韩国中央银行签署双边本币互换展期与修订协议，将互换规模扩大为4 000亿元人民币/70万亿韩元。

10月15日　中国人民银行开展了中期借贷便利（MLF）操作，操作金额为5 000亿元，利率为2.95%。

10月15日　中国银保监会、财政部、生态环境部发布《核保险巨灾责任准备金管理办法》。

10月16日　中国人民银行关于《中华人民共和国商业银行法（修改建议稿）》公开征求意见的通知。

10月19日　中国人民银行和冰岛中央银行续签规模为35亿元人民币/700亿冰岛克朗的双边本币互换协议。

10月20日　中国人民银行授权全国银行间同业拆借中心公布贷款市场报价利率（LPR），1年期LPR为3.85%，5年期以上LPR为4.65%。

10月22日　中国银保监会消费者权益保护局发布《关于招联消费金融公司侵害消费者合法权益的通报》。

10月22日　中韩双边本币互换协议再次展期。

10月26日　《中国人民银行关于规范代收业务的通知》发布。

10 月 28 日　国家外汇管理局修订并发布《国家外汇管理局行政复议程序》。

10 月 28 日　中国人民银行面向公开市场业务一级交易商开展了 2020 年第十期央行票据互换（CBS）操作，费率为 0.10%，中标量为 50 亿元，期限 3 个月。

10 月 29 日　国家外汇管理局发布《境内银行涉外及境内收付凭证管理规定》。

10 月 29 日　中国银保监会就《人身保险公司保单质押贷款管理办法（征求意见稿）》公开征求意见。

10 月 30 日　中国证监会发布《关于修改、废止部分证券期货规章的决定》。

11 月 2 日　中国银保监会、中国人民银行就《网络小额贷款业务管理暂行办法（征求意见稿）》公开征求意见。

11 月 5 日　《中国银保监会关于使用〈中国人身保险业重大疾病经验发生率表（2020）〉有关事项的通知》发布。

11 月 6 日　中国人民银行发布《中国金融稳定报告（2020）》。

11 月 10 日　中国银保监会发布 2020 年三季度银行业保险业主要监管指标数据情况。

11 月 12 日　中国银保监会发布《保险代理人监管规定》。

11 月 12 日　《中国银保监会关于保险资金财务性股权投资有关事项的通知》发布。

11 月 12 日　中国人民银行决定将《商务部在自由贸易试验区开展"证照分离"改革全覆盖试点工作的实施方案》规定的优化审批服务、加强事中事后监管措施在全国范围内施行，并对《非金融机构支付服务管理办法实施细则》等 3 件规范性文件进行修订。

11 月 12 日　中国人民银行在香港成功发行 250 亿元人民币央行票据，其中 3 个月期央行票据 100 亿元，1 年期央行票据 150 亿元，中标利率分别为 2.85% 和 2.90%。

11 月 13 日　中国银保监会取消保险资金开展财务性股权投资行业限制。

11 月 13 日　中国人民银行、国务院国资委联合召开跨境人民币便利企业贸易投资工作座谈会。

11 月 16 日　中国人民银行开展了中期借贷便利（MLF）操作，操作金额为 8 000 亿元，利率为 2.95%。

11 月 18 日　《中国人民银行关于印发假币收缴、鉴定业务专用凭证印章等样式有关事项的通知》发布。

11 月 20 日　中国人民银行授权全国银行间同业拆借中心公布贷款市场报价利率（LPR），1 年期 LPR 为 3.85%，5 年期以上 LPR 为 4.65%。

11 月 23 日　中国人民银行和俄罗斯中央银行续签规模为 1 500 亿元人民币/17 500 亿卢布的双边本币互换协议。

11 月 23 日　中国人民银行和香港金融管理局签署双边本币互换修订协议，将互换规模扩大为 5 000 亿元人民币/5 900 亿港元。

11 月 24 日　中国银保监会发布《中国银保监会信托公司行政许可事项实施办法》，自 2021 年 1 月 1 日起实施。

11 月 25 日　中国人民银行与香港金融管理局续签货币互换协议并扩大规模。

11 月 27 日　中国人民银行面向公开市场业务一级交易商开展了 2020 年第十一期央行票据互换（CBS）操作，费率为 0.10%，中标量为 50 亿元，期限 3 个月。

11 月 30 日　中国人民银行发布《修订银行间债券市场债券交易流通有关公告（征求意见稿)》公开征求意见的通知。

11 月 30 日　中国人民银行开展了中期借贷便利（MLF）操作，操作金额为 2 000 亿元，利率为 2.95%。

12 月 1 日　中国银保监会消费者权益保护局发布《关于 2020 年第三季度保险消费投诉情况的通报》。

12 月 1 日　全国金融标准化技术委员会召开 2020 年工作会议暨第四届委员会第四次全体会议。

12 月 2 日　《中国人民银行　中国银行保险监督管理委员会关于印发〈系统重要性银行评估办法〉的通知》发布，建立了我国系统重要性银行的评估框架。

12 月 5 日　中国银保监会依法查处中国银行"原油宝"产品风险事件。

12 月 7 日　中国银保监会发布《互联网保险业务监管办法》。

12 月 9 日　国家外汇管理局发布《国家外汇管理局信息系统代码标准管理规定》。

12 月 10 日　中国银保监会消费者权益保护局发布《关于 2020 年第三季度银行业消费投诉情况的通报》。

12 月 11 日　为进一步完善全口径跨境融资宏观审慎管理，引导金融机构市场化调节外汇资产负债结构，中国人民银行、国家外汇管理局决定将金融机构的跨境融资宏观审慎调节参数从 1.25 下调至 1。

12 月 11 日　中国人民银行、国家外汇管理局调整跨境融资宏观审慎调节参数。

12 月 15 日　中国人民银行开展了中期借贷便利（MLF）操作，操作金额为 9 500 亿元，利率为 2.95%。

12 月 15 日　2020 年三季度末金融业机构总资产 347.32 万亿元。

12 月 15 日　中国人民银行召开"长三角征信一体化"工作推进现场交流会。

12 月 16 日　中国人民银行公布 2021 年贵金属纪念币项目发行计划。

12 月 18 日　《中国人民银行公告〔2020〕第 19 号（规范商业承兑汇票信息披露)》发布，明确商业承兑汇票的票面信息和承兑人信用信息披露要求，自 2021 年 8 月 1 日起施行。

12 月 21 日　中国人民银行授权全国银行间同业拆借中心公布贷款市场报价利率

（LPR），1 年期 LPR 为 3.85%，5 年期以上 LPR 为 4.65%。

12 月 21 日　国家外汇管理局发布《对外金融资产负债及交易统计核查规则（2020 年版）》。

12 月 21 日　国家外汇管理局根据《国际收支统计申报办法》和《对外金融资产负债及交易统计制度》，修订形成《对外金融资产负债及交易统计核查规则（2020 年版）》。

12 月 22 日　中国银保监会发布《责任保险业务监管办法》。

12 月 23 日　中国人民银行在香港成功发行 100 亿元人民币央行票据，期限为 6 个月，中标利率为 2.70%。

12 月 24 日　中国人民银行面向公开市场业务一级交易商开展了 2020 年第十二期央行票据互换（CBS）操作，费率为 0.10%，中标量为 50 亿元，期限 3 个月。

12 月 25 日　中国人民银行会同国家发展改革委、中国证监会，制定并公布了《公司信用类债券信息披露管理办法》，自 2021 年 5 月 1 日施行。

12 月 25 日　中国人民银行货币政策委员会召开 2020 年第四季度例会。

12 月 25 日　《中国人民银行公告〔2020〕第 21 号（完善银行间债券市场现券做市商管理有关事宜）》发布，加强行政许可取消后的事中事后管理。

12 月 25 日　中国人民银行批准朴道征信有限公司个人征信业务许可。

12 月 25 日　中国银保监会发布《商业银行理财子公司理财产品销售管理暂行办法（征求意见稿）》。

12 月 28 日　中国人民银行、中国银保监会联合发布《中国人民银行　中国银行保险监督管理委员会关于建立银行业金融机构房地产贷款集中度管理制度的通知》。

12 月 29 日　《国务院关于实施动产和权利担保统一登记的决定》发布。

12 月 29 日　中国银保监会发布《关于发展独立个人保险代理人有关事项的通知》。

12 月 29 日　中国银保监会就《关于修改〈中华人民共和国外资保险公司管理条例实施细则〉的决定（征求意见稿）》公开征求意见。

12 月 30 日　中国财政部　银保监会印发《关于进一步贯彻落实新金融工具相关会计准则的通知》。

12 月 30 日　《中国银保监会办公厅关于深化银行业保险业"放管服"改革　优化营商环境的通知》发布。

12 月 31 日　《中国人民银行　中国银行保险监督管理委员会关于建立银行业金融机构房地产贷款集中度管理制度的通知》发布。

12 月 31 日　中国证监会发布《可转换公司债券管理办法》。

12 月 31 日　《中国人民银行　银保监会　财政部　发展改革委　工业和信息化部关于继续实施普惠小微企业贷款延期还本付息政策和普惠小微企业信用贷款支持政策有关事宜的通知》发布。